CLOSE UP
FUKUOKA

클로즈업
후쿠오카

유후인·벳푸
나가사키·기타큐슈

유재우 손미경 지음

CONTENTS

Must in Fukuoka & Kyushu

한국 · 일본 출입국

클로즈업 후쿠오카 일러두기

구글맵 연동 QR 코드

명소 · 레스토랑 · 숍 · 온천 정보에 구글맵과 연동되는 QR 코드가 실려 있습니다.
스마트폰의 QR 코드 앱을 실행시키고 해당 QR 코드를 찍으면 화면에 지도가 표시됩니다.
정확히 목적지 입구를 표시한 QR 코드라 현지에서 내비게이션으로도 사용할 수 있습니다.

편리한 Map Book

지도 사용 기호

- • 관광 명소
- ℝ 레스토랑 · 카페
- Ⓢ 숍 · 쇼핑몰 · 백화점
- Ⓗ 호텔 · 숙소
- ❶ 관광 인포메이션 센터
- Ⓑ 은행
- Ⓝ 클럽 · 유흥업소

- ↘ 출구 번호 및 방향
- ✉ 우체국
- 🏫 학교
- 卍 절
- 〼 신사
- ⚲ 버스정류장 · 터미널
- ♨ 온천

역을 나왔을 때 방향을 가늠하기 쉽도록 지하철역 · 기차역의 출구 방향이 표시돼 있습니다.
본문에 실린 명소 · 레스토랑 · 숍 · 온천의 지도 · 좌표 번호(예 : 지도 MAP 8-B1)를 확인합니다.
그리고 해당 지도에서 좌표의 위치를 보면 가고자 하는 목적지를 금방 찾을 수 있습니다.

5분이면 충분 핵심 Check Point

딱 5분만 읽으면 해당 도시의 강추 명소 · 레스토랑 · 숍, 공항 연결 교통편, 시내교통편,
호텔 · 온천 이용법을 모조리 알 수 있는 Check Point 섹션이 각 도시별 첫 페이지에 실려 있습니다.

언어 걱정 없는 식당 이용

놓치지 말아야 할 인생메뉴가 일본어와 사진으로 표시돼 있습니다.
해당 메뉴를 손가락으로 콕 짚으면 주문 완료! 또는 한글 표기 메뉴명을 그대로 읽어줘도 주문 OK!
저자가 추천하는 최고의 맛집에는 '강추' 표시가 붙어 있습니다.

본문에 사용한 한자 지명 · 인명 · 업소명은 외래어 표기법에 맞춰 수록했습니다. 단, 일부 단어 · 지명은 현지에서의 편의를 고려해 최대한 일본어 발음에 가깝게 표기함을 원칙으로 했습니다.
클로즈업 후쿠오카에 수록된 모든 내용은 현지에서 수집한 최신 정보입니다. 단, 입장료 · 교통 요금 · 음식값 등은 예고 없이 수시로 변동되니 주의하시기 바랍니다. 이 책에 실린 모든 명소 · 숍 · 레스토랑에는 QR코드가 기재돼 있습니다. 스마트폰으로 QR코드를 찍으면 해당 명소 · 숍 · 레스토랑의 정확한 위치가 지도상에 표시됩니다.

저자 소개

유재우 Yu Jae Woo

도라란 애칭으로 통하는 프로젝트 부부의 남편군. 대학 시절 '커피 한잔'이란 달콤한 유혹에 빠져 배낭여행 동아리 세계로 가는 기차에 가입한 뒤 일명 '잘 나가는 아이'로 대변신했다. 특기는 아무 말 없이 집 나가기. 한창 '잘 나갈' 때는 "잠깐 나갔다 올 게요"란 말만 남긴 채 가출(?), 인천에서 유럽까지 8개월에 걸쳐 실크로드 육로 횡단여행을 했다. 1992년 생애 첫 해외여행지로 일본을 선택한 이래 지금까지 여행한 나라는 총 48개국, 500여 개 도시. 대한민국 여행 문화에 한 획을 그은 《해외여행 100배 즐기기》 시리즈를 만든 주인공으로도 유명한데, 오랫동안 가이드북을 만들며 느낀 문제점을 보완하고자 《해외여행 100배 즐기기》의 완전 절판을 선언하고, 대한민국 출판계에 신선한 바람을 몰고 온 《클로즈업 시리즈》를 탄생시켰다. 2006년에는 한일 관광교류 확대에 기여한 공로를 인정받아 한국 문화관광부와 일본 국토교통성이 수여하는 한일관광 교류대상 일본 국제관광진흥회 이사장상을 수여했다.
저서로는 《배낭여행 길라잡이-일본》·《유럽 100배 즐기기》·《일본 100배 즐기기》·《동남아 100배 즐기기》·《호주·뉴질랜드 100배 즐기기》·《캐나다 100배 즐기기》·《도쿄 100배 즐기기》·《홍콩 100배 즐기기》(1995~2007), 《클로즈업 홍콩》·《클로즈업 일본》·《클로즈업 오사카》·《클로즈업 도쿄》·《클로즈업 Top City》(2007~현재) 등이 있다.

손미경 Son Mi Kyung

프로젝트가 생겨야만 남편군과 함께(!) 생활하는 '프로젝트 부부'의 마눌님. 이화여대에서 영문학을 전공하고 대한민국의 무궁한 발전을 위해 훌륭한 교육자가 되고자 했으나 여행의 길로 '발을 헛디딤'과 동시에 여행작가란 유별난 명함을 갖게 됐다. 간간해 보이는 외모와 달리 낯가림 지수는 제로! 처음 만난 사람도 10년지기 친구처럼 완벽하게 포섭하는 환상의 재주를 가졌다. 강력한 친화력을 무기로 취재 기간 내내 막대한 분량의 인터뷰를 소화해냈다. 취미는 전 세계 아웃렛 가격 비교 & 콘서트 관람이며 지금도 취재를 빙자해(!) 지구촌 어딘가를 헤매고 있다.
저서로는 《캐나다 100배 즐기기》·《홍콩 100배 즐기기》(2000~2007), 《클로즈업 홍콩》·《클로즈업 일본》·《클로즈업 오사카》·《클로즈업 도쿄》·《클로즈업 Top City》(2007~현재) 등이 있다.

Special Thanks to

《클로즈업 후쿠오카》 제작에 도움을 아끼지 않은 일본 정부 관광국(JNTO) 서울 사무소의 구마노 노부히코 전 소장님, 츠지 치하루 차장님, 이주현 팀장님, 유진 과장님, 인고의 시간을 묵묵히 견디며 책을 편집하고 지도까지 꼼꼼하게 다듬어주신 장수비님께 진심으로 감사의 인사를 드립니다. 더불어 책이 나오길 학수고대(!)하신 에디터의 가족 여러분, 감미로운 목소리로 피곤에 지친 영혼을 달래준 가수 이승환님, 이 책을 구입해주신 모든 독자 여러분께 킹왕짱 감사드려요!

Must in Fukuoka & Kyushu

인생샷, 인스타그램 베스트 포토 존

마음속에 저장하고픈 인생사진, SNS에 남기고픈 추억 돋는 여행사진. 여행의 감성과 분위기를 아낌없이 녹여낼 베스트 포토 존은 어디일까? 놓치면 후회할 규슈 6대 도시의 명소와 인생샷 포인트를 꼼꼼히 체크하자!

FUKUOKA

캐널 시티 하카타
웅장한 협곡을 재현한 대형 쇼핑센터. 밤을 더욱 아름답게 물들이는 야경과 쇼.
➡후쿠오카 p.160

FUKUOKA

후쿠오카 타워
자타가 공인하는 커플 여행자의 성지. 후쿠오카 제일의 야경 포인트. ➡후쿠오카 p.176

다자이후텐만구
학문의 신을 모시는 신사. 천 년 역사를 머금은 예스러움과 고색창연한 건물. ➡다자이후 p.188

DAZAIFU

FUKUOKA

나카스 포장마차촌
라면 먹을까? 오뎅 먹을까? 현지인과 어울려 즐기는 강변의 활기찬 정취. ➡후쿠오카 p.161

지옥 순례

자욱한 수증기와 부글부글 끓어오르는 열탕. 파워풀한 화산 섬 규슈의 온천 체험.
➡ 벳푸 p.256

YANAGAWA

BEPPU

야나가와 유람선

물길 따라 유유히 흘러가는 쪽배. 현대와 과거를 오가는 로맨틱 시간여행. ➡ 야나가와 p.192

킨린 호수

유리알처럼 맑은 호수 위로 피어오르는 환상적인 물안개. 이른 아침의 낭만 만점 산책.
➡ 유후인 p.215

YUFUIN

NAGASAKI

평화공원

원폭의 도시 나가사키의 심벌. 근엄한 표정으로 전쟁의 과오를 꾸짖는 평화 기념상. ➡ 나가사키 p.292

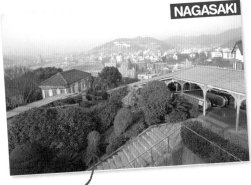

NAGASAKI

글로버 정원

한 세기 전 나가사키의 풍경이 펼쳐지는 아름다운 정원. 반짝반짝 빛나는 항구의 야경은 덤. ➡ 나가사키 p.300

두근두근 설렘 가득 온천 여행

규슈 여행의 절대 로망은 바로 온천이다. 휴양지 분위기가 물씬 풍기는 초호화 온천은 물론, 현지인과 맨살을 부대끼며 목욕을 즐기는 동네 온천까지 선택의 폭도 넓다. 각각의 온천이 가진 특징을 비교해 나에게 꼭 맞는 여행지를 찾아보자.

URESHINO ONSEN

우레시노온센　　　　　　　➡p.194

일본의 3대 미인 온천으로 일컬어진다. 온천수에 함유된 탄산수소나트륨 때문에 피부가 매끈매끈해지는 효과가 있다. 조그만 온천 마을이라 느긋하게 쉬어가기에 좋다. 볼거리나 레스토랑·숍 등의 편의시설은 많지 않다.

온천수 ★★★★★　　분위기 ★★★☆☆　　접근성 ★★☆☆☆

벳푸　　　　　　　➡p.229

일본의 3대 온천 휴양지 가운데 하나다. 1만 여 개의 온천이 산재해 있으며 다양한 성분의 온천수가 샘솟아 '온천 백화점'이라 해도 과언이 아니다. 여타 온천 도시에 비해 볼거리가 풍부하고, 레스토랑·숍 등 편의시설도 충실하다.

온천수 ★★★★★　　분위기 ★★★☆☆　　접근성 ★★★★★

YUFUIN
© JNTO

© JNTO

BEPPU

유후인　　　➡p.201

한국인이 가장 선호하는 온천 휴양지다. 고급 휴양지다운 깔끔하고 차분한 면모가 돋보인다. 온천수는 대부분 단순천이다. 마을 중심부의 상점가를 따라 유명 맛집과 숍이 모여 있다. 유명세 탓에 주말·공휴일이면 관광객들로 북적이는 번잡함이 아쉽다.

온천수 ★★☆☆☆
분위기 ★★★★☆
접근성 ★★★☆☆

UNZEN

TAKEO ONSEN

운젠 ➡p.318

두메산골에 위치한 조그만 온천 마을이다. 천연 유황 온천이라 피부 미용에 좋으며 찾는 이가 적어 조용히 휴식을 취하기에 적합하다. 마을 곳곳에서 수증기와 열탕이 뿜어져 나오는 이색적인 광경도 눈길을 끈다. 마을이 작아 편의 시설은 빈약하다.

온천수 ★★★★★
분위기 ★★★★☆
접근성 ★★☆☆☆

타케오온센 ➡p.197

오랜 역사를 자랑하는 온천 마을이다. 온천수는 단순천이라 특별한 효능을 기대하기는 힘들다. 볼거리가 풍부하진 않지만 규슈 올레를 걷거나 도자기마을 아리타와 함께 돌아보며 느긋하게 쉬어가기에 적당하다.

온천수 ★☆☆☆☆
분위기 ★★☆☆☆
접근성 ★★★☆☆

마음에 쏙 드는 온천 고르기

온천을 제대로 즐기려면 온천 료칸에서 1박 이상할 것을 권한다. 료칸은 '온천수의 천질(泉質), 숙박에 포함된 음식, 료칸이 위치한 지역의 특징'를 고려해서 선택한다.

온천수의 천질에 따라 온천의 효능이 다른데, 예를 들어 유황천은 피부병, 중조천(탄산수소나트륨)은 피부보습 등의 효과가 있다. 단순천은 '단순히' 뜨거운 물만 나오는 것이라 일반 대중 목욕탕과 다를 바가 없다. 천질은 료칸 홈페이지에서 확인할 수 있다.

료칸에서 제공되는 음식은 여행의 즐거움을 좌우한나. 흔히 맛보기 힘든 특별식을 내놓기도 하니 홈페이지에서 꼼꼼히 살펴보자. 조식·석식을 포함한 숙박비는 1인당 1만 5,000~3만 엔 수준이다. 조용한 휴식을 원하면 교통이 조금 불편하더라도 도심지에서 떨어진 곳, 온천과 더불어 쇼핑·식도락을 즐기려면 도심 인근의 온천을 선택하는 게 현명하다.

예약할 때는 호텔·료칸 예약 대행 사이트부터 살펴보는 게 우선이다. 사이트에 올라온 실제 이용 후기와 사진을 보고 마음에 드는 곳을 고른다. 해당 료칸의 홈페이지에서 직접 예약할 경우 예약 대행 사이트를 통하는 것보다 숙박비가 싼 경우도 있으니 꼼꼼한 비교는 필수! 호텔과 달리 온천 료칸은 금연실이 없는 경우가 많다는 사실도 알아두자.

일본을 대표하는 간판 요리, 초밥

초밥은 일본의 음식 문화를 상징하는 요리다. 우리에게도 친숙한 참치는 물론, 바다향이 물씬 풍기는 성게, 달콤한 새우, 입에 착착 감기는 오징어 등 버라이어티한 맛의 향연이 펼쳐진다. 본고장의 초밥을 아낌없이 맛보자.

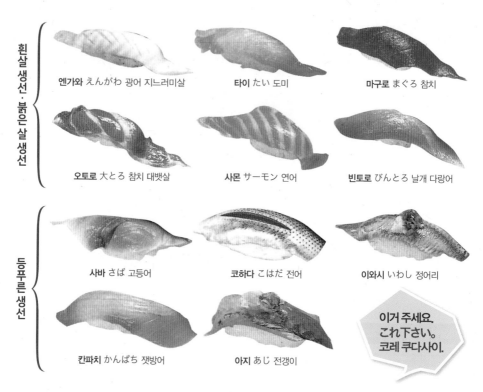

흰살 생선·붉은 살 생선

엔가와 えんがわ 광어 지느러미살

타이 たい 도미

마구로 まぐろ 참치

오토로 大とろ 참치 대뱃살

사몬 サーモン 연어

빈토로 びんとろ 날개 다랑어

등푸른 생선

사바 さば 고등어

코하다 こはだ 전어

이와시 いわし 정어리

칸파치 かんぱち 잿방어

아지 あじ 전갱이

이거 주세요. これ下さい. 코레 쿠다사이.

일본의 전통요리 초밥

초밥은 생선을 밥 속에 넣어 보관하던 동남아의 저장법이 일본에 전래되면서 탄생한 요리다. 초기에는 생선 뱃속에 밥을 넣어서 삭혀 먹었지만 점차 식초와 소금으로 간하는 기술이 발달하며 지금과 같은 형태의 요리로 완성됐다.

초밥을 가장 맛있게 먹는 비결은 '담백한 흰살 생선→붉은 살 생선→기름진 등푸른 생선'의 순으로 먹으며 서서히 미각을 자극하는 것이다. 간장을 찍을 때는 초밥을 눕혀서 생선살 부분만 살짝 적시는 게 요령. 그래야 밥이 부서지지 않는다.

간간이 녹차로 입을 헹구면서 초밥을 먹으면 좀 더 산뜻한 맛을 즐길 수 있다. 함께 제공되는 생강 초절임 紅しょうが 역시 입안을 개운하게 해주는 역할을 한다.

추천! 초밥 레스토랑

스시류 p.126, **오와다스시** p.247, **타츠미 스시** p.166, **헤이시로** p.335
효탄노카이텐즈시 p.142, **효탄즈시** p.142

군함말이

네기도로 ねぎどろ 파를 얹은 참치살 　시라우오 しらうお 뱅어 　우니 うに 성게

이쿠라 いくら 연어알 　카니미소 かにみそ 게장 　코바시라 小柱 조개관자

조개·새우

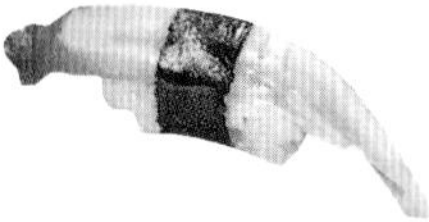

미루가이 みる貝 왕우럭조개 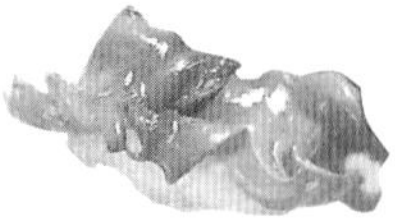　아카가이 赤貝 피조개 　아와비 あわび 전복 　토리가이 とり貝 새조개

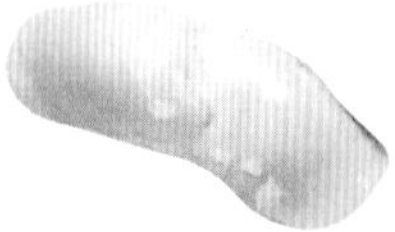

호타테 ほたて 가리비 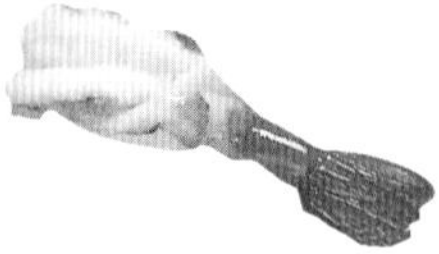　보탄에비 ぼたんえび 모란새우 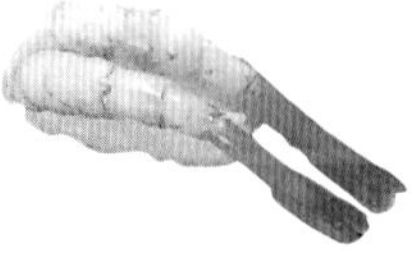　아마에비 甘えび 단새우 　에비 海老 참새우

기타

샤코 しゃこ 갯가재 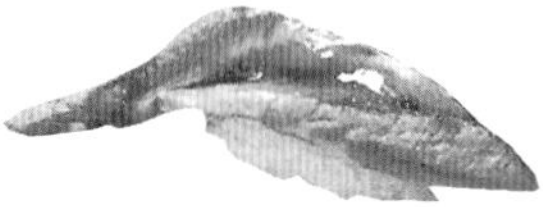　아나고 あなご 붕장어 　타코 たこ 문어

이카 いか 오징어 　즈와이가니 ズワイガニ 대게 　타마고 玉子 계란

저렴하고 맛있는 회전초밥

주머니가 가벼울 때는 저렴한 회전초밥을 이용하자. 값은 한 접시에 128~900엔 수준이며 초밥이 담긴 접시의 색과 무늬로 가격을 구분한다. 도심의 상점가나 유흥가에는 한 접시에 128~256엔인 초저가 회전초밥집도 있으니 두 눈 크게 뜨고 찾아보자. 초밥은 컨베이어 벨트 위에 놓인 것 가운데 마음에 드는 것을 골라 먹는다. 원하는 메뉴가 있을 때는 주방장에게 따로 주문해도 된다. 다 먹은 초밥 접시는 한쪽에 차곡차곡 쌓아두면 자리에서 일어날 때 점원이 접시의 숫자를 세 음식 값을 계산해 준다. 녹차는 무료인 대신 된장국(미소시루)은 추가로 사먹어야 한다는 사실도 알아두자.

면 요리 대격돌, 라면 vs 짬뽕 vs 우동

진한 사골국물의 돈코츠 라면, 바다와 육지의 재료가 한 그릇에 모인 나가사키 짬뽕, 감칠맛 넘치는 국물에 쫄깃한 면발을 더한 우동. 이 모든 면 요리의 발상지는 후쿠오카와 나가사키다. 진한 국물과 함께 일본 면 요리의 원류를 탐미해보자.

BEST OF BEST

하카타톤코츠라멘 ▶
博多とんこつらあめん 820엔
진하지만 깔끔한 국물.
만든 이의 정성이
한 그릇에 오롯이 녹아든
하카타 라면의 정수다.
잇푸도 ➡p.143

◀ 라면 ラーメン 980엔
한국인의 입맛을 사로잡
은 얼큰한 국물. 국물 맛
과 매운 정도를 자유로이
선택할 수 있다.
이치란 ➡p.167

▲하카타 신신 라멘 博多
Shin Shin らーめん 760엔
후쿠오카 라면계의 다크호스. 돈코츠에 닭고기 육
수를 더해 깔끔 담백한 맛이 훌륭하다.
신신라멘 ➡p.143

RAMEN

BEST OF BEST

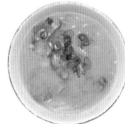

◀ 나가하마라멘
長浜らーめん 680엔
하카타 라면의 원조. 걸쭉
한 국물은 마늘을 넣어 먹
으면 개운한 맛이 한결 살
아난다.
나가하마 난바완 ➡p.167

라면 ラーメン ▶
720엔~
유명 맛집이 모인 라면 푸
드코트. 식당을 주기적으
로 바꿔 항상 새로운 맛을
선보인다.
라멘 스타디움 ➡p.169

▲ 지도리라멘 地鶏ラーメン 750엔
토종닭으로 우려낸 담백한 국물과 쫄깃한 면발의
조화. 밥을 말아 먹으면 더욱 맛있다.
후쿠스케 ➡p.224

◀ 짬뽕 ちゃんぽん
990엔
나가사키 짬뽕의 양대 산
맥. 감칠맛 넘치는 국물
과 쫄깃한 면발의 조화가
훌륭하다.
카이라쿠엔 ➡p.310

BEST OF BEST

▲ 나가사키 짬뽕 ちゃんぽん 1,210엔
나가사키 짬뽕의 원조. 사골 육수와 채소 · 해산물
로 우려낸 국물은 깊은 맛이 일품이다.
시카이로 ➡p.310

사라우동 ▶
皿うどん 1,000엔
바삭한 식감의 볶음면. 어
묵 · 돼지고기 · 숙주를 넣
은 달콤한 소스와 멋진 조
화를 이룬다.
신와로 ➡p.312

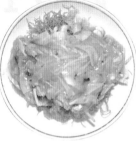

VS

BEST OF BEST

▲ 우엉튀김 우동 ごぼう 530엔
초대형 우엉튀김이 선사하는 환상적인 비주얼.
진한 국물, 쫄깃한 면발과도 잘 어울린다.
다이치 우동 ➡p.128

유부 우동 ▶
きつね 430엔
담백하면서도
감칠맛 나는 국물.
상큼한 유자 후추를
국물에 풀어 넣으면
더욱 맛있다.
우동 타이라 ➡p.169

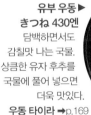

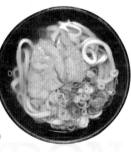

◀ 소고기 우동
肉うどん 605엔
우동에 소고기를 추가해 한
끼 식사로도 충분. 아삭한
우엉 튀김과도 찰떡궁합을
이룬다.
타치바나 우동 ➡p.193

must Eat 03

전통의 맛과 멋, 백 년 노포

미식 여행의 끝판왕은 전통을 자랑하는 노포다. 400여 년 전 포르투갈에서 전래
된 카스텔라, 300년 넘게 장어 덮밥만 만드는 식당, 한 세기 전 중국인 요리사에 의
해 탄생한 나가사키 짬뽕 등 유래를 알면 더욱 맛있는 요리가 호기심을 자극한다.

치도리만쥬
150엔

치도리야혼케
1590년 창업. 오랜 경력의 장인들이
수작업으로 만드는 화과자 · 초콜릿 ·
카스텔라가 맛있다. ➡p.148

카스텔라
1,188엔~

후쿠사야혼텐
1624년 창업. 일본에서 가장 오래된
카스텔라 숍. 전통의 맛을 지켜온 카
스텔라는 강렬한 단맛이 특징이다. ➡p.314

장어 덮밥
4,800엔

간소모토요시야
1681년 창업. 340여 년에 걸쳐 대물
림된 소스와 숯불에 정성껏 구운 장어의
맛이 입 안을 즐겁게 한다. ➡p.193

카스텔라
648엔~

쇼오켄
1681년 창업. 설탕과 함께 물엿을 사용
해 여타 카스텔라에 비해 찰지고 쫄깃
한 식감을 살렸다. ➡p.314

화과자
230엔~

이와나가바이쥬켄
1830년 창업. 허끝에서 사르르 녹
는 고급스러운 단맛과 먹기 아까울 만
큼 앙증맞은 생김새가 매력이다. ➡p.314

장어 덮밥
3,930엔

와카마츠야
1854년 창업. 전통 비법 그대로 숙
성 간장과 물엿으로 만든 소스가 장
어의 감칠맛을 한층 끌어올린다. ➡p.193

욧소혼텐

1866년 창업. 옛 맛을 우직하게 지켜 온 싯포쿠 요리와 챠왕무시(일본식 계란 찜)의 맛이 훌륭하다. ➡p.311

차왕무시 1인분 1,485엔

히요코혼포요시노도

1897년 창업. 한 세기를 지켜온 세련된 단맛의 화과자. 병아리 모양 과자 속에 팥 앙금이 듬뿍 담겼다. ➡p.129

메이카히요코 837엔~

시카이로

1899년 창업. 새하얀 나가사키 짬 뽕의 원조. 담백하면서도 깊은 맛의 국물이 입맛을 다시게 한다. ➡p.310

짬뽕 1,210엔

분메이도소혼텐

1900년 창업. 포근한 질감과 고급 스러운 단맛, 설탕 알갱이가 오독오 독 씹히는 색다른 식감이 특징이다. ➡p.288

카스텔라 810엔

이시무라만세이도

1905년 창업. 폭신한 마시멜로 안에 달콤한 팥소를 넣은 화과자. 일본 왕실 에 진상되는 것으로도 유명하다. ➡p.168

츠루노코 350엔

카이라쿠엔

1927년 창업. 푸짐한 재료에서 우 러난 감칠맛 나는 국물과 쫄깃한 면 발이 적절한 조화를 이룬다. ➡p.310

짬뽕 990엔

must Eat 04

천 가지 맛의 향연, 일본 술

길을 걷다 마주치는 조그만 선술집에 들러 일본의 정취에 취해보자. 가벼운 술 한 잔은 현지의 문화를 이해하는 데도 도움을 준다. 서민이 즐겨 마시는 대중적인 술은 맥주·핫포슈·츄하이·니혼슈·쇼츄이다.

맥주 ビール

맥주는 일본인이 즐겨 마시는 가장 보편적인 술이다. 생맥주가 주종을 이루기 때문에 캔 제품도 '나마비루 生ビール(생맥주)'라는 이름을 걸고 판매한다. 주요 브랜드는 삿포로 Sapporo·아사히 Asahi·키린 Kirin·선토리 Suntory·에비스 Yebisu 등이며 저마다 다양한 맥주를 내놓고 있어 선택의 폭이 넓다.
깊은 맛으로는 에비스, 부드러운 목 넘김으로는 삿포로, 상쾌한 향으로는 아사히, 깔끔한 맛으로는 키린이 인기가 높다. 좀 더 쌉쌀한 맛을 원하면 어느 브랜드건 '카라구치 辛口'라고 표기된 것을 고르면 된다. 주점·식당에서는 500㎖ 1잔에 400~600엔, 주류 전문점·슈퍼마켓·편의점 등에서 파는 캔 맥주는 330㎖ 1캔에 250~350엔 수준이다. 캔 맥주는 차갑게 식힌 잔에 거품이 생기도록 따라서 마시면 더욱 맛있다.

규슈의 맥주 공장 투어

규슈에는 일본의 대표적인 주류 업체인 아사히와 삿포로의 맥주 공장이 있다. 후쿠오카에서는 아사히 맥주 하카타 공장 アサヒビール博多工場(➡p.125), 히타에서는 삿포로 맥주 규슈 히타 공장 サッポロビール九州日田工場(➡p.228)이 가까우며, 두 공장 모두 무료 가이드 투어를 운영한다.
맥아와 호프가 황금빛 맥주로 변신하는 과정을 살펴보는 재미와 더불어 시원한 생맥주를 맛볼 수 있으니 맥주 마니아라면 절대 놓치지 말자. 공장에서 갓 뽑은 생맥주라 시중에서 파는 맥주로는 전혀 경험할 수 없는 풍부한 향과 맛, 그리고 크리미한 맥주 거품을 즐길 수 있다.

거품이 가득한 생맥주

핫포슈 発泡酒

원료로 50% 이상의 맥아를 사용하는 진짜 맥주와 달리 콩·밀가루·옥수수 전분에서 추출한 알코올에 맥주 향을 가미한 짝퉁 맥주다. 진짜 맥주보다 맛과 향은 떨어지지만 알코올 도수는 맥주와 동일하면서도 값은 20~40% 저렴해 주머니가 가벼운 이들이 선호한다. 캔 하단부에 '핫포슈 発泡酒' 또는 '핫포세이 発泡性'라고 표시돼 있어 진짜 맥주와 쉽게 구별되며 주류 전문점·슈퍼마켓·편의점에서 판다.
대표적인 핫포슈 브랜드로는 삿포로의 홋카이도나마시보리 サッポロ北海道生搾り·쿄쿠 제로 極 ZERO, 키린의 키린탄레이나마 麒麟淡麗〈生〉·아사히의 아사히혼나마 드래프트 アサヒ本生ドラフト, 선토리의 오이시이 제로 おいしい ZERO 등이 있다. 가격은 330㎖ 1캔에 120~200엔 수준이다.

츄하이 チューハイ

소주에 과즙과 소다수를 섞어 만든 일종의 칵테일이다. 알코올 도수는 5~6%로 맥주와 비슷하지만 소주를 베이스로 하기 때문에 끝 맛이 살짝 강하다. 레몬·그레이프 후르츠·사과·파인애플 등 종류가 다양하며 전반적으로 달콤한 느낌이라 가볍게 마시기 좋다. 단, 숙취가 심하니 과음하지 않게 주의!

주점·식당에서는 300㎖ 1잔에 400~500엔, 주류 전문점·슈퍼마켓·편의점 등에서 파는 캔 제품은 330㎖ 1캔에 120~250엔 수준이다.

니혼슈 日本酒

니혼슈는 쌀로 빚은 일본의 전통주다. 양조장마다 개성이 풍부한 술을 생산하기 때문에 다양한 맛과 향을 즐길 수 있는 게 최대의 매력이다. 니혼슈는 쌀의 도정 비율에 따라 크게 음양주 吟醸酒와 대음양주 大吟醸酒로 구분되며 60% 이상 도정한 쌀이 사용되는 대음양주가 고급주에 속한다. 알코올 도수는 보통 14~19도이며 우리 입에는 조금 무겁게 느껴지기도 한다. 주점에서는 길이 한 뼘 정도의 도자기 병(톳쿠리 とっくり)에 담아서 파는데, 차갑게 식히거나 따뜻하게 데워서 마신다. 다양한 종류의 니혼슈를 구하려면 주류 전문점을 이용하는 게 좋다.

쇼츄 焼酒

우리나라의 소주와 같은 증류주를 말한다. 재료로는 보리·쌀·고구마 등이 이용된다. 알코올 도수는 25도 정도. 스트레이트로 마시는 경우는 거의 없고 얼음이나 토닉 워터를 섞은 오미즈와리 お水割り, 또는 미지근한 물을 섞은 오유와리 お湯割り 등의 방식으로 희석시켜 마신다. 역시 주류 판매점·슈퍼마켓·편의점에서 손쉽게 구할 수 있다.

일본의 주점, 어떤 것이 있을까?

꼬치구이집에는 선명한 색의 붉은 등이 걸려 있어 금방 눈에 띈다

현지인이 즐겨 찾는 술집은 꼬치구이 전문의 야키도리야 やきとり屋와 우리나라의 주점에 해당하는 이자카야 居酒屋다. 저렴한 곳은 주로 역 주변·상점가·유흥가에 모여 있으며 대표적인 술집 거리로는 후쿠오카의 나카스(➡p.161), 덴진의 다이묘(➡p.138)를 꼽을 수 있다. 식당과 마찬가지로 입구에 가격이 직힌 술·안주 모형이 전시돼 있어 그것을 보고 들어가면 된다. 술과 간단한 안주를 포함해 1인당 2,000~3,000엔에 먹을 수 있으면 싼 곳이다.

대표적인 이자카야 체인점으로는 시로키야 白木屋·와라와라 笑笑·츠보하치 つぼ八·와타미 和民 등을 꼽을 수 있다. 메뉴판에 음식의 영어명과 함께 사진이 실려 있어 주문하기 쉬운 게 장점이다. 보통 1인당 2,000엔 정도면 적당히 먹을 수 있다. 유흥가에서는 뷔페처럼 일정액을 내면 정해진 시간 동안(보통 90분) 무제한 술을 마실 수 있는 노미호다이 飲み放題 주점도 쉽게 눈에 띈다. 가격은 1인당 2,000~3,000엔 수준이지만 별도의 추가요금이 붙거나 마실 수 있는 술의 종류가 제한되는 경우가 많아 들어가기 전에 꼼꼼한 확인은 필수다.

맥주와 찰떡 궁합인 꼬치구이

must Buy 01

드러그 스토어 인기 아이템 16

다양한 타입의 기능성 화장품과 의약품은 인기 쇼핑 아이템. 가장 저렴하게 파는 곳은 드러그 스토어 Drug Store, 즉 약국이다. 상점가에서 코코카라파인 · 마츠모토 키요시 · 코쿠민 등의 유명 드러그 스토어 체인점을 쉽게 찾아볼 수 있다.

손바유 마유 ソンバーユ
尊馬油 馬油70g 2,100엔
피부를 촉촉하게 지켜주는 미용 오일. 얼굴 · 모발 · 피부에 두루 사용 가능.

시세이도 뷰러
資生堂ビューラー 864엔
속눈썹을 확실하게 올려 크고 선명한 눈매로 만들어 주는 최고의 뷰러.

카네보 세안 파우더
Kanebo Suisai Beauty Clear Powder 2,160엔
각질 · 피지 제거에 탁월한 효능을 지닌 세안 파우더.

Kracie 마스크 팩
うるおい浸透マスク 798엔
보송보송한 아기 피부로 만들어준다. 형태에 맞춰 팩을 붙인 뒤 5~15분 후에 떼면 된다.

키스 미 마스카라
Kiss Me Heroine Long & Curl Mascara 1,080엔
길고 깔끔한 속눈썹을 연출할 수 있다. 쉽게 번지지 않아 안심하고 사용할 수 있다.

비오레 코팩
Bioré 毛穴すっきりパック 522엔
블랙 헤드를 깔끔히 제거해준다. 모공을 연 다음 사용하면 더욱 효과적이다.

비오레 사라사라 파우더 시트
Bioré さらさら パウダーシート 270엔
끈적끈적한 피부를 보송보송하게 닦아준다. 특히 한여름에 유용한 여성들의 필수품!

데오내추레 소프트 스톤 W
デオナチュレ ソフトストン W 1,080엔
딱풀 타입의 데오드란트. 바른 다음 바로 옷을 입어도 묻지 않아 편리하다.

중저가 화장품

중저가 기초 · 색조 화장품과 미용용품은 드러그 스토어 Drug Store(약국)에서 판다. 드러그 스토어에는 커다랗게 '약 藥'이란 간판이 붙어 있어 금방 눈에 띈다. 또한 토큐 핸즈 · 로프트의 화장품 코너와 수입 잡화 체인점 플라자 Plaza에도 쓸 만한 아이템이 많다.
대표적인 드러그 스토어 체인점인 마츠모토 키요시 マツモトキヨシ, 코쿠민 Kokumin, 코코카라파인 ココカラファイン에서는 카네보 · 시세이도 · 코세 등 일본 로컬 브랜드 화장품을 10~30% 할인 판매한다. 같은 이름의 체인점이라도 숍마다 가격이 다르니 주의하자. 추천 아이템은 클렌징 · 헤어케어 · 데오드란트 · 색조 화장품이며 상품이 다양해 선택의 폭이 넓다. 대부분 로컬 브랜드라 가격 부담이 적은 것도 매력. 우리나라의 인터넷 쇼핑몰에서 인기 아이템을 미리 체크해 가는 것도 성공 쇼핑의 비결이다.

드러그 스토어 마츠모토 키요시

비오레 선블록 로션
BioréUV Aqua Rich
Watery Essence SPF 50
PA++++ 821엔

산뜻한 느낌의 에센스 타입 선블록. 빠르게 스며들고 바른 후에도 가볍게 밀착된다.

SANA 두유 이소플라본 함유 클렌징 폼
SANA 豆乳 イソフラボン
含有 洗顔 756엔

수분감이 풍부해 당김이 적고 피부를 환하게 해준다.

태양의 알로에 히알루론산
太陽のアロエ ヒアルロン酸
(10㎖) 540엔

세럼·크림에 한두 방울씩 섞어서 사용하면 건조한 피부가 촉촉이 되살아난다.

비오레 클렌징 오일 퍼펙트오일 메이크낙 낙
パーフェクトオイル 1,380엔

일반 클렌징 오일과 달리 젖은 손이나 얼굴에도 사용할 수 있어 편리하다.

시세이도 퍼펙트 휩
Shiseido Perfect Whip
432엔

조금만 사용해도 풍부한 거품을 만들 수 있는 클렌징 폼. 피부 자극도 적다.

구내염 전용 반창고
口內炎パッチ大正A 980엔

조그만 스티커 타입의 반창고. 입안의 상처를 덧나지 않게 보호하고 치료해 준다. 휴대도 간편하다.

아이봉
アイボン 798엔

눈 속의 이물질을 시원하게 제거하는 안구 세정제. 황사나 꽃가루가 심하게 날리는 봄에 유용하다.

유스킨 A 핸드크림
Yuskin A 1,300엔

강력한 보습력을 자랑하는 핸드크림. 건조한 피부로 고생하는 가정주부나 악건성에게 강추!

고급 화장품

고급 화장품은 우리나라와 마찬가지로 대형 백화점 1층에서 취급한다. 루나솔·SK-2·시세이도 등 우리나라의 면세점에 입점한 일본 화장품은 우리나라가 가장 저렴하므로 아나스타샤 비벌리 힐즈 Anastasia Beverly Hills, 샤봉 Sabon, 소니아 리키엘 Sonia Rykile 또는 고급 화장용 브러시 하쿠호도 白鳳堂처럼 우리나라의 면세점에 없는 브랜드를 집중공략하자. 후쿠오카를 비롯한 규슈 내의 국제공항 면세점은 시내 매장과 가격 차이가 크지 않고 상품 종류도 빈약하므로 쇼핑을 자제하는 게 좋다. 고급 핸드메이드 비누의 대명사인 LUSH는 일본에서 자체 생산하기 때문에 우리나라보다 20~30% 저렴하다. 단, 우리나라에서 파는 것과 성분은 같아도 상품명은 조금 다르니 주의하자.

색다른 재미 슈퍼마켓 쇼핑

다채로운 상품이 넘쳐나는 슈퍼마켓 역시 인기 쇼핑 명소. 일본 전통 소스와 향신료, 그리고 일본식 인스턴트 식품처럼 우리나라에 없는 아이템을 집중 공략하자. 여행의 추억을 되새길 수 있는 멋진 기념품이 되는 것은 물론 선물로도 좋다.

주의하세요 음료수 · 주류 · 액상 소스 등의 액체류는 기내 반입이 불가능하다. 이때는 깨지지 않게 꼼꼼히 포장해서 큰 짐에 넣은 다음 수하물 탁송을 하면 된다.

메이지 더 초콜릿 Meiji The Chocolate 235엔
은은한 과일향이 감도는 고급 초콜릿.

Pasco 쵸쥬쿠 식빵 超熟食パン 200엔
쫄깃한 식감이 매력인 두툼한 식빵.

츠지리 쿄라테 辻利京ラテ 270엔
뜨거운 물만 부으면 되는 인스턴트 맛챠 라테.

블렌디 드립 팩 모카 커피 Blendy ドリップパック クモカ · コーヒー 395엔
드립백 타입이라 편리.

로열 밀크티 Royal Milk Tea 390엔
진한 향과 맛의 밀크티. 뜨거운 물만 부으면 OK!

향미 페이스트 Cook Do 香味ペースト 410엔
볶음밥 · 국물 · 볶음 요리용 만능 소스.

코로로 コロロ 142엔
천연과즙 100%의 과일 맛 젤리.

4가지 맛 모듬 오챠즈케 お茶漬亭 220엔
밥 위에 뿌리면 손쉽게 녹차말이 밥 완성!

반 호우텐 코코아 Van Houten Cocoa 462엔(100g)
고급 코코아 파우더.

야키도리 소스 やきとりのたれ 218엔
집에서도 일본식 꼬치구이 맛을 낼 수 있다.

규슈의 주요 슈퍼마켓 ▶

돈키호테 ドン · キホーテ
잡화점의 성격이 강한 대형 슈퍼마켓. 식료품은 신선식품보다 공산품이 주를 이룬다. 일용 잡화 · 패션 · 가전 등 온갖 상품을 취급해 간단한 쇼핑을 즐기기에 좋다. 24시간 영업한다. 홈피 www.donki.com

맥스 밸류 Max Valu
중저가 슈퍼마켓 체인점. 다양한 식료품과 신선식품을 구비하고 있으며 가격대비 만족도가 높은 상품을 구입할 수 있는 게 매력이다. 직접 만든 반찬 등의 먹거리도 취급한다. 홈피 www.maxvalu.co.jp

후르체 딸기 디저트
フルーチェ イチゴ
193엔
우유만 붓고 저으면 끝!

우마이봉(30개입)
うまい棒 320엔
인기 절정! 다양한 맛
의 바삭한 일본식 과자.

촛토돈부리
ちょっとどんぶり
149엔 간편한 일본식
덮밥 소스.

쟈가리코 감자 스낵
じゃがりこ 138엔
맥주 안주나 간식으로
좋은 바삭한 감자 스낵.

푸린엘
プリンエル 160엔
누구나 간편하게 만들
수 있는 초간단 푸딩.

시치미
七味唐からし 140엔
우동과 덮밥에 뿌려
먹는 일본식 고춧가루.

오코노미야키 소스
お好みソース 300엔
오코노미야키 만들기의
필수품!

가루녹차 맛 킷캣
抹茶 Kit Kat 545엔
가벼운 녹차 향이
감도는 초콜릿 쿠키.

마루코메 즉석 미소시루
マルコメ生みそタイプ
わかめ 137엔
초간편 즉석 된장국.

골든 커리
S&B Golden Curry 322엔
일본식 카레를 만들 수
있는 바 타입의 카레.

잇페이창 인스턴트
야키소바 一平ちゃん
夜店の焼そば 184엔
뜨거운 물에 3분!

튜브식 버터
明治チューブでバター
⅓ 281엔 빵에 발라 먹
기 편한 고소한 버터.

튜브식 단팥
井村屋つぶあんトッ
ピング 288엔
빵에 발라 먹는 단팥.

머그 누들
マグヌードル 211엔
간식으로 좋은 미니 컵라
면. 팬더 머리가 들어 있다.

노리타마 달걀 후리카케
のりたま 218엔
입맛 없을 때 밥 위에
뿌려 먹는 밥 친구.

※상품의 종류와 가격은 슈퍼마켓에 따라 차이가 심하니 주의하자.

이온 몰 AEON

우리나라의 이마트 · 홈플러
스에 해당하는 대형 할인매
장이다. 규모가 큰 만큼 취급
하는 상품도 다양하다. 공산
품 외에 신선식품 · 반찬 ·
과일을 구입하기에 좋으며
가격도 저렴하다. www.aeon.com

유메타운 youme タウン

이온 몰과 비슷한 스타일
의 할인매장이다. 규모가
크고 접근성이 좋은 시내
점포가 많은 게 장점이다.
공산품 · 식료품 · 신선식
품 · 과일 구입에 좋으며
잡화도 두루 취급한다. www.izumi.co.jp

must Buy 03

어머, 이건 사야 해! 아이디어 상품 & 문구

깜짝 놀랄 만큼 신기한 아이디어 상품과 깜찍한 디자인의 문구 역시 놓치기 힘든
쇼핑 아이템이다. 시즌마다 기발한 신상품이 쏟아져 나오니 잡화점을 돌아다니며
신나는 쇼핑 타임을 즐겨도 좋을 듯!

만년 스테이플러 Kokuyo
ハリナックスコンパクトα 648엔
누르기만 하면 심 없이 종이가 철해진
다. 얇은 종이 5장까지만 사용 가능.
shop 로프트 p.149
토큐핸즈 p.130

지워지는 형광펜
Frixion 消える蛍光ぺん 108엔
실수해도 걱정 없다. 펜 뒷부분으로 쓱
쓱 문질러주면 칠한 색이 감쪽같이 지
워진다. **shop** 로프트 p.149
토큐핸즈 p.130

세우는 칫솔 커버 立つおさかな歯
ブラシカバー 518엔
칫솔 머리에 씌우는 휴대용 커버.
거꾸로 꽂으면 칫솔을 세워서
보관할 수 있어 편리하다.
shop 토큐핸즈 p.130

동물 모양 식물 재배 키트
Chuppon 950엔
물이 담긴 컵에 살짝 걸쳐 놓으면 식물
이 자란다. 인테리어 소품으로도 좋다.
shop 로프트 p.149
토큐핸즈 p.130

클립 패밀리
Clip family 540엔
사람 · 동물 등 재미난 모양의 클립. 책
갈피처럼 사용 가능하며 포즈를 바꿀
수도 있다. **shop** 로프트 p.149
토큐핸즈 p.130

케이블 바이트
Cable Bite 734엔
아이폰 충전 케이블 단선 방지용 액
세서리. 안드로이드 충전 케이블에
도 사용 가능. **shop** 로프트 p.149
토큐핸즈 p.130

찍찍이 후크
便利キャッチフック 299엔
수세미 · 행주 · 수건을 자유로이 붙였
다 뗄 수 있는 벨크로 타입 후크. 주방 ·
욕실에서 활용도가 높다.
shop 닛토리 p.183 · 251

실리카겔 제습제
Zoo シリカゲル乾燥剤 324엔
통 속에 넣으면 국수나 파스타를 항상
뽀송뽀송한 상태로 유지시켜준다. 깜찍
한 모양은 덤! **shop** 로프트 p.149
토큐핸즈 p.130

강낭콩 모양 병 세척 스폰지
ペットボトル洗い Beans 410엔
물과 함께 병 속에 집어넣고 흔들
면 병이 깔끔하게 씻긴다. 세제는
필요 없다.
shop 토큐핸즈 p.130

아이디어 상품의 보고 100엔 숍

100엔 숍에서도 다양한 기능의 잡화·문구·주방용품을 판다. 대형 잡화점에 비해 디자인과 품질이 떨어지지만, 고작 100엔(세금 포함 110엔)이면 충분한 엄청난 가성비가 매력이다. 로프트·토큐 핸즈부터 돌아본 뒤, 100엔 숍에서 비슷한 물건을 찾는 것도 알뜰 쇼핑의 비결. 최근에는 세리아 Seria처럼 양질의 아이템을 취급하는 100엔 숍도 늘어나고 있다.

미키마우스 접시
Disney メラミンセパレート
プレート 822엔
플라스틱 재질이라 가볍다. 음식이나 다과를 내놓을 때 사용하면 편리하다.
shop 프랑프랑 p.173

초밥 지우개 iwako
おもしろけしごむお寿司 378엔
진짜 초밥과 똑같이 생긴 먹음직스러운(?) 지우개. 장식용으로도 손색이 없다. **shop** 로프트 p.149
토큐핸즈 p.130

마스킹 테이프
Masking Tape 110엔
디자인이 무척 다양하다. 일본 전통 문양, 동화 캐릭터는 물론 벚꽃처럼 시즌 아이템이 그려진 것도 있다.
shop 세리아 p.149

테이프 타입 풀
テープのり 110엔
글자 수정 테이프처럼 종이에 대고 그으면 풀이 발라진다. 양면테이프 스타일이라 마를 때까지 기다릴 필요가 없다.
shop 세리아 p.149

아플리케
アップリケ 110엔
동물·자동차 등 모양과 디자인이 다양하다. 다리미로 다리기만 하면 바로 붙어 편리하다. 찢어진 옷을 수선할 때도 요긴하다. **shop** 세리아 p.149

겨땀 제거 패드
汗とりパッド 110엔
셔츠 안쪽에 붙이면 줄줄 흐르는 겨드랑이 땀을 감쪽같이 흡수한다. 한여름에 유용한 매너 아이템이다.
shop 세리아 p.149

실리콘 깔때기
シリコンロート 110엔
자유자재로 접었다 펼 수 있으며, 공간을 적게 차지해 보관도 용이하다. 실리콘이라 위생 문제도 OK!
shop 세리아 p.149

릴 타입 스마트폰 충전 케이블
充電リールケーブル 110엔
길이 조절이 자유로운 릴 타입 충전 케이블. 최대 50㎝까지 늘어나며 여행시 유용하다.
shop 세리아 p.149

음식물 쓰레기 냄새 제거 시트
消臭シート 110엔
음식물 쓰레기통 뚜껑에 붙이면 냄새를 흡수한다. 냄새가 심해지는 여름철에 활용도가 높다.
shop 세리아 p.149

must Buy 04

알뜰살뜰 최신 전자제품 쇼핑

다양한 기능과 세련된 스타일을 뽐내는 전자제품을 구입할 수 있다. 흠이라면 대도시인 도쿄·오사카에 비해 상품 종류가 풍부하지 않다는 것이지만, 적어도 최신 아이템 구입에는 부족함이 없다.

전자제품의 보고 가전양판점 家電量販店

전자제품을 편하고 저렴하게 구입하려면 빅쿠 카메라 ビックカメラ·요도바시 카메라 ヨドバシカメラ·베스트 덴키 ベスト電器·에디온 Edion 등의 가전양판점을 찾아가자. 후쿠오카의 JR 하카타 역·텐진, 기타큐슈의 코쿠라, 벳푸 역 앞, 나가사키의 하마노마치 쇼핑 아케이드 등 주요 쇼핑가마다 지점이 있어 이용하기 편리하다.
단, 유후인·우레시노온센 등 소규모 지방 도시에는 가전양판점이 없는 경우가 많으니 전자제품 쇼핑은 대도시에 머무는 동안 끝내는 게 좋다.

최신 전자제품이 가득한 가전양판점

빅쿠 카메라

추천! 가전 양판점

빅쿠 카메라 www.biccamera.co.jp p.157
요도바시 카메라 www.yodobashi.com p.132
베스트 덴키 www.bestdenki.ne.jp
에디온 www.edion.com

가전 양판점에서는 최신형 디지털 카메라도 자유로이 조작해 볼 수 있다

요도바시 카메라 (좌)와 빅쿠 카메라 (우)의 포인트 카드 포인트가 쌓이면 현금처럼 쓸 수 있다

저렴한 전자제품 쇼핑 요령 ショッピングノーハウ

한 푼이라도 싸게 전자제품을 구입하려면 우리나라에서 파는 가격부터 확인하자. 그리고 빅쿠 카메라·요도바시 카메라 등 가전양판점 홈페이지에서 같은 물건의 가격을 알아본다. 일본어 홈페이지라도 주요 포털 사이트의 일본어 번역 서비스를 이용하면 한글로도 볼 수 있다.
구입을 결정했다면 빅쿠 카메라·요도바시 카메라·베스트 덴키에서 포인트 카드를 만들고 원하는 물건을 산다. 보통 구입 가격의 5~25%를 포인트로 적립해주는데 이를 현금처럼 사용할 수 있다. 예를 들어 10만 엔짜리 물건을 구입할 때 20%를 포인트로 적립해준다면, 그 포인트를 이용해 2만 엔짜리 물건을 살 수 있는 것. 즉 2만 엔의 할인 혜택을 받는 셈이다. 디지털 카메라 구입시 필터·삼각대 등 액세서리를 포인트로 사는 것도 요령이다.
단, 포인트 카드를 처음 만든 날은 포인트 적립은 돼도 포인트 사용은 다음 날부터 가능한 가전양판점도 있으니 주의하자. 면세가 가능한 가전양판점도 있는데 면세(10%)를 받을 경우 포인트 적립이 안 된다는 사실을 명심하자. 포인트가 10% 이상 적립될 경우 면세보다 포인트를 받는 게 훨씬 이득이다. 일본의 다른 도시를 여행할 계획이 있다면 포인트 카드는 지점이 많은 빅쿠 카메라·요도바시 카메라에서 만드는 게 유리하다.

must Buy 05

관심 집중, 쇼핑 아이템 & 추천 숍

여행자의 지갑을 유혹하는 쇼핑 품목은 무궁무진하다. 개성 넘치는 패션, 세련된 인테리어 소품과 주방용품, 깜찍하고 저렴한 아동복, 온갖 레어템으로 중무장한 만화·애니 숍 등 놓치기 아쉬운 쇼핑 아이템과 추천 숍을 알아보자.

패션

명품과 인기 디자이너스 브랜드 쇼핑의 최적지는 후쿠오카의 다운타운 텐진 (➡p.136·154)이다. 도쿄·오사카만 못한 게 조금 아쉽지만, 규슈의 유행  중심지답게 내로라하는 유명 브랜드와 대형 백화점·쇼핑몰이 밀집해 있어 선택의 폭이 넓다. 스트리트 패션과 구제의류에 관심 있다면 젊음의 거리로 통하는 후쿠오카의 다이묘·이마이즈미(➡p.139)로 향한다.

아동용품

우리나라에 비하면 '껌 값'이란 생각이 들만큼 아동복·신발·장난감이 저렴하다. 더구나 이름만 들어도 아는 유명 브랜드 제품! 여러 상품을 비교해보고 구입하려면 후쿠오카의 JR 하카타 역과 텐진의 대형 백화점 아동복 코너로 가자. 자라·꼼사 스타일 등의 패션 매장에서도 깜찍한 아동복을 저렴하게 판다. 마리노아 시티 후쿠오카(➡p.182)와 토스 프리미엄 아웃렛(➡p.184) 등 대형 아웃렛의 아동복 코너도 착한 가격과 풍부한 아이템으로 인기가 높다.

깜찍한 아동복

애니·프라모델·게임

전문 매장으로는 후쿠오카의 아니메이트(➡p.156)·보크스 후쿠오카 쇼룸(➡p.157), 기타큐슈의 아루아루 시티 あるZある City(➡p.334)를 추천한다. 특히 유명한 곳은 전국구 체인점인 아니메이트인데, 최신 상품을 가장 먼저 선보여 마니아 사이에서 인기가 높다. 규모는 조금 작지만 빅쿠 카메라·요도바시 카메라 등의 대형 가전양판점에서도 애니 DVD·프라모델·게임 코너를 운영하며 정가의 5~20%를 할인 판매한다.

인테리어·주방용품

다양한 기능과 산뜻한 디자인의 인테리어·주방용품이 우리나라보다 10~40% 저렴하다. 일본 브랜드는 물론 미국·유럽 수입품도 두루 취급한다. 심플하면서도 실용적인 생활용품의 핸즈 Hands(➡p.130·289), 아기자기한 아이템이 풍부한 로프트 Loft(➡p.149), 심플한 디자인과 합리적 가격이 돋보이는 무지루시료힌 MUJI(➡p.152·289), 도시적 감각의 세련된 인테리어 소품 전문점 프랑프랑 Francfranc(➡p.173·289)이 추천 숍이다.

만화책

후쿠오카의 쥰쿠도(➡p.156) 등 대형 서점의 만화 코너 또는 멜론 북스(➡p.156)·아니메이트(➡p.156·315) 같은 만화 전문 서점에서 판매한다. 책 종류가 워낙 다양해 구입할 책의 일본어 제목·작가·출판사를 미리 확인해 가는 센스는 필수다. 만화책을 저렴하게 구입하려면 헌책방을 이용해도 좋다. 새 책 같은 헌책을 5~70% 할인 판매한다. 대표적인 헌책방 체인은 북 오프 Book Off(➡p.132)·만다라케 まんだらけ (➡p.156) 등이다.

알면 대박, 면세 & 세일 꿀팁

면세점으로 등록된 숍·백화점에서 5,000엔 이상 물건을 구입하면 10%의 소비세를 즉석에서 면세해준다. 숍 입구에 '면세 免稅 Tax-free' 표시가 붙어 있어 면세점 등록 여부는 쉽게 확인된다. 면세를 받을 때는 반드시 여권을 제시해야 하며, 같은 날 동일한 숍에서 구입한 물품에 한해서만 면세가 된다. 일본의 3대 세일 시즌은 '연말연시, 4월 말의 골든 위크, 여름휴가가 시작되는 7월'이다. 기간은 2~3주일이며 세일 폭은 5~40% 수준. 세일 막바지에 다다를수록 할인율은 더욱 높아진다. 단, 인기 상품은 세일 초기에 품절되기 십상이다.

알아두면 유용한 기초 지식

여행에 앞서 일본에 대한 기초 지식을 익혀두는 수고는 필수. 현지에서 실수할 가능성을 줄여줄뿐더러 유사시에 유연하게 대처하는 요령이 되기도 한다. 특히 계절별 기후와 여행 시즌 정보는 일정 짜기에 반드시 필요한 중요 체크 사항이다.

여권

서울의 26개 구청 또는 각 지방 시·도청의 여권과에서 발급하며 소요기간은 1주일 정도다. 만 25세 이상의 병역 미필자는 기본서류 외에 '국외여행허가서'가 추가로 필요하다. 자세한 내용은 병무청에 전화로 문의하거나 홈페이지를 참조하자(www.mma.go.kr).

여권의 영문 이름과 서명은 신용카드와 동일하게 만드는 게 좋다. 여권과 신용카드의 이름·서명이 다를 경우 해외 사용시 문제가 될 가능성이 높다. 여권의 유효기간은 6개월 이상 남아 있어야 출입국시 문제가 되지 않는다. 유효기간이 6개월 미만인 경우 여권과에서 유효기간 연장 신청을 하거나 새로 발급 받아야 한다.

여권 발급 기본서류

여권 발급 신청서 1부, 여권용 사진 1장, 신분증, 수수료(**10년 복수여권** 26면 5만 원, 58면 5만 3,000원, **5년 복수여권** 4만 5,000원, **1년 단수여권** 2만 원)

병무청

☎ 1588-9090   🖥 www.mma.go.kr

일본 비자

우리나라와 비자 면제 협정을 맺고 있어 90일간 무비자로 체류할 수 있다.

통화

엔 円(¥), 100엔≒990원
동전 1·5·10·50·100·500엔
지폐 1,000·2,000·5,000·1만 엔
우리나라의 은행에서 환전우대쿠폰 또는 모바일 앱을 사용하면 저렴하게 환전할 수 있다. 일본 현지에 원화를 엔화로 환전해주는 은행도 있지만 환율이 나빠 손해 보기 십상이다.

1만 엔권 지폐

화사한 봄

물놀이를 즐기기에 좋은 여름

황금빛으로 물드는 가을

신용카드

무리 없이 사용할 수 있다. 단, 한국 발행 카드를 사용할 수 없는 숍도 있으니 현찰을 넉넉히 챙가져가는 게 현명하다. 일본 현지 은행 · 편의점 · 우체국의 ATM에서 신용카드 · 체크카드로 현금 인출도 가능하며 최소 단위는 1만 엔이다.

전기 & 플러그

디지털 카메라 · 스마트폰 등의 가전제품을 충전하려면 100V용 11자 플러그가 필요하다. 일본의 가전양판점에서도 팔지만 은근히 찾기 힘들고 값도 비싸다. 우리나라의 전파사 또는 다이소에서 500원 정도면 살 수 있다.

기후 및 여행 시기

우리나라의 남부 지역과 비슷한 기후라 계절적 요인으로 고생할 일은 없다. 베스트 시즌은 청명한 날씨가 이어지는 4~5월과 9~11월이다.
피해야 할 시기는 6~7월의 장마철, 9~10월의 태풍 시즌, 연휴가 이어지는 골든 위크 ゴールデンウィーク (4/29~5/5), 일본의 추석 명절에 해당하는 오봉 お盆 (8월 15일) 전후의 2~3일, 문 닫는 명소 · 레스토랑 · 숍이 많은 12/28~1/30이다.

정치체제

입헌군주제이며 국가의 상징인 일왕을 중심으로 국회와 내각으로 구성된다. 이 때문에 일본에서는 연도를 표기할 때 서기(西紀) 외에도 독자적인 연호를 사용한다. 현재의 연호는 레이와 令和이며 표기할 때 'R─○년'이라고 쓴다. 예를 들어 2019년은 레이와 1년, 2023년은 레이와 5년이다.

1인당 국민소득(GDP, 2023년)

US$ 3만 5,385(대한민국 US$ 3만 3,393).

인구 및 인구 밀도

1억 2,649만 명, 339명/㎢. 우리나라 인구의 약 2.5배이다. 그러나 인구 밀도는 우리나라가 1.4배 정도 높다.

공휴일

국경일이 일요일과 겹칠 때는 다음 월요일도 공휴일이 된다. 공휴일 사이에 낀 평일은 공휴일이며 5월 4일이 여기에 해당한다.

1월 1일	元日	설날
1월 둘째 월요일	成人の日	성인의 날
2월 11일	建国記念日	건국기념일
2월 23일	天皇誕生日	일왕 생일
3월 20일(또는 21일)	春分節	춘분절
5월 3일	憲法記念日	헌법기념일
5월 4일	緑の日	녹색의 날
5월 5일	こどもの日	어린이날
7월 20일	海の日	바다의 날
9월 셋째 월요일	敬老の日	경로의 날
9월 23일(또는 24일)	秋分節	추분절
10월 둘째 월요일	体育の日	체육의 날
11월 3일	文化の日	문화의 날
11월 23일	勤労感謝の日	근로 감사의 날

후쿠오카 기후표

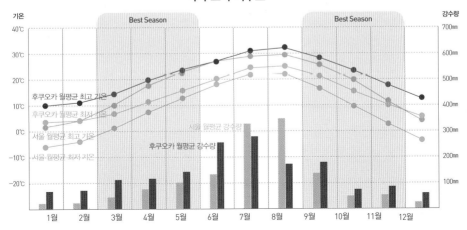

must Know 02

짧지만 알찬 여행, 베스트 4

주어진 시간은 짧고 가야 할 곳은 많다! 어디를 가야 할지, 어떻게 가야 할지 도통 감이 잡히지 않으면 다음의 4개 코스를 참고로 알찬 일정을 만들어보자. 그대로 따라 해도 무방하며 이를 토대로 자신만의 새로운 코스를 만들어도 좋다.

후쿠오카 · 야나가와 2박 3일

가볍게 주말여행을 떠나려는 직장인에게 적합한 일정이다. 세련된 숍과 맛집이 밀집한 텐진 · JR 하카타 시티, 유흥의 메카 나카스, 화려한 야경이 펼쳐지는 후쿠오카 타워, 예스러운 멋이 살아 숨 쉬는 물의 도시 야나가와 등 핵심 명소를 모두 돌아볼 수 있어 후쿠오카 여행의 하이라이트 코스라 할 수 있다. 이 일정을 소화하려면 우리나라에서 06:30~10:00, 후쿠오카에서 19:00~21:00에 출발하는 항공편을 타야 한다.

준비물 후쿠오카 왕복 항공권
숙박 후쿠오카 2박

기본 경비
숙박비 2박×7,000엔=1만 4,000엔
생활비 3일×6,000엔=1만 8,000엔
입장료 3,000엔　교통비 5,000엔　항공권 40만 원~
Total 4만 엔 + 40만 원~

Day 1
후쿠오카

후쿠오카 국제공항 → 숙소에 짐 맡기기 또는 체크인 → 텐진 p.136 → 효탄즈시 초밥 p.142 → 텐진 지하상가 p.137 → 다이묘 · 이마이즈미 p.138 → 토쵸지 p.162 → 쿠시다 신사 p.164 → 캐널 시티 하카타 p.160 → 나카스 포장마차촌 p.161

후쿠오카의 다운타운 텐진

Day 2
야나가와
후쿠오카

니시테츠 후쿠오카 역 → 니시테츠 야나가와 역 p.191 → 미하시라 신사 p.191 → 간소모토요시야 장어 덮밥 p.193 → 야나가와 유람선 p.192 → 오하나 · 쇼토엔 정원 p.192 → 칸포노슈쿠 야나가와 온천 p.193 → 니시테츠 야나가와 역 → 니시테츠 후쿠오카 역 → 후쿠오카 타워 야경 감상 p.176

물의 도시 야나가와

Day 3
후쿠오카

숙소 체크아웃 · 짐 맡기기 → 아사히 맥주 하카타 공장 p.125 → JR 하카타 시티 p.124 → 마이즈루 공원 p.179 → 오호리 공원 p.178 → 신신라멘 p.143 → 숙소에서 짐 찾기 → 후쿠오카 국제공항
※아사히 맥주 하카타 공장은 예약 필수.

아사히 맥주 하카타 공장

후쿠오카와 함께 짧은 온천 여행을 꿈꾸는 이에게 추천하는 일
정이다. 후쿠오카에서 맛집 투어와 쇼핑을 하기에 좋으며, 고급
온천 휴양지 유후인에서 느긋하게 휴식을 취할 수 있다. 한 세
기 전의 풍경이 고스란히 남겨진 히타에 들러 예스러운 정취를
만끽하는 즐거움도 놓치지 말자.
우리나라에서 06:30~10:00, 후쿠오카에서 19:00~21:00
에 출발하는 항공편 이용은 필수다. 후쿠오카↔유후인의 특
급열차 왕복 요금은 11,180엔이라 북큐슈 레일 패스(1만 엔
➡p.77)를 구입하는 게 저렴하다. 교통비를 절약하려면 기차대
신 고속버스(왕복 6,500엔)를 이용해도 좋다

준비물 후쿠오카 왕복 항공권, 북큐슈 레일 패스
숙박 후쿠오카 1박, 유후인 1박

기본 경비
숙박비 호텔 1박 7,000엔, 료칸 1박 1만 5,000엔
생활비 3일×6,000엔=1만 8,000엔
입장료 0엔
교통비 1,000엔 + 1만 엔(북큐슈 레일 패스)
항공권 40만 원~
Total 5만 1,000엔 + 40만 원~

Day 1
후쿠오카

후쿠오카 국제공항 → 숙소에 짐 맡기기 또
는 체크인 → 텐진 p.136 → 효탄즈시 초밥
p.142 → 텐진 지하상가 p.137 → 다이묘 · 이
마이즈미 p.138 → 토쵸지 p.162
→ 쿠시다 신사 p.164 → 캐널
시티 하카타 p.160 → 나카스
포장마차촌 p.161

쇼핑 천국 텐진 지하상가

Day 2
유후인

JR 하카타 역 → 특급열차 유후인노모리
p.208 → JR 유후인 역 p.209 → 숙소에 짐
맡기기 또는 체크인 → 유후인 버거 하우스
p.222 → 동구리노모리 p.227 → 유노츠보 상
점가 p.214 → 유후인 플로랄 빌리지 p.217
→ 긴상 크로켓 본점 p.224 → 유후인 오르골
의 숲 p.227 → 킨린 호수 p.215 → 온천 즐
기기 p.220

※유후인노모리는 하카타 역 09:24 출발→유후인 역
11:36 도착편을 이용한다. 기차 예약이 여의치 않을 때는
비슷한 시간대의 고속버스를 이용한다.

고급 온천 휴양지 유후인

Day 3
히타
후쿠오카

JR 유후인 역 → JR 히타 역 p.228 → 마메
다마치 p.228 → 히타쇼유 히나고텐 p.228
→ 쿤쵸 양조장 자료관 p.228 → JR 히타 역
→ JR 하카타 역 → JR 하카타 시티 p.124
→ 하카타메이부츠 모츠나베쇼라쿠 곱창전골
p.127 → 후쿠오카 국제공항

※유후인 역~히타 역~하카타 역 구간은 열차 운행이 뜸
하다. 미리 시각표를 확인하고 예약한 뒤 움직이는 게 안
전하다. 열차 이용이 힘들 때는 히타를 빼고 유후인에서
바로 후쿠오카로 넘어간다.

역 자체가 대형 쇼핑 센터인 JR 하카타 역

후쿠오카 · 나가사키 3박 4일

현대적인 도시 후쿠오카, 역사의 도시 나가사키, 온천 휴양지 운젠을 한꺼번에 돌아본다. 마을 전체가 부글부글 끓어오르는 신기한 광경의 운젠은 천연 유황 온천으로도 유명하다.
항공편은 인천↔후쿠오카 왕복편을 이용한다. 마지막날 귀국할 때 나가사키에서 후쿠오카 국제공항까지 가야 하므로 후쿠오카발 항공편은 최대한 오후 늦게 출발하는 것으로 선택해야 안전하다. 나가사키→후쿠오카는 신칸센 · 특급열차로 1시간 20분 걸린다. 숙박은 후쿠오카 · 나가사키는 호텔, 운젠은 온천 료칸을 예약한다. 교통편은 기차 · 버스를 이용하는데, 그때그때 편도 티켓을 구입하는 게 경제적이다.

준비물	인천 → 후쿠오카 왕복 항공권
숙박	후쿠오카 1박, 운젠 1박, 나가사키 1박

기본 경비
숙박비 호텔 2박 1만 4,000엔, 료칸 1박 1만 5,000엔
생활비 3일×6,000엔=1만 8,000엔
입장료 2,500엔
교통비 1만 5,000엔
항공권 40만 원~
Total 6만 4,500엔 + 40만 원~

Day 1
후쿠오카

후쿠오카 국제공항 → 숙소에 짐 맡기기 또는 체크인 → 신신라멘 p.143 → 텐진 p.136 → 텐진 지하상가 p.137 → 후쿠오카 타워 p.176 → 시사이드 모모치 해변공원 p.177 → JR 하카타 시티 p.124 → 캐널 시티 하카타 p.160 → 나카스 포장마차촌 p.161

※버스 · 지하철을 5회 이상 이용하므로 후쿠오카 투어리스트 시티 패스(➡p.119)를 구입하는 게 경제적이다.

시사이드 모모치 해변공원

Day 2
운젠

JR 하카타 역 → 특급열차 카모메 p.318 → JR 이사하야 역 → 운젠 행 버스 환승 → 운젠 정류장 → 숙소에 짐 맡기기 또는 체크인 → 운젠 산의 정보관 p.319 → 지고쿠 p.318 → 료칸 숙박 & 온천 즐기기 p.319

※운젠의 일부 료칸에서는 이사하야 역↔운젠, 운젠↔나가사키 구간의 무료 셔틀버스를 운행하니 예약시 확인하자.

온천 마을 운젠

Day 3
나가사키

운젠 정류장 → 나가사키 버스터미널 → JR 나가사키 역 코인로커에 짐 보관 → 평화공원 p.292 → 우라카미텐슈도 p.295 → 원폭 낙하 중심지 p.293 → 차이나타운 p.298 → 오란다자카 p.299→히가시야마테 12번관 p.304 → 오우라텐슈도 p.306 → 글로버 정원 p.300 → 시카이로 원조 나가사키 짬뽕 p.310

※운젠에서 나가사키까지는 고속버스로 1시간 40분 걸린다.

평화기념상

Day 4
나가사키→ 인천

JR 나가사키 역 → 신칸센 · 특급열차 → JR 하카타 역 → 후쿠오카 시내 → 후쿠오카 국제공항

기타큐슈·벳푸 3박 4일

현대적인 도시에 100년 전의 풍경이 어우러진 기타큐슈와 일본 3대 온천 휴양지 가운데 하나로 꼽히는 벳푸를 여행한다. 일본으로 갈 때는 오전, 한국으로 돌아올 때는 오후 항공편을 이용해야 현지에서 여행하는 시간을 최대한 벌 수 있다.

숙박은 경제적인 비즈니스 호텔을 이용한다. 벳푸에서 온천 료칸에 묵을 경우 숙박비는 1박당 1만 엔 정도가 추가된다. 기타큐슈에서 벳푸로 가는 특급열차를 탈 때는 왕복 티켓인 니마이킷푸(➡p.77)를 구입한다. 편도로 구입하는 것보다 30% 정도 저렴하다.

준비물 인천 → 후쿠오카 왕복 항공권	
숙박 기타큐슈 1박, 벳푸 2박	

기본 경비
숙박비 3박×7,000엔=2만 1,000엔
생활비 4일×6,000엔=2만 4,000엔
입장료 3,000엔
교통비 1만 5,000엔
항공권 40만 원~
Total 6만 3,000엔 + 40만 원~

Day 1
기타큐슈

후쿠오카 국제공항 → 숙소에 짐 맡기기 또는 체크인 → JR 코쿠라 역 → 쾌속·보통열차 → JR 모지코 역 → 칸몬 해협 박물관 p.339 → 구 모지미츠이 클럽 p.340 → 구 모지 세관 p.340 → 국제우호 기념도서관 p.340 → 카이코 플라자 p.338 → 베어 푸르츠 모지코혼텐 야키카레 p.342

※시간이 남으면 시모노세키(연락선 5분)를 다녀온다.

이국적인 모지 항의 풍경

Day 2
벳푸

JR 코쿠라 역 → 특급열차 → JR 벳푸 역 → 숙소 또는 JR 벳푸 역 코인로커에 짐 보관 → 오니이시보즈 지옥 p.258 → 우미 지옥 p.258 → 카마도 지옥 p.259 → 오니야마 지옥 p.259 → 시라이케 지옥 p.260 → 칸나와온센 마을 p.257 → 치노이케 지옥 p.260 → 타츠마키 지옥 p.260 → 솔 파세오 긴자 상점가 p.244 → 타케가와라 온천 p.245 → 토요츠네 튀김덮밥 p.247 → 숙소 체크인·온천 즐기기 p.252·263

※코쿠라 역에서 벳푸까지는 1시간 20분 정도 걸린다. 벳푸에서는 이틀 동안 버스를 타고 다니므로 벳푸 역의 여행 인포메이션 센터에서 마이 벳푸 프리 미니 2일권(➡p.238)을 구입한다.

일본의 3대 온천 휴양지 벳푸

Day 3
유후인 벳푸

JR 벳푸 역 → 시다카 호수 p.266 → 규슈 올레 벳푸 코스 p.268 → 벳푸키타하마 버스 센터 → 타카사키야마 자연 동물원 p.270 · 기아센이즈츠 회덮밥 p.240 → 온천 즐기기 p.252·263

※JR 벳푸 역과 시다카 호수를 오가는 버스는 운행편수가 적으니 주의하자.

청정 자연의 시다카 호수

Day 4
기타큐슈

JR 벳푸 역 → 특급열차 → JR 코쿠라 역 → 코쿠라 역 코인로커에 짐 보관 → 코쿠라 성 p.332 → 우오마치긴텐가이 상점가 p.333 → 탄가 시장 p.333 → 메텔과 철이 벤치 p.334 → 짐 찾기 → 후쿠오카 국제공항

웅장한 외관의 코쿠라 성

must Know 03

저렴한 항공권 구입 요령

항공 요금 비교 사이트를 적극 활용하자. 원하는 목적지와 일정만 입력하면 저렴한 항공권을 취급하는 여행사·항공사를 쉽게 찾을 수 있다. 여기 더해 평소보다 요금이 싸지는 비수기와 평일을 노리는 센스는 필수다.

※사가·기타큐슈·오이타·나가사키 항공편은 2023년 하반기 이후 운항 재개 예정.

현재 8개 항공사에서 북큐슈의 주요 도시를 연결하는 8개 노선을 운항한다. 소요시간은 50분~1시간 40분이며, 항공사마다 요금·스케줄·서비스에 차이가 있으니 꼼꼼히 비교해보고 자신의 일정과 스타일에 맞는 항공사를 선택하자.

취항 노선별 특징

우리나라와 북큐슈를 연결하는 항공 노선은 인천~후쿠오카, 인천~나가사키, 인천~사가, 인천~기타큐슈, 인천~오이타(벳푸), 김해(부산)~후쿠오카, 김해~기타큐슈, 대구~후쿠오카의 8개가 있다. 가장 많은 항공사가 취항하는 노선은 인천~후쿠오카 구간이며, 저렴한 항공권도 이 구간에서 제일 많이 나온다.

8개 항공사 가운데 요금이 가장 저렴한 것은 에어서울을 비롯한 저가항공사이며, 스케줄이 편리한 것은 아시아나항공·대한항공 등의 대형 항공사다. 일부 항공사는 짧은 일정을 효율적으로 소화하기에 유리한 인천 오전 출발, 후쿠오카 오후 출발편도 운항한다.

북큐슈 노선 운항사

에어서울 https://www.flyairseoul.com
이스타항공 www.eastarjet.com(운휴)
제주항공 www.jejuair.net
진에어 www.jinair.com
티웨이항공 www.twayair.com
에어부산 www.airbusan.com
대한항공 http://kr.koreanair.com
아시아나항공 http://flyasiana.com

할인 항공권 구입 요령

항공권에는 정가가 없다. 같은 노선, 같은 항공편, 같은 좌석일지라도 구입 시기와

판매처에 따라 적게는 몇 천 원에서 많게는 수십 만 원까지 차이가 난다. 따라서 꼼꼼한 가격 비교는 필수다. 오프라인보다 온라인 여행사가 저렴하며, 항공사에서 인터넷 판매를 전제로 특가 항공권을 내놓기도 한다는 사실을 알아두자. 여기 더해 '비수기에, 저가항공사를, 서둘러 예약'하는 기본 원칙과 몇 가지 주의사항만 알면 저렴한 항공권은 의외로 쉽게 구해진다.

❶ 항공 요금 비교 사이트를 활용하라

수많은 항공 요금을 개인이 일일이 비교하기란 사실상 불가능에 가깝다. 가장 편리하고 확실한 방법은 항공 요금 비교 사이트를 활용하는 것이다. 출발지·목적지·출발일·귀국일만 입력하면 해당 노선을 운항하는 모든 항공편의 스케줄과 요금이 가격대별로 검색되며 바로 구입할 수도 있다.

스카이스캐너 www.skyscanner.co.kr
카약 www.kayak.co.kr

❷ 비수기를 노려라

비수기엔 항공 요금도 내려간다. 기본적으로 12~2월, 6~8월의 방학 기간과 설·추석 연휴를 제외한 나머지 시즌이 비수기에 해당한다. 성수기에 비해서 10~40% 요금이 저렴한 것은 물론, 여행자가 적어 항공권 구하기도 수월하다.

❸ 평일에는 항공권이 싸진다

토·일요일에 출발·귀국하는 항공편은 평일보다 요금이 비싸다. 경비를 절약하려면 월~금요일 사이에 운항하는 항공편을 이용하자. 꼭 주말을 끼워야 하는 경우에도 금요일 출발, 월요일 귀국 식으로 주말을 살짝 피하면 요금이 싸진다.

❹ 저가항공사를 선택하라

시기와 조건에 따라 다르지만 요금은 에어서울 등의 저가항공사가 가장 저렴하며, 대한항공·아시아나항공 등의 대형 항공사는 저가항공사보다 10~30% 비싸다. 따라서 저렴한 저가항공사의 요금부터 알아보는 게 순서. 파격적인 이벤트 요금이 등장하기도 하니 항공사 홈페이지를 수시로 살펴보자.

❺ 서둘러 예약하라

일정이 잡히자마자 예약을 서두르자. 저렴한 항공권은 순식간에 매진돼 잠시라도 미적거려서는 곤란하다. 더구나 성수기·주말·연휴 기간에는 여행자가 폭증해 항공권 구하기가 더욱 어렵다. 최대한 저렴한 항공권을 구하려면 출발 예정일 3~6개월 전에는 구입해야 한다.

❻ 다구간 여정을 활용하라

일본의 입국 공항과 출국 공항을 달리하는 방법이다. 예를 들어 후쿠오카와 나가사키를 모두 취항하는 에어서울로 후쿠오카·나가사키를 여행할 때는 인천→후쿠오카, 나가사키→인천으로 항공권을 구입해도 된다. 이 경우 후쿠오카~나가사키 구간을 왕복 이동할 필요가 없어 시간과 교통비가 절약된다. 요금도 인천↔후쿠오카 또는 인천↔나가사키 왕복과 비슷하다.

❼ 출국시 공항세가 면제되는 공항도 있다

북큐슈에서 출국시 공항세(약 1만 원)를 받는 공항은 후쿠오카 국제공항뿐이다. 나가사키·사가·기타큐슈·오이타 국제공항은 공항세가 면제돼 그만큼 비용이 절약된다. 다구간 여정으로 항공권을 구입할 때는 입국시 후쿠오카 국제공항, 출국시 나가사키·사가·기타큐슈·오이타 국제공항을 선택해 공항세를 절약한다.

❽ 운항 스케줄에 주의하라

최악의 항공 스케줄은 우리나라에서 오후 늦게, 일본에서 오전 일찍 출발하는 것이다. 하는 일 없이 꼬박 이틀을 공항에서 허비하게 되니 운항 스케줄을 꼼꼼히 살펴보자. 일정이 짧으면 짧을수록 우리나라에서는 오전 일찍, 일본에서는 오후 늦게 출발하는 항공편을 이용해야 여행하는 시간을 최대한 확보할 수 있다.

❾ 할인 항공권의 조건을 확인하라

할인 항공권에는 유효기간이 짧은 것, 특정 기간에만 이용 가능한 것, 출발·귀국 일시 변경이 불가능한 것 등 여러 조건과 제약이 붙는다. 싼 가격에 현혹되지 말고 일정과 항공권의 조건이 맞는지 꼼꼼히 점검하자.

❿ 수하물 무게에 주의하라

일반적으로 아시아나항공·대한항공의 무료 수하물은 이코노미석(일반석) 기준 23kg다. 하지만 저가항공사는 15kg까지만 무료이며, 초과된 무게에 대해 3~4만 원의 추가 비용을 받는다. 기본 수하물 무게가 초과될 경우 저가항공사가 오히려 대형 항공사보다 요금이 비싸지는 황당한 결과가 발생하기도 하니 주의하자. 특히 쇼핑이 목적이라면 더욱더!

⓫ 무료 수하물에 주의하라

저가항공사에서는 요금이 싼 대신 무료 위탁 수하물 서비스가 포함되지 않은 항공권도 판매한다. 물론 1개의 기내수하물(10kg 이내)만으로 여행할 때는 전혀 문제가 되지 않는다. 하지만 짐이 늘거나 기내 반입이 불가능한 화장품·액체류·위험물이 포함된 경우 위탁 수하물로 짐을 부쳐야 하는데, 1건당 1회 4만 원 이상의 비용이 발생한다.

⓬ 항공권에 기재된 날짜와 이름을 확인하라

항공권에 출발·귀국일이 잘못 기재된 경우 정정에 비용이 발생하며 자칫 여행 일정이 헝클어질 수 있다. 영문 이름이 잘못 기재된 경우는 사태가 더욱 심각하다. 항공권과 여권상의 영문 이름은 반드시 일치해야 하는 게 원칙. 만약 알파벳 '한 자'라도 틀리면 애써 구입한 항공권이 휴지조각이 돼버리니 주의하자.

항공사·공항별 취항 노선도

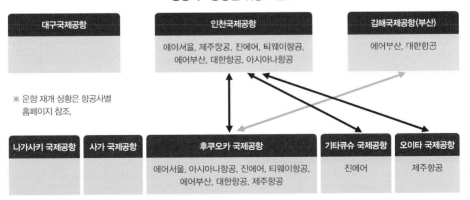

대구국제공항	인천국제공항	김해국제공항(부산)
	에이서울, 제주항공, 진에어, 티웨이항공, 에어부산, 대한항공, 아시아나항공	에어부산, 대한항공

※ 운항 재개 상황은 항공사별 홈페이지 참조.

나가사키 국제공항	사가 국제공항	후쿠오카 국제공항	기타큐슈 국제공항	오이타 국제공항
		에어서울, 아시아나항공, 진에어, 티웨이항공, 에어부산, 대한항공, 제주항공	진에어	제주항공

배로 떠나는 일본 여행

부산~후쿠오카, 부산~시모노세키를 연결하는 3개 노선을 이용할 수 있다. 단, 부산 거주자가 아니면 이용하기 불편할뿐더러 요금도 비행기와 비슷해 특별한 메리트는 없다. 항공 좌석을 구하기 힘들때 대체편으로 이용할 만하다.

뉴카멜리아 부산 ↔ 후쿠오카

고려훼리에서 운항하는 대형 여객선이다. 가장 저렴한 2등실은 여럿이서 마룻바닥에 요를 깔고 자는 스타일이다. 부산 국제여객터미널(➡p.94), 하카타 항 국제터미널(➡p.108) 이용법은 해당 페이지를 참고하자.

고려훼리 www.koreaferry.kr

운항 시각표

구간	출항	도착
부산 → 후쿠오카	22:30	익일 07:30
후쿠오카 → 부산	12:30	18:00

여객 운임표

구간	편도	왕복
특별실	200,000원	380,000원
특등 1인실	160,000원	304,000원
특등 2인실	140,000원	266,000원
1등실	120,000원	228,000원
2등실	90,000원	171,000원

비틀 부산 ↔ 후쿠오카

일본 국적의 고속선으로 대한해협을 3시간 만에 주파한다. 부산 국제여객터미널(➡p.94), 하카타 항 국제터미널(➡p.108) 이용법은 해당 페이지를 참고하자.

JR 규슈고속선 www.jrbeetle.com

운항 시각표

※ 운항 스케줄이 무척 유동적이니 주의!

구간	출항	도착
부산 → 후쿠오카	15:00	18:40
	–	–
후쿠오카 → 부산	09:00	12:40
	–	–
	–	–

여객 운임표

구간	편도	왕복
성인	1만 6,000엔	3만 2,000엔
소인	8,000원	1만 6,000엔

부관훼리 부산 ↔ 시모노세키

기타큐슈에서 기차로 18분 거리에 위치한 혼슈의 항구도시 시모노세키를 오가는 대형 여객선이다. 한국 선적의 성희호와 일본 선적의 하마유 はまゆ 두 대가 번갈아가며 운항한다. 가장 저렴한 2등실은 여럿이서 마룻바닥에 요를 깔고 자는 스타일이다. 부산 국제여객터미널(➡p.94), 시모노세키 항 국제 페리터미널(➡p.343) 이용법은 해당 페이지를 참고하자.

부관훼리 www.pukwan.co.kr

운항 시각표

구간	출항	도착
부산 → 시모노세키	21:00	익일 08:00
시모노세키 → 부산	19:45	07:45

여객 운임표

구간	편도	왕복
스위트	251,000원	484,500원
디럭스	175,000원	332,500원
1등실	125,000원	237,500원
2등실	95,000원	180,500원

선박 운항 노선도

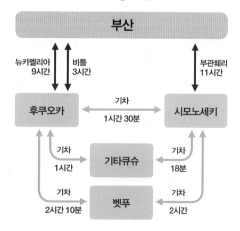

must Know 05

알짜 여행 정보 수집

가이드북과 인터넷만 있으면 필요한 정보는 얼마든지 구할 수 있다. 남은 과제는 최대한 신뢰도 높은 정보를 골라내는 것뿐! 현지 분위기는 다양한 인터넷 여행기로, 그리고 세부적인 여행 정보는 따끈따끈한 최신 가이드북을 통해 얻는다.

재미난 여행기가 넘치는 블로그

생생한 현지 이야기로 가득한 곳은 인터넷, 특히 개인 블로그다. 후쿠오카·유후인·벳푸·나가사키 등 구체적인 도시명을 키워드로 검색하면 수천 개의 관련 블로그가 찾아지는데, 이 가운데 가장 최근 것으로 사진이 풍부한 블로그를 차근차근 살펴보자. 2~3일만 투자하면 인기 스폿은 대충 감이 잡힌다. 동시에 일본 여행 관련 카페·홈페이지를 검색하며 정보의 신빙성을 검증하는 과정은 필수다.

항공권·호텔 정보도 인터넷으로 알아보자. 실시간 예약도 가능해 발품 파는 수고를 상당 부분 덜어준다. 일본어가 가능하면 일본 현지 사이트에 접속해 필요한 정보를 실시간으로 구할 수도 있다.

클로즈업 시리즈 www.clzup.com
야후 재팬 www.yahoo.co.jp
인스타그램 www.instagram.com/t_ssalon

체계적인 정보의 가이드북

인터넷으로 기본적인 분위기를 파악한 뒤에는 가이드북을 탐독하며 구체적인 정보를 구한다. 가이드북에는 명소·레스토랑·숍 정보가 체계적으로 정리돼 있어 지리적 개념과 일정을 잡는 데 큰 도움이 된다. 관련 홈페이지·카페를 통해 부족한 정보를 보완하면 자신만의 개성 만점 가이드북도 만들 수 있다.

여행자를 통한 정보 수집

여행 경험자를 통해서는 현실감 넘치는 생생한 여행의 기술을 배울 수 있다. 단, 자기 경험을 하나도 빠짐없이 얘기해줄 수 있는 이는 없으니 기본적인 지식을 먼저 습득하고 궁금한 사항을 조목조목 물어보는 게 현명하다. 또한 볼거리·숙소에 관한 평은 주관적 요소가 개입되기 쉬우므로 준비 과정에 참고로만 받아들이는 게 좋다.

일본정부관광국 JNTO

미리 필요한 정보와 브로슈어를 구해 놓으면 편리하다

최신 일본 여행 정보와 자료를 가장 확실하게 구할 수 있는 곳이다. 서울 사무소에는 도쿄는 물론 일본 전역을 소개하는 한국어·일본어·영문 자료, 그리고 각 도시별 자료가 충실히 비치돼 있어 여행 준비에 큰 도움이 된다.

현지 정보가 충실한 홈페이지도 운영하는데 특히 눈여겨볼 곳은 What's New·지역관광정보·자료실 코너다. 일반적으로 접하기 힘든 지역·도시에 대한 정보가 풍부한 것은 물론, 시즌마다 변동되는 세일·축제·이벤트 정보를 주기적으로 제공해 일정 짜기에 유용하다. 일본의 지역별 가이드북을 PDF 파일로 다운로드 받을 수 있는 'e-가이드북'과 다채로운 여행 정보가 담긴 월간지 형식의 'Japan Monthly Web Magazine'도 살펴보면 좋을 듯!

joinjroute(www.welcometojapan.or.kr/jroute) 사이트도 놓치지 말자. 식도락·문화체험 등 색다른 테마로 여행을 즐기는 방법과 구체적인 코스를 소개하며, 해당 코스를 여행하는 데 필요한 경제적인 항공편·교통 패스 및 이벤트 정보도 제공한다.

일본정부관광국 서울 사무소

풍부한 여행 정보를 제공하는 일본정부관광국 홈페이지

운영 09:30~12:00, 13:00~17:30
휴무 토·일·공휴일
주소 서울시 중구 을지로 16 프레지던트 호텔(백남 빌딩) 2층
전화 02-777-8601
홈피 www.welcometojapan.or.kr
페북 www.facebook.com/joinjroute
교통 지하철 1·2호선 시청역 하차, 5번 출구에서 도보 5분. 또는 지하철 2호선 을지로입구역 하차, 8번 출구에서 도보 3분.

후쿠오카 국제공항 관광 안내소

운영 08:00~20:00
전화 092-621-0303
교통 후쿠오카 국제공항 국제선 터미널 1층에 있다.

규슈 관광 정보

홈피 www.welcomekyushu.jp

경제적이고 안락한 숙소 구하기

숙소를 고를 때는 시설·요금도 중요하지만 위치와 교통이 얼마나 편한지 꼼꼼히 따져봐야 한다. 적당한 곳이 눈에 띄면 망설이지 말고 예약하자. 특히 싸고 좋은 숙소는 금세 자리가 차기 때문에 예약을 서둘러야 한다.

일본의 대표적인 숙박시설은 비즈니스 호텔·게스트하우스·여관·유스호스텔·에어비앤비 등이다. 경제적인 배낭여행을 목적으로 한다면 유스호스텔, 세계 각국의 여행자와 소통하고 싶다면 게스트하우스, 일본의 정취를 만끽하려면 전통 여관, 무조건 편한 곳을 원하면 안락한 시설과 완벽한 사생활이 보장되는 비즈니스 호텔을 추천한다. 예약은 전화 또는 인터넷으로 한다.

비즈니스 호텔 ビジネスホテル

우리가 일반적으로 생각하는 호텔보다 규모가 조금 작은 호텔이라고 보면 된다. 다른 숙소에 비해 요금이 살짝 비싸지만 중급 이상의 호텔에 비하면 상대적으로 저렴하다. 흔히 객실 크기를 보고 경악(?)을 금치 못하는데, 일반적으로 싱글 룸이 서너 평 정도라고 보면 된다. 비좁은 객실에는 침대·TV·전화·냉장고 등의 편의시설이 오밀조밀 배치돼 있다. 화장실·욕실은 대부분 객실에 딸려 있으나 요금이 싼 곳은 공용인 경우도 있다. 아주 싸구려 비즈니스 호텔이 아닌 이상 비누·샴푸·칫솔·치약·수건은 모두 무료로 제공된다. TV는 공중파에 한해 무료로 시청할 수 있으며 성인 방송은 유료다. 실내에서는 유카타 ゆかた라는 잠옷을 입고 지낸다.
예산 싱글 6,000엔~, 세미더블 8,000엔~, 더블 1만 엔~

쾌적한 시설을 원한다면 비즈니스 호텔을 이용하는 게 좋다

좁지만 깔끔한 욕실이 딸려 있다

여관 旅館

'료칸 旅館'이라고 부르는 여관은 일본의 주거문화 체험이란 측면에서 한 번쯤 이용해볼 가치가 있다. 대부분 전통 스타일의 다다미 방이며 바닥에 요를 깔고 잔다. 시설은 천차만별인데 싸구려 여관은 좁은 객실에 TV·냉난방기가 시설의 전부이며 욕실·화장실도 공용인 경우가 많다. 하지만 1만 엔 이상의 고급 여관은 비교적 널찍한 객실에 깔끔하고 세련된 서비스가 기본! 여기 더해

다다미를 사용하는 전형적인 일본식 여관

그 여관만이 자랑하는 전통요리를 맛볼 수 있는 등 독특한 체험도 가능하다. 세면도구는 무료로 제공하며 객실에서는 유카타라는 잠옷을 입고 지낸다. 여관은 벳푸·유후인·우레시노온센 등 온천 휴양지에 많다.
예산 1인실 6,000엔~, 2인실 1만 2,000엔~

에어비앤비 Air B&B

최근 인기를 끌고 있는 공유형 숙박시설이다. 일반 가정집을 빌리는 것이라 현지인의 삶을 체험할 수 있는 게 나름의 장점이다. 주방 사용이 가능한 곳도 많아 음식을 해먹기에도 좋다. 단점은 호텔에 비해 청결함이나 서비스를 기대하기 힘들고, 체크아웃을 하면 짐을 맡길 곳이

아는 게 힘! 숙소 용어

도미토리 Dormitory ドミトリー 한 방에서 여럿이 자는 스타일의 숙소. 다인실이라고도 부른다.

싱글 Single シングル 침대 한 개를 혼자서 쓰는 방.

더블 Double ダブル 침대 한 개를 둘이서 쓰는 방.

세미더블 Semi-double セミダブル 침대가 하나인 싱글 룸을 둘이서 사용하는 것. 더블보다 요금이 조금 싸지만 그만큼 불편을 감수해야 한다. 특히 폭 140cm 이하의 침대를 사용하는 세미더블은 둘이 같이 자기가 쉽지 않다는 사실을 기억할 것!

트윈 Twin ツイン 침대가 두 개 있는 방.

스도마리 素泊まり 숙소에서 제공하는 식사 없이 잠만 자는 것. 여관·유스호스텔에서는 아침·저녁 식비를 포함해 숙박비를 받기도 하는데, 스도마리로 예약하면 식비가 빠지는 만큼 숙박비가 저렴해진다.

트리플 Triple トリプル 침대가 3개 있는 방. 또는 3인이 함께 머물 수 있는 객실.

엑스트라 베드 Extra Bed エキストラベッド 보조 침대. 1인실 또는 2인실에 보조 침대를 설치해 두세 명이 함께 이용할 수 있다. 약간의 추가요금이 필요하다.

마땅치 않아 불편하다는 것이다. 불법 영업과 몰카 시비가 심심찮게 발생하는 만큼 예약시 호스트의 평판과 이용자 후기를 꼼꼼히 살펴보는 것도 잊어서는 안 된다.
[예산] 1인당 5,000엔~ [홈피] www.airbnb.co.kr

게스트하우스 ゲストハウス

한 방에서 여럿이 자는 도미토리 스타일의 객실

시설이 조금 떨어지지만 배낭여행자에게 이만큼 경제적인 숙소도 없다. 외국인 배낭여행자가 주고객이며 도미토리 객실에 욕실·화장실은 공용이다. 취사시설을 갖춘 곳도 많다. 일반 주택을 개조해서 운영하는 곳이 대부분이라 일본다운 면이 강하며, 비교적 영어가 잘 통하는 것도 장점이다. 여기 더해 다양한 국적의 친구를 사귀기에 좋은 것도 큰 매력! 게스트하우스는 후쿠오카·나가사키·벳부 등 유명 관광지에 집중돼 있다. 교통이 불편한 경우가 많으니 반드시 기차역·지하철역에서의 거리를 확인하고 예약해야 한다.
[예산] 도미토리 4,000엔~, 1인실 5,000엔~

유스호스텔 ユースホステル YH

경제적인 여행을 목적으로 하는 일본인과 외국인이 주로 이용한다. 젊은 층의 이용 비율이 높아 분위기도 활기차다. 객실은 대부분 2층 침대가 구비된 방을 4~8명이 함께 이용하는 도미토리 스타일이다. 냉난방기 등의 기본적인 시설만 갖췄으며 TV는 별도의 휴게실에서 시청한다. 욕실·화장실은 공용이지만 숫자가 넉넉해 그리 불편하진 않다. 대부분의 유스호스텔은 별도의 요금으로 푸짐한 아침·저녁 식사를 제공한다. 대신 취사시설을 갖춘 곳은 많지 않다.
유스호스텔증이 없으면 숙박이 불가능하거나 추가요금을 받는 곳도 있으니 미리 우리나라에서 발급받아 가는 게 좋다. 일본에서 이용 가능한 유스호스텔은 유스호스텔 연맹 홈페이지에서 쉽게 찾을 수 있다.
[예산] 도미토리 4,000엔~
한국 유스호스텔 연맹 [홈피] www.youthhostel.or.kr
일본 유스호스텔 연맹 [홈피] www.jyh.or.jp

캡슐 호텔 カプセルホテル

지극히 일본적인 숙박시설. 똑바로 눕거나 앉을 수 있는 공간의 기다란 캡슐이 층층이 놓여 있고, 그 안에 한 사람씩 들어가서 잔다. 심한 표현으로 하얀 관이 질서정연하게 놓인 모습을 떠올리면 이해가 쉬울 듯.
체크인 때 프런트에서 키를 주는데 여기 적힌 번호가 자

캡슐 호텔의 내부

신이 이용할 로커와 캡슐의 번호다. 로커는 이 키로 열고 잠근다. 캡슐 안에는 미니 TV·라디오·알람시계 등이 설치돼 있다. 세면도구는 모두 무료로 제공된다. 단점은 일단 체크인하면 외출이 불가능하며 연속으로 숙박할 수 없다는 것, 그리고 대부분 남성 전용이란 것이다. 자정을 넘기면 만실(滿室)이 될 가능성이 높으니 가기 전에 전화로 자리가 있나 확인하는 게 좋다. 캡슐 호텔은 후쿠오카와 나가사키에서 이용할 수 있다.
[예산] 1인당 3,000엔~

싸고 편하게 호텔·여관 예약하기

호텔·여관 숙박비는 평일이 가장 저렴하다. 금·토·일요일, 공휴일, 연휴기간에는 숙박비가 평소보다 1.5~2배가량 비싸며 빈 객실을 찾기도 어렵다. 예약은 2~3개월 전에는 해야 원하는 곳을 무리 없이 선택할 수 있다.
예약은 '호텔 예약 사이트'를 적극 활용하자. 도시명과 체크인, 체크아웃 날짜만 입력하면 예약 가능한 호텔을 손쉽게 찾을 수 있다. 눈여겨볼 것은 이용자 후기다. 되도록 후기가 많고 평이 좋은 곳을 선택하는 게 현명하다. 또한 예약 사이트의 지도를 통해 기차역·지하철역과의 거리를 확인하는 것도 잊지 말자. 도보 5~10분 이내의 숙소여야 짐이 많더라도 편하게 찾아갈 수 있다.
구글맵에서 검색 조건을 '호텔'로 맞춰놓으면 해당 지역의 지도와 함께 예약 가능한 호텔의 요금이 화면에 표시된다. 이것을 보고 여행지 또는 기차역과 가까운 저렴한 호텔을 고르는 것도 좋은 방법이다.
마음에 드는 호텔을 찾았으면 해당 호텔의 홈페이지도 살펴보자. 예약 사이트를 통하지 않고 자체 홈페이지에서 예약할 경우 좀 더 싼 요금을 적용시켜주기도 한다. 호텔 홈페이지는 예약 사이트에서 찾은 호텔 이름을 복사해 야후 재팬(www.yahoo.co.jp)과 구글(www.google.com) 검색창에 붙여 넣으면 금방 찾을 수 있다. 숙박비에 10%의 소비세가 추가되기도 하니 최종 결제화면에서 총금액을 꼼꼼히 확인하는 것도 잊지 말자.

호텔 예약 사이트
라쿠텐트래블 https://travel.rakuten.co.kr
부킹닷컴 www.booking.com
아고다 www.agoda.com
익스피디아 www.expedia.co.kr
자란넷 www.jalan.net
트리바고 www.trivago.co.kr
호텔스 컴바인 www.hotelscombined.co.kr
호텔스닷컴 https://kr.hotels.com
호텔패스닷컴 www.hotelpass.com

빠르고 편리한 기차 여행

정확한 운행 스케줄과 안락한 서비스, 그리고 거미줄처럼 잘 짜인 철도망을 자랑하는 기차는 일본 여행에 있어 최상의 교통수단이다. 하지만 일본의 높은 물가를 반영하듯 요금이 만만치 않다. 경비 절약을 위해 철도 패스를 구입해도 좋다.

기차 종류

규슈에서 운행되는 주요 철도는 JR(Japan Rail)에서 운영한다. 열차 등급은 신칸센 · 특급 · 급행 · 쾌속 · 보통으로 나뉘는데, 이 순서로 빠르기가 정해지며 그에 비례해 요금도 비싸진다. 요금이 가장 저렴한 급행 · 쾌속 · 보통 열차는 모두 요금이 동일하니 이동 시간을 절약하려면 급행 · 쾌속 위주로 이용한다.

❶ 신칸센 新幹線

속도가 빠른 신칸센

시속 300km로 달리는 초고속 열차다. 빠른 만큼 요금이 비싸지만 시설과 서비스는 일본의 열차 가운데 단연 으뜸이다. KTX보다 좌석이 크고 간격도 넓어 쾌적하다. 북큐슈에서는 하카타~쿠마모토, 하카타~코쿠라(기타큐슈), 나가사키~타케오온센 구간을 운행한다.

❷ 특급열차 特急

여행의 로망이 샘솟는 특급열차

신칸센을 제외한 열차 가운데 가장 빠르다. 신칸센보다 미흡하지만 전반적으로 시설이 쾌적하며 운행 노선에 따라 차종 · 외관 · 인테리어가 달라 기차 여행의 재미를 더한다. 특히 인기가 높은 열차는 하카타~유후인을 운행하는 유후인노모리(➡p.208)다.

❸ 급행열차 急行

특급열차보다 시설과 속도가 떨어진다. 정차역은 주요 대도시와 중소도시로 특급열차에 비해 자주 서는 편이다.

❹ 쾌속열차 快速

특쾌 特快 · 신쾌 新快 · 통근쾌속 通勤快速 등 다양한 이름으로 불리는데, '쾌 快'자가 들어가면 무조건 쾌속열차라고 보면 된다. 속도는 보통보다 조금 빠르지만 급행열차보다는 느리며 시설은 평범하다.

근교 여행에 유용한 쾌속 열차

❺ 보통열차 普通

단거리 이동에 편리한 보통열차

노선상에 놓인 모든 역에 정차하는 굼벵이 완행열차다. 내부 시설은 서울의 지하철 1호선을 떠올리면 딱 들어맞는다. 주로 단거리를 이동할 때 이용한다.

좌석 종류

보통열차를 제외한 모든 열차의 좌석에는 지정석과 자유석이 있다. 지정석 指定席은 자기가 앉으려는 자리를 예약해서 확보하는 것이며, 자유석 自由席은 누구든 먼저 앉는 사람이 임자인 자리를 말한다. 현금으로 표를 구입할 때는 지정석 추가요금이 붙어 자유석보다 지정석이 비싸다. 하지만 북큐슈 레일 패스 소지자는 지정석을 추가요금 없이 무료로 예약할 수 있다. 1시간 이내의 단거리는 자유석으로도 무리가 없지만, 1시간 이상의 장거리는 안락한 이동을 위해 지정석 확보가 필수다. 금연석 · 흡연석도 잘 구분해서 타자.

JR vs 사철

대부분의 철도는 JR에서 운영하지만, 개인회사(私)가 운영하는 철도(鉄)인 '사철 私鉄'도 있다. 두 철도는 운영 회사가 달라 JR을 타고 가다 사철로 갈아타거나 또는 그 반대의 경우 티켓을 새로 구입해야 한다. JR과 사철의 구별법은 역 또는 열차에 JR 마크가 붙어 있는지 확인하는 것이다. JR 마크가 없으면 100% 사철이다.

기차표 구입

기차표 구입은 JR 역의 매표소인 미도리노마도구치 みどりの窓口에서 한다. 역무원에게 '목적지 · 역 이름, 이용할 열차의  명칭 · 출발 시각, 자유석 · 지정석, 금연석 · 흡연석'에 대한 사항만 알려주면 된다. 말이 통하지 않을 때는 해당 내용을 영어 · 한자로 적어줘도 된다.

この列車を予約して下さい。
이 열차를 예약해주세요.

出発 출발：　　　　　駅 역
出発日時 출발일시：　　月 월　　日 일　　時 시
到着 도착：　　　　　駅 역

□ **自由席** 자유석　　　□ **禁煙席** 금연석
□ **指定席** 지정석　　　□ **喫煙席** 흡연석

기차 표 보는 법

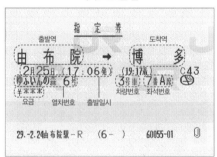

북큐슈 레일 패스

후쿠오카 · 나가사키 · 유후인 · 벳푸 · 기타큐슈가 포함된 북큐슈 지역을 여행할 때 활용도가 높은 철도 패스다. 해당 지역을 운행하는 모든 JR 열차를 일정 기간 마음대로 탈 수 있다(하카타~코쿠라 구간의 신칸센은 이용 불가). 우리나라에서 패스 교환권을 구입한 경우 JR 역의 매표  소에서 여권과 교환권을 제시하고 북큐슈 레일 패스로 바꿔서 사용한다.

기차를 탈 때는 유인 개찰구를 통과하며 역무원에게 패스를 제시하면 된다. 3일권은 10회, 5일권은 16회에 한해 지정석을 무료로 예매할 수 있다.

요금 3일권 1만 엔, 5일권 1만 4,000엔
판매 한국의 취급 여행사, 후쿠오카 국제공항 1층 JTB 글로벌 카운터, 하카타 항 국제터미널 비틀 매표소, JR 하카타 · 코쿠라 · 나가사키 · 벳푸 역 매표소
※일본에서 구입시 여권 제시 필수

니마이킷푸

 장거리 이동이 적다면 필요할 때마다 티켓을 구입하는 게 경제적일 수 있다. 특정 목적지를 혼자서 왕복 또는 두 명이 함께 편도로 여행할 경우 편도 티켓 두 장을 묶음으로 파는 니마이킷푸 2枚きっぷ를 구입하자. 편도 티켓 두 장을 따로 사는 것보다 20~25% 저렴하다.

예를 들어 후쿠오카→기타큐슈의 특급열차 편도 요금은 1,910엔이지만, 니마이킷푸를 구입하면 2,940엔이다. 즉 편도 1,470엔에 이용하는 셈! 니마이킷푸는 JR 역 매표소에서 판매한다.

북큐슈의 주요 철도 소요시간 및 요금

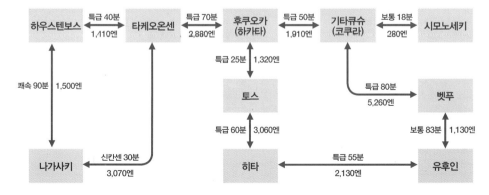

must Know 08

경제적인 버스 & 편리한 렌터카

의외로 넓고 구석구석 가야 할 곳도 많은 북큐슈. 기차가 아니어도 이용 가능한 교통수단은 얼마든지 있다. 특히 철도에 버금가는 노선망의 고속버스는 훌륭한 대안이다. 보다 자유로운 여정을 꿈꾼다면 이동이 편리한 렌터카를 선택해도 좋다.

고속버스

규슈의 주요 도시를 연결하는 고속버스

후쿠오카를 중심으로 한 북큐슈의 주요 도시는 고속버스 망으로 촘촘히 연결된다. 육상 교통의 특성상 기차만큼의 정시성이 보장되진 않지만 예정된 스케줄에서 큰 오차 없이 운행되는 까닭에 이용에 불편은 없다. 또 하나의 매력은 기차보다 저렴한 요금이다. 소요시간은 특급열차와 비슷하지만 요금은 절반 수준이라 경비 절약에 큰 도움이 된다. 대부분의 고속버스 터미널은 도심지에 있거나 JR 역과 나란히 붙어 있어 금방 눈에 띈다. 찾기 힘들 때는 여행 인포메이션 센터에서 행선지를 말하고 이용 가능한 터미널의 위치를 확인한다.

버스 티켓 구입

티켓은 고속버스 터미널의 매표소에서 구입한다. 보통 한 달 전부터 예매가 되니 일정이 확실하다면 미리 티켓을 구입해도 좋다. 사전 예매시 요금이 할인되는 경우도 있다. 예매가 필수인 노선도 있으니 주의하자. 특히 후쿠오카~유후인, 후쿠오카~우레시노온센~나가사키처럼 인기 노선은 티켓이 일찌감치 매진돼 예매를 서두르는 게 안전하다.

같은 구간을 왕복할 때는 왕복권을 구입해 경비를 절약하자. 편도 티켓 두 장 가격보다 5~10% 저렴하며, 왕복권을 구입해 두 사람이 편도 한 장씩 이용할 수 있는 노선도 있다.

예약 www.atbus-de.com

고속버스 터미널의 매표소

산큐 패스 SUNQパス

규슈의 거의 모든 버스를 자유로이 이용할 수 있는 버스 할인 패스다. 후쿠오카·유후인·벳푸·기타큐슈·나가사키·시모노세키에서 사용 가능한 북큐슈 산큐 패스와 큐슈 전역에서 사용 가능한 전큐슈 산큐 패스가 있는데, 이 책에서 다루는 도시만 여행할 때는 북큐슈 산큐 패스면 충분하다. 도시간 고속버스는 물론 시내의 노선버스도 자유로이 탈 수 있어 이 패스 한 장이면 추가 교통비가 거의 들지 않는다. 단, 버스는 운행 편수와 좌석수가 기차보다 적어 조금 불편할 수도 있다는 점은 잊지 말자.

패스가 통용되는 버스에는 정면과 출입구에 '산큐 패스 로고'가 붙어 있다. 패스 사용시에는 버스를 타고 내리면서 운전사에게 패스의 유효기간이 적힌 면을 보여주면 된다. 패스 사용자라도 반드시 예약이 필요한 버스도 있다. 예약할 때는 버스터미널의 매표소에서 패스를 제시하고 원하는 날짜와 시각을 말한 뒤 예약권을 받는다.

산큐 패스

요금 북큐슈 3일권 9,000엔
전큐슈 3일권 1만 1,000엔
전큐슈 4일권 1만 4,000엔

판매 한국의 취급 여행사, 후쿠오카 국제공항 버스 매표소, 하카타 항 국제터미널 인포메이션 센터, 하카타 버스터미널, 텐진 고속버스 터미널, 유후인에키마에 버스 센터, 오이타 국제공항 인포메이션 센터, 벳푸키타하마 버스 센터, 나가사키 국제공항 인포메이션 센터, 나가사키에키마에 버스터미널, 기타큐슈 국제공항 인포메이션 센터, 코쿠라 역 앞 버스 매표소, 시모노세키 역 버스 매표소

홈피 www.sunqpass.jp

버스의 앞면과 출입구 옆에 산큐 패스 로고가 붙어 있으면 산큐 패스 이용 가능.

렌터카

취향대로 고르는 렌터카

시간의 구애를 받지 않고 언제든 원하는 때에 원하는 장소로 이동할 수 있는 게 장점이다. 특히 대중교통이 취약해 이동에 불편을 겪는 지역에서는 렌터카의 활용도가 높다. 기차·버스로 이틀에 걸쳐 불편하게 돌아봐야 하는 곳을 렌터카로 불과 하루 만에 편하게 여행할 수도 있다.

부담스러운 점은 일본의 차량 진행방향이 우리나라와 반대인 까닭에 운전석이 오른쪽에 있으며 운전 규칙도 조금 다르다는 것이다. 반나절 정도 천천히 달리며 도로 사정을 익히면 어렵지 않게 해결되는 문제라 운전에 자신 있다면 시도해볼만하다.

❶ 대여 & 주행

렌터카 업체는 공항과 JR 역 주변에 많다. 현지에서 빌려도 되지만 원하는 차종을 선택하려면 우리나라에서 예약하고 가는 게 안전하다. 성수기에는 2개월, 비수기에는 1개월 전까지는 예약을 끝내자. 국내여행보다 짐이 많을 가능성이 높으니 트렁크 공간이 넉넉한 차량을 선택하거나 좌석 정원을 '여행인원+1'로 잡아 조금 큰 차를 빌리는 것도 요령이다.

같은 매장이 아니어도 동일 지역 내에서 대여와 반납을 하면 요금이 동일하다. 예를 들어 후쿠오카 시내에서 차량을 빌린 뒤, 후쿠오카 국제공항에서 반납해도 요금이 같은 것. 비용과 시간을 절약할 수 있으니 계획을 세울 때 참고하자.

차량 내비게이션은 대부분 일본어로 나오며, 한국어가 지원되더라도 미흡한 경우가 많아 일본어에 익숙하지 않다면 오히려 '구글맵'의 내비게이션 기능을 사용하는 게 편하다. 일반 국도는 속도 제한이 심하고(시속 50km 미만) 신호가 많아 거리에 비해 이동 시간이 오래 걸린다. 경우에 따라서는 통행료를 내더라도 고속도로를 이용하는 게 빠르고 경제적일 수 있다. 주유소는 쉽게 찾을 수 있으며 휘발유 가격은 1ℓ당 150엔 전후다.

주유소 이용법은 우리나라와 비슷하다 / 셀프 주유소가 조금 더 저렴하다

렌터카

🈁 보험료 포함 1일 7,000엔~

닛산 렌터카 🔗 https://nissan-rentacar.com
닛폰 렌터카 🔗 www.nipponrentacar.co.jp
오릭스 렌터카 🔗 https://car.orix.co.jp
토요타 렌터카 🔗 https://rent.toyota.co.jp
Hertz 🔗 www.hertz-japan.com

❷ 국제운전면허증

일본에서 운전을 하려면 국제운전면허증이 필수다. 전국의 운전면허 시험장, 경찰서, 인천국제공항 국제운전면허 발급센터에서 발급해주며 소요시간은 30분~1시간이다. 준비물은 운전면허증, 여권, 여권용 사진 1장이다. 국제운전면허증의 유효기간은 1년이다. 분실시 차량 운행이 불가능하니 여권과 함께 소중히 보관하자.

🈁 발급비 8,500원

북큐슈의 주요 버스 노선 소요시간 및 요금

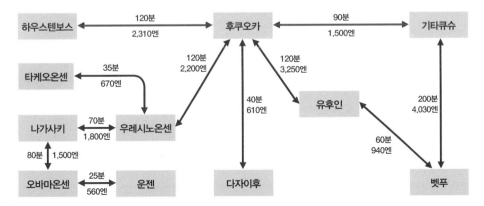

하우스텐보스 ←120분 2,310엔→ 후쿠오카 ←90분 1,500엔→ 기타큐슈

타케오온센 35분 670엔

후쿠오카 ↕ 120분 2,200엔

후쿠오카 ↕ 120분 3,250엔 유후인

나가사키 ←70분 1,800엔→ 우레시노온센

후쿠오카 ↕ 40분 610엔 다자이후

기타큐슈 ↕ 200분 4,030엔 벳푸

유후인 ↕ 60분 940엔 벳푸

오바마온센 ↕ 80분 1,500엔 나가사키

오바마온센 ←25분 560엔→ 운젠

must Know 09

편리한 인터넷 · 전화 · 우편 사용법

마음 놓고 데이터를 쓰려면 해외 무제한 데이터 로밍 · 포켓 와이파이 서비스를 이용하거나 일본 유심카드를 구입한다. 한국으로의 통화는 비싼 요금의 국제전화보다 카카오톡 · 라인 등 무료 메신저를 이용하는 게 현명하다.

해외 무제한 데이터 로밍

데이터 로밍 신청은 공항 또는 홈페이지에서 한다

요금 부담은 크지만 스마트폰을 가장 편하게 사용하는 방법이다. 자신이 가입한 이동통신사의 해외 무제한 데이터 로밍 서비스를 신청하면 된다. 일본 현지에서도 우리나라에서 쓰던 방식 그대로 사용하면 돼 기기 조작에 두려움을 가진 '기계치'에게 안성맞춤이다.

주의할 점은 현지 통신망을 사용자가 직접 수동으로 선택하지 않으면 스마트폰을 사용할 수 없는 경우가 있으며 비할인망 선택 시 데이터 사용이 불가능하다는 것. 출국 전에 통신망 수동 선택 등의 사용법을 숙지해야 한다. 또한 무제한 데이터 로밍 서비스는 인터넷 사용에만 국한될 뿐 음성 통화에는 적용되지 않아 전화 사용시 비싼 통화료(한국 발신 1분당 1,250~1,750원, 수신 1분당 620~1,000원, 일본 발신 · 수신 1분당 320~700원)를 추가로 물어야 한다.

요금 1일 9,900원~1만 3,200원
SK 텔레콤 홈페이지 www.tworld.co.kr
KT 홈페이지 www.kt.com
LG 유플러스 홈페이지 www.uplus.co.kr

포켓 와이파이

저렴하게 인터넷을 사용하려면 포켓 와이파이를 빌리자. 인천 · 김해 국제공항의 대여점에서 휴대용 와이파이 공유기를 대여해주며, 사용법은 일반적인 와이파이와 비슷하다. 기기 한 대로 5~10명이 동시에 사용할 수 있어 더욱 경제적이다. 일본 현지 공항에도 포켓 와이파이 대여점이 있지만 우리나라보다 비싸다.

요금 1일 3,000원~
플레이 와이파이 홈페이지 http://playwifi.co.kr
와이파이 도시락 홈페이지 www.wifidosirak.com
와이파이 망고 홈페이지 www.wifimango.co.kr

일본 유심카드

컨트리 락이 해제된 스마트폰은 일본의 유심카드를 끼우면 저렴한 현지 요금으로 인터넷 또는 전화를 사용할 수 있다. 유심카드 판매처는 다음 · 네이버에서 '일본 유심'으로

검색하면 쉽게 찾아진다. 데이터 용량 2~3GB, 사용일 5~7일짜리가 4,000~1만 원 수준이다.

후쿠오카의 가전양판점 요도바시 카메라(➡p.132), 빅쿠 카메라(➡p.157)에서도 외국인 전용 유심카드를 판매한다. 데이터 용량 1~3GB, 사용일 1~3개월짜리가 2,000~4,000엔 수준이다.

인터넷

일본의 PC는 우리나라와 키보드 배열이 조금 다르다

대부분의 호텔에 와이파이 설비가 갖춰져 있어 스마트폰 · 노트북 PC를 가져가면 무료로 인터넷을 사용할 수 있다. 우리나라와 달리 PC방이나 인터넷 카페는 찾아보기 힘들다. 유흥가 · 상점가에는 만화방을 겸한 PC방인 망가킷사 まんが喫茶(1시간 300~600엔)가 있지만, 키보드와 프로그램이 일본어 일색이라 일본어를 모르면 이용이 불가능하다.

핸드폰 로밍

자기 핸드폰을 일본에서 그대로 사용할 수 있다(자동 로밍). 일본에서 핸드폰을 켠 뒤 사용 가능한 네트워크 운영자(스마트폰)를 선택하거나 메뉴에서 국제 로밍(피처폰)을 선택한다. 자동 로밍이 안 되는 구형 핸드폰 사용자는 일본에서 사용할 수 있는 핸드폰을 공항에서 빌려야 한다(임대 로밍).

로밍 요금은 이동 통신사마다 다른데 전화 발신 1분당 500~2,000원 수준이며 전화를 받을 때도 요금이 나간다. 문자 메시지 발신은 건당 250~500원이며 수신은 무료다.

일본 국내전화

공중전화는 연두색·회색·오렌지색의 세 가지 모델이 있다. 연두색·회색 전화기는 10·100엔 주화와 NTT의 구형 전화카드, 오렌지색 전화기는 IC 칩이 내장된 NTT의 신형 전화카드만 사용할 수 있다.

시내 통화 요금은 45초당 10엔이며 핸드폰(국번이 080 또는 090으로 시작)

NTT의 구형 전화카드

과 시외전화 요금은 시내 통화보다 2~4배 비싸다. 전화 사용량이 많을 때는 연두색·회색 전화기에서 사용 가능한 NTT의 구형 전화카드를 구입하는 게 좋다. 전화카드는 편의점에서 판다. 일본어로 전화카드는 테레혼카도 テレホンカード 또는 줄여서 테레카 テレカ ー라고 한다.

전화카드는 500·1,000엔짜리가 있으며 사용 가능 횟수는 '도수 度數'로 표시된다. 예를 들어 1,000엔짜리 전화카드 뒷면에는 '105度數'라고 쓰여 있는데, 이것은 45초 통화를 105회 할 수 있다는 뜻이다. 주의할 점은 실제 가격보다 사용 가능 횟수가 적은 전화카드도 있다는 사실. 특히 관광지에서 기념품으로 파는 전화카드가 그런데, 1,000엔짜리임에도 사용 가능 횟수는 '50도수'밖에 안 된다. 반드시 카드 뒷면에 적힌 도수를 확인하고 구입하자.

❶ 한국→일본 국제전화

우리나라에서 일본으로 국제전화를 걸 때는 국제전화 회사의 번호를 누르고, 일본 국가번호 81과 지역번호에서 0을 뺀 나머지 번호, 수신자의 전화번호를 차례로 누른다. 예를 들어 KT의 001로 후쿠오카(지역번호 092)의 1234-5678로 전화를 건다면 다음의 순서로 누른다.

예) 001-81-92-1234-5678

연두색·회색 전화기는 동전과 구형 전화카드, 오렌지색 전화기는 신형 전화카드만 사용할 수 있다

❷ 일본→한국 국제전화

가정·회사에서 사용하는 일반 전화는 국제전화 회사의 번호와 010을 누른 다음, 우리나라의 국가 코드 82, 지역번호에서 0을 뺀 나머지 번호, 수신자의 전화번호를 차례로 누른다. 예를 들어 KDDI의 001을 이용해 서울의 1234-5678로 전화를 건다면 다음의 순서로 누른다.

예) 001-010-82-2-1234-5678

일본의 국제전화 회사 회사마다 요금이 조금씩 다른데 KDDI가 제일 비싸다.

KDDI 001
NTT 0033
Soft Bank Telecom 0061

❸ 컬렉트 콜 Collect Call

컬렉트 콜, 즉 수신자 부담 통화는 거는 사람은 요금 부담이 없지만 받는 사람은 분당 1,000~1,800원의 요금을 내야 하는 치명적(?) 약점이 있다. KT·세종텔레콤의 컬렉트 콜 접속 번호를 누르면 한국어 안내방송이 나오며 이를 따라 하면 통화하고자 하는 번호로 연결된다. 연두색 전화기로는 컬렉트 콜이 안 걸릴 때도 있는데, 이때는 10엔 동전이나 사용할 수 있는 전화카드를 넣고 번호를 누른다. 동전·카드는 통화가 끝나면 고스란히 반환된다.

컬렉트 콜 접속 번호
KT 0066-35-821, 00539-821, 0034-811-082
세종텔레콤 00539-828, 0066-55-823

우편

한국으로 편지나 엽서를 보낼 때는 반드시 받는 이의 주소 위나 아래에 큰 글씨로 'Seoul, Korea'라고 써야 한다. 단순히 'Korea'라고만 쓰면 북조선의 누군가와 펜팔을 하게 될지도…. 받을 사람의 주소는 한글로 써노 뇐다. 가시고 나니기 부담스러운 물건은 소포로 부친다. 비용이 들어도 갖

도쿄 시내의 우체통

고 다니느라 고생하는 것보다 낫다. 우편·소포는 항공편으로 1주일 안에 도착한다. 시간을 다투는 일이라면 EMS(Express Mail Service)·DHL·FEDEX 등의 특급 우편 제도를 활용한다.

일본 우체국
요금 엽서 70엔~, 편지 90엔~, 소포 1,400엔~
홈피 www.post.japanpost.jp

여행이 편해지는 짐 꾸리기

짧은 여행에 무거운 짐은 절대 금물. 옷가지·양말·가이드북만 가져가도 충분하다. 세면도구는 숙소에 비치돼 있고 자잘한 생필품은 현지에서 얼마든지 구입할 수 있다. 몸이 가벼워야 여행도 즐거워진다는 사실을 절대 잊지 말자.

트렁크·여행용 배낭

짐이 많을 때는 트렁크나 여행용 배낭을 가져가는 게 좋다. 등산용 배낭처럼 입구가 좁은 배낭은 짐을 넣고 빼기가 불편하다. 트렁크는 되도록 바퀴가 크고 튼튼한 것으로 선택하자. 도로 포장 상태는 양호하지만 은근히 울퉁불퉁한 곳이 많아 바퀴가 망가지기 쉽다. 도난 사고를 방지하려면 배낭·트렁크에 항상 자물쇠를 채워놓는 게 안전하다.

조그만 가방 또는 배낭

트렁크, 큰 가방과는 별도로 조그만 가방이나 배낭을 하나 챙겨간다. 여행할 때 옷가지나 기타 잡다한 물건은 트렁크 또는 큰 가방에 넣어 숙소나 코인로커에 보관하고, 자주 꺼내 봐야 하는 가이드북·지도·음료수 등은 작은 가방이나 배낭에 넣어서 갖고 다니며 필요할 때마다 꺼내 쓴다.

옷가지

후쿠오카를 비롯한 북큐슈의 기후는 우리나라, 특히 남부 지방과 비슷하다. 따라서 옷가지는 우리나라에서 입던 것과 똑같이 가져가면 된다. 여행 기간이 짧을 때는 빨래할 필요가 없게 양말과 속옷을 넉넉히 준비하면 편하다. 봄·가을 환절기에는 아침·저녁으로 쌀쌀한 바람이 부니 여벌의 긴옷을 챙기자. 고지대란 특성상 겨울철의 유후인·운젠은 후쿠오카 시내보다 추위가 한층 강하게 느껴지므로 두툼한 겨울옷을 챙기는 것도 잊어서는 안 된다.

계절에 맞는 옷과 충분한 양말은 여행의 필수품

세면도구

숙소에 따라 비치된 세면도구가 다르다. 유스호스텔·게스트하우스 등의 저렴한 숙소에서는 비누·샴푸만 제공된다. 수건·칫솔·면도기 등은 각자 준비할 몫. 비즈니스 호텔급 이상에는 수건·칫솔·샴푸·비누·샤워캡·면도기·헤어드라이어 등 거의 모든 세면도구가 완벽히 갖춰져 있어 맨몸으로 가도 전혀 문제가 없다.

여행 기본 준비물

체크	품목	내용
	여권	여행의 기본적인 준비물. 없어지면 오도가도 못할 처지에 놓이고 만다. 항상 안전한 곳에 보관하자.
	항공권	해외여행시 반드시 필요한 물건 가운데 하나. 역시 여권과 함께 안전한 곳에 고이 모셔놓자. e-티켓의 경우 티켓 번호를 따로 적어 놓으면 좋다.
	여행 경비	최대한 안전하게 보관할 것. 비상사태에 대비해 1장 정도의 신용카드·직불카드는 준비해 가자.
	옷가지	무겁지 않게 필요한 만큼 챙겨간다. 일본에서 구입할 옷의 양도 한 번쯤 고려해 볼 것.
	카메라	자기 손에 익은 편한 카메라를 준비하자. 디지털 카메라는 여분의 배터리·충전기·메모리 카드를 챙긴다. 메모리 카드가 부족할 때는 요도바시 카메라, 빅쿠 카메라 등의 가전양판점에서 구입한다. 하지만 우리나라보다 1.5~3배 정도 가격이 비싸다.
	플러그	충전기에 사용할 100V용 변환 플러그를 잊지 말자.
	세면도구	자신이 이용할 숙소의 수준에 맞춰 수건·비누·샴푸·면도기 등을 준비한다.
	비상약품	꼭 필요한 만큼만 비닐봉지에 잘 포장해서 가져간다.
	우산	작고 가벼울수록 좋다. 깜빡했을 때는 편의점·100엔 숍에서 파는 비닐 우산(200~500엔)을 이용한다.
	여행자 보험	여행자 보험 증서는 집에 놓고 가도 된다. 보험 가입시 받은 현지 비상 연락처와 안내 책자만 챙긴다.

화장품

기초 화장품은 필요한 만큼 덜어서 가져가면 편하다. 작은 샘플을 여러 개 준비해서 쓰다 버리는 것도 짐을 줄이는 좋은 방법. 외부 활동이 많은 만큼 자외선 차단 기능이 충실한 화 장품을 챙기는 센스는 필수다. 가 을·겨울에는 날씨가 건조해 피부나 입술이 트기 십상 이니 로션·립크림도 준비하자. 피부 손상이 우려될 때 는 영양 크림을 가져가 중간중간 마사지를 해줘도 좋다. 부족한 화장품은 마츠모토 키요시 マツモト·キヨシ 등의 약국 Drug Store에서 구입한다.

신발

장시간 걸어도 탈이 없는 익숙 한 신발로 가져가는 게 기본. 운 동화나 스니커즈가 가장 무난 하다. 멋쟁이 여행자라면 의상 에 맞춰 가벼운 구두를 준비하 는 센스를 발휘해도 좋을 듯. 특히 고급 레스토랑에 갈 때 유용하다.

플러그

스마트폰·디지털 카메라·노트북 등의 가전제품을 사 용하려면 100V용 11자 플러그가 필요 하다. 일본의 가전양판점에서도 살 수 있 지만 은근히 찾기 힘들고 값도 비싸다. 우리나라의 전파사에서 단돈 몇 백 원이 면 구입할 수 있다는 사실을 알아둘 것!

비상약품

의외로 유용한 준비물이다. 모양 만으로 확연히 구별되는 일반 의 약품이 아닌 이상, 현지에서 약 국을 이용하기란 여간 힘든 일이 아니다. 보험 드는 셈 치고 간단 히 챙겨가자. 종류는 두통약·진통제·1회용 밴드·상 처에 바르는 연고·종합 감기약 정도면 충분하다.

여성용품 & 식염수

생리대 등의 여성용품은 편의점·슈퍼마켓에서 손쉽게 구입할 수 있다. 우리에게 친숙한 유명 메이커 제품을 구입하면 불편함이 없다. 액체류의 기내 반입이 금지된 까닭에 우리나라에서 콘 택트렌즈 세척용 식염수 는 가져가기 힘들다. 수 하물 탁송이 가능한 만 큼만 가져가거나 현지 약국에서 구입한다.

여성용품이나 식염수는 일본의 약국에서도 판다

빨래방 이용하기

비즈니스 호텔·유스호스텔 등의 숙소에는 어디나 유료 세탁기가 있다. 빨래는 1회 200~300엔, 건조는 10분당 100엔, 세제는 1개 30~50엔 정도이며 500~600엔이면 웬만한 빨래는 건조까지 가능하다. 숙소에 세탁 시설이 딸려 있지 않을 때는 우리나라의 빨래방에 해당하는 '코인란도리 コインランドリー'를 이용한다. 숙소에 물어보면 가까운 코인란도리의 위치를 알려준다.

가져가면 도움되는 것들

체크	품목	내용
	선글라스	햇살이 강렬한 여름에 꼭 필요한 기본 아이템.
	모자	더위와 추위를 막는 데 유용하다. 패셔너블한 모자는 액세서리 역할도 한다.
	자외선 차단제	야외활동이 많다는 사실을 기억할 것. SPF 20 이상의 제품 강취! 현지의 편의점·슈퍼마켓·약국에서 사도 된다.
	필기도구	일본어가 전혀 안 통할 때는 구세주가 되어줄지도…
	수영복	온천이나 해변에서 사용할 일이 은근히 생긴다.
	반짇고리	단추가 떨어지거나 옷이 찢어지는 난감한 상황을 해결한다.
	비닐봉지	물건 분류 또는 속옷이나 젖은 옷을 보관하는 데 유용하다.
	화장지	조그만 여행용 티슈 하나면 충분하다. 역이나 유흥가 주변을 걷다 보면 엄청난 양의 업소 홍보용 티슈를 선물(?)로 받게 된다.

must Know 11

유비무환, 사고시 대처 요령

일본은 세계에서도 손꼽히는 치안 대국이다. 강력사건이 발생할 가능성은 '제로'에 가까우니 안심해도 좋다. 혹시라도 사고가 발생하면 당황하지 말고 차분하게 행동하자. 일본어를 모를 때는 주위에서 영어·한국어가 가능한 사람부터 찾는다.

분실·도난

유일한 예방책은 스스로 주의하는 것뿐이다. 분실사고는 지하철 등 혼잡한 대중교통과 쇼핑센터·레스토랑·호텔에서 빈번히 발생한다. 자리에서 일어날 때 소지품을 꼼꼼히 챙기자. 호텔에서는 체크아웃 직전에 한번 더 객실을 둘러보고 잊어버린 물건이 없나 확인한다. 기차·지하철에서 물건을 분실한 경우 역무원에게 자신이 이용한 열차의 행선지와 운행 시각을 알려주면 대부분 물건을 되찾을 수 있다. 여행자보험에 가입한 경우 도난사건이 발생하면 가까운 경찰서에서 '도난 증명서 Police Report 盜難證明書'를 발급받는다. 우리나라에 돌아와 도난 증명서와 함께 보험사에 보험금을 신청하면 피해액 중 일부를 보상받을 수 있다.

현금 분실·도난 시에는 신용카드·직불카드로 현금 서비스를 받는다. 신용카드 분실 시에는 즉시 카드 발행사에 연락해 신용카드 거래 중지 요청을 한다.

여권 분실

여권을 분실하면 여행은 물론 귀국마저 불가능해진다. 유일한 해결책은 후쿠오카 총영사관에서 여권을 재발급받거나 귀국용 여행증명서를 받는 것뿐이다. 필요한 서류는 주민번호가 기재된 신분증(주민등록증·운전면허증 등), 여권용 사진 2장, 일본 경찰서의 분실 신고 접수증, 그리고 수수료 770엔이며 발급 소요시간은 2시간이다. 미리 여권의 사진이 인쇄된 부분을 복사해서 가져가면 여권 분실시 간이 신분 증명용으로 활용할 수 있다.

후쿠오카 총영사관

운영 09:00~16:00 휴무 토·일·공휴일 및 우리나라의 삼일절·광복절·개천절 주소 福岡市 中央区 地行浜 1-1-3 전화 092-771-0461~2 교통 지하철 쿠코 선의 토진마치 唐人町 역(K05) 하차, 1번 출구에서 도보 15분.

몸이 아플 때

심각한 병이 의심되거나 큰 상처를 입었을 때는 곧장 병원으로 간다. 말이 통하지 않을 때는 교민이나 현지 유학생에게 도움을 청하자. 여행자보험에 가입했다면 진료비를 지불한 다음 의사의 진단서와 진료비 영수증을 받아뒀다가 귀국 직후 보험사에 보험금을 청구한다. 개인적으로 처리하기 힘든 상황이라면 보험사의 현지 연락처나 한국으로 전화해 사고 사실을 알리고, 적절한 대응법을 지시 받는다.

여행자보험 가입 & 도난 증명서 작성 요령

여행자보험 가입

여행자보험 가입시 눈여겨볼 사항은 기간·보험료·보상 한도액이다. 보험 가입 기간이 자신의 일정과 일치하지 않을 때는 짧은 것보다 조금 긴 기간을 선택한다. 보험료는 기간과 보상 한도액에 비례해 올라간다. 무조건 싼 것보다는 적절한 수준의 보험료와 보상 한도액을 선택하자. 사망에 이르는 심각한 사고 가능성은 상대적으로 적은 만큼 이와 관련된 보상 한도액은 작게, 도난·질병 사고는 비교적 빈번히 발생하므로 이와 관련된 보상 한도액은 조금 크게 설정된 보험 상품을 고른다.

휴대품 보상 한도액은 지급되는 보험금의 총액을 뜻한다. 예를 들어 휴대품 보상 한도액 30만 원짜리 보험에 가입했다면 100만 원짜리 물건을 도난당해도 실제 지급되는 금액은 최대 30만 원까지다.

여행자보험은 보험 대리점·공항·인터넷에서 가입한다. 공항에는 보험료가 비싼 상품밖에 없으니 원하는 보험 상품에 저렴하게 가입하려면 인터넷을 이용하는 게 현명하다.

도난 증명서 작성 요령

도난 증명서에는 자세한 사건 경위와 함께 도난당한 물건의 구체적인 모델명까지 기록해야 한다. 도난 증명서를 기준으로 보상금이 지급되기 때문인데, 예를 들어 카메라의 경우 단순히 'Camera'가 아니라 'Camera, Nikon D4S'라고 상세히 적어야 한다. 도난 증명서를 작성할 때는 단어 사용에도 주의하자. '분실 Lost 紛失'은 본인 부주의로 물건을 잃어버렸다는 뉘앙스가 강해 보상이 어려울 수 있다. 도난은 반드시 'Stolen 盜難'이란 표현을 써야 한다.

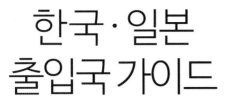

한국·일본
출입국 가이드

비행기로 일본 가기

인천에서는 후쿠오카 · 나가사키 · 사가 · 기타큐슈 · 오이타 행, 김해(부산)에서는 후쿠오카 · 기타큐슈 행, 대구에서는 후쿠오카 행 항공편이 출발한다. 각각의 공항은 규모만 다를 뿐 '탑승 수속 · 출국 심사 · 비행기 탑승'의 순으로 이어지는 출국 절차는 모두 동일하다. 공항 이용시 주의할 점은 테러 관련 보안검색 때문에 은근히 많은 시간이 걸린다는 것이다. 비행기 출발 2~3시간 전까지는 공항에 도착해야 무리 없이 출국 절차를 밟을 수 있다.

※나가사키 · 사가 · 기타큐슈 · 오이타 행 항공편 및 대구발 항공편은 2023년 하반기 이후 운항 재개 예정.

네 줄 요약

공항 도착	탑승 수속	출국 심사	면세점 이용	비행기 탑승
비행기 출발 2~3시간 전까지 공항으로 간다.	항공사의 체크인 카운터에서 탑승권을 받는다.	여권과 탑승권을 제시하고 출국 스탬프를 받는다.	비행기 탑승 시각 전까지 쇼핑 또는 휴식을 취한다.	지정된 자리에 앉으면 떠날 준비 완료!

인천국제공항

🌐 www.airport.kr

리무진 버스

💰 1만 6,000~1만 7,000원
🌐 www.airportlimousine.co.kr

KAL 리무진 버스

💰 1만 8,000원
🌐 www.kallimousine.com

공항철도

🌐 www.arex.or.kr
서울역→인천공항1터미널
일반 59분 4,150원
직통 43분 9,500원
서울역→인천공항2터미널
일반 66분 4,750원
직통 51분 9,500원

인천국제공항

인천국제공항에서는 규슈의 다섯 개 도시를 연결하는 노선을 매일 20회 운항한다. 공항 건물은 제1여객 터미널과 제2여객 터미널의 두 개로 이루어져 있다. 제2여객 터미널은 대한항공 · 델타항공 · 에어프랑스 · KLM의 4개 항공사만 이용하며, 나머지 항공사는 모두 제1여객 터미널을 이용하니 자신이 이용할 터미널을 꼼꼼히 확인해두자. 터미널을 잘못 찾아갔을 때는 제1여객 터미널과 제2여객 터미널을 순환 운행하는 무료 셔틀버스를 이용한다(20분 소요). 두 터미널 모두 입국장은 1층, 출국장은 3층이다. 각 층에는 은행 · 환전소 · 약국 · 식당 · 서점 · 핸드폰 로밍 센터 등의 편의시설이 갖춰져 있다.

1 공항 도착

인천국제공항은 리무진 버스와 공항철도로 연결된다. 노선이 가장 많은 교통편은 서울 시내에서 출발하는 17개 노선의 리무진 버스이며 공항까지 1~2시간 걸린다. 자세한 경유지와 요금은 홈페이지를 참조하자. 서울 시내의 주요 호텔과 서울역 · 코엑스에서는 KAL 리무진 버스도 운행하며 공항까지의 소요시간은 1시간 정도다. 리무진 버스는 3층의 출국장 바로 앞에 도착해 체크인 카운터를 찾아가기가 무척 편하다.

공항철도는 서울역~인천국제공항을 단번에 연결하는 직통열차(30분 간격)와 모든 역에 정차하는 일반열차(12분 간격)가 있다. 자세한 운행시각 · 요금은 공항철도 홈페이지를 참조하자. 내리는 곳은 인천공항1터미널역 또는 인천공항2터미널역이며, 표지판을 따라가면 3층의 출국장으로 연결된다.

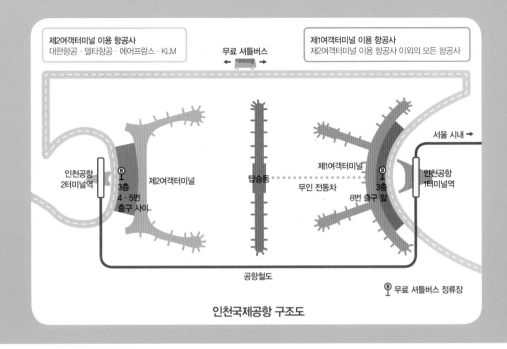

제2여객터미널 이용 항공사
대한항공 · 델타항공 · 에어프랑스 · KLM

무료 셔틀버스

제1여객터미널 이용 항공사
제2여객터미널 이용 항공사 이외의 모든 항공사

서울 시내 →

인천공항
2터미널역

3층
4 · 5번
출구 사이

제2여객터미널

탑승동

제1여객터미널

무인 전동차

3층
8번 출구 앞

인천공항
1터미널역

공항철도

무료 셔틀버스 정류장

인천국제공항 구조도

2 탑승 수속

3층 출국장에 설치된 안내 모니터에서 자신이 이용할 항공사의 체크인 카운터를 확인하고 그곳으로 가서 여권과 항공권을 제시한 뒤 좌석을 배정받는다. 이때 창가 Window · 통로 Aisle 자리 가운데 원하는 좌석을 선택할 수 있다. 동시에 기내 반입이 불가능한 짐을 맡기고(수하물 탁송), 탑승권을 받으면 탑승 수속이 끝난다.

수하물 탁송시 주의할 점은 칼 · 가위 · 라이터 등의 위험물과 100㎖ 이상의 화장품을 포함한 액체류 · 젤(공항 면세점 구입품 제외)은 기내 반입이 불가하다는 것이다. 해당 물품은 반드시 큰짐에 넣어 수하물 탁송을 해야만 비행기를 탈 수 있다. 앞서 말한 물품이 하나도 없을 때는 수하물 탁송을 하지 말고 짐을 직접 갖고 타자. 10kg 이내의 작은 짐(가로 · 세로 · 높이 3면의 합이 115cm 이하)은 기내 반입이 가능하다. 이렇게 하면 일본의 공항에 도착해 짐을 찾느라 시간을 허비하지 않아도 된다.

3 출국 심사

여권과 탑승권을 제시하고 출국장으로 들어가면 간단한 세관 · 보안 검색을 한다. 고가의 귀금속 · 카메라 · 전자제품은 여기서 미리 신고해야 귀국 시 불이익을 당하지 않는다. 세관 출국 신고대는 출국장에 들어가자마자 있다.

보안 검색을 하는 X-레이 검색대를 통과하면 바로 앞에 출국 심사대가 보인다. 유인 출국 심사대보다는 처리 속도가 빠른 자동 출국 심사대를 이용하는 게 편리하다.

액체류 기내 반입

용기에 담긴 100㎖ 미만의 액체 및 젤(화장품 · 약품 등)은 투명 지퍼백에 넣을 경우 기내 반입이 허용된다. 용량은 잔여량에 관계없이 용기에 표시된 것을 기준으로 하며 지퍼백은 1개(총 1ℓ이내)만 반입할 수 있다. 투명 지퍼백은 공항 3층의 편의점에서 판매한다.

배터리 수하물 탁송 불가

원칙적으로 모든 종류의 배터리는 수하물 탁송이 불가능하다. 기내 반입만 허용되므로 큰짐에 넣어서 맡기지 않게 주의하자.

자동 출입국 심사

만 19세 이상은 별도의 등록 없이 자동 출입국 심사대를 이용할 수 있다. 단, 만 7~18세의 어린이, 개명 · 생년월일 변경 등으로 인적사항이 변경된 경우, 주민등록 발급이 30년을 경과한 경우에는 자동 출입국 심사 등록이 필요하다. 등록 센터는 공항 3층에 있다.

도심공항터미널

도심공항터미널을 이용하면 탑승 수속·수하물 탁송·출국심사 등의 출국 수속을 미리 밟을 수 있어 시간이 절약된다. 단, 비행기 출발 시각 기준 3시간 전까지만 이용할 수 있다.

서울역 도심공항터미널
대한항공·아시아나항공·제주항공·티웨이항공·에어서울 이용 가능
운영 05:20~19:00
교통 지하철 1·4호선 또는 KTX·경의선 서울역 하차
홈피 www.arex.or.kr

4 면세점·휴게실 이용

출국 심사를 마친 뒤에는 탑승권에 표시된 비행기 탑승 시각 전까지 면세점·휴게실을 이용하며 시간을 보낸다. 시내·인터넷 면세점에서 면세품을 구입한 경우에는 곧장 면세품 인도장으로 간다. 특히 여행 성수기에는 면세품 인도장이 북새통을 이루니 최대한 서둘러 가는 게 좋다. 탑승 항공편에 따라 이용하는 면세품 인도장의 위치가 다르니 상품 주문시 받은 면세품 수령 장소 안내문을 꼼꼼히 살펴보자.

5 탑승

탑승은 비행기 출발 시각 30~40분 전부터 시작된다. 그 시간 전에 탑승권에 찍힌 탑승구 Gate 번호를 확인하고 비행기를 타러 간다. 주의할 점은 제1여객터미널의 경우 1~50번 탑승구는 출국 심사대와 같은 건물에 있지만, 101~270번 탑승구는 1km쯤 떨어진 별도의 탑승동에 있다는 것이다. 탑승동으로 갈 때는 28번 탑승구 맞은편의 에스컬레이터를 타고 아래층으로 내려가 무인 전동차를 이용한다. 소요시간은 2~3분 정도지만 전동차를 기다리는 시간과 탑승구를 찾아가는 데 은근히 시간이 걸리니 101~270번 탑승구를 이용할 때는 여유를 넉넉히 두고 움직이는 게 좋다.

쇼핑의 달인이 들려주는 면세점 200% 활용 비법

시내 면세점과 인터넷 면세점을 적극 활용하자. 공항 면세점보다 편리하고 가격도 저렴하다. 필요한 것은 여권과 항공권(또는 항공편명)뿐! 구입 상품은 출국 당일 공항의 면세품 인도장에서 찾는다. 주의할 점은 판매 마감 시간이다. 인천국제공항 이용자는 비행기 출발 5시간 전, 김해·대구 국제공항 이용자는 비행기 출발 24시간 전까지 상품을 구입해야 한다.

시내 면세점 알뜰하게 이용하기

해당 면세점 회원 가입은 기본! 회원가는 정상가보다 3~20% 저렴하며 할인쿠폰을 적용하면 가격이 더욱 싸진다. 회원 가입에 앞서 해당 면세점의 입점 브랜드를 미리 체크해 보는 센스는 필수다. 직접 확인이 필요한 의류·가방·선글라스는 반드시 시내 면세점에서 구입한다. 특히 샤넬·루이뷔통 등 명품 브랜드는 시내 면세점에서만 취급한다. 구입할 상품의 디자인·가격을 백화점에서 미리 확인해 두는 것도 쇼핑 효율을 '200% UP' 시키는 비결이다.

인터넷 면세점 편리하게 이용하기

인터넷 면세점은 상품 선택부터 결제까지 클릭 몇 번으로 끝난다. 더구나 오프라인 매장보다 할인율이 높은 것도 매력! 단, 직접 상품 확인이 불가능하니 향수·화장품 위주로 구입하는 게 좋다. 브랜드 화장품은 일본보다 저렴하다. 면세점마다 가격·상품·할인쿠폰이 제각각이라 꼼꼼한 비교는 필수다. 시즌에 따라 깜짝 세일 또는 스페셜 쿠폰을 제공하는 곳도 있으니 수시로 홈페이지를 들락거리는 수고도 마다해선 안 된다.

롯데 인터넷 면세점 www.lottedfs.com
신라 인터넷 면세점 www.shilladfs.com
신세계 인터넷 면세점 www.ssgdfs.com

인터넷 면세점은 편하고 저렴한 게 장점!

김해국제공항 ※기타큐슈 노선은 2023년 하반기 이후 운항 재개 예정.

김해국제공항에서는 후쿠오카 행이 매일 7회, 기타큐슈 행이 매일 1회 출발한다. 공항 건물은 국내선 청사와 국제선 청사로 나뉜다. 국제선 청사는 3개 층으로 이루어져 있으며 1층은 입국장, 2층이 출국장이다. 면세점 규모가 작으니 시내 면세점 또는 인터넷 면세점을 적극 활용하자(➡p.88).

1 공항 도착

공항은 부산 시내에서 17km 정도 떨어져 있으며 시내버스 · 리무진 버스 · 경전철로 연결된다. 그리 먼 거리는 아니지만 공항까지 이어지는 도로는 상습 정체 구간으로 악명 높아 버스를 이용할 때는 이동 시간을 넉넉히 잡고 움직이는 게 좋다. 길이 막히지 않으면 시내에서 30~40분으로 충분하지만 러시아워 때는 1시간 이상 예상해야 한다.

2 탑승 수속 · 출국 심사

탑승 수속은 국제선 청사 2층의 항공사 체크인 카운터에서 한다. 기본적인 탑승 수속 요령은 인천국제공항과 동일하다(➡p.87). 탑승 수속을 마친 뒤에는 같은 층의 출국장으로 가서 세관 · 보안 검색과 함께 간단한 출국 심사를 받는다.

3 면세점 · 휴게실 이용 및 탑승

출국 심사까지 마친 뒤에는 면세점 · 휴게실을 이용한다. 면세품 인도장은 출국 심사대를 지나 안쪽에 있다. 그리고 비행기 출발 30~40분 전에 탑승구를 찾아가 비행기에 오르면 된다.

대구국제공항 ※후쿠오카 노선은 2023년 하반기 이후 운항 재개 예정.

대구국제공항에서는 후쿠오카 행이 매일 3회 운항한다. 공항은 국제선과 국내선 청사가 하나로 연결돼 있으며, 규모가 작고 국제선 승객이 많지 않아 이용에 어려움은 없다. 면세점과 편의시설이 부족하니 면세품 쇼핑은 시내 또는 인터넷 면세점을 이용하자(➡p.88).

1 공항 도착

공항은 대구 도심에서 북동쪽으로 5km 정도 떨어져 있다. 시내버스와 리무진 버스로 연결되며, 소요시간은 20~30분을 예상하면 된다.

2 탑승 수속 · 출국 심사

탑승 수속은 공항 1층의 항공사 체크인 카운터에서 하며 기본적인 절차는 인천국제공항과 동일하다(➡p.87). 탑승 수속을 마친 뒤 2층의 출국장으로 들어가 세관 · 보안 검색 및 출국 심사를 받는다.

3 면세점 · 휴게실 이용 및 탑승

출국 심사를 마치고 나오면 바로 앞에 면세점 · 휴게실 · 면세품 인도장 등의 편의시설이 있다. 여기서 시간을 보내다 출발 시각 30~40분 전에 탑승구를 찾아가 비행기를 타면 된다.

부산의 관문인 김해국제공항

김해국제공항

🌐 www.airport.co.kr/gimhae/index.do

김해국제공항행 교통편

좌석버스
307번 김해공항 하차
요금 1,200~1,300원
리무진 버스
BEXCO · 해운대 · 파라다이스호텔 · 조선호텔 · 한화리조트에서 타고 김해공항 하차
요금 8,500원
지하철
부산–김해 경전철 공항역 하차
요금 1,400원~

대구국제공항

🌐 www.airport.co.kr/daegu/index.do

대구국제공항행 교통편

시내버스
101 · 401 · 719 · 급행1 · 동구2 · 팔공1번 대구국제공항 하차
요금 1,100원~
리무진 버스
구미 리무진 버스를 타고 대구국제공항 하차
요금 8,000원~
지하철
1호선 아양교 역 하차,
버스(급행1 · 팔공1) 또는 택시로 갈아타고 대구국제공항 하차

일본
입국 절차

우리나라에서 비행기를 타고 후쿠오카를 비롯한 규슈 각지의 공항으로 가는 데 걸리는 시간은 1시간~1시간 30분. 공항 도착과 동시에 일본 입국 절차를 밟게 된다. 특유의 까칠한(?) 분위기 탓에 살짝 부담스러운 것도 사실이지만, 그렇다고 지레 겁먹을 필요는 없다. 입국 카드만 제대로 작성하면 문제가 발생할 가능성은 제로에 가깝다. 입국 심사를 마친 뒤에는 짐을 찾고, 간단한 세관 검사를 받는 것으로 모든 입국 절차가 끝난다.

네 줄 요약

입국 카드 작성	입국 심사대 통과	수하물 찾기	세관 통과	일본 입국 완료
Visit Japan Web 또는 수기로 작성한다.	여권을 제시하고 일본 입국 스티커를 받는다.	자신이 타고 온 비행기의 편명을 확인하고 짐을 찾는다.	세관 검사대에서 간단한 짐 검사를 받는다.	입국장을 나오면 드디어 본격적인 여행이 시작된다.

Visit Japan Web

일본 입국 전에 Visit Japan Web에 여권·항공편 등의 개인정보를 등록해야 일본 입국이 가능하다.
https://vjw-lp.digital.go.jp/

1 입국 카드·휴대품 신고서 작성

비행기가 공항에 도착할 즈음이면 승무원들이 일본 입국 카드와 휴대품 신고서를 나눠준다. 일본 입국시 반드시 필요한 서류이므로 한 장씩 받아서 꼼꼼히 내용을 기입한다(작성법➡p.92~93).
단, 사전에 Visit Japan Web 등록을 한 경우에는 일본 입국 카드와 휴대품 신고서를 작성할 필요가 없다.

2 입국 심사대 찾아가기

비행기에서 내려 '도착 到着 Arrivals' 표지판을 따라가면 입국 심사대 入国審査 Immigration에 다다른다. 입국 심사대는 우리나라에서 출발할 때 출국 심사를 받던 곳과 비슷한 곳이다. 일본인과 외국인용으로 줄이 나뉘어 있으니 표지판을 잘 보고 '외국인 外国人 Foreign Passports' 쪽에 줄을 선다.
비교적 한산한 일본의 여타 공항에 비해 후쿠오카 국제공항은 이용객이 많아 입국 심사에 짧게는 20~30분, 길게는 1시간씩 걸리기도 한다.

3 입국 심사대 통과

입국 심사대에서 여권 확인 및 지문 날인, 사진 촬영을 마치면 간단한 확인을 거쳐 90일간의 체류허가 스티커를 붙여준다. 가끔 질문을 던지기도 하는데 물어보는 내용은 대개 여행 목적과 여행 일수다. 여행 목적은 '관광 Sightseeing', 여행 일수는 1주일 정도라고 하면 된다. 질문이나 대답은 영어·일본어 가운데 자신 있는 언어로 한다.

일본 입국 절차

비행기에서 내린다.

도착 표지판을 따라간다.

입국 심사 표지판이 보인다.

수하물 수취소의 번호를 확인한다.

수하물 수취소 표지판을 따라간다.

입국 심사대에서 줄을 서서 기다린다.

지정된 수하물 수취소에서 짐을 찾는다.

세관 검사대를 통과한다.

드디어 일본 도착!

4 수하물 찾기

입국 심사대를 빠져 나오면 '수하물 수취소 手荷物受取り Baggage Information' 표지판이 보인다. 이것을 따라 가면 짐 찾는 곳이 나온다. 전광판에 비행기의 편명과 짐 찾는 곳의 번호가 표시돼 있을 테니 그곳으로 가서 짐을 찾는다. 예를 들어 KE007편을 타고 왔다면 KE007이라고 표시된 수하물 수취소로 가면 되는 것. 수많은 짐들이 커다란 컨베이어 벨트 위에 올려진 채 천천히 돌아가고 있는데 거기서 자기 짐이 나오기를 기다리면 된다.

5 세관 통과

짐을 찾은 뒤에는 바로 앞의 '세관 검사대 税関 Customs'로 간다. Visit Japan Web 등록을 하고 신고 물품이 없다는 뜻인 녹색의 '면세 免税 Duty Free' 쪽으로 이동한다. 세관원이 여행 목적과 함께 위험물ㆍ식물ㆍ반입 금지 품목 소지 여부를 물어보기도 하는데, 몇 마디 대꾸만 해주면 바로 통과시켜준다. 간혹 짐을 풀어보라고도 하지만 요식 행위에 가까워 지퍼만 열어주면 된다.

6 일본 입국 완료

세관 검사대 앞의 출구를 나가면 드디어 본격적인 여행이 시작된다. 시내로 들어가는 방법은 각각의 공항 이용법에서 자세히 다룬다(후쿠오카 국제공항 ➡p.105, 사가 국제공항 ➡p.194, 오이타 국제공항 ➡p.234, 나가사키 국제공항 ➡p.276, 기타큐슈 국제공항 ➡p.326).

일본 입국시
Visit Japan Web 사용법

스마트폰에서 공항 wifi 또는 인터넷 로밍을 활성화시킨 뒤 Visit Japan Web을 연다. 입국 심사대에서는 입국심사용 QR 코드를 화면에 띄운 뒤 여권과 함께 입국심사관에게 제시하고, 세관에서는 세관신고용 QR 코드를 화면에 띄운 뒤 여권과 함께 신고용 단말기에 등록하면 된다.

시내로 들어갈 때는 버스가 편리하다

TRAVEL TIP 일본 입국 카드 & 휴대품 신고서 작성

일본 입국시 반드시 필요한 '공식 서류'는 여권 · 입국 카드 · 휴대품 신고서다.
입국 카드와 휴대품 신고서는 항공권을 구입한 여행사 또는 기내에서 제공된다.
영어 · 일본어에 자신이 없을 때는 한국어(Korean · 韓国語)로 된 것을 달라고 하자.
입국 카드에 기입할 내용은 간단한 신상 정보와 여행 일정인데, 한자 · 영문으로 적어야 하며
절대로 빈칸을 남기지 않는 게 포인트다. 특히 주의를 기울여야 할 사항은 숙소와 관련된
내용이다.
딱히 정해진 곳이 없더라도 어디든 숙소 이름을 적어 놓아야 입국 심사시 문제가 발생하지 않는다.
입국 심사대에서 집중적으로 확인하는 사항이 숙소와 여행기간이란 사실을 잊지 말자.
숙소 예약을 하지 않았을 때는 적당한 곳을 골라 숙소명 · 주소 · 전화번호를 적어 넣으면 된다.
휴대품 신고서에는 기초적인 신상 정보와 휴대품 내역을 한자 · 영문으로 기입한 뒤 공항 또는
항구에서 세관을 통과할 때 제출한다.

> Visit Japan Web 등록시 작성하지 않아도 됨

일본 입국 카드 작성 요령

外国人入国記録 DISEMBARKATION CARD FOR FOREIGNER 외국인 입국기록			【ARRIVAL】
英語又は日本語で記載して下さい。 Enter information in either English or Japanese. 영어 또는 일본어로 기재해 주십시오.			

氏 名 Name 이름	Family Name 영문 성 ❶ YU			Given Names 영문 이름 ❷ DO RA		
生年月日 Date of Birth 생년월일	Day日月 Month月 년 Year年 년 ❸ 3 1 9 1 2 2 0 0 0	現 住 所 Home Address 현 주소	国名 Country name 나라명 ❹ KOREA		都市名 City name 도시명 SEOUL	
渡航目的 Purpose of visit 도항 목적	☑ 観光 Tourism 관광 ❺ その他 Others 기타	□ 商用 Business 상용 (	□ 親族訪問 Visiting relatives 친족 방문)	航空機便名·船名 ❻ Last flight No./Vessel 도착 항공기 편명·선명 KE007 日本滞在予定期間 ❼ Intended length of stay in Japan 일본 체재 예정 기간 7일		
日本の連絡先 ❽ Intended address in Japan 일본의 연락처	FUKUOKA KOKUSAI HOTEL			TEL 전화번호 092-1234-5678		

裏面の質問事項について、該当するものに ☑ を記入して下さい。 Check the boxes for the applicable answers to the questions on the back side.
뒷면의 질문사항 중 해당하는 것에 ☑ 표시를 기입해 주십시오.

❾ 1. 日本での退去強制歴·上陸拒否歴の有無
Any history of receiving a deportation order or refusal of entry into Japan
일본에서의 강제퇴거 이력·상륙거부 이력 유무 □ はい Yes 에 ☑ いいえ No 아니오

2. 有罪判決の有無 (日本での判決に限らない)
Any history of being convicted of a crime (not only in Japan)
유죄판결의 유무 (일본 내외의 모든 판결) □ はい Yes 에 ☑ いいえ No 아니오

3. 規制薬物·銃砲·刀剣類·火薬類の所持
Possession of controlled substances, guns, bladed weapons, or gunpowder
규제약물·총포·도검류·화약류의 소지 □ はい Yes 에 ☑ いいえ No 아니오

以上の記載内容は事実と相違ありません。 I hereby declare that the statement given above is true and accurate. 이상의 기재 내용은 사실과 틀림 없습니다.
署名 Signature 서명   사인

---

❶ 영문 성 ❷ 영문 이름 ❸ 생년월일 ❹ 우리나라의 거주지 주소 ❺ 일본 방문 목적
❻ 일본으로 갈 때 이용한 비행기 편명 ❼ 일본 체류 예정일 ❽ 일본의 숙소와 전화번호
❾ '1 일본에서의 강제퇴거 이력 · 상륙거부 이력. 2 유죄판결의 유무. 3 규제약물 · 총포 · 도검류 ·
화약류의 소지' 항목은 특별한 이상이 없는 한 모두 '아니오 No'에 체크하면 된다.

Visit Japan Web 등록시 작성하지 않아도 됨

휴대품 신고서 작성 요령

(A面)

日本国税関
税関様式C第5360号

携帯品・別送品申告書

下記及び裏面の事項について記入し、税関職員へ提出してください。
家族が同時に検査を受ける場合は、代表者が1枚提出してください。

搭乗機(船舶)名・出発地 KE 008 (出発地 SEOUL)

入国日 **Ⓐ** 2 , 0 , 3 , 0 年 , 0 , 8 月 , 1 , 5 日

氏 名
フリガナ
Ⓑ YU DORA

住 所
(日本での
滞在先) **Ⓒ** FUKUOKA KOKUSAI HOTEL

電話 , 0 , 9 , 2 (, 1 , 2 , 3 , 4) , 5 , 6 , 7 , 8

職 業 **Ⓓ** STUDENT

生年月日 **Ⓔ** 2 , 0 , 0 , 0 年 , 1 , 2 月 , 1 , 9 日

旅券番号 **Ⓕ** A , B , 1 , 2 , 3 , 4 , 5 , 6 , 7

同伴家族 20歳以上 名 6歳以上20歳未満 名 6歳未満 名

※ 以下の質問について、該当する□に"✓"でチェックしてください。

Ⓖ. 下記に掲げるものを持っていますか？ はい いいえ

① 日本への持込みが禁止又は制限されて
いるもの（B面を参照） □ ☑

② 免税範囲（B面を参照）を超える購入品・
お土産品・贈答品など □ ☑

③ 商業貨物・商品サンプル □ ☑

④ 他人から預かったもの □ ☑

＊上記のいずれかで「はい」を選択した方は、B面に入国時
に携帯して持ち込むものを記入してください。

Ⓗ. 100万円相当額を超える現金又は有価 はい いいえ
証券などを持っていますか？ □ ☑

＊「はい」を選択した方は、別途「支払手段等の携帯輸出・
輸入申告書」の提出が必要です。

Ⓘ.別送品 入国の際に携帯せず、郵送などの方法により別に
送った荷物（引越荷物を含む。）がありますか？

□ はい (個) ☑ いいえ

＊「はい」を選択した方は、入国時に携帯して持ち込むものを
B面に記載したこの申告書を2部、税関に提出して、税関の
確認を受けてください。
税関の確認を受けた申告書は、別送品を通関する際に必要と
なりますので大切に保管してください。

《注意事項》
海外で購入したもの、預かってきたものなど日本に持ち込む
携帯品・別送品については、税関に申告し、必要な検査を受ける
必要があります。申告漏れ、偽りの申告などの不正な行為が
ありますと、処罰されることがありますので注意してください。

この申告書に記載したとおりである旨申告します。

署 名 **Ⓙ** 사 인

Ⓐ 일본 입국 일자

Ⓑ 영문 이름

Ⓒ 일본의 숙소와 전화번호

Ⓓ 직업

Ⓔ 생년월일

Ⓕ 여권번호

Ⓖ 다음과 같은 물건을 가지고 있습니까?

①일본으로 반입이 금지되어 있는 물품
또는 제한되어 있는 물품.

②면세 허용 범위를 초과한 물품·토산품·
선물 등 물품.

③상업성 화물·상품 견본.

④남의 부탁으로 대리 운반하는 물품.

Ⓗ 100만 엔 상당액을 초과하는 현금 또는 유가증권 등
을 가지고 있습니까?

Ⓘ 별송품

Ⓙ 사인

Ⓖ~Ⓘ의 항목에는 특별한 이상이 없는 한
'아니오 いいえ'에 체크하면 된다.

※ **직업** 학생 Student 직장인 Employee

주부 Housewife 기술자 Engineer

교사 Teacher 기자 Journalist

의사 Doctor 예술가 Artist

개인사업 Businessman 요리사 Chef

운동선수 Athlete 회계사 Accountant

운전사 Driver 연예인 Entertainer

탐험가 Explorer 디자이너 Designer

공무원 Goverment Servant(Public Employee)

배로 일본 가기

부산~후쿠오카 구간에 고속선 비틀·코비, 여객선 뉴카멜리아, 부산~시모노세키 구간에 여객선 부관훼리가 취항 중이다. 배는 부산 국제여객터미널에서 타며 기본적인 출국 절차는 공항을 이용할 때와 비슷하다. 차이가 있다면 배는 짐을 모두 갖고 타기 때문에 비행기와 달리 수하물 탁송과 같은 부수적인 과정이 필요치 않다는 것뿐이다. 이용객이 은근히 많으니 승선 수속 개시 1~2시간 전까지 부산 국제여객터미널로 가는 게 안전하다.

네 줄 요약

항구 도착	발권 수속	출국 심사	면세점 이용	탑승
승선 수속 개시 1~2시간 전까지 항구로 간다.	선박 회사의 창구에서 탑승권을 받는다.	여권과 탑승권을 제시하고 출국 스탬프를 받는다.	승선 시각 전까지 쇼핑 또는 휴식을 취한다.	승선 후 지정된 자리에 앉으면 일본으로 떠날 채비 완료!

규슈 노선 운항사

고려훼리 www.koreaferry.kr
부관훼리 www.pukwan.co.kr
비틀 www.jrbeetle.com

부산 국제여객터미널

비틀·코비(미래고속)는 매일 2회, 뉴카멜리아(고려훼리)·부관훼리는 매일 1회 출항한다. 부산 국제여객터미널은 공항에 비해 구조가 단순하고 규모도 작아 이용에 어려움은 없다. 건물은 5층으로 이루어져 있으며, 3층에 선박회사의 매표소 겸 발권 수속 창구와 출국장, 2층에 입국장이 있다. 편의시설로는 2·3층에 편의점·식당·은행·약국·핸드폰 로밍 센터가 있다.

1 항구 도착

원칙적으로 승선 수속 개시 30~40분 전까지 발권을 마쳐야 하지만 이용객이 몰리면 시간이 지체되기도 하니 승선 수속 개시 1~2시간 전까지 항구로 가는 게 안전하다. 승선 수속 개시 시각은 티켓 구입시 확인할 수 있다. KTX 부산역에서는 8번 출구를 나와 10분쯤 걸어가면 부산 국제여객터미널이다. 또는 지하철 1호선 중앙역의 14번 출구 앞에서 출발하는 셔틀버스나 5-1·1004번 시내버스를 이용해도 된다(국제여객터미널 위치➡p.95).

부산 국제여객터미널

터미널 이용료 3,400원
유류할증료 1만 3,000원
관광진흥기금 1,000원
※유류할증료는 수시로 변동된다.
정확한 금액은 운항사 홈페이지에서 확인한다.

2 발권 수속

국제여객터미널 3층의 선박회사 창구에서 승선표를 작성한다. 여권번호·영문 이름·주소·연락처 등의 인적사항만 기입하면 된다. 그리고 승선표와 함께 여권·티켓·터미널 이용료·유류할증료를 내면 탑승권을 발권해 준다.

부산 국제여객터미널

3 출국 심사

출국장은 부산 국제여객터미널 3층에 있다. 출국장 입구의 전광판에 각 선박의 승선 수속 시각이 표시되므로 그것을 보고 출국장으로 들어가면 된다. 먼저 세관 검사가 시작되는데, 비행기와 달리 짐을 직접 갖고 타기 때문에 모든 소지품에 대해 X–선 검사를 받는다. 고가의 보석 · 시계 · 전자제품을 갖고 있을 때는 귀국 시 문제가 될 수 있으므로 여기서 미리 신고하고 나가는 게 안전하다. 세관 검색대를 빠져나오면 바로 출국 심사대가 이어진다. 긴 줄이 늘어서 있을 테니 눈치껏 사람이 적은 쪽에 줄을 서자. 그리고 여권과 탑승권을 제시하고 출국 스탬프를 받으면 출국 심사가 완료된다.

4 면세점 이용

출국 심사대 바로 앞에는 조그만 면세점이 있다. 공항에 비하면 정말 소박(?)하기 이를 데 없는 수준이며 상품 구색도 빈약하다. 주류 · 담배를 제외하면 딱히 살 만한 물건도 없으니 시내 면세점이나 인터넷 면세점을 이용하는 게 현명하다(➡p.89). 면세품 인도장은 승선 게이트 맞은편에 있다.

5 승선

면세점 옆의 벤치에 앉아 승선 게이트가 열리기를 기다린다. 승선이 개시되면 비틀 · 코비 · 뉴카멜리아 · 부관훼리 등 각 선박의 이름이 적힌 표지판을 따라간다. 비틀 · 코비는 지정된 좌석을 찾아가 앉으면 탑승이 완료된다.

배 안에서 하룻밤을 보내야 하는 뉴카멜리아 · 부관훼리는 이용할 객실의 키 또는 자리를 배정 받은 뒤 짐을 부린다. 배가 움직이기 시작하면 갑판으로 올라가 출항하는 모습을 구경하자. 배 뒤편으로는 멀어져 가는 부산항, 왼편으로는 삐죽 솟아오른 오륙도의 모습이 펼쳐진다. 갑판에서 기념사진을 찍은 뒤에는 목욕탕으로 가서 선상 목욕을 즐기자. 일렁이는 파도에 따라 좌우로 흔들리는 욕조의 느낌이 색다를 것이다. 목욕탕 이용 시각이 정해져 있으니 너무 늦게 가지 않도록 주의하자. 그리고 잠자리에 들면 다음날 아침 해는 일본에서 맞이하게 된다.

배 멀미에 주의

배 멀미가 걱정되면 미리 멀미약을 챙겨두자. 항구의 약국은 시내보다 비싸다. 배 멀미를 예방하는 최선의 방법은 약의 복용 시간을 잘 지키고 출항과 동시에 잠드는 것이다.

도시락 준비

뉴카멜리아 · 부관훼리를 이용할 때 배 안에서 해결해야 하는 식사는 저녁과 아침 두 끼다. 선내에는 식당이 있어 배곯을 염려는 없다. 다만 한 끼에 1만 원이 넘는 만만치 않은 비용이 문제일뿐. 여행 경비를 아끼려면 배를 타기 전에 컵라면 · 김밥 같은 간단한 먹거리를 챙겨가자. 비행기와 달리 배는 자기 짐을 모두 갖고 타기 때문에 가방 안에 먹거리를 넣어뒀다가 맘대로 꺼내 먹을 수 있다. 뜨거운 물은 식당 · 음수대에서 무료로 제공한다.

부관훼리

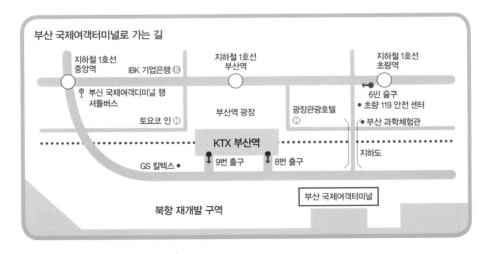

부산 국제여객터미널로 가는 길

지하철 1호선 중앙역
IBK 기업은행 🅱
📍 부산 국제여객더미널 행 셔틀버스
토요코 인 🏨
GS 칼텍스 ●

지하철 1호선 부산역
부산역 광장
KTX 부산역
9번 출구   8번 출구

광장관광호텔 🏨

지하철 1호선 초량역
6빈 출구
● 초량 119 안전 센터
● 부산 과학체험관
지하도

부산 국제여객터미널

북항 재개발 구역

TRAVEL TIP 선박 이용시 일본 입국 요령

후쿠오카까지 비틀 3시간, 뉴카멜리아 9시간, 시모노세키까지 부관훼리 11시간이 걸린다. 항구에서의 입국 절차는 공항과 거의 동일하다. 다른 점이 있다면 여행자가 모든 짐을 가지고 타기 때문에 배에서 내려 수하물을 찾는 과정이 생략된다는 것뿐이다.

1
입국 카드 ·
휴대품 신고서 작성

배가 일본에 도착하기 전에 일본 입국 카드와 휴대품 신고서를 받아 꼼꼼히 기입한다. 물론 배에서 내린 뒤에 써도 되지만 그렇게 할 경우 입국 심사대에서 아까운 시간을 낭비하게 되니 배 안에서 미리 작성해 두는 게 현명하다(작성법➡p.92~93).

후쿠오카에 도착한 뉴카멜리아

↓

2
입국 심사대 찾아가기

배에서 내려 한 방향으로 이어진 통로를 따라가면 바로 입국 심사대로 연결된다. 공항처럼 구조가 복잡하지 않아 엉뚱한 곳에서 헤맬 염려는 없다.

↓

3
입국 심사대 통과

입국 심사대 통과 요령은 공항과 동일하다. '외국인 外国人 Foreign Passports'이라고 표시된 쪽에 서서 여권과 입국 카드를 제시하고 지문 날인 및 사진 촬영을 하면 되는 것. 단, 공항에 비해 입국 심사가 살짝 까다로울 수 있으니 주의하자. 여행 경비나 귀국시 이용할 배의 티켓을 보여줘야 하는 경우도 있다.

↓

4
세관 통과

입국 심사를 마치고 나오면 바로 앞이 세관 검사대다. 특별히 신고할 물품이 없다면 비행기를 타고 올 때와 마찬가지로 녹색의 면세대 Duty Free 쪽으로 간다. 그리고 여권과 휴대품 신고서를 제시한 뒤 간단한 짐 검사를 받으면 세관 검사가 마무리된다.

↓

5
일본 도착

세관 검사대를 빠져 나오면 드디어 일본 도착 완료! 이제 시내로 들어가 본격적인 여행을 시작한다. 시내로 들어가는 교통편 이용법은 하카타 항 국제터미널(➡p.108), 시모노세키 항 국제 페리터미널(➡p.343)에서 자세히 다룬다.

하카타 항 국제터미널

후쿠오카

Fukuoka check point

후쿠오카 9대 명소

1 **다이묘 · 이마이즈미** 최근 여행자의 발길이 잦아진 카페와 쇼핑의 거리 ➡p.138
2 **텐진** 전통의 맛집과 최신 트렌드의 숍이 가득한 다운타운 ➡p.136
3 **캐널 시티 하카타** 멋진 외관과 화려한 야경. 만인이 인정하는 인기 데이트 코스 ➡p.160
4 **JR 하카타 시티** 230여 개의 숍과 맛집이 모인 초대형 쇼핑센터 ➡p.124
5 **나카스 포장마차촌** 후쿠오카의 밤을 즐기기에 좋은 활기찬 먹자거리 ➡p.161
6 **아사히 맥주 하카타 공장** 규슈 최대의 맥주 공장 투어. 생맥주 무료 시음도 가능 ➡p.125
7 **후쿠오카 타워** 보석처럼 빛나는 야경. 커플 여행자가 즐겨 찾는 연인의 성지 ➡p.176
8 **시사이드 모모치 해변공원** 푸른 바다 위에 펼쳐진 이국적 풍경 ➡p.177
9 **오호리 공원** 시민들의 호젓한 휴식처. 호숫가를 따라 즐기는 여유로운 산책 ➡p.178

후쿠오카 10대 맛집

1 **효탄즈시** 가성비 절대갑의 초밥. 입맛 다시게 하는 싱싱한 제철 생선 ➡p.142
2 **스시류** 먹기 아까울 만큼 예쁜 세공 초밥. 고급 레스토랑다운 차분한 분위기 ➡p.126
3 **신신라멘** 인기 급상승중인 후쿠오카 라면계의 다크호스 ➡p.143
4 **고항야 쇼보안** 갓 지은 밥이 맛있기로 소문난 식당. 명란젓 · 계란말이도 일품! ➡p.127
5 **간소모츠나베 라쿠텐치** 둘이 먹다 하나가 죽어도 모를 쫄깃쫄깃 곱창전골 ➡p.145
6 **토리카와스이쿄** 후쿠오카 꼬치구이 3대 천왕. 맥주를 부르는 고소한 맛 ➡p.145
7 **카와야** 후쿠오카 제일의 맛을 뽐내는 닭 껍질 꼬치구이. 예약 필수 ➡p.146
8 **교자노테무진** 쫄깃한 피와 감칠맛 넘치는 육즙의 군만두 ➡p.146
9 **히요코혼포요시노도** 후쿠오카 대표 기념품. 120년 역사의 달콤한 병아리 과자 ➡p.129
10 **이치란** 고춧가루와 마늘의 얼큰한 국물. 한국인의 입맛을 사로잡은 바로 그곳 ➡p.167

후쿠오카 10대 숍

1 **캐널 시티 하카타** 후쿠오카 최대의 복합쇼핑몰. 누구나 만족할 쇼핑 ➡p.172
2 **JR 하카타 시티** 후쿠오카 쇼핑계의 양대 산맥. 패션 · 잡화 · 인테리어 아이템 풍부 ➡p.130
3 **파르코** 트렌드에 민감한 20대 취향의 백화점. 패션 · 잡화가 풍부 ➡p.153
4 **무지** 심플한 디자인 그러나 센스 만점 아이템의 라이프스타일 숍 ➡p.152
5 **로프트** 기발한 아이디어 상품이 가득한 잡화 천국. 기념품 구입에도 강추 ➡p.149
6 **돈키호테** 기념품 · 잡화 쇼핑의 천국. 가격도 저렴 ➡p.153
7 **토스 프리미엄 아웃렛** 명품 쇼핑에도 손색없는 고급 아웃렛. 거리가 먼 게 단점 ➡p.184
8 **마리노아 시티 후쿠오카** 실속 만점 브랜드로 구성된 아웃렛. 가족 여행자에게 추천 ➡p.182
9 **요도바시 카메라** 최신 아이템이 가득한 가전양판점. 프라모델도 취급 ➡p.132
10 **만다라케** 규슈 최대의 만화 전문 헌책방. 만화 · 피규어 등 아이템이 풍부 ➡p.156

공항 → 시내

공항에서 시내까지의 거리는 고작 3km. 시내버스가 싸고 편리하다. 지하철도 운행하지만 국내선 터미널까지 가야(셔틀버스 15분) 탈 수 있어 조금 불편하다. 서너 명이 함께 이동한다면 택시를 타도 좋다 ➡p.105

버스 15분, 270엔~   **지하철** 6분, 260엔~   **택시** 10분, 1,500엔~

항구 → 시내

항구에서 시내까지의 거리는 2~3km. 항구→텐진→JR 하카타 역을 순환 운행하는 BRT 버스가 싸고 편리하다. 서너 명이 함께 이동하면 버스와 비슷한 요금으로 택시도 탈 수 있다 ➡p.108

버스 15분, 190엔~   **택시** 10분, 1,500엔~

시내교통

가장 유용한 교통편은 다양한 노선의 버스. 후쿠오카 도심의 주요 명소만 순환 운행하는 150엔 버스도 있다. 시내 구간의 요금은 우리나라와 비슷하다. 하지만 조금만 외곽으로 나가도 요금이 팍팍 오르니 주의! 지하철은 노선이 적어 활용도가 떨어지는 대신 주요 지점을 빠르게 연결한다 ➡p.112

버스 1회 150엔~   **지하철** 1회 210엔~

교통 할인패스

다양한 버스·지하철 할인패스가 있다. 패스마다 이용 가능한 교통편과 사용 가능 지역이 다르니 꼼꼼히 확인하고 구입하자. 보통 3~4회 사용하면 본전이 빠진다 ➡p.118

지하철 전용 1일 승차권 640엔   **버스 전용** 후쿠오카 그린 패스 1,000엔
버스·지하철 겸용 후쿠오카 투어리스트 시티 패스 1,500엔

온천

후쿠오카는 온천지대가 아니라 양질의 온천이 없다. 가볍게 온천 기분을 낼 수 있는 목욕시설은 이용 가능하다 ➡p.133

호텔

숙박비를 절약하려면 평일에 가자. 주말·공휴일은 요금이 평일보다 곱절로 비싸며 자리 구하기도 힘들다. 호텔은 교통이 편리한 JR 하카타 역, 지하철 기온 역(K10), 텐진 역(K08) 주변으로 잡는 게 요령이다.

Fukuoka quick guide

후쿠오카는 어떤 곳?

후쿠오카는 일본에서 여덟 번째로 큰 도시이자 규슈의 행정·경제·교통 중심지다. 16세기 토요토미 히데요시 豊臣秀吉의 상업 부흥책에 힘입어 상인의 마을로 번성하기 시작했다. 후쿠오카 성이 세워진 뒤 도시 중심을 흐르는 강을 경계로 동쪽에는 상인의 마을 하카타 博多, 서쪽에는 무사의 마을 후쿠오카 福岡가 들어서 지금과 같은 도시의 형태를 갖췄다. 1889년에는 시(市) 제도가 시행되면서 어느 쪽을 시의 이름으로 할 것인가가 현안으로 떠올랐는데 결국 시의 이름을 후쿠오카, 역의 이름은 하카타로 부르는 절충안이 받아들여졌다. 지금은 은행·회사·공항에 후쿠오카, 항구·기차역·기념품·축제에 하카타란 명칭이 많이 쓰인다.

시사이드 모모치 해변공원

③

지하철+버스 15분

버스 15분

지하철 4분

④
오호리 공원

③ 시사이드 모모치 해변공원
シーサイドももち海浜公園 ➡p.177

드넓은 백사장의 인공해변과 대형 아웃렛이 위치한다. 번잡한 도심을 벗어나 여유로운 풍경을 즐길 수 있는 게 매력. 후쿠오카 시내에서 거리가 멀어 교통비가 많이 드니 버스·지하철 1일권을 이용하는 게 현명하다.

④ 오호리 공원 大濠公園 ➡p.178

거대한 호수를 중심으로 조성된 한적한 공원이다. 원래 엄청난 규모의 성(城)이 있었으나 모두 철거되고 지금은 성벽과 해자의 일부만 남아 옛 모습을 전할뿐이다. 산책로로 가 잘 정비돼 있으며 벚꽃놀이의 명소로 인기가 높다.

⑤ 다이묘·이마이즈미 大名·今泉 ➡p.138

최근 각광받는 카페·맛집·쇼핑의 거리다. 서울의 홍대와 연남동을 한데 버무려놓은 듯한 분위기라고 보면 적당할 듯. 좁은 골목 사이사이 세련된 숍과 카페가 모여 있어 트렌드에 민감한 20~30대가 즐겨 찾는다.

❶ 텐진 天神 ➡p.134

명실상부한 후쿠오카의 다운타운이다. 내로라하는 명품부터 아기자기한 인테리어 소품까지 온갖 아이템을 취급하는 숍·백화점·쇼핑몰이 모여 있다. 오랜 전통을 뽐내는 맛집 거리로도 유명하다. 다자이후·야나가와 등 근교를 연결하는 사철 니시테츠후쿠오카 西鉄福岡 역과 규슈의 주요 도시를 오가는 버스가 발착하는 텐진 고속버스 터미널도 여기에 있다.

❷ 기온 祇園 ➡p.162

후쿠오카의 옛 모습이 가장 잘 보존된 지역이다. 지하철 기온 역을 중심으로 수백 년의 역사를 간직한 사찰·신사가 옹기종기 모여 있다. 이 도시의 전통과 역사를 보여주는 전시관을 돌아보는 재미도 쏠쏠하다.

기온
❷

지하철 4분   지하철 2분

텐진   나카스·카와바타   JR 하카타 역
❶   ❻   ❼
   버스 7분   버스 5분

다이묘·이마이즈미
❺

❼ JR 하카타 역 博多駅 ➡p.122

후쿠오카의 교통 중심지다. 규슈 각지를 연결하는 기차가 발착하는 JR 하카타 역, 고속버스의 출발점인 하카타 버스터미널, 후쿠오카 전역을 오가는 시내버스 정류장이 모두 여기에 있다. 하카타 역 주변으로 호텔·레스토랑·백화점·쇼핑몰이 모여 있어 후쿠오카에 왔다면 적어도 한 번쯤은 들르게 된다.

❻ 나카스·카와바타 中洲·川端 ➡p.160

규슈 최대의 유흥가로 명성이(?) 자자하다. 잠들지 않는 후쿠오카의 밤을 연출하는 유흥업소와 오랜 전통의 상점가, 유명 레스토랑, 활기찬 포장마차촌이 공존하는 묘한 풍경이 펼쳐진다.

Fukuoka day trip

① 노코노시마 能古島 ➡p.187

후쿠오카 북서쪽에 위치한 조그만 섬이다. 바다 건너로 후쿠오카의 빌딩숲이 손에 잡힐 듯 바라보이지만, 일단 섬 안으로 들어가면 한적한 전원 풍경이 펼쳐진다. 섬 북쪽의 노코노시마 아일랜드 파크에서는 푸른 바다를 배경으로 1년 내내 색색의 꽃이 피고 지는 목가적 풍경을 감상할 수 있다.

후쿠오카→노코노시마
버스+페리 1시간

② 아리타 有田 ➡p.200

일본에서도 손꼽히는 유명 도예촌이다. 임진왜란 때 끌려가 일본 도자기 산업의 시조(始祖)가 된 도공 이삼평의 묘와 그의 공을 기리는 신사가 있다. 소박한 상점가를 따라 도기를 파는 상점이 줄지어 있어 색다른 쇼핑을 즐기기에도 좋다. 예스러운 거리를 따라 거닐며 느긋하게 산책을 하는 재미도 놓칠 수 없다.

후쿠오카→아리타
특급+보통열차 1시간 25분~

③ 타케오온센 武雄温泉 ➡p.197

1,200년의 역사를 간직한 조그만 온천 마을이다. 소박한 풍경 속에서 잠시 휴식을 취하기에 적당하다. 20세기 초의 모습이 고스란히 남겨진 온천 거리를 구경하거나 따뜻한 온천에 몸을 담근 채 일상에 지친 심신을 달래는 재미가 쏠쏠하다. 규슈 올레 코스를 걸으며 가벼운 하이킹을 즐기기에도 좋다.

후쿠오카→타케오온센
특급+보통열차 1시간 10분~

④ 우레시노온센 嬉野温泉 ➡p.194

일본의 3대 미인 온천으로 꼽히는 곳이다. 온천수 성분 때문에 피부가 매끈매끈해지는 효과를 볼 수 있다. 번화한 멋은 없지만 조그만 마을 곳곳엔 유서 깊은 역사를 뽐내는 전통 료칸이 점점이 자리한다. 강변을 따라 산책을 즐기거나 규슈 올레 코스를 걸으며 한가로이 휴식을 취하기에 적당하다.

후쿠오카→우레시노온센
고속버스 2시간~

노코노시마 ①

타케오온센 ③

아리타 ②

우레시노온센 ④

5 우미노나카미치 海ノ中道　　→p.336

후쿠오카 북쪽에 위치한 해변 휴양지다. 인적이 드문 해변을 따라 이어지는 푸른 바다. 드넓은 녹지와 함께 놀이터·자전거 하이킹 코스 등의 위락시설을 갖춰 주말 나들이 코스로 인기가 높다. 규슈 최대의 수족관이 있어 가족 단위 여행자도 즐겨 찾는다.

후쿠오카→우미노나카미치
쾌속·보통열차 25~40분

6 모지 항 門司港　　→p.336

한 세기 전에 세워진 건물들이 로맨틱한 풍경을 연출하는 항구 도시다. 19세기 말 국제무역으로 번영을 구가하던 당시의 모습을 전하는 유러피언 양식의 건물. 바다 건너 혼슈까지 걸어서 건널 수 있는 해저터널 등 이색 볼거리가 여행의 즐거움을 선사한다.

후쿠오카→모지항
특급+보통열차 1시간 10분~

6 모지 항

우미노나카미치

후쿠오카

후쿠오카
국제공항

7 다자이후

7 다자이후 大宰府　　→p.188

1,400여 년 전 야마토 조정의 수도 역할을 하던 도시다. 지금도 당시의 유적이 곳곳에 남아 있다. 여행자의 호기심을 자극하는 볼거리는 1,200년의 역사를 자랑하는 고색창연한 신사 다자이후텐만구다. 학문의 신을 모시는 까닭에 입시철이면 합격을 기원하고자 일본 전역에서 몰려든 수험생으로 북새통을 이룬다.

후쿠오카→다자이후
사철 20~40분 또는 버스 40분

8 야나가와 柳川　　→p.191

거미줄처럼 이어지는 수로가 도시 전역을 촘촘히 연결해 '물의 마을'이란 애칭을 얻었다. 물가에 가지를 늘어뜨린 버드나무와 수로를 따라 점점이 놓인 옛 건물이 연출하는 로맨틱한 풍경이 두 눈을 즐겁게 한다. 일본 유수의 장어 산지답게 장어 요리가 발달한 곳으로도 유명하다.

후쿠오카→야나가와
사철 50분

8 야나가와

후쿠오카 국제공항에서 시내로

후쿠오카 국제공항은 규모가 작고 구조도 단순해 이용하기 쉽다. 더구나 도심에서 불과 3km 거리에 위치해 이동시간과 교통비가 적게 드는 것도 매력. 도심을 연결하는 교통편은 버스·지하철·택시다. 일반적으로 버스를 이용하는 게 편리하며, 버스의 운행 간격이 뜸한 이른 아침과 저녁에는 지하철을 이용해도 좋다. 버스는 국제선 터미널 바로 앞에서 출발하며, 지하철은 무료 셔틀버스를 타고 국내선 터미널까지 가야 탈 수 있다.

세 줄 요약

공항 구조

국제선과 국내선 터미널로 나뉘어 있다. 국제선 터미널의 입국장은 1층, 출국장은 3층이다.

공항 → JR 하카타 역

버스 15분, 270엔
지하철 6분, 260엔
택시 10분, 1,500엔~

공항 → 텐진

버스 30분, 320엔
지하철 11분, 260엔
택시 20분, 2,000엔~

후쿠오카 국제공항

www.fukuoka-airport.co.jp

후쿠오카 국제공항

후쿠오카 시내→공항

버스
하카타 버스터미널(MAP 6-A3) 1층 11번 승강장 또는 텐진 고속버스 터미널(MAP 8-F4) 3층 1번 승강장에서 출발하는 공항버스로 15~30분 소요.

지하철
쿠코 선 空港線의 후쿠오카쿠코 福岡空港 역(K13) 하차. 1A번 출구를 나와 정면으로 60m쯤 가면 국제선 터미널 무료 셔틀버스 정류장이 있다. 국제선 터미널까지는 셔틀버스로 15분 소요.

후쿠오카 국제공항 福岡国際空港

후쿠오카 국제공항은 국제선 国際線과 국내선 国内線 터미널로 나뉘어 있다. 두 건물은 3km 정도 떨어져 있으며 무료 셔틀버스로 연결된다(15분 소요). 자세한 이동 방법은 오른쪽 페이지의 공항 구조도를 참고하자.

입국장 到着ロビー

입국장은 국제선 터미널 1층에 있다. 입국장 바로 앞에는 은행·편의점·인포메이션 센터 등의 편의시설이 모여 있다. 정면에 보이는 출구를 나가면 후쿠오카 도심과 국내선 터미널을 연결하는 버스 정류장, 택시 승강장이 있다.

출국장 出発ロビー

우리나라로 돌아올 때 이용할 항공사 체크인 카운터와 출국장은 국제선 터미널 3층에 있으며, 어디서나 '출발 出発 Departures' 표지판만 따라가면 쉽게 찾을 수 있다. 항공사 체크인 카운터 주변에는 저울이 비치돼 있으니 무료 수하물 무게가 15kg 이하로 제한되는 저가항공사 이용시에는 여기서 미리 무게를 달아보고 체크인 카운터로 가는 게 좋다. 출국장 내부에는 면세점·편의점·스타벅스가 있다. 단, 면세점의 규모가 작고 과자·주류·담배를 제외하면 상품 종류가 무척 빈약하니 되도록 쇼핑은 후쿠오카 시내에서 마치고 오는 게 현명하다.

후쿠오카 국제공항 출국장

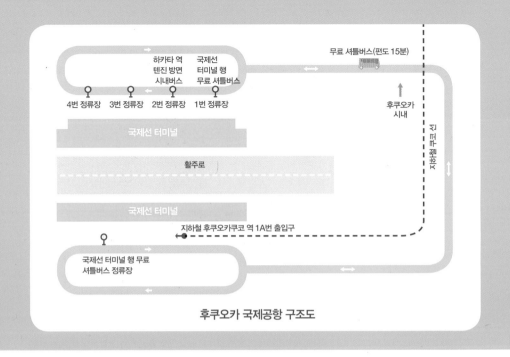

후쿠오카 국제공항 구조도

무료 셔틀버스(편도 15분)

하카타 역
텐진 방면
시내버스

국제선
터미널 행
무료 셔틀버스

4번 정류장　3번 정류장　2번 정류장　1번 정류장

국제선 터미널

활주로

국제선 터미널

지하철 후쿠오카쿠코 역 1A번 출입구

국제선 터미널 행 무료
셔틀버스 정류장

후쿠오카
시내

지하철 쿠코 선

버스 バス

후쿠오카 한복판에 위치한 JR 하카타 博多 역 또는 다운타운인 텐진 天神으로 바로 갈 때 이용하면 편리하다. 버스는 입국장 앞에 보이는 출구로 나가 왼쪽에 위치한 2번 정류장에서 출발한다. 하카타 역 직행과 하카타 역 경유 텐진 행의 두 개 노선을 운행하니 버스 앞에 붙은 행선지 표지판을 확인하고 탄다. 하카타 역까지는 15분, 텐진까지는 30분쯤 걸린다. 버스가 운행하지 않는 시간대 또는 길이 밀리는 평일 17:30∼19:00의 퇴근시간에는 지하철을 이용하는 게 편할 수도 있다.

버스 타는 법

버스는 뒷문으로 타고 앞문으로 내린다. 뒷문으로 탈 때 주황색의 발권기에서 번호가 적힌 정리권 整理券(세이리켄)을 뽑고, 내릴 때 거기 적힌 번호와 운전석 왼쪽 위의 모니터에 표시된 번호가 일치하는 칸의 요금을 낸다(이용법➡ p.113). 내리는 곳은 JR 하카타 역과 나란히 붙은 하카타 버스터미널 博多バスターミナル(MAP 6-A3) 또는 텐진 고속버스 터미널 天神高速バスターミナル(MAP 8-F4)이다.

도착 당일 버스를 4회 이상 이용할 계획이라면 1일권인 후쿠오카 투어리스트 시티 패스 또는 후쿠오카 그린 패스를 구입하는 게 경제적이다(➡ p.119). 1일권은 공항 1층의 버스 매표소에서 판매한다.

버스

🚌 07:30∼22:20
※15분∼1시간 간격 운행
산큐 패스 사용 가능
공항→JR 하카타 역
💴 270엔
공항→텐진
💴 320엔
※2023년 6월 현재 공항→텐진 구간 버스 운휴

지하철

운영 05:45~24:00
※6~15분 간격 운행
공항→하카타 역(K11)
6분, 270엔
공항→텐진 역(K08)
11분, 270엔
지하철 1일 승차권
요금 640엔

지하철 地下鉄

지하철 노선상에 위치한 목적지·숙소를 찾아갈 때 이용하면 편리하다. 밤 늦게까지 운행하고, 러시아워에도 길이 밀릴 염려가 없으며, 역의 출구번호를 기준으로 하면 길 찾기도 쉬워 길눈이 어두운 이에게는 버스보다 편할 수도 있다. 단점은 지하철역이 위치한 국내선 터미널까지 무료 셔틀버스를 타고 가야 해 은근히 번거롭고 이동시간이 오래 걸린다는 것이다.

지하철 타는 법

입국장 바로 앞에 보이는 출구로 나가 왼쪽의 <u>1번 정류장에서 국내선 터미널 国内線ターミナル 행 무료 셔틀버스를 탄다.</u> 국내선 터미널에서 내려(15분 소요) 버스 진행방향으로 60m쯤 직진하면 지하철 후쿠오카쿠코 福岡空港 역 (K13)이다(공항 구조도 ➡ p.105).

티켓은 자판기에서 구입한다. 우선 자판기 위의 노선도에서 가고자 하는 역을 찾는다. 역 이름 위에 쓰인 숫자는 해당 역까지의 요금이다. 자판기 화면에서 조금 전에 확인한 요금과 동일한 숫자의 요금 버튼을 누르고 돈을 넣으면 표와 거스름돈이 나온다(이용법 ➡ p.115). 도착 당일 <u>지하철을 3회 이상 탈 계획이라면 여기서 지하철 1일 승차권을 구입하는 게 경제적이다(➡ p.118).</u>

여기서 출발하는 모든 열차가 시내로 들어가므로 아무 열차나 타면 된다. 더구나 출발역이라 앉아 갈 수 있는 확률은 100%! 안내방송은 일본어·영어로 나온다. 목적지에 도착해 역 밖으로 나갈 때는 출구 쪽에 붙은 지도를 보고 방향을 가늠한 뒤 움직인다. 지도에 역과 출구번호는 물론 주요 건물과 명소의 위치가 꼼꼼히 표시돼 있어 이것을 참고로 하면 길 찾기가 한결 수월하다.

공항 → 시내 지하철 이용법

1번 정류장으로 간다.

국내선 터미널행 무료 셔틀버스를 탄다.

국내선 터미널에서 내린다.

자판기에서 티켓을 구입한다.

노선도에서 요금을 확인한다.

지하철역으로 간다.

개찰구를 통과한다.

지하철을 탄다.

목적지 도착!

로열 버스 ロイヤルバス Airport Access Bus

캐널 시티 하카타 キャナルシティ博多(MAP 7-E3), 후쿠오카 시청 福岡市役所前(MAP 8-G3), 힐튼 후쿠오카 시 호크 호텔 ヒルトン福岡シーホーク(MAP 11-3A) 등 후쿠오카의 주요 명소·호텔만 운행하는 리무진버스다. 요금이 조금 비싸지만 좌석이 안락하고 주요 정류장만 정차해 편리하다. 티켓은 공항 1층의 버스 매표소에서 구입하거나 홈페이지에서 예약한다. 버스는 입국장 바로 앞에 보이는 출구로 나가 왼쪽에 위치한 4번 정류장에서 탄다 (공항 구조도 ➡ p.105).

택시 タクシー

우리나라보다 요금이 비싸지만 공항에서 시내까지의 거리가 가깝기 때문에 버스·지하철 요금 정도로 이용할 수도 있다. 예를 들어 공항에서 JR 하카타 역까지의 요금은 1,500엔 정도. 네 명이 타면 1인당 400엔 정도의 비용으로 이용할 수 있다. 시간도 10분 정도밖에 안 걸려 버스·지하철을 타는 것보다 시간이 대폭 절약된다. 단, 길이 밀리는 출퇴근 시간에는 이용하지 않는 게 좋다.

택시는 입국장을 나와 바로 앞에 위치한 택시 승강장에서 탄다. 문은 운전석에서 자동으로 열리고 닫히게 조작하니 자신이 직접 여닫을 필요가 없다. 택시를 탈 때 주의할 점은 목적지를 정확히 알려줘야 한다는 것이다. 영어가 잘 통하지 않아 목적지명을 한자·일본어로 적어서 보여주는 게 안전하다. 요금은 미터제이다(➡ p.116).

고속버스 高速バス

후쿠오카 국제공항에서 규슈의 주요 도시까지 고속버스가 운행된다. 버스는 입국장 바로 앞에 보이는 출구로 나가 왼쪽에 위치한 2~4번 정류장에서 출발하며, 티켓은 공항 1층의 버스 매표소에서 판매한다.

로열 버스

운휴

택시

기본요금 937m 570엔
추가요금 221m당 60엔
공항 → JR 하카타 역
10분, 1,500엔~
공항 → 텐진 역
20분, 2,000엔~

회수권

고속버스 이용시 경제적인 회수권 回数券(카이스켄)을 구입하자. 예를 들어 벳푸까지의 편도 요금은 3,250엔. 그러나 2매 회수권은 5,000엔, 4매 회수권은 7,000엔으로 편도 요금보다 10~30% 저렴하다. 회수권은 왕복 또는 여러 명이 1장씩 이용할 수 있다. 구입은 공항 1층 버스 매표소에서 한다.

후쿠오가 국제공항에서 규슈 주요 도시까지 고속버스 운행편

정류장 번호	행선지	소요시간	요금
2번	벳푸 別府	2시간	3,250엔~
	유후인 湯布院	1시간 40분	3,250엔~
	쿠로가와온센 黑川温泉	2시간 20분	3,470엔~
3번	나가사키 長崎	2시간 20분	2,900엔~
	우레시노온센 嬉野温泉	1시간 30분	2,200엔
	하우스텐보스 ハウステンボス	1시간 40분	2,310엔~
	사세보 佐世保	1시간 40분	2,310엔~

하카타 항 국제터미널에서 시내로

부산을 출발한 배가 도착하는 곳은 후쿠오카 도심에서 북쪽으 2~3km쯤 떨어진 곳에 위치한 하카타 항 국제터미널이다. 국제터미널이란 거창한 명칭과 달리 규모가 무척 아담해(?) 이용에 큰 어려움은 없다. 시내로 들어갈 때는 하카타 역 또는 텐진 행 버스를 이용하면 편리하다. 버스 시간을 맞추기 힘들 때는 택시를 타자. 시내와 가까워 네 명이 함께 타면 버스 요금 정도로 이용할 수도 있다.

네 줄 요약

터미널 구조

입국장 · 출국장은 2층, 선박회사 체크인 카운터는 1층, 버스 정류장은 건물을 나와 왼쪽에 있다.

항구 → JR 하카타 역

버스 20분, 240엔
택시 10분, 2,000엔~

항구 → 텐진

버스 15분, 190엔
택시 10분, 1,500엔~

하카타 항 국제터미널

🖥 www.hakataport.com
유류할증료(귀국시)
요금 1,300엔(선사 · 시기에 따라 다름)
터미널 이용권(귀국시)
요금 500엔
관광세(귀국시)
요금 1,000엔

하카타 항 국제터미널

버스

항구→JR 하카타 역
BRT · 11 · 19 · 50번 20분, 240엔
항구→텐진
BRT · 55 · 151 · 152번 15분, 190엔
산큐 패스 사용 가능

하카타 항 국제터미널 博多港国際ターミナル

규모가 작고 한국어 표지판이 곳곳에 붙어 있어 이용하기 쉽다. 입국장은 2층이다. 입국장을 나와 정면에 보이는 에스컬레이터를 타고 1층으로 내려가면 은행 · 식당 · 인포메이션 센터 등의 편의시설이 모여 있다.

귀국시 이용법

여행을 마치고 한국으로 돌아올 때는 1층의 비틀 · 코비 · 뉴카멜리아 체크인 카운터에서 승선 수속을 하고, 정문 옆에 설치된 터미널 이용권 ターミナル 利用券 발매기에서 터미널 이용권을 구입한다. 그리고 2층의 출국장으로 올라가 출국 수속을 밟는다. 출국장 안에는 조그만 면세점이 있지만 구입 가능한 상품이 무척 한정적이라 쇼핑은 시내에서 끝내고 오는 게 좋다. 3층에는 하카타 항 국제터미널과 주변 풍경이 훤히 내려다보이는 무료 전망대가 있다. 승선 수속을 마치고 시간이 남을 때는 여기서 시간을 보내도 된다.

터미널 이용권 발매기

버스 バス

버스 정류장은 1층의 출입구를 나와 왼쪽에 있다. JR 하카타 역으로 갈 때는 2번 정류장에서 하카타 역 博多駅 방면의 BRT · 11 · 19 · 50번, 텐진으로 갈 때는 1번 정류장에서 텐진 天神 방면의 BRT · 55 · 151 · 152번 버스를 탄다. 초행자는 하카타 항 국제터미널~JR 하카타 역~텐진~하카타 항 국제

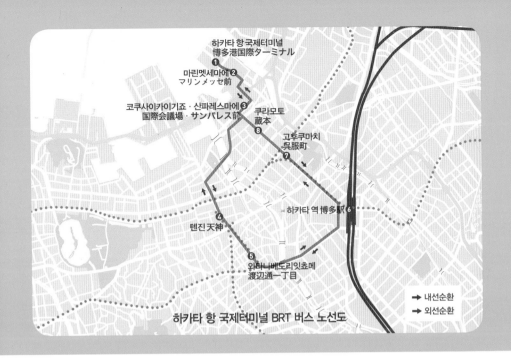

하카타 항 국제터미널
博多港国際ターミナル ①

마린멧세마에 ②
マリンメッセ前

코쿠사이카이기죠·산파레스마에 ③
国際会議場·サンパレス前

쿠라모토 ⑧
蔵本

고후쿠마치 ⑦
呉服町

하카타 역博多駅 ⑥

텐진 天神 ④

와타나베도리잇쵸메 ⑤
渡辺通一丁目

→ 내선순환
→ 외선순환

하카타 항 국제터미널 BRT 버스 노선도

터미널을 순환 운행하는 BRT 버스가 이용하기 편리하다는 사실을 기억하자. 버스는 뒷문으로 타고 앞문으로 내린다. 뒷문으로 탈 때 주황색의 발권기에서 번호가 적힌 정리권 整理券(세이리켄)을 뽑고, 내릴 때 거기 적힌 번호와 운전석 왼쪽 위의 모니터에 표시된 번호가 일치하는 칸의 요금을 낸다(이용법 ➡ p.113). 한국어 안내방송이 확실한 BRT 버스의 경우 내릴 정류장을 알아보기 쉽지만, 기타 노선의 버스는 정류장을 파악하기 힘드니 미리 운전사에게 내릴 곳을 알려달라고 부탁해 놓는 게 좋다.

도착 당일 버스를 4회 이상 이용할 계획이라면 1일권인 후쿠오카 투어리스트 시티 패스 또는 후쿠오카 그린 패스를 구입하는 게 경제적이다(➡ p.119). 1일권은 하카타 항 국제터미널 1층의 인포메이션 센터에서 판매한다.

후쿠오카 시내→항구

JR 하카타 역의 F번 정류장(MAP 4)에서 BRT · 88번 버스 또는 텐진의 Solaria Stage 앞 2A번 정류장(MAP 5)에서 BRT · 80번 버스를 타고 하카타 항 국제터미널 博多港国際ターミナル 하차(15~20분, 190~240엔).

택시 タクシー

항구에서 시내까지의 거리가 가까워 여럿이 함께 타면 버스 요금 정도로 이용할 수도 있다. 예를 들어 JR 하카타 역까지의 요금은 2,000엔 정도, 네 명이 타면 1인당 500엔 정도면 충분하며, 시간도 10분 정도밖에 안 걸려 버스보다 편리하다. 단, 길이 밀리는 출퇴근 시간에는 이용하지 않는 게 상책이다. 택시 타는 곳은 1층의 출입구를 나와 오른쪽에 있다. 문은 운전석에서 자동으로 열리고 닫히게 조작하니 자신이 직접 여닫을 필요가 없다. 영어가 잘 통하지 않아 목적지명은 한자 · 일본어로 적어서 보여주는 게 안전하다. 요금은 미터제이다(➡ p.118).

택시

기본요금 937m까지 570엔
추가요금 221m당 60엔
항구→JR 하카타 역
10분, 2,000엔~
항구→텐진
10분, 1,500엔~

주변 도시에서 후쿠오카로

규슈의 주요 도시에서 후쿠오카로 갈 때는 기차 또는 고속버스를 이용한다. 요금이 비싸더라도 시각표대로 움직이는 정시성과 안락한 시설을 원하면 기차, 기차보다 조금 불편하더라도 저렴한 요금을 원하면 고속버스를 선택한다. 기차는 후쿠오카 한복판에 위치한 JR 하카타 역, 고속버스는 하카타 역과 나란히 이어진 하카타 버스터미널 또는 텐진 고속버스 터미널에 도착한다.

세 줄 요약

기차역 · 버스터미널 위치

기차역 · 버스터미널의 위치를 미리 확인해두면 도착해서 길 찾기가 수월하다.

JR 하카타 역 · 하카타 버스터미널

하카타 역 주변의 숙소를 이용할 때 편리. 시내버스 · 지하철 이용도 쉽다.

텐진 고속버스 터미널

텐진 주변의 숙소를 이용할 때 편리. 버스터미널은 3층에 있다.

JR 하카타 역

지도 MAP 7-H3

JR 하카타 역 博多駅

규슈를 운행하는 모든 JR 열차의 종착역이자 출발역이다. 역의 규모가 상당한데 1층이 매표소 · 개찰구, 2층이 플랫폼이다. 출구는 서쪽의 하카타 출구 博多口와 동쪽의 치쿠시 출구 筑紫口 두 개가 있다. 주요 명소는 하카타 출구 쪽에 위치하며, 시내를 오가는 대부분의 버스가 하카타 출구 앞의 정류장에서 출발한다. 역 구내의 하카타 출구 방향으로 이어진 연결통로를 따라 지하 1층으로 내려가면 지하철 쿠코 선 空港線의 하카타 역(K11)과도 바로 연결된다.

하카타 버스터미널

고속버스 티켓은 3층 매표소, 시내버스 및 공항버스 티켓은 1층 매표소에서 판매한다.
지도 MAP 6-A3

하카타 버스터미널 博多高速バスターミナル

JR 하카타 역의 하카타 출구 博多口와 나란히 이어져 있다. 대부분의 고속버스는 출발지→텐진 고속버스 터미널→하카타 버스터미널 또는 출발지→하카타 버스터미널→텐진 고속버스 터미널의 순으로 정차하는데, JR 하카타 역 주변의 숙소를 이용할 때는 여기서 내리는 게 편하다. 2층 고속버스 도착 승강장, 3층 고속버스 출발 승강장으로 나뉘며, 1층에는 시내버스 터미널, 4~6층에는 식당가 · 서점 · 100엔 숍 등의 편의시설이 있다.

텐진 고속버스 터미널

지도 MAP 8-F4

텐진 고속버스 터미널 天神高速バスターミナル

텐진 한복판에 위치해 인근 숙소에 묵을 때 이용하면 편리하다. 솔라리아 스테이지 쇼핑몰 3층에 위치하며 1층으로 내려가면 시내버스 정류장이 있다. 지하 1층으로 내려가면 지하상가를 통해 지하철 쿠코 선의 텐진 天神 역(K08), 나나쿠마 선의 텐진미나미 天神南 역(N16)과 연결된다.

후쿠오카의 JR 역과 버스터미널 위치

나가사키→후쿠오카 長崎→福岡

JR 나가사키 역에서 신칸센 카모메 かもめ를 타고 타케오온센 武雄温泉 역으로 간 다음 특급열차로 갈아탄다. 열차가 도착하는 곳은 JR 하카타 博多 역이다. 나가사키에키마에 버스터미널(MAP 21-A2)에서 고속버스가 05:30~21:30, 15~30분 간격으로 운행하며, 나가사키→후쿠오카 국제공항→텐진 고속버스 터미널→하카타 버스터미널의 순으로 정차한다.

나가사키→후쿠오카

신칸센 + 특급열차 1시간 30분, 6,050엔
북큐슈 레일 패스 사용 가능
고속버스 2시간 30분, 2,900엔
산큐 패스 사용 가능

유후인→후쿠오카 由布院→福岡

특급열차

JR 유후인 由布院 역에서 특급열차가 1일 6회 운행한다. 열차가 도착하는 곳은 JR 하카타 博多 역이다. 유후인 버스터미널에서 고속버스가 06:30~17:30, 20분~1시간 간격으로 운행하며, 유후인→후쿠오카 국제공항→하카타 버스터미널→텐진 고속버스 터미널의 순으로 정차한다.

유후인→후쿠오카

특급열차 2시간 20분, 5,190엔
북큐슈 레일 패스 사용 가능
고속버스 2시간, 3,250엔
산큐 패스 사용 가능

벳푸→후쿠오카 別府→福岡

JR 벳푸 別府 역에서 특급열차 소닉 ソニック이 04:52~21:51, 30분~1시간 간격으로 운행한다. 열차가 도착하는 곳은 JR 하카타 博多 역이다.
벳푸의 키타하마 버스 센터(MAP 17-B5)에서 고속버스가 07:00~21:00, 1시간 간격으로 운행하며, 벳푸→후쿠오카 국제공항→텐진 고속버스 터미널→하카타 버스터미널의 순으로 정차한다.

벳푸→후쿠오카

특급열차 2시간 30분, 6,470엔
북큐슈 레일 패스 사용 가능
고속버스 2시간 40분, 3,250엔
산큐 패스 사용 가능

후쿠오카
시내교통

후쿠오카 시내에서 이용 가능한 대중교통은 버스·지하철·택시다. 이 가운데 가장 편리한 교통편은 바로 버스. 그물망처럼 촘촘한 노선이 주요 명소를 빠짐없이 연결한다. 1일권을 구입하면 활용도는 더욱 높아진다. 지하철은 버스의 보조수단으로 이용하기에 좋은데, 노선이 단순하고 핵심 지역을 빠르게 연결해 러시아워 등 길이 밀릴 때 이용하면 편리하다. 버스와 마찬가지로 1일권을 구입하면 더욱 경제적이다.

세 줄 요약

버스
주요 명소를 빠짐없이 연결하는 여행자의 발과 같은 존재. 요금은 조금 비싸다.

지하철
노선이 단 세 개뿐! 노선 파악이 쉽고 빠른 이동이 가능한 게 매력.

1일권
버스 또는 지하철 전용과 버스·지하철 겸용이 있다. 용도에 맞춰 구입한다.

버스

운행 05:30~23:00(노선마다 다름)
요금 1회 150엔~
후쿠오카 투어리스트 시티 패스
1,500엔
후쿠오카 그린 패스 1,000엔
홈피 www.nishitetsu.jp
산큐 패스 사용 가능

버스 バス
후쿠오카 시내에서 활용도가 가장 높은 교통편이다. 시내 구석구석을 촘촘히 연결해 어디든 원하는 곳을 찾아갈 수 있다. 후쿠오카 시내를 운행하는 거의 모든 버스는 JR 하카타 역(MAP 7-H3), 하카타 버스터미널(MAP 6-A3), 텐진(MAP 8-F4)을 경유한다. 즉, 이 세 곳이 버스 이용에 가장 편리한 교통 거점이란 뜻!

요금 및 운행시간
JR 하카타 역~텐진 사이의 '150엔 버스 구간'에 한해 모든 버스를 150엔에 탈 수 있다. 하지만 해당 구간 이외의 지역에서는 거리에 비례해 요금이 오르는데 은근히 비싸다. 후쿠오카 외곽의 명소·아웃렛을 다녀오거나 1일 4회 이상 버스를 탈 계획이라면 오히려 1일권(➡p.119)이 경제적이다. 단, 산큐 패스(➡p.78) 소지자는 버스를 자유로이 탈 수 있어 따로 1일권을 구입할 필요가 없다.

실전! 버스 타기
버스 정류장에는 노선별 시각표와 노선도가 붙어 있으며, 곧 도착할 버스의 번호·행선지를 알려주는 안내 모니터가 설치된 곳도 있다. 버스가 들어오면 차량 앞 또는 탑승구 옆에 적힌 번호·행선지를 확인하고 버스에 오른다. 우리나라와 반대로 뒷문으로 타고 앞문으로 내리는데, 뒷문으로 탈 때 계단 옆에 놓인 주황색 발권기에서 번호가 적힌 정리권 整理券(세이리켄)을 뽑는다. 내릴

시내버스 정류장에서도 줄 서기는 기본

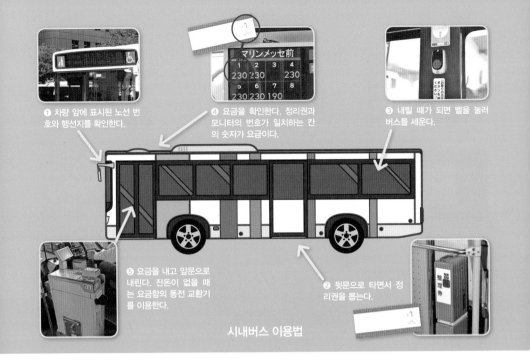

① 차량 앞에 표시된 노선 번호와 행선지를 확인한다.

④ 요금을 확인한다. 정리권과 모니터의 번호가 일치하는 칸의 숫자가 요금이다.

③ 내릴 때가 되면 벨을 눌러 버스를 세운다.

⑤ 요금을 내고 앞문으로 내린다. 잔돈이 없을 때는 요금함의 동전 교환기를 이용한다.

② 뒷문으로 타면서 정리권을 뽑는다.

시내버스 이용법

때 거기 적힌 번호와 운전석 왼쪽 모니터에 표시된 번호가 일치하는 칸의 요금을 내면 된다. 내릴 정류장이 다가오면 벨을 눌러 버스를 세운다. 안내방송이 철저하며 운전석 옆에 설치된 모니터에 정류장 이름이 일어 · 영어 · 한국어로 표시된다.

요금을 낼 때는 거스름돈을 주지 않으니 정확한 액수를 맞춰서 내야 한다. 잔돈이 없을 때는 요금함에 달린 잔돈 교환기를 이용한다. 500엔 동전이나 1,000엔 지폐를 넣으면 투입한 금액만큼 10 · 100엔짜리 동전이 나온다. 1일권 소지자는 운전사에게 1일권을 제시하고 내리면 된다.

버스 이용시 주의사항

버스 정류장

편리한 후쿠오카의 시내버스

복잡한 노선에 주의하자. 100여 개의 노선이 뒤엉켜 있어 알아보기가 쉽지 않다. 갈아타기 역시 은근히 불편하니 되도록 직행 노선을 이용하는 게 현명하다. 버스를 탈 때는 정류장에 붙은 노선도와 차량의 행선지 표지판을 보고 자신이 타려는 버스가 원하는 목적지까지 가나 한 번 더 확인한다. 자칫 버스 번호만 믿고 탔다가는 완전히 반대방향으로 갈 수도 있다. 또한 일부 노선은 번호가 같은 버스라도 운행 방향에 따라 경유지 및 정류장이 달라지기도 하니 주의하자.

교통카드 이용

교통카드(➡p.117) 이용시에는 정리권을 뽑을 필요가 없다. 버스를 탈 때 문 옆에 설치된 단말기, 내릴 때 운전석 옆 요금함의 단말기에 교통카드를 차례로 찍으면 요금이 자동으로 정산된다.

교통카드용 단말기

지하철 타는 법

지하철역을 찾아간다.

매표소에서 요금을 확인한다.

자판기에서 티켓을 구입한다.

안내방송·모니터로 내릴 역 확인.

지하철을 탄다.

개찰구를 통과한다.

하차후 개찰구를 통과한다.

출구에 설치된 지도를 확인한다.

목적지 도착!

지하철

🕐 05:45~24:00(노선마다 다름)
※6~15분 간격 운행
💰 1회 210엔~
1일 승차권 640엔
후쿠오카 투어리스트 시티 패스
1,500엔
🌐 http://subway.city.fukuoka.lg.jp

지하철 地下鉄

지하철역 표지판

지하철 노선은 쿠코 선 空港線(K)·하코자키 선 箱崎線(H)·나나쿠마 선 七隈線(N)의 세 개뿐이라 이용하기 쉽다. 지하철 노선도에서 원 안에 알파벳과 숫자로 표시된 것은 역의 고유번호다. 예를 들어 '하카타 博多(K11)'라고 쓰인 것은 이 역이 쿠코 선(K)의 11번째 역임을 뜻하며, 실제 지하철역에도 같은 번호가 표시돼 있다. 초행자는 역 이름보다 고유번호로 역을 찾는 게 훨씬 쉽다.

요금 및 운행시간

요금은 거리에 비례해서 오른다. 출발역에 따라 요금이 적용되는 정거장 숫자가 다른데 2정거장 이내 210엔, 3~6정거장 260엔, 7~11정거장 300엔, 12~16 정거장 340엔, 15정거장 이상 360엔 정도다. 지하철을 1일 3회 이상 이용할 때는 1일 승차권 또는 후쿠오카 투어리스트 시티 패스를 구입하는 게 경제적이다(➡p.121).

실전! 지하철 타기

티켓 모양만 다를뿐 우리나라의 지하철 이용법과 큰 차이가 없다. 티켓은 자판기에서 구입한다. 우선 자판기 위에 설치된 노선도에서 원하는 목적지까지의 요금을 확인한다. 역 이름 위·아래에 적힌 숫자가 요금이다. 그리고 자판기

지하철 티켓 자판기 이용법

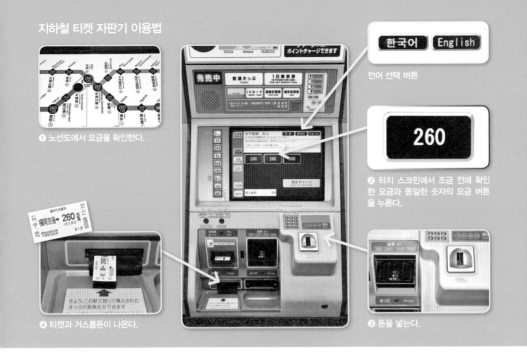

❶ 노선도에서 요금을 확인한다.

언어 선택 버튼

260

❷ 터치 스크린에서 조금 전에 확인한 요금과 동일한 숫자의 요금 버튼을 누른다.

❹ 티켓과 거스름돈이 나온다.

❸ 돈을 넣는다.

의 터치 스크린에서 방금 확인한 것과 동일한 요금의 버튼을 누른 다음 돈을 넣으면 티켓이 나온다. 자세한 방법은 상단의 티켓 자판기 이용법을 참고하자. 개찰구를 통과할 때 투입구에 티켓을 넣으면 작은 구멍이 뚫리며 사용이 개시된다. 역 구내의 안내판·표지판은 한국어·일어·영어가 병기돼 있다. 기본적으로 안내방송은 일어·영어로 나오며, 일부 차량에 한해 한국어 안내방송이 나오기도 한다. 차량의 출입구 위에 설치된 모니터·전광판에는 다음 정차할 역의 이름이 일어·영어로 표시되니 이것을 보고 원하는 목적지에서 내린다. 지하철을 갈아탈 때는 환승 のりかえ(노리카에) 표지판만 따라가면 된다. 지하철역 밖으로 나갈 때는 출구 근처에 설치된 지도를 보고 위치를 확인한 다음 나가면 길 잃을 염려가 없다.

후쿠오카의 지하철역

환승시 주의사항

환승 전용 개찰구

쿠코 선의 텐진 天神 역(K08)과 하코자키 선의 텐진미나미 天神南 역(N16)은 환승역 이지만, 두 역이 완전히 분리된 데다 거리가 550m나 떨어져 있어 환승방법이 조금 독특하다. 1일권 또는 교통카드 사용자는 아무 개찰구나 이용해도 상관없다. 그러나 1회용 티켓 사용자는 반드시 환승 のりかえ(노리카에) 표시가 붙은 녹색의 개찰구만 이용해야 한다. 개찰구를 통과하면 티켓이 반환되는데, 이 티켓을 가지고 갈아탈 역으로 가서 한 번 더 사용하는 것이다. 환승은 1회용 티켓·교통카드 모두 2시간 이내에 끝내야 한다.

150엔 버스

🕐 08:40~20:50(노선마다 다름)
※10~15분 간격 운행
💰 1회 150엔

150엔 버스 150円バス

활용도 만점의 100엔 버스

JR 하카타 역~캐널 시티 하카타~텐진~나카스~하카타 버스터미널을 순환 운행하는 버스다. 주요 명소가 대부분 150엔 버스 노선 안에 위치해 후쿠오카 외곽까지 나가지 않는다면 이 버스만으로도 충분히 여행을 즐길 수 있다. 기본적인 이용법은 일반 버스와 동일하며 뒷문으로 타고 앞문으로 내린다. 요금은 내릴 때 낸다.

버스 노선에 주의

JR 하카타 역을 출발해 하카타 버스 터미널까지 시계방향으로 도는 외선순환 코스와 하카타 버스터미널을 출발해 JR 하카타 역까지 반시계방향으로 도는 내선순환 코스의 두 개 노선이 있다. 토 · 일 · 공휴일에는 동일한 노선에 주요 정류장만 정차해 속도가 빠른 '150엔 라이너 150円ライナー'도 운행한다 (150엔 버스 노선도➡MAP 3).

도보 歩き

후쿠오카 시내는 규모가 크지 않다. 동서 2km, 남북 1.5km의 구역 안에 대부분의 명소와 숍 · 레스토랑이 모여 있어 계획만 잘 세우면 충분히 도보 여행도 가능하다. 참고로 JR 하카타 역에서 캐널 시티 하카타까지 도보 11분, 캐널 시티 하카타에서 나카스까지 도보 2분, 나카스에서 텐진까지 도보 10분 정도 걸린다. 부담되지 않는 범위 안에서 걸어다니며 구경하고, 숙소로 돌아갈 때나 장거리 이동에서 버스 · 지하철을 1~2회 이용하면 교통비를 절약하는 효율적인 여행이 된다. 도로 표지판과 이정표가 잘 돼 있어 길 잃을 염려는 없으며, 한글로 표기된 이정표도 있다.

택시

🌐 www.taxi-fukcty.or.jp
보통차
기본요금 937m까지 570엔
추가요금 221m당 60엔
시간 · 거리 병산제 1분 20초당 60엔
심야할증 22:00~05:00 20%
대형차
기본요금 1.6km까지 860엔
추가요금 149m당 60엔
시간 · 거리 병산제 55초당 60엔
심야할증 22:00~05:00 20%

택시 タクシー

문은 자동으로 열리고 닫힌다

택시 요금은 차량의 크기에 따라 다르며 자세한 요금은 운전석 옆에 표시돼 있다. 시간 · 거리 병산제에 심야할증까지 있어 요금이 우리나라보다 비싼데 지하철로 세 정거장 거리가 1,000엔 정도다. 기본요금 거리에서 서너 명이 함께 타면 버스 · 지하철 요금과 비슷하게 이용할 수 있다.

택시는 주정차 금지구역이 아닌 곳 또는 택시 승강장에서 쉽게 잡을 수 있다. 빈차 확인 요령은 우리나라와 같다. 편하게 택시를 잡으려면 가까운 호텔 · 백화점을 찾아가는 것도 요령이다. 영어가 잘 통하지 않는 경우가 많으니 목적지 명을 일본어 · 한자로 보여주는 게 좋다. 택시 문은 자동으로 열리고 닫히게 운전석에서 조작하므로 자신이 직접 여닫을 필요는 없다.

TRAVEL TIP 후쿠오카 교통카드, 하야카켄

하야카켄 はやかけん은 후쿠오카 지하철에서 판매하는 교통카드다. 이 카드 한 장으로
후쿠오카는 물론 일본 전역에서 운행하는 거의 모든 대중교통을 자유로이 이용할 수 있다.
필요한 금액만큼 충전해서 사용하기 때문에 대중교통을 이용할 때마다 티켓을 사거나
요금을 내기 위해 잔돈을 준비하는 번거로움이 없는 게 장점. 특히 장기 체류자에게 유용하다.
단, 대중교통 이용 비율이 적은 단기 체류자 또는 1일권 · 기차 · 버스 패스로 여행할 때는
활용도가 떨어지니 굳이 구입할 필요가 없다.

하야카켄 구입 및 충전

하야카켄은 후쿠오카의 모든 지하철역 티켓 자판기에서 판매한다. 터치 스크
린의 왼쪽 중간에 있는 'IC 카드 ICカード' 버튼을 누르고, IC 카드 발매 IC
カード発売→ 무기명 IC 카드 無記名ICカード→구입액(1,000 · 2,000 ·
3,000 · 4,000 · 5,000 · 1만 엔)의 순으로 선택한 다음 돈을 넣으면 하야카켄이
발급된다. 구입액에는 카드 보증금 500엔이 포함돼 있으며, 보증금을 제외한 액수
가 사용 가능 금액이다.
요금이 부족하면 충전해서 사용한다. 충전은 지하철역의 티켓 자판
기, JR 역의 티켓 자판기, 편의점에서 한다. 충전 단위는 1,000 · 2,000 ·
3,000 · 4,000 · 5,000 · 1만 엔이며, 최대 충전 가능 금액은 2만 엔까지다.

하야카켄 사용하기

하야카켄 사용법은 우리나라의 교통카드와 동일하다. 지하철 · JR · 사철에서는 개
찰구의 단말기에 하야카켄을 갖다 대면 카드 잔액이 표시되며 개찰구가 열린다. 버
스도 탈 때와 내릴 때 각각 한 번씩 단말기에 카드를 찍으면 자동으로 요금이 결제
된다. 편의점 · 슈퍼마켓 · 숍 · 레스토랑 · 음료 자판기에서도 하야카켄을 사용할
수 있는데, 결제시 단말기에 카드를 갖다 대기만 하면 된다.

버스 교통카드 단말기

자판기 교통카드 단말기

지하철 개찰구

기타 교통카드

도쿄의 Suica · Pasmo,
오사카의 ICOCA · PiTaPa,
홋카이도의 Kitaca 등 일본
타지역의 교통카드도 후쿠오카와
규슈 전역에서 자유로이 사용할
수 있다. 사용법은 하야카켄과
동일하다.

하야카켄 환불 방법

하야카켄의 유효기간은 마지막 사용일로부터 10년이며, 지하철역의 유인 매표소
에서 보증금과 카드 잔액을 돌려받을 수 있다. 환불을 신청하면 카드 잔액에서 환불
수수료 220엔을 공제하고 남은 돈과 보증금을 돌려준다. 단, 잔액이 220엔 미만일
때는 보증금 500엔만 환불된다. 따라서 잔액을 '0엔'이 되도록 사용한 다음 환불 신
청을 하면 환불 수수료를 전혀 물지 않아도 된다.

편리하고 경제적인 1일권

도심을 벗어나 후쿠오카 외곽까지 돌아보려면 만만치 않은 교통비가 필요하다. 한 푼이라도
절약하려면 할인패스 구입은 필수! 할인패스마다 이용 가능한 교통편과 사용 가능 범위가 다르니
꼼꼼히 살펴보고 자신의 일정에 어울리는 것을 선택하자.

지하철 1일 승차권

요금 640엔
웹 http://subway.city.fukuoka.
lg.jp

지하철 1일 승차권 1日乗車券

Only 지하철 이용자에게 추천. 3회 이상 이용하면 본전이 빠지는 지하철 전용 1일권.
구입법은 하단부를 참고하자. 이용법은 일반 티켓과 동일하며 주요 명소의 입장료
도 할인된다.

판매 지하철역 매표소 자판기

할인 시설 후쿠오카 시 박물관, 후쿠오카 시 미술관, 후쿠오카 아시아 미술관, 후쿠오카 시 동식
물원, 유센테이 공원, 쇼후엔, 후쿠오카 타워, 야후 오크 돔 투어, 왕정치 야구 박물관, 하카타 역
사관, 하카타마치야 후루사토관, 노코노시마 아일랜드 파크, 노코 박물관, 텐진유노하나, 만요노
유, 캐널시티 하카타, 텐진 지하상점가, IMS ※할인 시설은 수시로 변경됨

파미치카킷푸

요금 1,000엔
웹 http://subway.city.fukuoka.
lg.jp

파미치카킷푸 ファミちかきっぷ

Only 지하철 이용자에게 추천. 가족 여행자를 위한 지하철 전용 1일권. 이 티켓 한 장
으로 성인 2명(부부 · 부모자식 · 형제자매)과 12세 미만 자녀(인원 무제한)가 함께
지하철을 탈 수 있다. 1일권 구입시 티켓에 이용자의 인원수 · 이름 · 연령을 기재하
며, 실제 이용시에는 유인 개찰구에서 역무원에게 1일권을 제시하면 된다.

판매 지하철역의 고객 센터 お客様サービスセンター

지하철 1일 승차권 구입

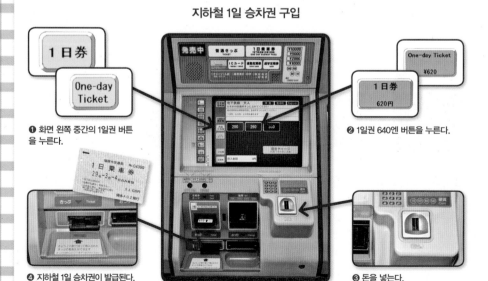

❶ 화면 왼쪽 중간의 1일권 버튼
을 누른다.

❷ 1일권 640엔 버튼을 누른다.

❹ 지하철 1일 승차권이 발급된다.

❸ 돈을 넣는다.

후쿠오카 투어리스트 시티 패스 Fukuoka Tourist City Pass

아사히 맥주 하카타 공장 · 우미노나카미치 해변공원 · 마린월드까지 가려는 이에게 추천.
버스 · 지하철은 물론 아사히 맥주 하카타 공장 · 우미노나카미치 해변공원까지의
JR 열차도 이용할 수 있는 외국인 전용 1일권이다. 단, 마리노아시티 후쿠오카 아
웃렛까지의 니시테츠 버스는 탈 수 없으며 해당 지역에서는 쇼와 버스를 이용해야
한다(➡p.182). 패스는 후쿠오카 시내 전용과 다자이후까지의 왕복 버스가 포함된
것 등 두 종류가 있다. 버스는 내릴 때 운전사, 지하철 · JR은 타고 내릴 때 유인 개
찰구에서 역무원에게 패스를 제시하면 된다.

판매 텐진 고속버스 터미널, 하카타 버스터미널, 후쿠오카 국제공항 1층 버스 매표소, 니시테츠
후쿠오카 역, 하카타 항 국제터미널 1층 인포메이션 센터, 지하철역 고객 센터

할인 시설 후쿠오카 시 박물관, 후쿠오카 시 미술관, 후쿠오카 아시아 미술관, 하카타 마치야 후
루사토관, 후쿠오카 타워, 나미하노유, 야후 오크 돔 투어, 마린 월드 ※할인 시설은 수시로 변경됨

후쿠오카 투어리스트 시티 패스

🎫 후쿠오카 시내 전용 1500엔
후쿠오카 시내 + 다자이후 1,820엔
🌐 www.nishitetsu.jp
※즉석복권처럼 사용일자의 은박
부분을 벗겨내고 사용한다.

후쿠오카 그린 패스 福岡市内1日フリー乗車券

무조건 버스만 타고 다닐 이에게 추천. 후쿠오카 전역의 버스를 이용
할 수 있는 외국인 전용 1일권. 버스 위주로 여행할 때 편리하다. 후
쿠오카 시내 전용과 다자이후까지의 왕복 버스가 포함된 것 등 두
종류가 있다. 버스에서 내릴 때 운전사에게 패스를 제시하면 된다.

판매 텐진 고속버스 터미널, 하카타 버스터미널, 후쿠오카 국제공항 1층 버스
매표소, 하카타 항 국제터미널 1층 인포메이션 센터

후쿠오카 그린 패스

🎫 후쿠오카 시내 전용 1,000엔
후쿠오카 시내 + 다자이후 1,600엔
🌐 www.nishitetsu.jp
※즉석복권처럼 사용일자의 은박
부분을 벗겨내고 사용한다.

후쿠오카 원데이 패스 Fukuoka 1Day Pass

후쿠오카 전역의 버스와 니시테츠 전철을 이용할 수 있는 1일권. 하룻동안 후쿠오
카 · 다자이후 · 야나가와를 모두 돌아볼 때 유용하다. 그러나 이동시간상 하루 만
에 전 지역을 돌아볼 수는 없기 때문에 본전 뽑기는 불가능에 가깝다. 오히려 동일
한 지역에서 사용 가능한 마룻토 후쿠오카를 구입하는 게 경제적이다.

판매 텐진 고속버스 터미널, 하카타 버스터미널, 후쿠오카 국제공항 1층 버스 매표소, 하카타 역
1층 인포메이션 센터

후쿠오카 원데이 패스

🎫 2,650엔
🌐 www.nishitetsu.jp
※즉석복권처럼 사용일자의 은박
부분을 벗겨내고 사용한다.

마룻토 후쿠오카 Marutto Fukuoka

후쿠오카 그린 패스(900엔)와 니시테츠 전철 1일권(1,100엔)을 묶음으로 파는 할
인권. 두 패스는 따로따로 사용할 수 있으며, 후쿠오카와 함께 다자이후 · 야나가와
를 묶어서 여행할 때 유용하다. 다자이후만 다녀오면 손해지만(왕복 800엔), 야나
가와까지 다녀오면(왕복 1,700엔) 충분히 본전이 빠진다.

판매 텐진 고속버스 터미널, 하카타 버스터미널, 후쿠오카 국제공항 1층 버스 매표소, 하카타 항
국제터미널 1층 인포메이션 센터

마룻토 후쿠오카

2023년 6월 현재 판매 중지

후쿠오카 체험 버스 티켓 Fukuoka 体験バス Ticket

버스 전용 1일권(1,000엔)과 온천 · 레스토랑 · 유람선 이용권을 묶음으로 파는 티
켓. 70여 가지 시설을 저렴하게 이용할 수 있어 색다른 여행을 즐기려는 이에게 어
울린다. 단, 홈페이지에서 원하는 체험 프로그램을 고르고 전화로 직접 예약해야 하
는 다소 번거로운 과정이 따르는 게 흠!

판매처 텐진 고속버스 터미널, 하카타 버스터미널, 후쿠오카 국제공항 1층 버스 매표소, 하카타
역 1층 인포메이션 센터

후쿠오카 체험 버스 티켓

🎫 2,100엔~
🌐 www.taiken-bus.com

best course

#1 텐진 · 나카스 · 기온 핵심 일주

들러야 할 명소가 많으니 아침 일찍 여정을 시작한다. 텐진, 텐진 지하상가, 다이묘 · 이마이즈미, 캐널 시티 하카타에서 쇼핑도 즐길 수 있다.

소요시간 10시간~　　입장료 0엔
교통비 150엔~　　식비 6,000엔~

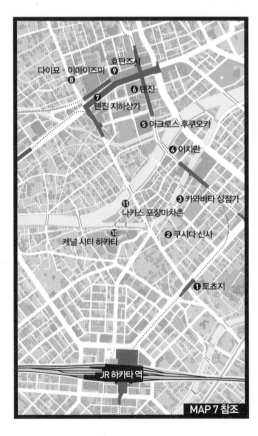

효탄즈시
다이묘 · 이마이즈미 **⑨**
⑧
⑥ 텐진
⑦
텐진 지하상가
⑤ 아크로스 후쿠오카
④ 이치란
③ 카와바타 상점가
⑪
나카스 포장마차촌
② 쿠시다 신사
⑩
캐널 시티 하카타
① 토쵸지
JR 하카타 역
MAP 7 참조

best course

#2 하카타 역 · 후쿠오카 주변 핵심 일주

지하철 · 버스 · JR을 모두 이용한다. 교통비가 많이 드니 후쿠오카 투어리스트 시티 패스(➡p.119)를 구입하는 게 경제적이다.

소요시간 8시간~　　**입장료** 800엔　　**식비** 4,000엔~
교통비 후쿠오카 투어리스트 시티 패스 1,500엔

① 아사히 맥주 하카타 공장 p.125

JR 보통열차 3분 + 도보 5분

② 고향야 쇼보안
점심, 계란말이 정식 p.127

바로 앞

③ JR 하카타 시티 p.124

도보 3분 + 지하철 9분
지하철 하카타 역 승차, 오호리코엔 역 하차

④ 오호리 공원 p.178

지하철 4분 + 버스 10분
지하철 오호리코엔 역 승차, 니시진 역 하차,
15번 버스로 환승, 후쿠오카 타워 하차

⑤ 시사이드 모모치 해변공원 p.177

도보 3분

⑥ 후쿠오카 타워 p.176

버스 25분
후쿠오카 타워 정류장에서 텐진 방면 버스 이용

⑦ 간소모츠나베 라쿠텐치
저녁 식사, 곱창전골 p.145

후쿠오카 타워 **⑥ ⑤** 시사이드 모모치 해변공원

④ 오호리 공원

⑦ 간소모츠나베 라쿠텐치

고향야 쇼보안
②
JR 하카타 시티
③
① 아사히 맥주 하카타 공장

MAP 1 참조

AREA 01

하카타 역
博多駅

JR 하카타 역을 중심으로 형성된 오피스타운 겸
다운타운. 규슈 전역을 연결하는 교통의 요지답게
1년 365일 사람의 발길이 끊이지 않는다.
안타깝게도 볼거리가 풍부하진 않다. 그러나
대형 백화점·쇼핑센터와 여러 맛집이 모여 있어
후쿠오카에 온 이상 한 번쯤은 들르게 된다. 다른
무엇보다 먹방·쇼핑을 테마로 돌아보는 게 좋다.

볼거리 ★★☆☆☆
먹거리 ★★★★★
쇼　핑 ★★★★☆
유　흥 ★☆☆☆☆

기온

지하철 2분
도보 15분

지하철 5분
도보 40분

하카타역

텐잔

must see

JR 하카타 시티 p.124
230여 개의 숍이 밀집한 대형 쇼핑센터. 후쿠오카 시내가 훤히 내려다보이는 옥상 전망대.
아사히 맥주 하카타 공장 p.125
맥주 제조공정을 돌아보는 견학 코스. 맥주 무료 시음도 가능.
후쿠오카 온천 p.133

must eat

스시류 p.126
훌륭한 맛과 모양의 세공초밥.
키와미야 p.126
육즙 가득한 햄버그스테이크.
고항야 쇼보안 p.127
밥맛이 끝내주는 가정식 백반.
하카타메이부츠 모츠나베쇼라쿠 p.127
감칠맛 넘치는 곱창전골 모츠나베.

must buy

JR 하카타 시티 p.130
6개 백화점·쇼핑몰이 모인 대형 쇼핑센터. 패션·잡화는 물론 기념품 구입에도 최고.
요도바시 카메라 p.132
규슈 최대의 가전 양판점. 다양한 가전제품을 직접 만져보고 구입 가능.

see 遊

#후쿠오카 교통과 쇼핑 중심지
#후쿠오카 3대 맛집 밀집지역 #행운의 황금개구리

1 JR 하카타 역은 후쿠오카 도심에서 가장 높은 빌딩이다.
2 옥상에 전시된 기차놀이를 하는 일곱 명의 동자상.
3 최신 유행의 패션·액세서리·잡화를 취급한다.

J R ★★★★★ 博多シティー JR 하카타 시티

발음 제-아루하까따시티- 개관 06:00~24:00,
숍 10:00~20:00, 레스토랑 11:00~22:00(숍·레스토랑마다 다름)
홈페이지 www.jrhakatacity.com 지도 MAP 6-B3
교통 지하철 쿠코 선 空港線의 하카타 博多 역(K11) 하차, 지하 연결통로를
통해 건물 내부와 바로 이어진다. 또는 150엔 버스 하카타에키마에 博多
駅前 하차.

규슈 전역을 연결하는 철도의 중심지이자 초대형 쇼핑센터.
규슈 최대·최고란 수식어에 걸맞게 트렌디한 아이템을 취급하는
230여 개의 숍과 유명 맛집이 모여 있다(➜p.130). 건물 정면은
항구도시 후쿠오카를 상징하는 파도 모양의 지붕으로 꾸몄다.
그 아래의 기둥에는 손바닥만한 '황금 개구리' 조각이 있는데,
이것을 찾으면 행운이 깃든다고! 건물 5층에 걸린 지름 6m의 대형
시계도 눈길을 끈다. 시계 바로 뒤에는 째깍째깍 돌아가는 시계
내부와 함께 주변이 내려다보이는 전망 카페가 있어 여행자에게
인기가 높다. 옥상(11층)에는 후쿠오카 일대가 훤히 내려다보이는
멋진 전망대. 싱그러운 꽃과 나무로 꾸민 천공의 광장 天空の広
場, 여행의 안전을 기원하는 철도 신사 등의 볼거리도 있다. 신사
앞에는 규슈 모양의 지도 위에서 기차놀이를 하는 일곱
동자의 조각이 있는데, 규슈 7개 현(県)을 운행하는
기차를 상징하는 것으로 동자의 머리를 쓰다듬으면
소원이 이루어진다고 한다.

행운의 황금 개구리

ア サヒビール博多工場 아사히 맥주 하카타 공장
★★★★☆

휴관 **발음** 아사히비-루하카따코-죠- **개관** 09:00~15:30
연말연시 **요금** 무료 **전화** 092-431-2701
홈피 www.asahibeer.co.jp/brewery/hakata(예약)
지도 MAP 1-C4 **교통** JR 하카타 博多 역에서 보통열차를 타고 한 정거장 다음의
타케시타 竹下 역 하차(3분, 160엔). 개찰구를 나오자마자 왼쪽으로 7m쯤 가면
맥주 공장 표지판이 가리키는 방향으로 도보 3분. **또는**
텐진의 4A번 정류장에서 46·46-1번 버스를 타고 아사히비루마에
アサヒビール前 하차, 도보 4분. 버스 진행방향으로 150m쯤 가면 오른쪽에 있다.

130여 년의 역사와 일본 최대의 생산량을 자랑하는 아사히 맥주
공장. 이 공장에서만 연간 8억 3,000만 개의 캔 맥주가 생산되는데,
캔을 한 줄로 세우면 지구를 두 바퀴 반이나 도는 엄청난 양이다.
생산되는 맥주의 상당수가 한국으로 수출된다는 사실도 흥미롭다.
가이드 투어(60분, 한국어 선택 가능)를 통해 맥아와 호프가 황금빛
맥주로 변신하는 전 과정을 살펴볼 수 있다. 투어가 끝나면 갓 뽑은
시원한 **생맥주를 3잔(무료)** 마실 수 있는데 캔이나 병맥주로는 경험하기
힘든 크리미한 거품이 끝내준다. 캔 맥주를 가장 맛있게 따라 먹는 방법
등 다양한 팁도 들려주니 가이드의 목소리에 귀기울여보자. 투어는 예약
필수이며 신청은 인터넷·전화로 한다(한국어 투어 선택 가능).

1 아사히 맥주 하카타 공장. 견학 코스 입구는
사진의 건물 맞은편에 있다.
2 갓 뽑은 시원한 생맥주를 무료로 마실 수 있다.

住 吉神社 스미요시 신사
★★☆☆☆

발음 스미요시진쟈 **개관** 일출~일몰 **요금** 무료 **지도** MAP 7-F4
교통 JR 하카타 博多 역의 하카타 출구 博多口 앞 A번 정류장에서
44·300·301·302·303·304·305·307번 버스, B·C·D 정류장에서
9·10·11·15·16·17·19·50·58·58-1·
214번 버스를 타고 스미요시 住吉 하차(3분, 150엔), 도보 3분. **또는** JR 하카타
博多 역에서 도보 15분. 하카타 출구 博多口를 나와 정면의 횡단보도를 건넌 뒤
왼쪽으로 이어지는 스미요시도리 住吉通り를 따라 800m쯤 가면 오른쪽에 있다.
또는 텐진의 7-B번 정류장에서 5·44·63번 버스를 타고 스미요시 住吉 하차
(10분, 150엔), 도보 3분.

울창한 숲에 둘러싸인 고즈넉한 신사. 항해의 신(神) 소코츠츠노오노
미코토 底筒男命, 나카츠츠노오노 미코토 中筒男命, 우와츠츠노오노
미코토 表筒男命 등 스미요시 삼신을 모시며, 일본 전역에 2,000여 개가
넘는 스미요시 신사의 총본산이다. 일본이 한반도 남부를 지배했다는
허구의 학설인 임나일본부설과 관련된 곳인데. 전설에 의하면 진구
황후 神功皇后가 삼한(三韓) 정벌에 나설 당시 스미요시 삼신의 도움을
받았다 해 그 역시 여기서 신으로 모신다. 1623년 일본 전통 건축양식인
스미요시즈쿠리 住吉造로 지어진 **본전**은 현재 중요문화재로 지정돼
있다. 겹겹이 세운 주홍빛 토리이 鳥居가 긴 터널을 이룬 모습과
참배객의 소원이 빼곡히 적힌 에마 絵馬가 눈길을 끌며, 옛 스모 선수의
모습을 재현한 역사상(力士像) 등 흥미로운 볼거리도 있다.

1 신사의 입구를 알리는 '天' 모양의 토리이.
2 중요문화재로 지정된 스미요시 신사의 본전.

01 스시류 ^{강추}
鮨隆

40여 년의 역사를 뽐내는 전통의 노포(老舖). 엄선된 식재료를 가장 맛있게 요리해서 내놓는다는 자부심이 대단하다. 세공초밥이 특기인데 예술품처럼 예쁜 초밥은 먹기 아까울 정도다. 세공초밥의 진수를 맛보려면 초밥 8~10점이 나오는 **오마카세니기리 おまかせにぎり(5,500~7,700엔)**를 주문하자. 초밥 종류는 매일 아침 들어오는 재료에 따라 달라진다. 초밥 9점이 나오는 **토쿠죠니기리 特上にぎり(3,300엔)**와 다양한 종류의 생선회도 훌륭하다. 카운터석을 제외하고는 모두 칸막이로 구분된 4~10인석의 조용한 개별실이라 느긋하게 식사를 즐길 수 있는 것도 장점이다.

예산 1,134엔~ **영업** 11:30~14:00, 17:30~21:00
휴업 일요일 **메뉴** 일어·영어 **주소** 福岡市 博多区 博多駅 東 1-12-1
전화 092-431-6046 **홈피** www.sushiryu.com **지도** MAP 6-B5
교통 지하철 쿠코 선 空港線의 하카타 博多 역(K11) 하차, 히가시 東6번 출구를 나오자마자 바로 왼쪽에 있다. **또는** JR 하카타 博多 역에서 도보 3분. 치쿠시 출구 筑紫口를 나와 정면으로 100m쯤 가면 왼쪽에 있다.

오마카세니기리 おまかせにぎり (5,500~7,700엔)

선도 높은 생선회도 맛볼 수 있다. 특히 오징어 산지 요부코에서 직송해오는 싱싱한 활오징어회 呼子いか活造り(시가)가 인기.

03 키와미야 ^{강추}
極味や

촉촉한 육즙이 가득한 햄버그스테이크 전문점. 어깨를 맞대고 앉아야 할 만큼 비좁지만 30분~1시간 대기는 기본일 정도로 인기가 높다. 메뉴는 햄버그스테이크 함바구스테키 ハンバーグステーキ(S 120g 1,078엔, M 150g 1,298엔, L 200g 1,738엔) 하나뿐이며 주문시 사이즈·굽는 방법·소스를 선택해야 한다. 굽는 방법은 숯불구이 스미비야키 炭火焼와 철판구이 텟판야키 鉄板焼가 있는데, 숯불구이에는 스테이크 소스 키와미야노타레 極味やのタレ, 철판구이에는 리치한 풍미의 계란 스테이크 소스 타마고안도타레토지 玉子&タレとじ가 잘 어울린다. 겉만 살짝 익힌 고기는 함께 나오는 뜨겁게 달군 철판에 올려 취향대로 익혀 먹는다.

예산 950엔~ **영업** 11:00~22:00 **휴업** 부정기적 **메뉴** 한국어·일어·영어
주소 福岡市 博多区 中央街 2-1 **전화** 092-292-9295 **홈피** www.kiwamiya.com
지도 MAP 6-A3 **교통** JR 하카타 博多 역에서 도보 4분. 하카타 출구 博多口를 나와 오른쪽으로 80m쯤 간 다음, 하카타 버스 터미널 앞에서 왼쪽으로 꺾어 70m를 간다. 그리고 오른쪽으로 돌아 80m쯤 가면 오른편에 있다.

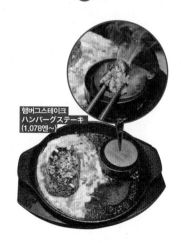

햄버그스테이크 ハンバーグステーキ (1,078엔~)

텐진의 파르코 백화점 지하 1층에도 분점이 있다(영업 11:00~23:00, MAP 8-F2).

02 멘타이료리 하카타 쇼보안 _{강추}
めんたい料理 博多 椒房庵

갓 지은 고슬고슬한 밥이 맛있기로 소문난 식당. 120년 역사의 간장·조미료 제조업체에서 운영한다. '밥의 달인'들이 가마솥으로 정성껏 지은 윤기 자르르한 밥은 그 자체로 하나의 훌륭한 요리다. 더구나 후쿠오카 명물로 유명한 명란젓 멘타이코 明太子를 비롯해 가정식으로 조리한 일품요리와 계절 반찬을 두루 곁들여 내기에 따뜻한 집밥을 맛보는 호사를 누릴 수 있다. 특히 두툼한 계란말이 정식 야키타테타마고야키고젠 焼きたて玉子焼き御膳(평일 점심 한정판매 1,650엔)이 맛있는데, 곱게 간 무를 얹어 먹으면 더욱 산뜻한 맛을 즐길 수 있다. 덮밥과 녹차말이 밥으로 즐기는 명란젓·도미 덮밥 하카타멘타이마부시 博多めん鯛まぶし(점심 2,800엔)도 맛있다. 밥은 원하는 만큼 리필된다. 조금만 늦어도 30분~1시간 대기는 기본이니 서둘러 가는 게 좋다.

계란말이 정식
焼きたて玉子焼き御膳
(1,650엔)

예산 1,650엔~ 영업 11:00~16:00, 17:00~22:00 메뉴 일어·영어
주소 福岡市 博多区 博多駅 中央街 1-1 アミュプラザ博多 9/F
전화 092-409-6611 홈피 www.shobo-an.co.jp 지도 MAP 6-A5
교통 지하철 쿠코 선 空港線의 하카타 博多 역(K11) 하차, 도보 5분. JR 하카타 역 내부의 아뮤 플라자 하카타 アミュプラザ博多 쇼핑몰 9층에 있다.

경제적인 점심 메뉴를 추천한다. 저녁 메뉴는 점심의 2~3배 정도 비싸다.

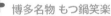

04 하카타메이부츠 모츠나베쇼라쿠 _{강추}
博多名物 もつ鍋笑楽

모츠나베 もつ鍋
(1인분 1,590엔~)

혼자 이용하기에도 좋은 모츠나베(곱창전골) 식당. 닭 육수로 담백함을 더한 국물은 1985년부터 지켜온 전통의 맛이다. 모츠나베 もつ鍋(1인분 1,590~1620엔)를 주문하면 와규 和牛 곱창에 부추·마늘·양배추를 듬뿍 얹어주는데, 잡내가 없고 곱창도 부드러워 '모츠나베 초심자'가 먹기에도 부담이 없다. 주문시 간장 쇼유 醬油·된장 시로미소 白みそ·소금 시오 塩 등 국물 맛도 선택할 수 있다. 국물을 조금 남겨 짬뽕 면 찬퐁멘 ちゃんぽん麺(300엔)을 끓여 먹어도 별미다. 취향에 따라 날계란 등을 추가해 끓일 수도 있다. 맥주·니혼슈·소주 등의 주류도 취급해 모츠나베를 안주삼아 술 한 잔 걸치기에도 좋다. 손님이 많아 점심·저녁에는 1~2시간 대기가 기본이란 사실도 잊지 말자.

예산 1,231엔~ 영업 11:00~15:00, 16:00~23:00(토요일은 24:00까지) 휴업 부정기적
메뉴 한국어·일어·영어 전화 092-409-6860 홈피 www.shoraku.jp
주소 福岡市 博多区 博多駅 中央街 1-1 アミュプラザ博多 10/F 지도 MAP 6-A5
교통 지하철 쿠코 선 空港線의 하카타 博多 역(K11) 하차, 도보 5분. JR 하카타 역 내부의 아뮤 플라자 하카타 アミュプラザ博多 쇼핑몰 10층에 있다.

나카스(영업 17:00~01:00, MAP 10-D1)에도 분점이 있다.

우엉튀김 우동
ごぼう(530엔)

초밥
(1접시 108엔~)

타르트 멜리멜로
タルト・メリメロ(918엔)

다이치우동
大地うどん

연일 문전성시를 이루는 우동집. 가츠오부시로 우려낸 진한 국물과 쫄깃하면서도 매끈한 목 넘김의 면발이 멋진 조화를 이룬다. 우엉튀김 우동 고보 ごぼう(530엔)가 간판 메뉴인데, 그릇보다 큰 지름 20㎝ 정도의 초대형 우엉튀김이 딸려 나온다. 편을 떠서 튀긴 우엉은 아삭한 식감과 바삭한 튀김옷의 밸런스가 절묘하다. 흠이라면 국물이 조금 짜다는 것. 주문과 동시에 면을 삶기 때문에 음식이 나오기까지 10~15분 기다려야 한다.

예산 360엔~
영업 11:00~16:00, 17:00~21:00
메뉴 일어
주소 福岡市 博多区 博多駅前 2-1-1 福岡朝日ビル B2/F
전화 092-481-1644
지도 MAP 6-B2
교통 JR 하카타 博多 역의 하카타 출구 博多口에서 도보 3분. 하카타 역 맞은편의 컴포트 호텔 Comfort Hotel이 위치한 건물 지하 2층에 있다.

우오베이
魚べい

 폐점 부담없는 가격의 회전초밥. 높은 가성비(1접시 108 · 194 · 237 · 345엔)가 매력이다. 주문과 계산이 자동화돼 있어 이용하기 편리하다. 초밥 사진이 실린 터치스크린을 보며 초밥을 선택하고, 화면 오른쪽 아래의 주문 注文へ 버튼을 누르면 주문 내역이 보인다. 그리고 마지막으로 주문하기 注文する 버튼을 누르면 초밥이 꼬마열차에 실려온다. 식사를 마친 뒤에는 회계 확인 会計確認과 계산 お会計 버튼을 차례로 누르면 계산서가 발행된다.

예산 800엔~ 영업 11:00~23:00
메뉴 한국어 · 일어 · 영어
주소 福岡市 博多区 博多駅 中央街 6-12
전화 092-477-3151 지도 MAP 6-D4
교통 JR 하카타 博多 역의 치쿠시 출구 筑紫口에서 도보 7분. 치쿠시 출구를 나와 정면의 큰 사거리까지 간 다음, 오른쪽으로 돌아 130m쯤 가면 오른편에 요도바시 카메라가 있다. 그 건물 4층에 있다.

아라캄파뉴
ア・ラ・カンパーニュ

 강추

신선한 과일 타르트와 케이크를 맛볼 수 있는 베이커리 겸 카페. 디저트의 본고장으로 유명한 고베에서 1991년 오픈했다. 유기농 제철 과일만 사용해 입맛 까다로운 여성에게 인기가 높다. 계절마다 종류를 달리하는 100여 가지 케이크 가운데 10~15종이 상비돼 있는데, 인기 불변의 메뉴는 계절 과일을 듬뿍 사용한 타르트 멜리멜로 타루토메리메로 タルト・メリメロ (918엔)다. 진열장에 놓인 것을 직접 보고 고르는 방식이라 일본어를 몰라도 이용하기 쉽다.

예산 918엔~ 영업 10:00~20:00
메뉴 일어 · 프랑스어
주소 福岡市 博多区 博多駅 中央街 1-1
전화 092-413-5079
홈페 www.alacampagne.jp
지도 MAP 6-A5
교통 지하철 쿠코 선 空港線의 하카타 博多 역(K11) 하차, 도보 5분. 나란히 연결된 JR 하카타 역의 핸즈 Hands 1층 안쪽에 있다.

도지마 롤 케이크
堂島ロール(한 롤 1,620엔)

강추

메이카히요코
名菓ひよ子(837엔~)

강추

난반오라이
なんばん往来(160엔)

오사카 도지마 몬 셰르
OSAKA DOJIMA MON CHER

오사카의 인기 롤 케이크 숍 도지마
몬 셰르의 후쿠오카 분점. 홋카이도
산 생크림 등 최상품 재료만 엄선해서
사용하는 것으로 유명하다.
초강추 메뉴인 도지마 롤 케이크
도지마로루 堂島ロール(1컷 378엔,
반 롤 860엔, 한 롤 1,620엔)는
한입 베어 물면 입 안 가득 고소한
우유 향이 퍼지는 황홀한 경험을 하게
된다. 롤 케이크를 사려는 사람들로
항상 인산인해를 이루니 서둘러 가야
한다.

예산 378엔~
영업 10:00~20:00
휴무 연말연시
메뉴 영어·일어
주소 福岡市 博多区 博多駅 中央街 1-1
博多阪急 B1/F
전화 092-419-5188
홈피 www.mon-cher.com
지도 MAP 6-C3
교통 지하철 쿠코 선 空港線의 하카타
博多 역(K11) 하차, 도보 5분. 나란히
연결된 JR 하카타 역의 하카타한큐
博多阪急 백화점 지하 1층에 있다.

히요코혼포요시노도
ひよこ本舗吉野堂

1897년 개업한 화과자
전문점. 깜찍한 병아리 모양의
메이카히요코 名菓ひよ子
(5개 837엔~)는 기념품 1순위로
꼽힐 만큼 인기가 높다. 1912년
기업을 물려받은 2대째 사장이
지금까지와는 다른 귀여운 모양의
화과자를 만들고자 한 데서 지금의
메이카히요코가 탄생했다. 달콤한
화과자 속에 하얀 팥 앙금이 듬뿍
담겼는데, 100년 남짓 지켜온
세련된 단맛은 아무리 먹어도
질리지 않을 만큼 중독성이 강하다.
기념품·선물용으로 구입할 때는
후쿠오카 국제공항 면세점을
이용하자. 소비세 10%가 절약된다.

예산 837엔~ 영업 08:00~21:00
메뉴 일어 전화 092-415-1450
주소 福岡市 博多区 博多駅 中央街 1-1
홈피 www.hiyoko.co.jp
지도 MAP 6-A1
교통 JR 하카타 博多 역 구내의 기념품
매장에 위치.

사카에야
강추
さかえ屋

1949년 문을 연 화과자·케이크 숍.
양식과 일식을 넘나드는 다양한
과자를 선보인다. 전통적인 화과자
기법에 모던한 맛과 재료를 가미한
게 특징이다. 새콤달콤한 라즈베리
잼을 넣은 촉촉한 스펀지 케이크
스타일의 미니 파이 난반오라이 な
んばん往来(160엔), 달콤한 팥
앙금에 쫄깃한 찹쌀떡을 넣은 모나카
스쿠노카메 すくのかめ(100엔)가
맛있다. 고급진 단맛이 혀를 즐겁게
하며, 차와 함께 간식으로 즐기기에
좋다.

예산 100엔~ 영업 09:00~21:00
메뉴 일어
주소 福岡市 博多区 博多駅 中央街 1-1
전화 092-414-5882
홈피 http://sakaeya.co.jp
지도 MAP 6-A4
교통 JR 하카타 博多 역 구내의 기념품
매장 마잉 マイング 1층에 위치. JR 큐슈
레일 패스 교환소와 베이커리 Trandor
사이의 통로를 따라 50m쯤 간 다음,
왼쪽으로 돌아 20m 가면 왼편에 있다.

1 멋진 야경의 JR 하카타 시티. 레스토랑 · 카페 · 기념품점 등 여행자를 위한 편의시설도 충실하다.
2~5 세련된 패션 아이템과 생활잡화를 구입하기에 좋다. 6 일본색 짙은 기념품도 판매한다.

JR 하카타 시티
JR 博多シティー

 JR 하카타 역과 나란히 연결된 복합 상업시설. 11층 규모의 패션 전문몰 아뮤 플라자 하카타 AMU Plaza Hakata, 라이프스타일 숍 핸즈 Hands, 지역 특산품 전문 쇼핑가 마잉 マイング, 잡화 · 로컬 패션 브랜드 중심의 쇼핑몰 아뮤 에스트 AMU Est, 스타일리시한 패션 아이템이 풍부한 하카타한큐 博多阪急, 패션 · 잡화 중심의 키테 KITTE 등 대형 백화점과 쇼핑몰이 나란히 모여 있다. 워낙 규모가 방대해 구경하는 데만도 적잖은 시간이 걸리니 여유를 넉넉히 두고 가야 한다. 기차역과 연결된 곳답게 레스토랑 · 카페 · 기념품점 등 여행자를 위한 편의시설이 충실한 것도 매력이다.

📅 숍 10:00~20:00, 레스토랑 11:00~22:00
📍 福岡市 博多区 博多駅 中央街 1-1
📞 092-431-8484 🔗 www.jrhakatacity.com
🗺 MAP 6-B3 🚇 지하철 쿠코 선 空港線의 하카타 博多 역 (K11) 하차, 지하 연결통로를 통해 아뮤 플라자 하카타 내부로 바로 이어진다. 또는 150엔 버스 하카타에키마에 博多駅前 하차.

아뮤 플라자 하카타 AMU Plaza Hakata

일본의 유행이 한눈에 들어오는 쇼핑몰. 젊은 감각의 트렌디한 아이템을 구입하기에 좋다. 눈에 띄는 브랜드는 딘 앤 델루카(지하 1층), 젤라토 피케(1층), Lanvin en Bleu · 빔즈 Beams(3층), MHL(4층), 디즈니 스토어(5층), 애프터 눈 티 리빙 · Marks&Web(6층) 등이다.

📅 숍 10:00~20:00, 레스토랑 11:00~24:00

핸즈 Hands

라이프스타일 아이템 및 DIY 용품 전문점. 총 다섯 개 층으로 이루어져 있으며 규슈 최대 규모를 자랑한다. 뷰티 · 건강 · 주방 · 욕실 · 인테리어 · 문구 · 여행 등 일상에 필요한 모든 아이템을 취급하는데, 기발한 쓰임새의 아이디어 상품이 많아 구경하는 재미가 쏠쏠하다. 디자인보다 기능성을 강조한 상품이 충실하다는 사실도 기억하자. 특히 인기가 높은 코너는 뷰티 · 헬스(3층), 주방용품(4층), 아기자기한 아이템이 풍부한 문구(5층) 매장이다.

📅 10:00~20:00

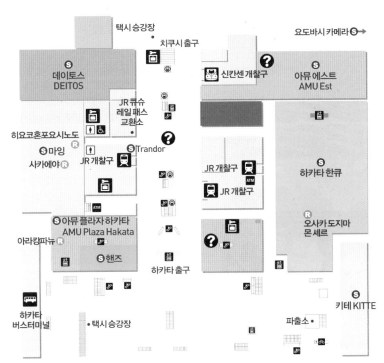

하카타 시티 구조도

마잉 マイング

여행자의 발길이 끊이지 않는 기념품 전문 쇼핑몰. 후쿠오카 전통과자 · 명란젓, 나가사키 카스텔라 등 다채로운 지역 특산품점이 모여 있다. 작지만 의류 · 기념품 · 잡화 코너도 운영한다. 전 세계에서 수입한 커피 원두와 온갖 식료품을 취급하는 칼디 커피 팜 KALDI Coffee Farm도 놓쳐서는 안 될 듯.

⏰ 09:00~21:00

아뮤 에스트 AMU EST

20대 여성 타깃의 소규모 쇼핑몰. 유니크한 잡화 · 패션 브랜드가 다수 입점해 있다. 일본 최대의 화장품 정보 사이트에서 선정된 인기템을 한자리에 모아 놓은 코스메틱 셀렉트숍 @COSME STORE, 가성비 좋은 300엔 숍 3coins, 원두커피 및 수입 식료품 전문점 Jupiter, 생일선물 콘셉트의 러블리 아이템이 풍부한 잡화점 Birthday Bar에 주목하자.

⏰ 10:00~20:00

하카타 한큐 博多阪急

20~30대 타깃의 패션 전문 백화점. 합리적 가격의 로컬 브랜드가 풍부하다. Sabon · 시로 Shiro · 존 마스터스 오가닉 · 셀보크 Celvoke 등 우리나라에서 구하기 힘든 브랜드가 충실한 화장품(1층), Homme Plissé Issey Miyake · 요지 야마모토 · Y-3 · 네이버후드 등이 입점한 남성복 코너(2층)가 볼만하다. 일본의 대표 차(茶) 브랜드인 루피시아 Lupicia(지하 1층)도 눈여겨보자. 300여 가지 차를 취급하며 꽃 · 과일 향을 더한 가향차가 풍부하다. 가격은 50g에 400~3,400엔 수준. 추천 상품은 샴페인과 딸기 향이 어우러진 Rosé Royal, 우롱차에 복숭아 향을 더한 하쿠토우롱고쿠힌 白桃烏龍極品 등이다.

후쿠오카 한정판 차도 판매한다. ⏰ 10:00~20:00

키테 KITTE

10~20대가 선호하는 패션 백화점 마루이 OIOI가 입점한 쇼핑몰. 패션 · 잡화의 비중이 높다. 특히 여심을 사로잡는 아기자기한 디자인과 중저가 아이템이 풍부한 게 매력이다. 잡화 · 구두 · 가방 · 시계 등 카테고리 별로 나뉜 셀렉트 코너가 충실하다. ⏰ 10:00~21:00

1 최신 가전제품을 직접 만져보고 구입할 수 있다. 2 우리나라와 가격 차이가 크지 않은 제품도 있으니 꼼꼼한 가격 비교는 필수.

요도바시 카메라 ヨドバシカメラ

수만 가지 상품을 취급하는 규슈 최대의 가전 양판점. 지하 1층에서 3층까지 총 4개 층에 걸쳐 디지털 카메라 · PC · 생활가전 · 프라모델을 전시 · 판매한다. 최대의 매력은 최신 가전제품을 마음대로 만져보고 구입할 수 있다는 것. 한국 여행자에게 인기가 높은 곳은 디지털 카메라(1층), 오디오 및 홈 시어터(2층), 아웃도어 용품(3층), PC · 노트북 컴퓨터(지하 1층) 코너. 건프라 마니아는 지하 1층의 프라모델 매장을 놓치지 말자. 건프라를 비롯한 프라모델 · 피규어 · 미니카 · 철도 모형 · 제작공구를 두루 취급하며 정상가의 10~20%를 할인 판매한다. 포인트 카드 사용 및 저렴한 쇼핑 요령은 p.62를 참조.

영업 09:30~22:00 휴업 부정기적 전화 092-471-1010
주소 福岡市 博多区 博多駅 中央街 6-12
홈피 www.yodobashi-hakata.com 지도 MAP 6-D4
교통 JR 하카타 博多 역의 치쿠시 출구 筑紫口에서 도보 4분. 치쿠시 출구를 나와 하카타 역 건물을 오른쪽에 두고 200m 직진하면 왼쪽에 있다.

다이소
DAISO

규슈 최대의 초저가 잡화점. 드넓은 매장에 주방용품 · 화장품 · 잡화 · 식료품 등 온갖 아이템이 가득하며, 거의 대부분의 상품이 110엔이란 파격적인 가격을 자랑한다. 일본에서만 구입할 수 있는 식료품과 아이디어 상품에 주목하자.

영업 09:00~21:00
주소 福岡市 博多区 博多駅中央街 2-1 博多バスターミナル店 5/F
전화 092-475-0100
홈피 www.daiso-sangyo.co.jp
지도 MAP 6-A3
교통 JR 하카타 博多 역의 하카타 출구 博多口에서 도보 3분. 하카타 출구를 나오자마자 오른쪽에 보이는 하카타 버스 터미널 5층에 있다.

북오프
Book Off

대형 헌책방겸 중고품 매장. 1층 중고 명품 · 게임 · CD · DVD, 2층 만화 · 소설 · 잡지 코너다. 만화책을 세금 포함 1권당 110엔부터란 파격적인 가격에 판다. 상태도 깨끗해 잘만 고르면 새 것 같은 책을 저렴하게 구입할 수 있다.

영업 10:00~22:00
휴업 연말연시
주소 福岡市 博多区 博多駅前 3-2-8
전화 092-436-2285
홈피 www.bookoff.co.jp
지도 MAP 6-D2
교통 JR 하카타 博多 역의 하카타 출구 博多口에서 도보 6분. 하카타 출구를 나와 왼쪽으로 300m쯤 간 다음, 오른쪽의 횡단보도를 건너면 바로 앞에 있다.

포케몬 센터
Pokémon Center

포켓몬 오피셜 매장. 인기 캐릭터의 피규어는 물론 게임 · 의류 · 과자 · 문구 등 다양한 아이템을 취급한다. 규모가 크진 않지만 기념품이나 선물을 구입하기에 좋다. 매장 곳곳에 기념사진을 찍을 수 있는 피규어가 전시돼 있다.

영업 10:00~20:00
주소 福岡市 博多区 博多駅 中央街 1-1 JR博多シティ 8/F
전화 092-413-5185
지도 MAP 6-B3
홈피 www.pokemon.co.jp
교통 지하철 쿠코 선 空港線의 하카타 博多 역(K11) 하차, 도보 5분. JR 하카타 역과 연결된 아뮤 플라자 하카타 AMU Plaza Hakata 쇼핑몰 8층에 있다.

Special
후쿠오카의 온천을 즐기자

那珂川清滝 나카가와세이류

영업 10:00~23:00 **요금** 평일 1,200엔,
토·일·공휴일 1,400엔, 초등학생 이하 600엔
홈페이지 www.nakagawaseiryu.jp
교통 텐진의 니시테츠후쿠오카 西鉄福岡 역(T01)에서 열차를
타고 니시테츠오하시 西鉄大橋 역(T05) 하차(7분, 220엔). 동쪽
출구 東口 앞에서 출발하는 무료 셔틀버스로 갈아타고 27분
(09:30~19:15, 30~45분 간격 운행).

운치를 즐기기에 좋은 온천. 후쿠오카 도심에서 20km
가량 떨어진 두메산골에 있어 이동이 불편한 게 유일한
흠이다. 전통 온천 여관 스타일로 꾸민 예스러운 분위기가
인상적이며, 온천수는 무색투명한 단순천으로 신경통·
근육통·피로회복 등에 효험이 있다. 노천온천 이용 가능.

天神ゆの華 텐진유노하나

폐관

영업 평일 10:00~03:00, 토·일·공휴일
08:00~03:00 **요금** 720엔, 초등학생 이하 360엔
홈페이지 www.tenjin-yunohana.jp **지도** MAP 1-B3
교통 지하철 쿠코 선 空港線의 텐진 天神 역(K08) 하차, 도보 15
분. 1번 출구를 나와 오른쪽으로 100m쯤 간 다음, 오른쪽으로
방향을 꺾어 550m 직진한다. 그리고 왼쪽으로 돌아 160m쯤
가면 왼편에 있다.

지하 500m에서 온천수가 샘솟는 천연온천. 텐진과
가까워 주변 숙소에서 묵을 때 이용하기 좋다. 칼슘·
나트륨이 함유된 염화물 온천이며 신경통·근육통·
피로회복·화상에 효험이 있다. 빼어난 시설은 아니지만
노천온천·대욕장·사우나 등의 시설이 충실하다.

万葉の湯 만요노유

영업 24시간 **요금** 2,180엔, 초등학생 1,100엔.
추가요금(03:00~09:30) 2,200엔, 초등학생 1,300엔
홈페이지 www.manyo.co.jp/hakata
지도 MAP 1-B4
교통 JR 하카타 역의 치쿠시 출구 筑紫口 앞(MAP 6-B4), 텐진의
후쿠오카 시청 福岡市役所 앞(MAP 8-G3)에서 출발하는 무료
셔틀버스로 10~20분.

JR 하카타 역 인근에 위치한 온천. 천연온천은 아니지만
유후인·타케오 등 규슈의 유명 온천에서 공수해온
온천수를 사용한다. 노천온천·대욕장·사우나·식당 등
편의시설이 충실하다. 추가요금을 내면 휴게실에서 잘 수
있어 간이 숙박시설로도 이용 가능하다.

波葉の湯 나미하노유

영업 10:00~23:00 **요금** 평일 950엔, 토·일·공휴일 1,050엔,
초등학생 이하 500엔, 수건 350엔
홈페이지 www.namiha.jp **지도** MAP 1-B3
교통 JR 하카타 역의 하카타 출구 博多口 앞 F번 정류장(MAP 4)
에서 99번 버스를 타고 하카타후토 博多ふ頭 하차(20분, 240
엔). 또는 텐진의 2A번 정류장(MAP 5)에서 90번 버스를 타고
하카타후토 博多ふ頭 하차(10분, 190엔).

하카타 항구 근처에 위치한 천연온천. 지하 800m에서
샘솟는 온천수에는 칼슘·나트륨이 함유돼 있어 화상·
만성피부병·피로회복에 효험이 있다. 느긋하게 휴식을
취할 수 있는 노천온천과 사우나가 완비돼 있으며,
2층에는 휴게소와 찜질방 스타일의 암반욕장도 있다.

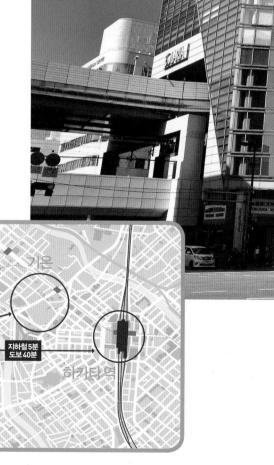

AREA 02

텐진
天神

쇼핑의 천국이라 불러도 손색이 없는 후쿠오카의
다운타운이다. 텐진 중앙부를 남북으로 가로지르는
도로인 와타나베도리 양쪽에는 대형 백화점과
쇼핑센터가 즐비하며, 근교를 연결하는 사철
역과 버스터미널이 위치해 항상 수많은 인파로
북적인다. 개성 만점의 부티크와 근사한 카페, 유서
깊은 맛집이 곳곳에 위치해 여행의 재미를 더하는
것도 매력이다.

볼거리 ★★★☆☆
먹거리 ★★★★★
쇼 핑 ★★★★★
유 흥 ★★★★☆

기온

지하철 4분
도보 30분

지하철 5분
도보 40분

하카타역

텐진

must see

텐진 p.136
후쿠오카 제일의 번화가. 가성비 높은
맛집이 밀집한 식도락 천국.
텐진 지하상가 p.137
유럽의 거리를 테마로 꾸민 이국적 분
위기의 지하상가.
다이묘·이마이즈미 p.138
카페 산책의 명소로 통하는 거리.

must eat

효탄즈시 p.142
최상의 가성비를 자랑하는 초밥.
신신라멘 p.143
깔끔 담백한 맛의 돈코츠 라멘.
간소모츠나베 라쿠텐치 p.145
텐진 제일의 곱창전골 모츠나베.
토리카와스이쿄 p.145
고소한 꼬치구이의 절대 강자.

must buy

로프트 p.149
생활잡화·인테리어 소품이 풍부.
무지 p.152
합리적 가격의 라이프스타일 브랜드.
비오로 p.154
후쿠오카의 유행을 선도하는 백화점.
만다라케 p.156
구경만 해도 신나는 만화 전문 헌책방.

TENJIN CORE

#후쿠오카의 다운타운　#먹방 투어의 메카
#후쿠오카 3대 쇼핑명소

1 트렌디한 아이템으로 가득한 쇼핑가.
2 아기자기한 패션 소품을 구입하기에도 좋다.
3 인기 숍과 레스토랑이 밀집한 솔라리아 플라자 백화점.

天神 텐진 ★★★★★

발음 텐진　개관 숍 10:00~20:00, 레스토랑 11:00~23:00
지도 MAP 8　교통 지하철 쿠코 선 空港線의 텐진 天神 역(K08) 하차.
또는 JR 하카타 博多 역의 하카타 출구 博多口 앞 A번 정류장에서 150엔
버스·301·302·305번 버스를 타고 텐진바스센타마에 天神バスセンタ
ー前에서 내리거나, BRT 버스를 타고 텐진소라리아스테지마에 天神ソラリ
アステージ前 하차.

후쿠오카의 명동으로 통하는 다운타운. 지상에는 대형 빌딩과
고급 백화점, 지하에는 그에 버금가는 규모의 대형 쇼핑가가
자리해 화려하고 활기찬 분위기가 흘러넘친다. 현재의 지명은
1612년 스가와라 미치자네 菅原道真(=텐진 天神)를 학문의
신으로 모시는 신사(➡p.188)가 세워지면서 붙여졌다. 후쿠오카
성과 가까운 이곳엔 무사와 상인의 저택이 즐비했으나 메이지
유신 明治維新(1868년)으로 그들이 쫓겨나며 관청가로 변모했고,
태평양 전쟁 말기 공습으로 폐허가 된 거리를 재건하는 과정에서
지금처럼 화려한 번화가로 탈바꿈했다.
유서 깊은 노포와 가성비 높은 맛집이 많아 먹방 투어를
즐기기에도 좋다. 주요 백화점은 지하철 텐진 역과 이어진
와타나베도리 渡辺通り, 노포는 파르코 백화점 뒤쪽의 신텐쵸
新天町 상점가, 최신 트렌드의 패션·잡화·인테리어 숍은
텐진니시도리 天神西通り, 인기 맛집과 스트리트 패션 브랜드
숍은 다이묘 大名 쇼핑가에 모여 있다(쇼핑 ➡p.138·139).

#이국적 분위기의 지하상가 | #맛난 군것질거리도 강추
#출구가 많으니 주의

天 神地下街 텐진 지하상가
★★★★☆

발음 텐진찌까가이 **개관** 10:00~20:00(숍마다 다름)
휴관 연말연시(숍마다 다름) **지도** MAP 8-F3
교통 지하철 쿠코 선 空港線의 텐진 天神 역(K08)
또는 나나쿠마 선 七隈線의 텐진미나미 天神南 역(N16) 하차.
연결 통로가 지하상가와 바로 이어진다.
또는 JR 하카타 博多 역의 하카타 출구 博多口 앞 A번 정류장에서
150엔 버스·301·302·305번 버스를 타고 텐진바스센타마에
天神バスセンター前에서 내리거나, BRT 버스를 타고
텐진소라리아스테지마에 天神ソラリアステージ前 하차.

'텐치카 てんちか'란 애칭으로 통하는 후쿠오카 최대의
지하상가. 1일 이용자수가 40만 명에 이르는 쇼핑 명소.
1976년 오픈했으며 1~12번지로 나뉜 상가의 길이는 600m,
연면적은 축구장 8개 넓이와 맞먹는 5만 3,300㎡에 달한다.
바닥의 포석과 아르누보 양식의 천장 장식, 스테인드글라스 등은
19세기 유럽의 거리를 테마로 꾸몄다. 어두운 통로에 비해 숍은
밝은 조명을 비춰 극적 대비를 이루는데, 이는 숍 하나하나가
극장의 무대임을 뜻한다. 160여 개의 숍에서는 최신 트렌드의
패션·인테리어 아이템을 취급한다. 주의할 점은 지상으로
나가는 출구다. 지하상가를 통해 20여 개의 빌딩과 쇼핑센터·
백화점이 연결돼 자칫하면 엉뚱한 곳에서 헤매기 십상이다.
밖으로 나갈 때는 지하상가 곳곳에 설치된 안내판을 보고 위치와
출구 번호를 확인하자(쇼핑 ➡p.150).

1 텐진 지하상가의 입구를 알리는 문양.
2 지하상가 곳곳을 장식한 색색의 스테인드글라스.
3 중간중간 광장과 벤치 등의 휴게시설도 마련돼 있다.

카페와 쇼핑의 거리, 다이묘 & 이마이즈미 산책

❶ Robert's Coffee

핀란드 최대 규모 커피숍의 일본 1호점. 커피 소비량이 많기로 유명한 핀란드에서 고안된 특별한 로스팅 기법으로 많이 마셔도 속이 덜 부대끼는 마일드한 커피를 선보인다.
영업 10:00~23:00,
토·일·공휴일 09:00~22:00
지도 MAP 8-D4

❷ 카페 델 솔
Café del Sol

허끝에서 사르르 녹는 폭신한 수플레 팬케이크가 맛있기로 소문난 카페. 고양이·천사 등 깜찍한 그림을 그려주는 카페라테도 인기가 높다.
영업 11:00~19:00
휴업 부정기적
지도 MAP 8-D4

❸ 론 허먼 카페
RH Cafe

아늑한 전원주택을 연상시키는 카페. 따사로운 햇살이 내리쬐는 테라스 또는 개방감 넘치는 실내에서 커피와 미국식 팬케이크, 가벼운 식사를 즐길 수 있다.
영업 09:00~19:30
휴업 12/30~1/1
지도 MAP 9-B1

❹ 히요리비
日和日

70년 된 민가를 리모델링한 카페. 예스러운 분위기가 가득하며 캐주얼한 일본 요리와 커피·차를 즐기기에 좋다. 저녁에는 바로 변신한다.
영업 11:00~15:00, 18:00~22:00(일요일 오후 휴업)
휴업 월요일
지도 MAP 9-C2

❺ 르 브르통
Le Breton

프랑스풍의 차분한 카페. 테두리는 바삭하고 가운데는 촉촉하게 구운 크레이프 위에 햄·치즈 등 갖은 재료를 토핑한 브르타뉴 전통 요리 갈레트 Gallet가 맛있다.
영업 11:00~20:00
휴업 수요일
지도 MAP 9-B3

❻ 헝그리 헤븐
Hungry Heaven

현지인이 즐겨 찾는 햄버거 맛집. 순수한 쇠고기로 만든 수제 패티와 특제 소스, 푸짐한 양이 인기의 비결이다. 28종의 다양한 맛을 즐길 수 있다.
영업 11:00~22:00
휴업 연말연시
지도 MAP 9-A3

❼ 피쉬 맨
Fish Man

스타일리시한 퓨전 일식집. 경쾌한 분위기가 매력이다. 싱싱한 생선 요리는 물론 세련된 디저트까지 다채로운 음식을 선보인다.
영업 11:00~14:30,
17:00~23:00
지도 MAP 9-B3

❽ Rec 커피
Rec Coffee

후쿠오카에서 가장 핫한 커피숍. 고작 10여 년에 불과한 짧은 이력에도 불구하고 해마다 유명 바리스타 대회의 우승컵을 거머쥐며 이름을 날리고 있다.
영업 08:00~24:00,
금요일 08:00~01:00,
토·일·공휴일 10:00~24:00
지도 MAP 9-D4

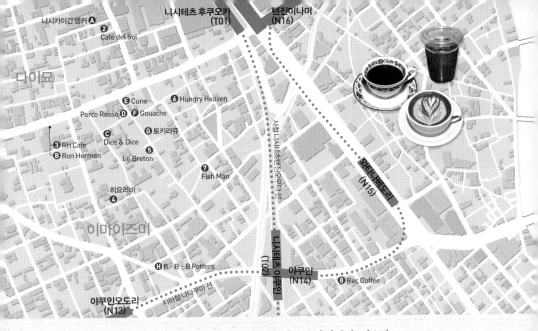

니시카이간 앵커 Ⓐ
Café del Sol Ⓑ
니시테츠 후쿠오카
(T01)
텐진미나미
(N16)
다이묘
Ⓔ Cune   Ⓕ Hungry Heaven
Porco Rosso Ⓓ   Ⓕ Gouache
Ⓒ Dice & Dice   Ⓖ 토키리큐
Ⓑ RH Cafe   Ⓖ
Ⓑ Ron Herman   Ⓔ Le Breton
히요리비   Ⓖ
Ⓖ Fish Man
이마이즈미
서철 니시테츠오무타선
(N15)
나시테츠오무타선
(T02)
니시테츠오무타선
Ⓗ B·B·B Potters
야쿠인
(N14)   Ⓗ Rec Coffee
야쿠인오도리
(N13)   지하철 나나쿠마선

텐진 서쪽의 다이묘 大名와 남쪽의 이마이즈미 今泉는 후쿠오카의 숨은 명소다. 좁은 골목을 따라 아기자기한 카페와 부티크·레스토랑이 점점이 모여 있어 느긋하게 산책하는 기분으로 후쿠오카의 유행과 발랄한 감성을 호흡할 수 있다.

Ⓐ 니시카이간 앵커
西海岸 Anchor

40여 년의 역사를 자랑하는 구제의류 숍. 깜찍한 스타일을 추구하는 20대에게 인기가 높다. 캐주얼·슈즈·양말 등 다양한 아이템을 취급하며 특히 셔츠와 점퍼가 풍부하다.
영업 11:00~20:00
휴업 1/1 지도 MAP 8-D4

Ⓑ 론 허먼
Ron Herman

캘리포니아 분위기가 솔솔 풍기는 라이프스타일 셀렉트 숍. 누구나 만족할 쇼핑을 모토로 럭셔리 아이템에서 캐주얼 브랜드까지 전 세계에서 수입한 다채로운 의류·잡화·화장품을 취급한다.
영업 11:00~19:30
휴업 연말연시
지도 MAP 9-B1

Ⓒ 다이스 앤드 다이스
Dice & Dice

후쿠오카의 인기 셀렉트숍. 디자이너 브랜드에서 스트리트·아웃도어 브랜드까지 전 세계에서 수입한 풍부한 패션 아이템을 판매한다. 남성복 코너도 충실하다.
영업 13:00~18:00
휴업 연말연시
지도 MAP 9-B2

Ⓓ 프로코 로쏘
Porco Rosso

세련된 디자인의 가죽 가방 전문점. 핸드백·토트백·지갑 등 아이템이 풍부하며, 자체 디자인의 오리지널 상품은 물론 유명 공방의 아이템까지 두루 취급한다.
영업 10:00~19:00
휴업 연말연시
지도 MAP 9-A2

Ⓔ 큔
Cune

깜찍한 토끼 모양 로고의 패션 브랜드. 유니크한 감성이 돋보이는 캐주얼 의류와 액세서리·잡화를 판매한다. 남다른 개성을 어필할 아이템을 찾는 이에게 강추!
영업 11:00~19:00
휴업 연말연시
지도 MAP 9-A2

Ⓕ 가슈
Gouache

유행을 타지 않는 편안함이 모토인 라이프스타일 셀렉트숍. 무난하지만 세련된 의류와 패션 잡화, 오래 사용해도 질리지 않는 그릇·인테리어 소품을 구입하기에 좋다.
영업 11:00~20:00
휴업 연말연시
지도 MAP 9-B2

Ⓖ 토키리큐
季離宮

세 동의 건물로 이루어진 복합 상업시설. 근사한 카페·레스토랑과 주얼리·가죽 공방이 모여 있다. 해가 지면 아련한 조명에 물든 정원을 구경하는 재미가 쏠쏠하다.
영업 11:00~21:00
휴업 화요일
지도 MAP 9-B3

Ⓗ B·B·B 포터스
B·B·B Potters

모던한 감성의 인테리어·잡화 전문점. 심플한 디자인에 기능성이 뛰어난 아이템이 풍부하다. 1층은 주방·가드닝 용품, 2층은 인테리어·잡화·식기 코너다.
영업 11:00~19:00
휴업 부정기적
지도 MAP 9-C3

ア ★★★☆☆
クロス福岡 아크로스 후쿠오카

🏷 아쿠로스후꾸까 🗺 MAP 8-H2
🚇 지하철 쿠코 선 空港線의 텐진 天神 역(K08) 하차,
16번 출구 앞에 있다. 또는 150엔 버스 아쿠로스후쿠오카 ·
스이쿄텐만구마에 アクロス福岡 · 水鏡天満宮前 하차,
바로 앞에 있다. 💰 무료
스텝 가든 🕐 09:00~18:00, 11~2월 09:00~17:00
전망대 🕐 토 · 일 · 공휴일 10:00~16:00

거대한 피라미드 모양의 초록빛 건물. 심포니 홀 · 국제
회의장 · 오피스가 한데 어우러진 복합 문화센터이며,
환경친화적인 건축 디자인으로 유명한 건축가 에밀리오
암바스 Emilio Ambasz의 설계로 1995년 완공됐다.
이 건물의 매력은 외벽을 따라 계단형으로 조성된 인공
정원 스텝 가든 ステップガーデン이다. 높이 60m
의 옥상까지 이어진 809개의 계단을 오르며 76종, 3
만 7,000그루의 나무로 뒤덮인 모습을 볼 수 있는데
정원 조성에만 꼬박 2년이 걸렸다. 정원 가득한 녹지
덕분에 냉난방 시설을 가동하지 않아도 여름에는
시원하고 겨울에는 따뜻하다. 옥상에는 시내가 한눈에
내려다보이는 멋진 전망대도 있다.

福 ★★☆☆☆
岡オープントップバス
후쿠오카 오픈 탑 버스

🏷 후쿠오카오푼톳뿌바스
🚌 운행 시사이드 모모치 코스 10:00~15:30(1시간 간격),
하카타 도심 코스 16:30,
시사이드 모모치 야간 코스 18:30 휴무 12/31~1/3
💰 1회 1,570엔, 초등학생 이하 790엔
🌐 http://fukuokaopentopbus.jp 🗺 MAP 8-G3
🚇 지하철 쿠코 선 空港線의 텐진 天神 역(K08) 하차, 도보 4분.
14번 출구를 나와 오른쪽으로 180m쯤 가면 오른편에 후쿠오카
시청 福岡市役所이 있으며, 그 앞의 정류장에서 출발한다.
또는 150엔 버스 아쿠로스후쿠오카 · 스이쿄텐만구마에
アクロス福岡 · 水鏡天満宮前 하차, 도보 5분.

후쿠오카 시내를 일주하는 투어 버스. 지붕이 없는 2층
좌석에 앉아 편하게 주요 관광지를 둘러볼 수 있다. 그러나
볼거리가 빈약한 까닭에 이용료만큼의 만족도를 얻기는
쉽지 않다. 텐진 · 후쿠오카 타워 · 오호리 공원 · 후쿠오카
성을 일주하는 시사이드 모모치 코스(60분), 텐진 ·
하카타 역 · 오호리 공원을 일주하는 하카타 도심 코스
(60분), 텐진 · 하카타 역 · 나카스 · 후쿠오카
타워 · 오호리 공원을 일주하며 야경을 감상하는
후쿠오카키라메키 코스(80분)를 선택해서 이용할 수 있다.
투어 버스 승차권 소지자는 이용 당일에 한해 후쿠오카
시내의 일반 버스를 자유로이 이용할 수 있다.

이색 추억 만들기, 후쿠오카 키모노 체험

후쿠오카의 특별한 추억을 만들고 싶다면 일본 전통 의상인 키모노 着物 체험에 도전해
보는 건 어떨까? 화려한 디자인의 키모노를 입고 멋진 기념사진을 찍는 것은 물론, 키모
노 차림으로 후쿠오카 시내를 자유로이 돌아다닐 수도 있다. 여름에는 키모노보다 가벼운
차림의 유카타 浴衣도 빌려준다. 요금은 대여점마다 다른데 일반적으로 3,000~1만 엔
수준이다. 대여점을 고를 때는 대여 가능한 키모노의 종류와 함께 신발 · 가방 · 오비 등
액세서리 이용과 관련된 사항도 꼼꼼히 살펴보자. 대부분 무료로 빌려주지만 일부 추가요
금을 받는 곳도 있다. 자세한 이용법은 대여점 홈페이지를 참고하자.

마유노카이 🗺 MAP 8-D2 🌐 www.waza.co.jp
마인 큐브 🗺 MAP 10-B3 🌐 www.rental-mine.org
아이야 🗺 MAP 12-C1 🌐 www.aiya-fukuoka.com/Kimono-Rental

키모노의 색상과 디자인은
입는 사람의 연령과 결혼
여부에 따라 달라진다.

水 鏡天満宮 ★★☆☆☆ 스이쿄텐만구

일어 스이쿄-뗀만구- **개관** 일출~일몰
요금 무료 **지도** MAP 8-G1
교통 지하철 쿠코 선 空港線의 텐진 天神 역(K08) 하차, 도보 1분.
16번 출구를 나와 오른쪽으로 80m쯤 가면 횡단보도가 보이며 바로 그 건너편에
있다. **또는** 150엔 버스 아쿠로스후쿠오카·스이쿄텐만구마에 アクロス福岡·水
鏡天満宮前 하차.

학문의 신 스가와라 미치자네 菅原道真(=텐진 天神)를 모시는 신사.
고위직 관료였던 스가와라 미치자네가 다자이후(➡p.188)로 좌천될
당시 이마이즈미 今泉의 강물에 자신의 초라한 모습을 비춰보며 깊은
한숨을 내쉬었다고 한다. 그의 사후 이마이즈미에 그를 신으로 모시는
신사를 세우고, '강물에 얼굴을 비춰본다(스이쿄)'는 뜻의 스이쿄텐진
水鏡天神이란 이름을 붙였다. 1612년에 이르러 한 단계 높은 신사인
스이쿄텐만구로 승격되며 여기로 옮겨와 후쿠오카의 귀문(鬼門;
귀신이 드나드는 문)을 지키는 역할을 하고 있다.

福 岡市赤煉瓦文化館 ★☆☆☆☆
후쿠오카 시 아카렌가 문화관

일어 후쿠오까시아까렝가분까깐
개관 09:00~17:00 **휴관** 연말연시
요금 무료 **지도** MAP 8-G1
교통 지하철 쿠코 선 空港線의 텐진 天神 역(K08) 하차,
16번 출구에서 도보 4분. **또는** 150엔 버스 아쿠로스후쿠오카·
스이쿄텐만구마에 アクロス福岡·水鏡天満宮前 하차,
도보 3분.

20세기 초의 모습을 고스란히 간직한 붉은 벽돌 건물.
당시 영국에서 유행하던 퀸 앤 양식으로 지어졌으며
벽난로와 높은 천장, 나무창틀 등이 이국적 분위기를
한껏 자아낸다. 1층에는 조그만 도서실 겸 전시관과
이 건물의 옛 모습이 담긴 흑백사진 전시 코너, 2층에는
옛 모습이 보존된 3개의 회의실이 있다.

警 固神社 ★☆☆☆☆ 케고 신사

일어 케-고진쟈 **개관** 일출~일몰
요금 무료 **지도** MAP 8-F4
교통 지하철 쿠코 선 空港線의 텐진 天神 역(K08) 하차,
도보 8분. 5번 출구를 나와 왼쪽 뒤로 이어지는 길을 따라
400m 직진하면 왼쪽에 있다.
또는 150엔 버스 텐진고소쿠바스타미나루마에 天神高速
バスターミナル前 하차, 도보 5분.

텐진 한복판에 위치한 신사. 일본이 한반도 남부를
지배했다는 임나일본부설과 연관된 곳으로 삼한(三
韓) 정벌 당시 선단을 수호해 승리로 이끌었다는 케고
대신 警固大神을 모신다. 그러나 임나일본부설은
일제강점기 광개토대왕비를 조작하고 신화를
그럴싸하게 포장해 만든 허구의 학설이란 것은 누구나
아는 사실! 신사는 최근 보수한 탓에 그리 오래된 맛은
느끼기 힘들다. 입구를 바라볼 때 왼쪽에는 지친 다리를
쉬어갈 수 있는 조그만 족탕도 있다(기부금 50엔).

01 효탄즈시 _{강추}
ひょうたん寿司

후쿠오카 제일의 가성비로 유명한 초밥집. 매일 아침 들어오는 신선한 재료와 푸짐한 양, 합리적 가격으로 큰 인기를 누리고 있다. 오픈 전부터 긴 줄이 늘어서니 서둘러 가야 한다. 다인석에 비해 1인석은 비교적 자리가 빨리 난다는 사실도 알아두면 좋을 듯. 한글 메뉴에 초밥 사진과 가격이 붙어 있어 이용하기 쉽다. 40여 종의 초밥을 맛볼 수 있는데, 가격(1점 154엔~)은 회전초밥 수준이지만 질과 맛은 월등히 높다. 단품 주문이 번거로울 때는 세트 메뉴를 선택하는 것도 요령이다. 당일 엄선된 최상의 재료로 만드는 초밥 10점 세트 혼지츠노토쿠센네타즈쿠시 本日の特選ネタづくし(4,400엔), 주방장 특선 초밥 9점 세트 이타상노오스스메니기리 板さんのおすすめにぎり(2,530엔) 등이 추천 메뉴다.

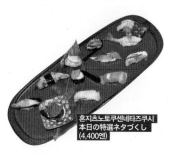

혼지츠노토쿠센네타즈쿠시
本日の特選ネタづくし
(4,400엔)

예산 1,500엔~ 영업 11:30~15:00, 17:00~21:00 휴업 1/1~3 메뉴 한국어 · 일어 · 영어 주소 福岡市 中央区 天神 2-10-20 전화 092-722-0010 지도 MAP 8-E3 교통 지하철 쿠코 선 空港線의 텐진 天神 역(K08) 하차, 도보 5분. 지하로 연결된 텐진 지하상가의 니시 西6번 출구를 나와 오른쪽으로 50m쯤 가서 오른편 골목으로 들어가면 바로 왼쪽에 있다.

저렴한 런치 메뉴가 제공되는 평일 점심
(11:30~15:00)을 공략할 것!

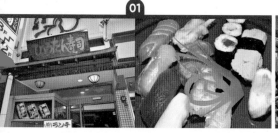

01

03

03 효탄노카이텐즈시 _{강추}
ひょうたんの回転寿司

효탄즈시에서 직영하는 회전초밥. 언제 가더라도 순서를 기다리는 긴 행렬이 꼬리를 물고 이어진다. 초밥 가격이 한 접시당 154 · 220 · 286 · 319 · 352 · 396 · 429 · 473 · 528 · 594엔으로 일반적인 회전초밥보다 비싸지만 맛과 선도에 있어 타의 추종을 불허한다. 컨베이어 벨트를 따라 이동하는 초밥 가운데 원하는 것을 골라 먹거나 메뉴판을 보고 직접 주문해서 먹는다.
단, 세트 또는 런치 메뉴로 먹을 경우 여기보다 효탄즈시 본점(상단 참조)을 이용하는 게 경제적일 수 있다. 오픈 시각보다 조금 이르게 가거나 식사 시간을 살짝 피해서 가는 게 대기 시간을 줄이는 요령인데, 회전초밥이라 자리 회전은 빠른 편이다. 20:00 이후로는 재료가 떨어져 일찍 문을 닫기도 한다.

예산 2,000엔~ 영업 11:00~21:00 휴업 연말연시 메뉴 한국어 · 일어 · 영어 주소 福岡市 中央区 天神 2-11-3 ソラリアステージ B2/F 전화 092-733-7081 지도 MAP 8-E3 교통 지하철 쿠코 선 空港線의 텐진 天神 역(K08) 하차, 도보 5분. 지하로 연결된 텐진 지하상가의 니시 西6번 출구 쪽으로 가면 솔라리아 스테이지 백화점의 지하 식당가와 바로 이어진다. 식당가 지하 2층의 에스컬레이터 옆에 있다(지도 ➡p.150).

초밥 1접시(154엔~)

입구의 초밥 테이크아웃 코너는 시간
여유가 없을 때 이용하면 편리하다.

02 잇푸도 ^{강추}
一風堂

1985년 창업한 인기 절정의 라면집. 깔끔하면서도 진한 돼지 사골 국물, 국물과
의 조화를 고려해서 뽑는 수제면, 다양한 간장을 배합해서 만든 세련된 소스, 잡내
없이 촉촉한 식감의 돼지고기 차슈 등 만든 이의 정성이 한 그릇에 오롯이 녹아든
라면이 일품이다. 담백한 국물의 하카타톤코츠라멘 博多とんこつらあめん(820엔)
과 푸짐한 양의 키와미하카타톤코츠라멘 極博多とんこつらあめん(1,020엔)이 맛
있다. 주문할 때 면을 어느 정도 익힐지 선택할 수 있는데, 보통 후츠 ふつう나 살짝
덜 익힌 카타 カタ 면이 우리 입에 잘 맞는다. 테이블 위에 놓인 마늘을 넣으면
좀 더 시원한 국물 맛을 즐길 수 있으며, 생강절임과 매콤한 숙주무침 등의 반찬이
무료로 제공된다. 평일 11:00~15:00에는 저렴한 세트 메뉴도 선보인다.

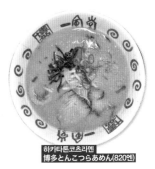

하카타톤코츠라멘
博多とんこつらあめん(820엔)

예산 720엔~ 영업 11:00~22:00 메뉴 한국어 · 일어 · 영어
주소 福岡市 中央区 大名 1-13-14
전화 092-771-0880 홈피 www.ippudo.com 지도 MAP 8-G2
교통 지하철 쿠코 선 空港線의 텐진 天神 역(K08) 하차, 도보 8분. 2번 출구를 나와 왼쪽으로
80m쯤 간 다음, 왼쪽의 텐진니시도리 天神西通り로 들어가 260m 직진하면 swatch 매장이
있다. 그 옆의 골목으로 들어가 80m 직진하면 왼쪽에 있다.

JR 하카타 시티 10층에도 분점이 있다.

04 신신 라멘 ^{강추}
Shin Shin らーめん

하카타 신신 라멘
博多 Shin Shin らーめん(760엔)

닭꼬치 · 군만두 등의 안주도 취급해
가볍게 술을 즐기기에도 좋다.

후쿠오카 라면 업계의 신흥 강자로 소문난 곳. 2003년 창업이란 짧은 연륜에도
불구하고 만인에게 사랑받고 있다. 돼지 사골 국물에 닭고기 육수를 더해 일반적인
돈코츠 라면보다 마일드하면서도 깔끔 담백한 맛을 살렸다. 간판 메뉴는 하카타
신신 라멘 博多 Shin Shin らーめん(760엔)이다. 주문시 면을 어느 정도 익힐지
선택할 수 있는데 보통 후츠 ふつう으로 주문하는 게 우리 입에 잘 맞는다.
야들야들한 육질의 돼지고기 차슈 두 장과 파를 라면에 듬뿍 얹어주는데, 아삭아삭
씹히는 파가 청량감을 더한다. 테이블마다 매콤한 소스가 놓여 있으니 얼큰한 맛을
즐기려면 적당히 넣어서 먹자. 반숙 계란 한 알을 추가한 니타마고이리라멘 煮玉
子入りらーめん(890엔)도 맛있다. 양이 부족할 때는 라면 사리 카에다마 替玉
(150엔)를 추가해도 좋다.

예산 760엔~ 영업 11:00~03:00 휴무 일요일 메뉴 한국어 · 일어 · 영어
주소 福岡市 中央区 天神 3-2-19 전화 092-732-4006 홈피 www.hakata-shinshin.com
지도 MAP 8-D1 교통 지하철 쿠코 선 空港線의 텐진 天神 역(K08) 하차, 도보 8분. 역과 연결된
지하상가의 니시 西1번 출구를 나오자마자 오른쪽 골목으로 들어가 70m쯤 직진한다.
그리고 왼쪽으로 돌아 70m쯤 가면 왼편에 있다.

05 타니타쇼쿠도
タニタ食堂

[폐점] 다이어트 · 건강식으로 인기가 높은 식당. 원래 건강 보조기기 제조사 타니타의 구내식당이었으나, 직원들의 기적 같은 다이어트 체험담이 입소문을 타면서 일반인도 이용 가능한 식당으로 바뀌었다. '한 끼 500칼로리, 200g 이상의 풍부한 채소, 염분 3g 이하의 저염식'이란 원칙에 맞춰 균형 잡힌 건강한 밥상을 선보인다.

메뉴는 메인 요리가 매일 바뀌는 오늘의 정식 히가와리테쇼쿠 日替わり定食 (780엔)와 주마다 바뀌는 금주의 정식 슈가와리테쇼쿠 週替わり定食 (880엔) 둘뿐이며, 밥 · 두 가지 반찬 · 된장국(또는 수프) · 메인 요리가 제공된다. 음식을 20분 이상 꼭꼭 씹어 먹도록 테이블마다 타이머를 비치해 놓은 것도 흥미롭다. 자세한 메뉴는 홈페이지에서 확인할 수 있다.

예산 780엔~ 영업 11:00~15:30 휴업 일 · 공휴일, 8월 중순(홈페이지 확인 가능) 메뉴 일어 · 영어 주소 福岡市 中央区 薬院 1-6-9 전화 092-724-0377 홈피 www.tanita.co.jp/shokudo 지도 MAP 9-C3 교통 지하철 나나쿠마 선 七隈線의 야쿠인 薬院 역(N14) 하차, 도보 5분. 1번 출구를 나와 정면으로 250m 간 다음, 오른편 뒤쪽의 길로 들어가 30m쯤 가면 왼쪽에 있다.

오늘의 정식
日替わり定食(780엔)

식권 구입에서 배식까지 모두 셀프 서비스.
밥그릇 안쪽에 그어진 아랫선까지 밥을 담으면
권장량인 100g(160칼로리)이다.

07 타이겐혼칸 [강추]
泰元本館

최상품 소고기를 맛볼 수 있는 일본식 불고기 야키니쿠 焼肉 레스토랑. 연기가 자욱한 여타 고기집과 달리 차분한 스테이크 하우스 스타일의 고급진 분위기가 인상적이다.

카고시마의 직영 농장에서 정성껏 키운 흑우 黒牛는 혀 위에서 사르르 녹는 환상적인 맛과 육질을 자랑한다. 갈비 카루비 カルビ(1,078~2,640엔), 등심 로스 ロース(1,078~2,750엔)는 물론 안창살 하라미 ハラミ(1,650~2,970엔), 우설 탕 タン(1,512~1,944엔) 등 다양한 특수 부위도 선보인다. 경제적으로 맛보려면 소고기 4종 · 스키야키 · 식사가 포함된 타이겐 코스 タイゲンコス 泰元コース(5,500엔), 소고기 6종 · 스키야키 · 식사가 포함된 페어 코스 페아코스 ペアコース(8,250엔) 등의 세트 메뉴가 좋다(2인 이상 주문 가능).

타이겐코스
泰元コース(5,500엔)

예산 5,500엔~ 영업 17:00~23:00 휴업 부정기적 메뉴 일어 · 영어 주소 福岡市 中央区 舞鶴 3-1-8 전화 092-752-1288 홈피 www.taigen.jp 지도 MAP 12-A4 교통 지하철 쿠코 선 空港線의 아카사카 赤坂 역(K07) 하차, 도보 4분. 1번 출구를 나와 왼쪽 뒤로 이어지는 타이쇼도리 大正通り를 따라 120m 직진하면 횡단보도가 있다. 횡단보도를 건넌 뒤 왼쪽으로 50m쯤 가면 오른쪽에 있다.

우리나라와 달리 불판을 갈아주지 않는다.
김치 · 깍두기 · 나물 · 냉면 · 돌솥 비빔밥
등 한국음식도 취급한다.

06 간소모츠나베 라쿠텐치 강추
元祖もつ鍋 楽天地

우리나라의 선술집을 연상시키는 투박한 식당. 1963년 오픈했으며 후쿠오카의
소울 푸드인 곱창전골 모츠나베 もつ鍋 맛집으로 유명하다. 최근 매장을
이전하면서 시설도 깔끔해졌다. 오픈과 동시에 긴 줄이 늘어서니 서둘러 가야 한다.
가볍게 맛만 보려면 모츠나베 1인분 モツ鍋ーちんまに もつ鍋一人前(1,386엔),
푸짐하게 먹으려면 모츠나베 1.5인분에 초절임 곱창(또는 김치)·두부·짬뽕면이
포함된 곱창전골 만족 코스 모츠나베만조쿠코스 もつ鍋満足コース(2,772엔)를
주문한다. 쫄깃한 곱창에 양배추·부추·마늘을 듬뿍 얹어 끓여 먹는데,
간장 베이스의 깔끔하면서도 감칠맛 나는 국물이 입맛을 돋운다. 고춧가루를
풀어 얼큰하게 끓여도 좋다. 건더기를 먹고 남은 국물에 짬뽕 면
챤퐁다마 ちゃんぽん玉(330엔)를 끓여 먹으면 든든한 한 끼가 된다.

모츠나베 1인분
もつ鍋一人前(1,386엔)

예산 1,386엔~ 영업 11:00~22:00 메뉴 일어 주소 福岡市 中央区 天神 1-1-1
전화 092-741-2746 홈피 www.rakutenti.com 지도 MAP 8-H2
교통 지하철 쿠코 선 空港線의 텐진 天神 역(K08) 하차, 도보 2분. 14번 출구를 나와 정면으로
도보 2분. 아크로스 후쿠오카 アクロス福岡 빌딩 지하 2층에 있다.

JR 하카타 역 근처(영업 17:00~23:00,
MAP 6-D4), 나카스(영업 17:00~24:00,
MAP 10-D2)에도 분점이 있다.

06

08

08 토리카와스이쿄 강추
とりかわ粋恭

꼬치구이가 맛있기로 소문난 집. 1~2시간 대기는 기본이므로 예약하고 가는
게 안전하다. 초인기 메뉴는 겉은 바삭하고 속은 촉촉하게 구운 고소한 닭 껍질
메이부츠토리카와 名物とりかわ(180엔)인데, 1인당 8개까지만 주문할 수
있다. 닭 목살 세세리 せせり(150엔), 닭똥집 스나즈리 砂ズリ(150엔), 닭 날개
테바사키 手羽先(260엔), 연골을 넣은 닭고기 경단 난코츠이리츠쿠네 軟骨入り
つくね(190엔)도 놓치지 말자. 꼬치구이는 아삭한 생 양배추 또는 대파 나가네기
長ネギ(120엔), 꽈리고추 시시토 シシトウ(190엔) 등의 채소구이와 함께 먹으면
더욱 맛있다. 꼬치구이를 먹은 뒤에는 입가심용으로 담백한 닭 육수가 무료로
제공된다.

닭 껍질 名物とりかわ
(1개 180엔)

예산 3,000엔~ 영업 17:00~23:00 휴업 연말연시
메뉴 한국어·일어·영어 주소 福岡市 中央区 薬院 1-11-15
전화 092-731-1766 지도 MAP 9-C2
교통 지하철 나나쿠마 선 七隈線의 야쿠인 薬院 역(N14) 하차, 도보 9분. 1번 출구를 나와
정면으로 300m쯤 가면 오른쪽으로 편의점 Lawson과 해피 하우스 ハッピーハウス
부동산이 보인다. 그 사잇길로 들어가 150m쯤 가면 왼쪽에 있다.

계산시 양배추 값으로 1인당 110엔이
추가된다.

닭 껍질 とり皮
(1개 132엔)

군만두 焼き餃子
(10개 570엔)

규카츠 보리밥 정식
牛かつ定食(1,630엔~)

카와야 (강추)
かわ屋

후쿠오카 꼬치구이의 지존으로
통하는 맛집. 예약 없이는 이용이
불가능할 만큼 연일 문전성시를
이룬다. 절대 강추 메뉴는 겉은
바삭하면서도 속은 촉촉한
닭 껍질 토리카와 とり皮(132엔)다.
육질이 가장 부드러운 목 부위
껍질을 6일 동안 7~8회에 걸쳐
초벌구이를 하며 기름기를 제거하는
게 맛의 비결이다. 닭 연골 난코츠
ナンコツ(132엔), 닭똥집 스나즈리
砂ズリ(132엔)도 맛있다. 대부분의
꼬치구이가 1개 132엔이란 착한
가격도 무척 반갑다.

예산 2,000엔~
영업 17:00~24:00
메뉴 일어 · 영어
주소 福岡市 中央区 白金 1-15-7
전화 092-522-0739
지도 MAP 9-D5
교통 지하철 나나쿠마 선 七隈線의 야쿠인
薬院 역(N14) 하차, 도보 7분. 2번 출구를
나와 오른쪽으로 80m쯤 간 다음, Toyota
Lexus 매장을 끼고 오른쪽으로 돌아
250m쯤 직진하면 오른편에 있다.

교자노테무진 (강추)
餃子のテムジン

50년 역사의 군만두 전문점. 한 입
사이즈의 조그만 군만두 야키교자
焼き餃子(10개 570엔)는 쫄깃한
만두피와 국내 없는 담백한 맛으로
인기가 높다. 돼지고기 대신 소고기를
사용하며, 채소와 고기의 비율을
7:3으로 맞춘 특제 만두소가 맛의
비결이다. 군만두는 고추기름을
섞은 간장 또는 향긋 매콤한 유자
후추 유즈코쇼 柚子ごしょう를 찍어
먹으면 더욱 맛있다. 아쉬운 점은
혼자서도 2~3인분은 거뜬히 먹을
수 있을 만큼 양이 적다는 사실이다.

예산 570엔~
영업 17:00~01:00, 토요일 11:00~01:00,
일 · 공휴일 11:00~24:00 메뉴 일어
주소 福岡市 中央区 大名 1-11-2
전화 092-751-5870 지도 MAP 8-C5
교통 지하철 쿠코 선 空港線의 텐진 天神
역(K08) 하차, 도보 12분. 2번 출구를
나와 왼쪽으로 80m쯤 간 다음, 왼쪽의
텐진니시도리 天神西通り로 들어가
330m 직진하면 오른쪽에 MUJI가 있다.
그 옆의 골목으로 들어가 170m 직진하면
왼쪽에 있다.

규카츠 모토무라
牛かつもと村

한국인이 많이 찾는 규카츠 전문점.
대표 메뉴는 규카츠 보리밥 정식
규카츠테이쇼쿠 牛かつ定食(130g
1,630엔, 195g 2,300엔, 260g
2,760엔)다. 소고기에 튀김옷을 입혀
딱 1분만 기름에 튀겨내는 규카츠는
겉은 바삭하고 고기는 날 것에 가까운
게 특징이다. 좌석마다 비치된 1인용
화로로 취향대로 구워 먹는데,
소기름을 첨가해서 만든 가공육을
사용하는 까닭에 되도록 바짝 익혀
먹는 게 좋다.

예산 1,630엔~
영업 11:00~22:00
메뉴 한국어 · 일어 · 영어
주소 福岡市 中央区 大名 1-14-5
전화 092-716-3420
지도 MAP 8-D4
교통 지하철 쿠코 선 空港線의
텐진 天神 역(K08) 하차, 도보 9분.
2번 출구를 나와 왼쪽으로 80m쯤 간
다음, 왼쪽의 텐진니시도리 天神西通り로
들어가 330m 직진하면 오른쪽에
MUJI가 있다. 그 옆 골목으로 들어가
40m 직진하면 오른편에 있다.

프레츨 크루아상
Pretzel Croissant(388엔)

명란젓 바게트
明太フランス(450엔)

생과일 타르트
(860엔~)

더 시티 베이커리 *강추*
THE CITY BAKERY

20여 년의 전통을 자랑하는 뉴욕 더 시티 베이커리의 후쿠오카 분점. 본고장의 맛을 그대로 재현했으며, 인기 메뉴는 짭짤한 프레츨과 고소한 크루아상 맛을 동시에 즐길 수 있는 프레츨 크루아상 Pretzel Croissant(388엔)이다. 다양한 머핀(260엔~)과 큼직한 미국식 버터·초콜릿 쿠키 (350엔~)도 맛있다. 카페에서는 햄버거·키슈·샌드위치 등의 가벼운 식사 메뉴(11:00~17:00)도 취급한다.

예산 260엔~ 영업 11:00~21:00
메뉴 영어·일어
주소 福岡市 中央区 天神 2-2-43 ソラリアプラザ B2/F
전화 092-738-2220 지도 MAP 8-F4
홈피 www.thecitybakery.jp
교통 지하철 쿠코 선 空港線의 텐진 天神 역 (K08) 하차, 도보 7분. 지하로 연결된 텐진 지하상가의 니시 西6번 출구 방향으로 가면 솔라리아 플라자 ソラリアプラザ 백화점의 지하로 이어진다. 지하 2층 식당가에 있다(지도 ➡p.150).

더 풀풀 하카타
THE FULL FULL HAKATA

후쿠오카를 대표하는 빵집. 1986년 오픈했으며, 일본산 밀가루와 식재료만 사용해 최고의 빵을 만든다는 자부심이 대단하다. 매장을 확장 이전해 시설이 무척 쾌적해졌다. 테이크아웃은 물론 매장 내 취식도 가능하다. 간판 메뉴는 겉은 바삭하고 속은 쫄깃한 바게트 빵에 바다향이 물씬 풍기는 버터맛 명란젓이 듬뿍 담긴 명란젓 바게트 멘타이후란스 明太フランス(450엔)다. 쫄깃 달콤한 멜론 빵 메론팡 めろんぱん(190엔) 도 맛있다.

예산 190엔~
영업 10:00~19:00
휴업 화요일
메뉴 일어
전화 092-292-7838
주소 福岡市 博多区 祇園町 11-14
홈피 www.full-full.jp
지도 MAP 10-D4
교통 지하철 쿠코 선 空港線의 기온 祇園 역(K10) 하차, 도보 10분. 캐널 시티 하카타 입구와 가깝다.

킬페봉 *강추*
キルフェボン

후쿠오카에서도 손꼽히는 과일 타르트와 케이크의 명가. 남프랑스의 전원주택을 연상시키는 이국적 외관과 '잡화를 고르듯 가벼운 기분으로 케이크를 살 수 있도록' 꾸민 독특한 콘셉트 때문에 텐진을 찾는 여성에게 인기가 높다. 과일 본연의 맛을 한껏 살려주는 촉촉한 파이 반죽과 싱싱한 과일이 멋진 조화를 이루는데, 계절마다 다채로운 한정판을 선보여 언제 가더라도 새로운 맛을 보장한다.

예산 860엔~
영업 11:00~19:00
메뉴 한국어·영어·일어
주소 福岡市 中央区 天神 2-4-11
전화 092-738-3370
홈피 www.quil-fait-bon.com
지도 MAP 8-E4
교통 지하철 쿠코 선 空港線의 텐진 天神 역(K08) 하차, 도보 9분. 5번 출구를 나와 왼쪽 뒤로 이어지는 길을 따라 400m 직진하면 비쿠 카메라 2호점과 패밀리마트가 있다. 그 사잇길로 들어가 60m쯤 가면 오른쪽에 있다.

구아야킬
グアヤキル(756엔)

치도리만쥬
千鳥饅頭(1개 150엔)

마누라테
マヌラテ(680엔)

장 폴 에방 （강추）
JEAN-PAUL HEVIN

프랑스의 초콜릿 경연대회에서 온갖 상을 휩쓴 유명 초콜릿 전문점. 세계 최고의 쇼콜라티에 장 폴 에방이 운영한다. 최고급 재료로 만든 진한 향과 맛의 초콜릿은 맛볼 가치가 충분하다. 인기 메뉴는 아몬드 풍미의 초콜릿에 초콜릿 무스를 더해 강렬한 카카오 향이 입 안 가득 퍼지는 구아야킬 **구아야키루 グアヤキル**(756엔), 쌉싸름한 초콜릿 케이크 위에 새콤달콤한 산딸기를 토핑한 쇼콜라 후랑보와즈 **쇼코라후란보와즈 ショコラフラン ボワーズ**(778엔)다.

예산 756엔~ 영업 10:00~20:00
메뉴 영어 · 일어 전화 092-721-1111
주소 福岡市 中央区 天神 2-5-35
岩田屋本店 本館 B2/F
홈피 www.jph-japon.co.jp
지도 MAP 8-E4
교통 지하철 쿠코 선 空港線의 텐진 天神 역(K08) 하차, 도보 4분. 5번 출구를 나와 왼쪽 뒤로 200m쯤 가면 오른쪽에 있는 이와타야 岩田屋 백화점 본관 지하 2층에 있다.

치도리야혼케 （강추）
千鳥屋本家

400여 년의 역사를 뽐내는 쿠키 숍. 원래 화과자 전문점이었으나 지금은 초콜릿 · 카스텔라 등 다양한 상품을 취급한다. 엄선된 재료와 변함없는 맛으로 사랑 받고 있는데, 모든 상품은 수십 년 경력의 장인들이 일일이 수작업으로 만든다. 캐러멜 향의 달콤한 껍질 속에 팥 앙금이 듬뿍 담긴 **치도리만쥬 千鳥 饅頭**(1개 150엔)는 고소하면서도 세련된 단맛이 매력이다. 팥 앙금과 밤을 넣은 버터 파이 **하카타릿창 博 多りっちゃん**(145엔)도 놓치지 말자.

예산 145엔~ 영업 08:30~19:00
메뉴 일어 전화 092-751-9084
주소 福岡市 中央区 天神 2-8-124
新天町北通リ
홈피 www.chidoriya.net
지도 MAP 8-E3
교통 지하철 쿠코 선 空港線의 텐진 天神 역(K08) 하차, 도보 2분.
5번 출구를 나와 왼쪽 뒤로 이어지는 길을 따라 70m쯤 가면 오른쪽에 신텐쵸 新天 町 상점가가 있다. 그 안으로 들어가 20m쯤 직진하면 왼쪽에 있다.

마누 커피 （강추）
MANU COFFEE

한적한 거리에 위치한 커피숍. 3개의 테이블과 카운터석밖에 없는 조그만 숍이다. 살짝 외진 곳에 자리해 여행자보다는 현지인이 즐겨 찾는다. 아늑한 공기를 담뿍 머금은 목조 인테리어가 인상적이며, 조용히 커피 한 잔의 여유를 즐기기에 좋다. 20여 가지 스페셜티 커피를 선보이는데, 향긋한 커피에 고소한 우유 거품이 가득 담긴 마누라테 **マヌラテ**(680엔)가 인기다. 손님이 보는 앞에서 예쁜 카페라테를 만들어주는 색다른 서비스도 눈길을 끈다.

예산 400엔~ 영업 09:00~01:00
메뉴 일어 · 영어
주소 福岡市 中央区 渡辺通 3-11-2
전화 092-736-6011
지도 MAP 9-A5
교통 지하철 나나쿠마 선 七隈線의 텐진 미나미 天神南 역(N16) 하차, 도보 9분.
6번 출구를 나와 오른쪽으로 100m쯤 가면 큰 사거리가 나온다. 거기서 오른쪽으로 돌아 350m 직진하면 오른편에 있다.

1 깜찍한 생활잡화와 문구가 가득한 텐진의 쇼핑 명소.
2 피크닉 소품 등 계절 아이템도 취급한다.

로프트 LOFT

세련된 멋과 실용성을 겸비한 아이템이 풍부한 라이프스타일 숍. 특히 감각적인 디자인의 생활잡화와 인테리어 소품을 구입하기에 좋다. 아기자기한 문구·주방용품은 물론, 세심한 부분까지 꼼꼼히 배려한 온갖 아이디어 상품이 가득해 젊은 여성층에게 인기가 높다. 기능별로 세분화된 욕실·미용·주방 용품처럼 생활의 편의성을 한층 업시켜줄 효자템도 충실하다. 단일 플로어로 구성된 매장이라 짧은 동선 안에서 아이템을 찾고 구매할 수 있는 것이 장점이다. 시즌별 한정 아이템도 판매하니 홈페이지에서 확인하고 가는 것도 효율적인 쇼핑을 즐기는 요령이다.

영업 10:00~20:00 **휴무** 부정기적
주소 福岡市 中央区 天神 4-3-8
전화 092-724-6210
홈페 www.loft.co.jp **지도** MAP 8-E1
교통 지하철 쿠코 선 空港線의 텐진 天神 역(K08) 하차. 히가시1a 東1a번 출구로 나가면 오른쪽에 보이는 미나 ミナ 쇼핑몰 4층에 있다.

세리아
Seria

거의 모든 상품이 108엔인 잡화점. 일반적인 100엔 숍에 비해 디자인과 품질이 좋아 가성비를 따지는 실속파가 즐겨 찾는다. 주방용품·문구·액세서리 등 취급 품목이 다양하며, 편리한 기능의 아이디어 상품을 구입하기에도 좋다.

영업 10:00~19:00
주소 福岡市 博多区 下川端町 3-1 博多 리바레인 B2/F
전화 092-260-1507
지도 MAP 10-A2
교통 지하철 쿠코 선 空港線·하코자키 선 箱崎線의 나카스카와바타 中洲川端 역(K09·H01) 하차. 6번 출구와 연결된 하카타 리버레인 쇼핑몰 지하 2층에 있다.

플라잉 타이거 코펜하겐
Flying Tiger Copenhagen

북유럽의 100엔 숍으로 통하는 덴마크계 잡화점. 북유럽풍의 모던하고 컬러풀한 디자인으로 인기가 높다. 저렴한 가격에 실용성을 겸비한 아이디어 상품이 눈길을 끌며, 문구·주방·욕실 용품 등 아이템도 풍부하다.

영업 11:00~22:00
주소 福岡市 中央区 警固 1-15-38 Caitac Square Garden 1/F
전화 092-791-5427
지도 MAP 8-D5
교통 지하철 쿠코 선 空港線의 텐진 天神 역(K08) 하차, 도보 18분. 2번 출구를 나와 왼쪽으로 80m쯤 간 다음 왼쪽의 텐진니시도리 天神西通리로 들어가 460m 직진한다. 그리고 오른쪽으로 400m쯤 더 간다.

타임리스 컴포트
Timeless Comfort

폐점 편안한 생활을 제안하는 라이프스타일 숍. 전 세계에서 셀렉트해 온 가구·인테리어 소품·주방·욕실 용품을 선보인다. 판매보다 스타일 제안을 목표로 하는 콘셉트 숍이라 구경하는 재미가 쏠쏠하다.

영업 11:00~20:00
주소 福岡市 中央区 大名 1-15-33
전화 092-737-7151
지도 MAP 8-D5
교통 지하철 쿠코 선 空港線의 텐진 天神 역(K08) 하차, 도보 9분. 2번 출구를 나와 왼쪽으로 80m쯤 간 다음, 왼쪽의 텐진니시도리 天神西通로 들어가 330m 직진하면 오른쪽에 MUJI가 있다. 그 옆의 골목으로 들어가 50m 직진하면 왼편에 있다.

텐진 지하상가
天神地下街

아르누보풍의 천장 장식이 멋스러운 텐진의 명물 쇼핑가. 동쪽과 서쪽 두 개로 나뉜 통로가 600m가량 길게 이어지며 구역마다 1~12번가의 번지수가 붙어 있다. 1~6번가는 유럽 중북부의 분위기를 물씬 풍기는 스테인드글라스, 7~12번가는 남유럽의 거리를 모티브로 꾸민 인테리어가 이국적인 면모를 과시한다. 쇼핑가 곳곳에 시계탑·광장 등 아기자기한 볼거리를 배치해 이를 찾아보는 재미도 놓칠 수 없다. 160여 개의 숍이 입점해 있으며 20~30대 여성이 선호하는 중저가 로컬 패션 브랜드의 비중이 높다. 모던한 스타일의 인테리어·잡화·액세서리 숍도 눈여겨보자. 쇼핑가 중간중간 맛난 먹거리를 파는 숍이 위치해 입이 즐거워지는 것도 빼놓을 수 없는 매력이다.

영업 숍 10:00~20:00, 레스토랑 10:00~21:00 **휴업** 부정기적
주소 福岡市 中央区 天神 2丁目 **전화** 092-711-1903
홈피 www.tenchika.com **지도** MAP 8-F3
교통 지하철 쿠코 선 空港線의 텐진 天神 역(K08) 또는 나나쿠마 선 七隈線의 텐진미나미 天神南 역(N16) 하차. 연결 통로가 지하상가와 바로 이어진다. **또는** JR 하카타 博多 역의 하카타 출구 博多口 앞 A번 정류장에서 150엔 버스·301·302·305 번 버스를 타고 텐진바스센타마에 天神バスセンター前에서 내리거나, BRT 버스를 타고 텐진소라리아스테지마에 天神ソラリアステージ前 하차.

1 이국적인 인테리어의 지하상가. 상가 전역에서 무료 Wi-Fi를 사용할 수 있다.
2 최신 트렌드의 패션 아이템이 풍부하다.
3 인기 코스메틱 상품을 구입하기에도 좋다.

칼디 커피 팜 Kaldi Coffee Farm `Shop No.011`

커피 및 수입 식료품 전문점. 30여 종의 다양한 커피 원두가 추천 아이템이다. 우리나라에서 구하기 힘든 소스 · 향신료 · 과자 · 와인을 취급하며 가격도 저렴하다.

마츠모토 키요시 マツモトキヨシ `Shop No.025`

화장품 · 미용용품 · 의약품 쇼핑의 천국으로 통하는 드러그 스토어. 정가의 10~30%를 할인 판매한다. 우리나라의 올리브 영과 비슷한 스타일인데, 용도별로 세분화된 아이디어 상품이 풍부해 쇼핑의 즐거움을 더한다.

내추럴 키친 Natural Kitchen `Shop No.342`

자연주의 스타일 잡화점. 부담없는 가격에 멋스러움을 더할 소품을 찾는 이에게 강추한다. 따사로운 느낌의 아기자기한 테이블웨어 · 주방용품 · 욕실용품이 메인 아이템이며, 100~300엔에 불과한 파격적인 가격으로 인기가 높다.

쓰리 코인즈 3 Coins `Shop No.312`

가성비 높은 인테리어 · 잡화점. '동전 3개'란 이름처럼 상품 가격이 100엔 동전 3개인 300엔(소비세 별도)이다. 여타 100엔 숍에 비해 디자인과 품질이 좋고, 패션 · 잡화에서 반려동물 용품까지 아우르는 폭넓은 상품 구성도 매력이다.

살뤼! Salut! `Shop No.320`

내추럴한 색감과 빈티지한 유럽풍 디자인이 돋보이는 잡화점. 인테리어 소품과 주방용품을 중심으로 다양한 생활잡화를 판매한다. 대부분의 상품이 1,000엔 안팎이란 합리적 가격도 놓치기 힘든 매력이다.

춘슈이탕 春水堂 `Shop No.122`

밀크티 맛집 타이완 춘슈이탕의 후쿠오카 분점. 달콤한 밀크티에 몰캉몰캉한 타피오카 펄을 넣은 타피오카 밀크티 (쩐쭈나이차 珍珠奶茶)를 처음 만든 곳(1983년)으로도 유명하다. 타피오카 밀크티 타피오카미루쿠티 タピオカミルクティー(650엔~) 등의 음료는 물론 가볍게 먹을 수 있는 타이완 음식과 디저트도 선보인다. 🕙 10:00~22:00

후쿠야 ふくや `Shop No.134`

후쿠오카 특산품인 명란젓 전문점. 매콤한 명란젓 멘타이코 明太子는 기념품이나 선물로도 강추. 일반적인 명란젓 외에 빵 · 밥에 발라 먹기 쉽게 튜브나 캔 형태로 가공한 명란젓도 판매한다. 맛은 매콤한 레귤러와 순한 마일드 두 종류가 있다.

🕙 10:00~20:00

베이크 치즈 타르트 Bake Cheese Tart `Shop No.225`

텐진 지하상가의 명물 먹거리인 치즈 타르트 야키타테치즈타루토 焼きたてチーズタルト(1개 230엔) 숍. 두 번 구워 바삭함을 더한 타르트 생지에 달콤 촉촉한 크림치즈가 듬뿍 담겨 있다.
고구마, 초콜릿, 딸기우유 등 다양한 맛의 치즈 타르트도 판매한다. 항상 줄이 길지만 테이크아웃 전문점이라 대기 시간이 길지는 않다.

치즈 타르트

🕙 09:00~21:00

링고 Ringo `Shop No.229`

간식으로 인기가 높은 애플파이 야키타테카스타도 앗푸루파이 焼きたてカスタードアップルパイ(1개 420 엔) 숍. 일본 전국에서 연간 150만 개가 팔릴 만큼 선풍적 인기를 누리고 있다. 바삭바삭한 파이 안에 진한 커스터드 크림과 아삭아삭 씹히는 새콤달콤한 사과가 듬뿍 담겨 있다.

애플파이

🕙 09:00~21:00

우에시마 커피 上島珈琲店 `Shop No.333`

1933년 창업한 UCC 우에시마 커피에서 운영하는 커피숍. 강배전의 쓴맛이 강한 커피(530엔~)가 특징이다. 색다른 맛을 즐기려면 주석 잔에 얼음을 동동 띄워주는 달콤한 아이스 밀크 커피 쿠로토미루쿠코히 黒糖ミルク珈琲(620엔~)를 주문해도 좋다.

아이스 밀크 커피

🕙 07:30~21:00

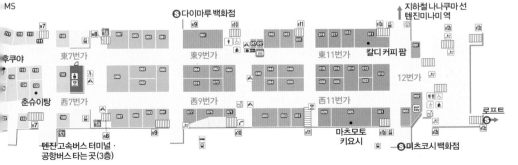

MS

다이마루 백화점

지하철 나나쿠마 선
텐진미나미 역

칼디 커피 팜

東7번가   東9번가   東11번가   12번가

후쿠야

西7번가   西9번가   西11번가

춘슈이탕

마츠모토
키요시

로프트

텐진고속버스 터미널 ·
공항버스 타는 곳(3층)

미츠코시 백화점

무지 | MUJI 無印良品

양질의 제품을 합리적 가격에 판매하는 라이프스타일 브랜드. 심플&내추럴이란 콘셉트에 걸맞는 단순한 디자인과 기본에 충실한 기능이 매력이다. 유행을 타지 않는 베이직한 스타일의 의류는 연령불문 남녀 모두에게 인기다. 실용성을 강조한 심플한 디자인의 주방용품과 기능성을 극대화한 화장품도 놓치지 말자. 요리에 관심 있다면 다양한 소스 · 향신료 · 차를 판매하는 식료품 코너에 들러봐도 좋을 듯. 매장은 1층 여성 패션, 2층 식료품 · 주방용품, 3층 남성 패션 · 가방 · 자전거 · 여행용품, 4층 아동복 · 아동용품 · 화장품 · 문구, 5층 침구 · 가구 · 수납용품 · 조명 코너로 구성돼 있다. 2층에는 정갈한 음식의 카페테리아 Cafe&Meal Muji 도 있다.

영업 11:00~20:00 휴업 부정기적 전화 092-734-5112
주소 福岡市 中央区 大名 1-15-41 홈피 www.muji.com
지도 MAP 8-D4 교통 지하철 쿠코 선 空港線의 텐진 天神 역 (K08) 하차, 도보 8분. 2번 출구를 나와 왼쪽으로 80m쯤 간 다음, 왼쪽의 텐진니시도리 天神西通리로 들어가 330m 직진하면 오른편에 있다.

1 디자인은 심플하지만 가성비 높은 아이템이 풍부.
2 패션 · 화장품 · 문구 · 가구 등 온갖 상품을 취급한다.

리락쿠마 스토어
リラックマストア

귀여운 아이템이 가득한 리락쿠마 오피셜 스토어. 규슈 유일의 직영점으로 지역 한정판 등 레어템을 구할 수 있어 마니아에게는 성지로 통한다. 인형 · 문구 · 액세서리 등 상품이 풍부한데, 깜찍함과 실용성을 겸비한 주방용품 · 잡화가 추천 아이템이다.

영업 10:00~20:30
휴업 부정기적
주소 福岡市 中央区 天神 2-11-1 福岡 PARCO 8/F
전화 092-235-7290
지도 MAP 8-F1
교통 지하철 쿠코 선 空港線의 텐진 天神 역(K08) 하차, 도보 3분. 7번 출구와 바로 연결된 파르코 PARCO 백화점 8층에 있다.

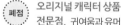

아란지 아론조
アランジアロンゾ

페점 오리지널 캐릭터 상품 전문점. 귀여움과 유머, 엽기적 매력이 공존하는 다양한 캐릭터를 선보인다. 쇼핑 욕구를 부추기는 예쁜 아이템이 가득하며, 귀여운 그림의 손가방 · 문구 · 잡화는 기념품이나 선물로 안성맞춤이다.

영업 11:00~19:00 휴업 부정기적
주소 福岡市 中央区 天神 2-4-20
홈피 www.aranziaronzo.com
전화 092-714-7748 지도 MAP 8-E4
교통 지하철 쿠코 선 空港線의 텐진 天神 역(K08) 하차, 도보 8분. 2번 출구를 나와 왼쪽으로 80m쯤 간 다음, 왼쪽의 텐진니시도리 天神西通리로 들어가 330m 직진하면 왼쪽에 리바이스가 있다. 그 옆 골목으로 들어가면 오른편에 있다.

텐진 비브레
天神ビブレ

페점 10~20대 타깃의 중저가 백화점. 지하 2층~지상 8층의 10개 층으로 구성돼 있으며 저렴한 가격의 구제의류와 캐주얼 패션 매장이 주를 이룬다. 발랄한 감성의 잡화 · 화장품 · 슈즈 매장도 눈길을 끈다.

영업 10:00~20:30
휴업 부정기적
주소 福岡市 中央区 天神 1-11-1
전화 092-711-1021
홈피 www.vivre-shop.jp
지도 MAP 8-F2
교통 지하철 쿠코 선 空港線의 텐진 天神 역(K08) 하차, 도보 6분. 지하로 연결된 텐진 지하상가의 히가시 東5번 출구를 나와 왼쪽으로 90m쯤 가면 왼편에 있다.

파르코 PARCO

20대를 타깃으로 한 발랄한 감성의 백화점. 본관 本館과 신관 新館의 두 개 건물에 패션·액세서리·화장품·잡화를 취급하는 210여 개의 숍이 입점해 있다. 유행에 민감한 젊은층이 선호하는 감각적인 아이템과 브랜드가 풍부한데, 빔즈·저널 스탠더드·어번 리서치 등 일본을 대표하는 유명 셀렉트 숍이 다수 입점해 최신 트렌드를 한눈에 파악할 수 있다. 마가렛 호웰의 세컨드 브랜드 MHL(본관 2층), 유행에 민감한 패셔니스타가 즐겨 찾는 셀렉트 숍 Beams(신관 1·2층), 세련된 인테리어·잡화가 풍부한 프랑프랑 Francfranc(본관 5층), 빈티지 의류 전문점 수퍼 스핀스 Super Spinns(본관 7층)도 놓치지 말자. 만화·애니 캐릭터 상품에 관심 있다면 본관 7층의 전문 상점가에 들러봐도 좋을 듯!

영업 10:00~20:30 **휴업** 부정기적 **전화** 092-235-7000
주소 福岡市 中央区 天神 2-11-1
홈페이지 http://fukuoka.parco.jp **지도** MAP 8-F1
교통 지하철 쿠코 선 空港線의 텐진 天神 역(K08) 하차, 도보 1분. 7번 출구와 지하로 바로 연결된다.

1 20대 감성으로 충만한 패션 백화점 파르코.
2 후쿠오카의 패션 트렌드를 한눈에 파악할 수 있다.

돈키호테
ドン・キホーテ

식료품·잡화를 취급하는 대형 할인점. 가격이 저렴한 것은 물론 24시간 영업해 시간과 비용에 구애받지 않고 쇼핑을 즐길 수 있다. 인기 상품 위주로 판매하는 까닭에 선택의 고민 없이 빠르게 기념품 쇼핑을 끝낼 수 있는 것도 장점이다.

영업 24시간
주소 福岡市 中央区 今泉 1-20-17
전화 0570-079-711
지도 MAP 8-E5
교통 지하철 쿠코 선 空港線의 텐진 天神 역(K08) 하차, 도보 15분. 역과 바로 연결된 텐진 지하상가의 니시 西12a번 출구를 나와 정면으로 320m쯤 가면 왼쪽 길 건너편에 있다.

이온 쇼핑몰
AEON Shoppers

4층 규모의 대형 쇼핑몰. 식료품·잡화·인테리어·반려동물 용품 등 온갖 상품을 취급한다. 저렴한 가격이 매력인 지하 1층의 슈퍼마켓에서는 커피·조미료·과자 등의 공산품은 물론 맥주·도시락 등 다양한 먹거리도 판매한다.

영업 지하 1층·1층 09:00~22:00, 2~4층 09:00~21:00
주소 福岡市 中央区 天神 4-4-11
전화 092-721-5411
지도 MAP 8-E1
교통 지하철 쿠코 선 空港線의 텐진 天神 역(K08) 하차, 도보 2분. 지하로 연결된 텐진 지하상가의 히가시 東1a번 출구를 나와 정면으로 100m쯤 가면 오른쪽에 있다.

코쿠민
コクミン

의약품·화장품을 10~30% 할인 판매하는 드러그 스토어. 드러그 스토어 밀집 지역인 텐진에서 가장 규모가 크고 상품도 풍부하다. Kate·켄메이크·Visée 등의 색조 화장품과 세안용품·의약품은 필수 쇼핑 아이템으로 인기가 높다.

영업 10:00~20:00 **휴업** 부정기적
주소 福岡市 中央区 天神 2-9
新天町地下 Favo
전화 092-739-1593
지도 MAP 8-E2
홈페이지 www.kokumin.co.jp
교통 지하철 쿠코 선 空港線의 텐진 天神 역(K08) 하차, 도보 3분. 6번 출구와 지하로 연결된 신텐쵸 新天町 Favo 지하상가의 지하 1층에 있다.

1 고급진 쇼핑을 즐기기에 좋은 비오로.
2 특별한 아이템을 찾는다면 가장 먼저 가봐야 한다.

비오로 VIORO

유행에 민감한 트렌드세터를 겨냥한 고급 백화점.
입점 브랜드는 50여 개에 불과하지만 규슈 지역에
처음 론칭하는 브랜드의 비중이 70%에 달해 후쿠오카의
유행을 선도하는 백화점으로 유명하다. 특히 패션계에서
주목받는 유명 디자이너 브랜드의 스타일리시한 아이템을
취급하는 유나이티드 애로우스 United Arrows · 셀렉트
바이 로열 플래시 Select by Royal Flash · 트렌트
TRENT · 플론트 FLONT 등의 셀렉트 숍이 풍부하다.
안경 마니아에게는 장인의 숨결이 느껴지는 카네코
안경점 金子眼鏡店도 강추한다. 이탈리아 피렌체의
수제(手製) 가죽 전문 브랜드 일 비종떼 IL BISONTE와
자연주의 콘셉트 화장품 Marks&Web도 들러볼 만하다.

영업 10:00~20:00 **휴업** 부정기적 **전화** 092-771-1001
주소 福岡市 中央区 天神 2-10-3
홈피 www.vioro.jp **지도** MAP 8-E3
교통 지하철 쿠코 선 空港線의 텐진 天神 역(K08) 하차, 도보 3분.
5번 출구를 나와 왼쪽 뒤로 이어지는 길을 따라 150m쯤 가면
왼쪽에 있다.

마가렛 호웰
MARGARET HOWELL

선풍적 인기의 영국 디자이너
브랜드. 린넨 · 코튼 등 천연소재를
사용한 미니멀 디자인의 패션 ·
액세서리 · 잡화를 선보인다. 무심한 듯
시크하게, 편하지만 멋스러움이 묻어나
는 스타일이 인기 비결이다.

영업 10:00~20:00
휴업 부정기적
주소 福岡市 中央区 天神 2-5-35
전화 092-713-3556
지도 MAP 8-E4
교통 지하철 쿠코 선 空港線의 텐진 天神
역(K08) 하차, 도보 5분. 5번 출구를 나와
왼쪽 뒤로 이어지는 길을 따라 200m쯤
간다. 이와타야 백화점 5층에 있다.

폴 스미스
Paul Smith

재기발랄한 디자인의 영국 디자이
너 브랜드. 몸에 꼭 맞는 슬림한 라인
과 남성복으로는 드문 화려한 색상이
특징이다. 고급 맞춤 정장부터 캐주얼
의류 · 구두 · 지갑 · 시계 등의 패션 소
품까지 남성복 전 라인을 선보인다.

영업 11:00~20:00 **휴업** 연말연시
주소 福岡市 中央区 大名 1-14-8
전화 092-731-6993 **지도** MAP 8-D4
교통 지하철 쿠코 선 空港線의 텐진 天神
역(K08) 하차, 도보 10분. 2번 출구를
나와 왼쪽으로 80m쯤 간 다음, 왼쪽의
텐진니시도리 天神西通り로 들어가
330m 직진하면 오른쪽에 MUJI가 있다.
그 옆 골목으로 들어가 80m 직진하면
오른편에 있다.

와이 쓰리
Y-3

요지 야마모토와 아디다스의 콜라보
로 탄생한 패션 브랜드. 독창적이고
자유분방한 스타일의 럭셔리 캐주얼웨
어를 선보인다. 메인 아이템은 의류 · 스
니커즈 · 운동화 · 가방인데, 유니섹스
모드라 남녀 모두 사용할 수 있다.

영업 11:00~20:00 **휴업** 부정기적
주소 福岡市 中央区 大名 1-13-19
전화 092-725-1141 **지도** MAP 8-D4
교통 지하철 쿠코 선 空港線의 텐진 天神
역(K08) 하차, 도보 10분. 2번 출구를
나와 왼쪽으로 80m쯤 간 다음, 왼쪽의
텐진니시도리 天神西通り로 들어가
270m 직진하면 오른쪽에 swatch
매장이 있다. 그 옆 골목으로 들어가 30m
직진하면 왼편에 있다.

1 80여 년의 전통을 자랑하는 대형 백화점이다.
2 다양한 연령대와 스타일을 아우르는 구성이 특징.

이와타야 岩田屋

1936년 문을 연 유서 깊은 백화점.
후쿠오카를 대표하는 명품 백화점으로 고가의 럭셔리
브랜드와 유명 디자이너 브랜드가 충실하다. 본관 本
館과 신관 新館으로 나뉘는데, 본관에서는 남녀 패션 ·
아동복 · 화장품 · 식료품 · 문구, 신관에서는 명품 패션 ·
액세서리 · 시계 · 주얼리 · 인테리어 · 생활소품을
취급한다. 명품 마니아라면 신관 1~3층에 주목하자.
에르메스 · 지방시 · 발렌시아가 · 생로랑 등 해외
명품은 물론 이세이 미야케 · Y's · 꼼 데 가르송 등 일본
디자이너 브랜드도 취급한다. 스타일리시한 인테리어
소품이 가득한 The Conran Shop(신관 지하 2층)도
놓쳐서는 안 될 듯.

영업 10:00~20:00 휴업 부정기적 전화 092-721-1111
주소 福岡市 中央区 天神 2-5-35
홈피 www.i.iwataya-mitsukoshi.co.jp 지도 MAP 8-E4
교통 지하철 쿠코 선 空港線의 텐진 天神 역(K08) 하차,
도보 4분. 5번 출구를 나와 왼쪽 뒤로 이어지는 길을 따라
200m쯤 가면 오른쪽에 있다.

텐진 코어
天神コア

폐점 10~20대가 즐겨 찾는 패
션 쇼핑몰. 저렴한 가격과
취향을 저격하는 개성만점 아이템이 가
득하다. 구제의류 숍 Super Spinns,
화려한 디자인의 언더웨어 Aimerfeel,
모든 싱품의 가격이 390엔인 집화점
Thank You Mart가 특히 눈길을 끈다.

영업 숍 10:00~20:00, 7층 레스토랑
11:00~22:30 휴업 부정기적
주소 福岡市 中央区 天神 1-11-11
전화 092-721-8436
지도 MAP 8-F2
홈피 www.tenjincore.com
교통 지하철 쿠코 선 空港線의 텐진 天神
역(K08) 하차, 도보 3분. 텐진 지하상가의
히가시 東5번 출구 쪽으로 가면 지하로
연결된다.

지유
GU

유니클로의 자매 브랜드. 유니클로
보다 저렴한 가격과 트렌디한 스타일이
특징이다. 의류 · 신발 · 모자 · 액세서
리를 990~4,990엔이란 파격가에 선
보여 주머니가 가벼운 10~20대에게
인기가 높다. 전반적으로 여성복의 비
중이 높다.

영업 10:00~21:00
휴업 부정기적
주소 福岡市 博多区 博多駅 中央街 6-12
ヨドバシカメラマルチメディア博多 3/F
전화 092-433-2722
지도 MAP 6-D4
교통 JR 하카타 博多 역의 치쿠시 출구 筑
紫口에서 도보 5분. 치쿠시 출구를 나와
하카타 역 건물을 오른쪽에 두고 200m
직진한다. 요도바시 카메라 3층에 있다.

애플 스토어
Apple Store

애플의 오피셜 매장.
아이폰 · 아이패드의 최신 모델은 물론
우리나라에서 구하기 힘든 헤드폰 ·
블루투스 스피커 등의 액세서리까지
빠짐없이 구비했다. 가격은 환율에
따라 차이가 나지만 전반적으로
우리나라보다 저렴하다. 5,000엔 이상
구매시 면세도 된다.

영업 10:00~21:00
주소 福岡市 中央区 天神 2-5-19
전화 092-778-0200
지도 MAP 8-E5
교통 지하철 쿠코 선 空港線의 텐진 天神
역(K08) 하차, 도보 11분. 2번 출구를
나와 왼쪽으로 80m 간 다음, 왼쪽의
텐진니시도리 天神西通り로 들어가
500m 직진하면 왼편에 있다.

만다라케 まんだらけ

일본 최대의 만화 전문 헌책방 만다라케의 후쿠오카 지점. 서가에 빼곡히 꽂힌 무수한 만화책과 깜짝 놀랄 만큼 고가의 골동품 장난감, 언제나 손님으로 북적이는 매장이 인상적이다.

'만화 · 애니 관련 상품은 무엇이든 취급한다'는 모토로 운영하는 곳답게 만화 · 동인지 · 라이트노블 · 토이 등 10여 개의 코너로 나뉜 매장에 10만 점 이상의 아이템을 구비했다. 풀 세트를 갖춘 명작 시리즈는 물론 인기 동인지까지 없는 게 없으며, 최신작도 바로바로 들어와 원 없이 만화 상품을 구입할 수 있다. 1층의 프라모델 코너에서는 건프라를 20~30% 할인 판매하며, 스타워즈 · 배트맨 등 미국계 피규어도 취급한다. 5,000엔 이상 구입시 면세도 된다.

[영업] 12:00~20:00 [주소] 福岡市 中央区 大名 2-9-5
[전화] 092-716-7774 [홈피] https://mandarake.co.jp
[지도] MAP 8-C3 [교통] 지하철 쿠코 선 空港線의 텐진 天神 역(K08) 하차, 도보 6분. 1번 출구를 나와 오른쪽으로 300m쯤 큰길을 따라가면 오른편에 있다.

1 만화 · 애니 마니아에게 강추하는 쇼핑 명소.
2 고전은 물론 최신 인기 아이템까지 두루 갖춘 만화 코너.

아니메이트 アニメイト

애니 캐릭터 상품 전문점. 최신 아이템과 신간 만화 · DVD를 일본에서 가장 먼저 선보이는 곳이라 마니아에게 인기가 높다. 깜찍한 아이템이 많아 선물 · 기념품을 장만하기에도 좋다. 신상품 관련 이벤트가 수시로 진행되니 홈페이지에서 관련 정보를 확인하고 가는 것도 좋다.

[영업] 10:00~20:30
[전화] 092-732-8070
[주소] 福岡市 中央区 天神 2-11-1
[홈피] www.animate.co.jp
[지도] MAP 8-F2
[교통] 지하철 쿠코 선 空港線의 텐진 天神 역(K08) 하차, 도보 5분. 7번 출구와 지하로 연결되는 파르코 백화점 본관 8층에 있다.

멜론 북스 メロンブックス

동인지 · 만화 전문서점. 신간 입고가 빠르며 전체 상품의 ⅔ 정도가 미소녀 계열의 남성 취향 동인지다. 라이트 노블 · CD · DVD도 취급한다. 바로 아래의 8층에는 여성 취향의 미소년 아이템이 풍부한 중고 피규어 · 캐릭터 상품 전문점 라신반 らしんばん도 있다.

[영업] 10:00~20:00
[휴일] 연말연시
[주소] 福岡市 中央区 天神 1-9-1
베스트 電器 9/F
[전화] 092-739-5505 [지도] MAP 8-H2
[교통] 지하철 쿠코 선 空港線의 텐진 天神 역(K08) 하차, 도보 2분. 14번 출구를 나와 오른쪽으로 90m쯤 가면 오른편에 있는 가전양판점 베스트덴키 ベスト電器 9층에 있다.

쥰쿠도 ジュンク堂

후쿠오카 최대의 서점. 서가가 테마 · 출판사 · 작가별로 구분돼 있어 책을 찾기 쉽다. 화제의 신간 · 베스트셀러(1층), 규슈에서 신간 입고가 가장 빠른 만화책 매장(3층)이 눈길을 끈다. 문구 마니아라면 세련된 디자인과 탁월한 기능의 다이어리 · 문구를 판매하는 문구 · 잡화 코너(2층)도 눈여겨보자.

[영업] 10:00~20:00 [휴일] 부정기적
[주소] 福岡市 中央区 大名 1-15-1
[전화] 092-738-3322 [지도] MAP 8-D5
[홈피] www.junkudo.co.jp
[교통] 지하철 쿠코 선 空港線의 텐진 天神 역(K08) 하차, 도보 9분, 2번 출구를 나와 왼쪽으로 80m 간 다음, 왼쪽의 텐진니시도리로 들어가 350m 직진하면 오른쪽에 있다.

보크스 후쿠오카 쇼룸
ボークス福岡ショールーム

구체관절 인형·피규어·프라모델 전문점.
신상품의 입고가 빠른 게 매력이다. 입구 바로 앞에는 최신
인기 아이템 코너가 있으며, 왼쪽으로 피규어·프라모델
코너가 이어진다. 건프라는 물론 보크스 오리지널
한정판인 파이브 스타 스토리, 전함·전차 등의 밀리터리
프라모델, 스타워즈·아이언맨 등의 미국계 피규어도
취급한다. 입구 오른쪽에는 구체관절 인형 전시·판매
코너가 있다. 규모는 작지만 인형 본체와 함께 인형을
치장하는 데 필요한 각종 부품을 판매한다. 특히 인형에
생명력을 불어 넣는 색색의 안구와 패셔너블한 의상·
가발이 풍부하다.

영업 10:00~20:00 전화 092-715-5239
주소 福岡市 中央区 天神 4-4-11 イオンショッパーズ福岡 4/F
지도 MAP 8-E1 교통 지하철 쿠코 선 空港線의 텐진 天神 역(K08)
하차, 도보 5분. 지하로 연결된 텐진 지하상가의 히가시 東1a번
출구를 나와 정면으로 100m쯤 가면 오른쪽에 있는 AEON 쇼핑몰
4층에 있다.

1 정밀 피규어와 프라모델을 구입하기에 좋다.
2 구체관절 인형 미니 갤러리도 운영한다.

무기와라 스토어
Mugiwara Store

원피스에 관한 것은 무엇이든 취급
하는 테마 숍. 루피·쵸파 등 인기 캐
릭터가 프린트된 티셔츠와 피규어·프
라모델·문구가 메인 아이템이며 여기
서만 판매하는 한정판도 있다. 스페셜
아이템 선시 및 기념촬영 코녀 틍
이벤트 코너도 운영한다.

영업 10:00~20:30
전화 092-235-7428
주소 福岡市 中央区 天神 2-11-1
福岡 PARCO 7/F
홈피 www.mugiwara-store.com
지도 MAP 8-F2
교통 지하철 쿠코 선 空港線의 텐진
天神 역(K08) 하차, 도보 3분. 7번 출구와
바로 연결된 파르코 PARCO 백화점 본관
7층에 있다.

지 스토어
Gee! Store

폐점 애니 캐릭터가 프린트된 티
셔츠 전문점. 우리나라에
서도 인기가 높은 원피스와 미소녀 티셔
츠가 주력 아이템이다. 머그컵·스마트
폰 액세서리 등의 캐릭터 상품도 취급
하며 미니 들피와 고스프레 의상 코녀
도 있다.

영업 11:00~20:00 휴업 부정기적
주소 福岡市 中央区 天神 3-16-21
中村家第一ビル 2/F
전화 092-739-2333 지도 MAP 8-E1
교통 지하철 쿠코 선 空港線의 텐진 天神
역(K08) 하차, 도보 3분. 텐진 역과 연결된
지하상가의 Futata 출구(니시 西1번 출구
옆)로 나간 뒤 왼쪽으로 100m쯤 가면
왼편에 있는 나카무라야다이이치 빌딩
中村家第一ビル 2층에 있다.

빅쿠 카메라
ビックカメラ

다양한 상품을 취급하는
가전양판점. 요도바시 카메라와 비슷
하지만 규모는 조금 작다. 매장은 스마
트폰·PC 전문의 1호관, 디지털 카메
라·오디오·일반가전 전문의 2호관
으로 나뉜다. 2호관 6층의 프리모델
피규어 코너에서는 건프라를 정가의
10~30% 할인 판매한다.

영업 10:00~21:00 휴업 부정기적
주소 福岡市 中央区 天神 2-4-5
전화 092-732-1111 지도 MAP 8-E4
홈피 www.biccamera.co.jp
교통 지하철 쿠코 선 空港線의 텐진
天神 역(K08) 하차, 도보 8분. 5번 출구를
나와 왼쪽 뒤로 이어지는 길을 따라
400m 직진하면 오른쪽에 있다.

나카스 · 기온
中洲·祇園

후쿠오카의 과거와 현재가 공존하는 지역이다.
세련된 멋으로 여행자의 발길을 재촉하는 대형
쇼핑센터와 밤이 깊을수록 활기를 더하는 유흥가가
도시적 면모를 유감없이 과시한다. 그러나 조금만
안쪽으로 발을 들이면 세월의 더께가 느껴지는
서민적인 상점가와 수 백 년의 시간이 고스란히
녹아든 사찰·신사가 차례로 모습을 드러내며
이 도시의 옛이야기를 조곤조곤 들려준다.

볼거리 ★★★☆☆
먹거리 ★★★★★
쇼 핑 ★★★☆☆
유 흥 ★★★★☆

기온

지하철 1분
도보 10분

지하철 4분
도보 30분

하카타역

텐진

must see

캐널 시티 하카타 p.160
200여 개의 숍을 거느린 쇼핑센터.
야경 감상 포인트로도 인기 만점.
나카스 포장마차촌 p.161
활기찬 후쿠오카의 밤 즐기기.
쿠시다 신사 p.164
예스러운 공기가 감도는 신사. 다양한
볼거리가 가득.

must eat

타츠미스시 p.166
독특한 풍미의 창작 초밥.
이치란 p.167
한국인에게 인기 높은 얼큰 라면.
이시무라만세이도 p.168
100년 전통의 화과자 전문점.
하카타기온테츠나베 p.170
후쿠오카 제일의 군만두.

must buy

캐널 시티 하카타 p.172
놓치면 후회할 후쿠오카 3대 쇼핑 명
소. 패션·잡화·인테리어 용품이 풍부.
카와바타 상점가 p.165
100여 개의 숍이 모인 서민적 쇼핑가.
구경하는 재미가 쏠쏠.

#후쿠오카 3대 쇼핑 명소
#어둠 속에서 빛나는 화려한 야경   #인기 데이트 코스

1 · 2 지층을 모티브로 만든 기발한 외관이 인상적이다.
3 트렌디한 패션 아이템 쇼핑의 최적지다.

キ ★★★★★
キャナルシティ博多 캐널 시티 하카타

🔊 캬나루시티하까따
🕐 숍 10:00~21:00, 레스토랑 11:00~23:00
🌐 www.canalcity.co.jp
🗺 MAP 10-D3
🚇 지하철 쿠코 선 空港線의 기온 祇園 역(K10) 하차, 도보 10분.
3번 출구를 나와 정면으로 500m쯤 가면 왼쪽에 있다. 또는 JR 하카타
博多 역의 하카타 출구 博多口 앞 A번 정류장에서 150엔 버스를 타고
카나루시티하카타마에 キャナルシティ博多前 하차.
분수 쇼 🕐 10:00~22:00(30분 간격)
캐널 아쿠아 파노라마 🕐 19:00~21:00(30분~1시간 간격)

후쿠오카 여행의 필수 코스로 꼽히는 대형 쇼핑센터.
총 길이 180m의 인공운하를 중심으로 200여 개의 숍과
내로라하는 맛집이 모여 있다(쇼핑 ➡p.172). 운하를 따라
유려한 곡선을 그리며 이어지는 독특한 디자인의 건물은 도쿄의
롯폰기 힐즈, 오사카의 난바 파크 등을 설계한 유명 건축가
존 저드 Jon Jerde의 작품이다(1996년). 운하와 연결된
무대에서는 음악에 맞춰 물줄기가 춤을 추는 분수 쇼 댄싱 워터와
마술 · 마임 · 음악회 등 다이나믹한 이벤트가 끊이지 않는다.
해가 진 뒤에는 운하를 따라 아름다운 야경이 펼쳐지는 것은
물론, 거대한 건물 벽을 스크린삼아 화려한 영상을 비추는 쇼
캐널 아쿠아 파노라마가 흥미로운 볼거리를 선사한다.

#현지인의 소박한 일상체험
#꼬치구이 오뎅 라면이 인기 #음식 값은 조금 비쌈

中 洲屋台 나카스 포장마차촌 ★★★★★

발음 나까스야따이 **영업** 18:00~24:00(점포에 따라 다름)
휴업 태풍·지진 등 천재지변시 휴업 **지도** MAP 10−C3
교통 지하철 쿠코 선 空港線·하코자키 선 箱崎線의 나카스카와바타 中洲
川端 역(K09·H01) 하차, 도보 7분. 1번 출구를 나와 정면으로 80m쯤 간
다음, 다리가 나오면 왼쪽으로 돌아 강가를 따라 250m 직진한다. **또는** JR
하카타 博多 역의 하카타 출구 博多口 앞 A번 정류장에서 150엔 버스를 타고
캐나루시티하카타마에 キャナルシティ博多前 하차, 도보 8분.

후쿠오카의 명물로 유명한 포장마차촌. 강변을 따라 20여 개의
포장마차가 줄지어선 채 대낮처럼 환한 불빛을 뿜어낸다. 소박한
후쿠오카의 일상을 즐길 수 있어 현지인은 물론 여행자도 즐겨
찾는다. 고소한 냄새가 침샘을 자극하는 꼬치구이, 진한 국물의
오뎅, 뽀얀 사골국의 라면 등 온갖 먹거리를 취급하는데, 가볍게
술과 안주를 즐길 경우 비용은 1인당 2,000~3,000엔으로
일반적인 주점보다 조금 비싸다. 포장마차의 특성상 내부가 훤히
들여다보이니 한 바퀴 돌아보며 마음에 드는 곳을 골라도 된다. 여느
식당가와 마찬가로 손님이 몰리는 곳이 맛집이란 사실을 기억하자.
한국어·영어 메뉴판이 비치된 곳도 있으며, 말이 통하지 않을
때는 옆자리의 음식을 보고 주문해도 된다. 퇴근 시간과
맞물리는 19:00~22:00에 붐비며, 급한 볼일은 주변의
공중화장실을 이용해야 한다.

1 언제나 활기찬 분위기로 가득하다.
2 손님과 일대일로 마주한 채 음식을
만드는 모습도 흥미롭다.

1 고즈넉한 공기가 감도는 죠텐지의 본당.
2 돌과 모래만으로 만든 카레산스이 정원도 볼거리.

承 天寺 죠텐지 ★★☆☆☆

발음 죠–뗀지 **개관** 일출~일몰 **요금** 무료 **지도** MAP 10–A5
교통 지하철 쿠코 선 空港線의 기온 祇園 역(K10) 하차, 도보 5분.
P1번 출구를 나오자마자 바로 뒤에 있는 도로를 따라 170m쯤 직진한 다음,
왼쪽으로 꺾어 100m쯤 가면 오른편에 있다.
또는 150엔 버스 기온쵸 祇園町 하차, 도보 6분. **또는** JR 하카타 博多 역에서
도보 13분. 하카타 출구 博多口를 나와 오른쪽으로 250m쯤 가면 죠텐지도리
承天寺通り가 나온다. 그 길을 따라 400m 직진하면 오른편에 있다.

1241년에 창건된 임제종의 사찰. 당시 후쿠오카가 대송무역의
창구였던 까닭에 사찰의 창건에는 송나라 상인의 도움이 컸다. 입구
쪽에는 후쿠오카의 영원한 번영을 기원하는 높이 8m의 하카타
천년문 博多千年門(2014년), 경내에는 일본 최초로 우동 · 소바가
전래된 것을 기념하는 우동 · 소바 발상 기념비, 방장 方丈 앞에는
돌과 모래만으로 삼라만상을 표현한 전통 일본식 카레산스이 枯山水
정원 등의 볼거리가 있다. 단, 정원은 일반인의 출입이 금지된 까닭에
담 너머로만 구경할 수 있다.

東 長寺 토쵸지 ★★★☆☆

발음 토–쬬–지 **개관** 경내 일출~일몰, 대불 09:00~16:45
요금 무료 **지도** MAP 10–A4 **교통** 쿠코 선 空港線의 기온 祇園 역(K10) 하차.
1번 출구를 나와 정면으로 10m쯤 가면 오른쪽에 입구가 있다.
또는 150엔 버스 기온쵸 祇園町 하차, 도보 1분.
또는 JR 하카타 博多 역에서 도보 14분. 하카타 출구 博多口를 나와 오른쪽에
보이는 다이하쿠도리 大博通り를 따라 700m쯤 직진하면 오른쪽에 있다.

1 섬세한 손길로 만들어진 거대한 목조 대불.
2 본당 등 대부분의 건물은 최근 재건됐다.

806년에 창건된 진언종의 사찰. 일본의 고승 쿠카이 空海(774~835)
가 중국 구법수행을 마치고 교토로 돌아가던 중 불교 진흥을 기원하며
건립했다. 오랫동안 번영을 구가했으나 16세기의 전란으로 상당부분
소실됐으며, 후쿠오카의 2대 번주 쿠로다 타다유키 黒田忠之
(1602~1654)에 의해 지금의 규모로 재건됐다. 경내에는 본당 ·
대불전 · 오층탑 등 예스러운 건물과 함께 이 절을 재건한 쿠로다 가문의
묘소가 있다.
눈길을 끄는 것은 대불전에 모신 높이 10.8m의 대불 大仏이다.
108번뇌를 상징하는 이 불상은 일본 최대의 목조 대불로 유명하다.
대불 바로 밑에는 '지옥 · 극락 순례 地獄 · 極楽めぐり'란 이름의 터널이
있는데, 내부에는 염라대왕의 심판을 받고 지옥에 떨어져 고통 받는
인간의 모습을 묘사한 부조를 전시해 놓았다. 터널 끝 쪽으로는 한 치 앞도
보이지 않는 깜깜한 길이 10m 가량 이어진다. 난간을 잡고 구불구불한
터널을 통과하면 밝은 불빛 속에서 온화한 미소를 머금은 부처의 모습이
나타나는데, 이는 어두운 지옥을 벗어나 찬란한 극락으로 이르는 길과
세상에 다시 태어나는 윤회를 상징한다.

博多町家ふるさと館
하카타마치야 향토관

[발음] 하까따마찌야후루사또깐 [개관] 10:00~18:00
[휴관] 12/29~31 [요금] 200엔, 중학생 이하 무료
[홈피] www.hakatamachiya.com [지도] MAP 10-B3
[교통] 지하철 쿠코 선 空港線의 기온 祇園 역(K10) 하차, 도보 5분. 2
번 출구를 나와 정면으로 100m쯤 간 다음, 왼쪽으로 꺾어 200m쯤
직진하면 오른쪽에 있다.
[또는] 150엔 버스 기온쵸 祇園町 하차, 도보 6분.

후쿠오카의 전통과 역사를 테마로 운영하는 미니
자료관. 전시동 展示棟 · 마치야동 町家棟 ·
기념품점의 세 건물로 이루어져 있다. 1 · 2층으로
구성된 전시동에는 이 도시의 역사 · 세시풍속 ·
전통공예를 소개하는 사진과 자료가 전시돼 있다.
마치야동에서는 하카타오리 博多織란 전통 직물짜기
시연회(11:00~13:00 · 15:00~17:00)가 열린다.
기념품점에서는 하카타 색채가 짙은 장난감 · 인형 등의
전통공예품도 판매한다.

聖福寺 쇼후쿠지
★★☆☆☆

[발음] 쇼-후꾸지 [개관] 일출~일몰
[요금] 무료 [지도] MAP 10-A4
[교통] 지하철 쿠코 선 空港線의 기온 祇園 역(K10) 하차,
도보 5분. 1번 출구를 나와 정면으로 140m쯤 간 다음.
오른쪽으로 꺾어 100m쯤 직진하면 입구가 있다.
[또는] 150엔 버스 기온쵸 祇園町 하차, 도보 6분.

1195년에 창건된 임제종의 사찰. 일본 최초의
선종 사찰로 유명하다. 임제종을 개창한 에이사이
栄西 선사에 의해 세워졌으며 오랜 동안 권력자의
비호를 받아왔다. 크고 작은 전란의 여파로 수차례
소실되는 아픔을 겪었는데, 재건에는 당대의
권력자들이 후원을 아끼지 않을 만큼 막강한 사세를
자랑했다. 전형적인 선종 사찰의 형식을 답습한
가람은 전체가 사적(史跡)으로 지정될 만큼 역사적
의미가 깊다. 고즈넉한 경내는 자유로이 거닐며
사색을 즐기기에 좋다. 종루에는 고려에서 가져온
동종(銅鐘)이 걸려 있다.

はかた伝統工芸館 하카타 전통공예관
★★☆☆☆

[발음] 하까따덴또-코-게-깐 [개관] 09:30~17:30
[휴관] 월요일, 12/28~1/4 [요금] 무료
[홈피] http://hakata-dentou-kougeikan.jp [지도] MAP 10-B3
[교통] 지하철 쿠코 선 空港線의 기온 祇園 역(K10) 하차, 도보 8분. 2번 출구를 나와
정면으로 170m쯤 간 다음, 왼쪽으로 돌아 250m쯤 직진하면 오른쪽에 있다. [또는]
150엔 버스 기온쵸 祇園町 하차, 도보 9분.

후쿠오카의 전통공예품을 소개하는 소규모 전시관. 두 개 층으로
이루어져 있으며 메인 전시실은 2층이다. 770년의 역사를 자랑하는
정교한 문양의 전통직물 하카타오리 博多織, 마치 살아 있는 사람처럼
생동감 넘치는 움직임과 표정을 살린 하카타 인형 博多人形 등
내로라하는 장인이 만든 100여 점의 작품을 전시한다. 1층에는 조그만
카페와 기념품점도 있다.

櫛 ★★★☆☆
田神社 쿠시다 신사

명칭 쿠시다진자 **개관** 일출~일몰 **요금** 무료 **지도** MAP 10-B3
교통 지하철 쿠코 선 空港線의 기온 祇園 역(K10) 하차, 도보 7분.
2번 출구를 나와 정면으로 100m쯤 간 다음, 왼쪽으로 꺾어 250m
직진한다. **또는** 150엔 버스 기온쵸 祇園町 하차, 도보 8분.
하카타 역사관 **개관** 10:00~17:00 **요금** 300엔

'오쿠시다상 お櫛田さん'이란 애칭으로 통하는 후쿠오카의
수호 신사. 757년 혼슈 중부 마츠자카 松阪의 쿠시다
신사에서 신위(神位)를 모셔다 지금의 신사를 세웠으며,
일본 건국 신화의 삼신(三神)인 오하타 오카미 大幡大神,
아마테라스 오카미 天照皇大神, 스사노오노 오카미
素盞嗚大神를 모신다. 하카타의 양대 축제로 유명한 7월의
하카타기온야마카사 博多祇園山笠, 10월의 하카타오쿤치
博多おくんち가 열리는 곳으로도 잘 알려져 있다.
신사 곳곳에 신기한 볼거리가 가득해 이를 찾아보는 재미도
쏠쏠하다. 신사 정문 천장의 회전원반에는 십이간지를 새겨
놓았는데, 새해 첫날 그 해의 띠 동물을 복을 부르는 방향으로
돌려놓는 풍습이 있다. 정문을 바라볼 때 왼쪽에는 수령이
1,000년을 넘는 아름드리 은행나무가 있다. 본전 왼쪽의
하카타 역사관 博多歴史館에서는 신사의 보물과 축제 관련
자료를 전시한다. 하카타 역사관 바로 앞에는 인형과 장신구로
화려하게 치장한 8m 높이의 거대한 수레 야마카사 山笠가
놓여 있는데 하카타기온야마카사 때 실제로 사용하는 것이다.
야마카사 뒤에는 축제 때 쓰는 가마인 미코시 御輿, 장정들이
힘자랑할 때 사용하던 수십kg 무게의 돌덩어리 리키이시
力石가 있다. 리키이시에는 후쿠오카 출신 스모 선수의
이름을 새겨 놓았다.

1 유서 깊은 역사를 자랑하는 쿠시다 신사의 정문.
2 정문 천장에 새겨진 십이간지의 동물상.
3 저마다의 소망이 빼곡히 적혀 있는 에마.

신명나는 여름 축제 하카타기온야마카사

거리에서 화려한 야마카사 山笠 수레의 행렬이 이어지는 이 축제는 1241년 역병 퇴치를 목적
으로 시작됐다. 야마카사는 옛 행정단위인 '나가레 流' 별로 21대가 제작되는데 설화·영웅담
을 묘사한 장면과 인형으로 화려히 꾸미는 게 특징이다.
야마카사가 일반에 공개되는 것은 7월 1일부터이며, 본격적인 이벤트는 7월 10~15일의 6일
간 열린다. 7개의 나가레가 이동식 야마카사를 메고 질주하며 치열한 속도 경쟁을 펼치는 것!
하이라이트는 축제의 마지막날인 7월 15일 오전 4시 59분이다. 7대의 야마카사가 쿠시다 신
사를 출발해 신사로 돌아오기까지 5km 구간을 맹렬한 속도로 달리는데, 무게 1톤에 달하는 육
중한 야마카사를 짊어진 한 무리의 장정들이 일사분란하게 호흡을 맞추는 박진감 넘치는 레이
스가 흥미진진하다.

하카타기온야마카사 **홈페이지** www.hakata-yamakasa.net

실제로 보기 전에는 크기와 화려함을
가늠하기 힘든 야마카사 수레.

川 ★★☆☆☆
端商店街 카와바타 상점가

[발음] 카와바따쇼−뗀가이 [개관] 10:00~19:00
[휴관] 숍에 따라 다름 [홈피] www.hakata.or.jp
[지도] MAP 10-B2
[교통] 지하철 쿠코 선 空港線 · 하코자키 선
箱崎線의 나카스카와바타 中洲川端 역(K09 · H01) 하차,
5번 출구 바로 앞에 있다. 또는 150엔 버스 카와바타쵸 ·
하카타자마에 川端町 · 博多座前 하차.

항상 수많은 사람들로 북적이는 활기찬 상점가.
남북으로 400m 가량 이어지며 유서 깊은 노포 등
100여 개의 숍이 줄지어 있다. 상점가 전체에 지붕을
씌워 놓아 날씨에 상관없이 편하게 쇼핑을 즐길 수 있는
것도 매력이다. 주요 취급 품목은 식료품 · 화장품 ·
생활잡화 등 서민적인 아이템이다. 11월 16~20일에는
세이몬하라이 誓文払い란 파격적인 세일 행사가
단행된다는 사실도 잊지 말자. 카와바타젠자이 광장
川端ぜんざい広場(MAP 10-B2)에는
하카타기온야마카사 때 사용하는 대형 수레 야마카사
山笠가 전시돼 있으며, 금 · 토 · 일 공휴일에는
명물 단팥죽 카와바타젠자이 川端ぜんざい(560엔)도
맛볼 수 있다.

카와바타젠자이

博 ★★☆☆☆
多リバレイン
하카타 리버레인

[발음] 하까따리바렌− [개관] 10:00~19:00
[휴관] 6/21, 12/31~1/1
[홈피] http://riverain.co.jp [지도] MAP 10-A1
[교통] 지하철 쿠코 선 空港線 · 하코자키 선 箱崎線의
나카스카와바타 中洲川端 역(K09 · H01) 하차, 6번 출구를 통해
쇼핑몰 내부와 지하로 연결된다. 또는 150엔 버스 카와바타쵸 ·
하카타자마에 川端町 · 博多座前 하차.

후쿠오카 아시아 미술관 [개관] 09:30~18:00
[휴관] 수요일, 12/26~1/1 [요금] 무료, 아시아 갤러리 200엔,
대학생 · 고등학생 150엔, 중학생 이하 무료
후쿠오카 앙팡만 고도모 뮤지엄 [개관] 10:00~17:00 [요금] 1,800엔

쇼핑몰 · 호텔 · 극장 · 미술관으로 이루어진 복합
쇼핑몰. 핵심 시설은 지하 2층에서 지상 2층까지 총
4개 층으로 구성된 하카타 리버레인 몰이다. 70여 개의
세련된 패션 · 잡화 · 인테리어 숍이 모여 있어 가볍게
쇼핑을 즐기기에 좋다. 1 · 7 · 8층에는 아시아 각국의
근현대미술 작품을 소장 · 전시하는 후쿠오카 아시아
미술관 福岡アジア美術館, 5 · 6층에는 호빵맨
테마파크인 후쿠오카 앙팡만 코도모 뮤지엄 福岡
アンパンマンこどもミュージアム도 있다.

旧 ★★☆☆☆
福岡県公会堂貴賓館 구 후쿠오카 현 공회당 귀빈관

[발음] 큐−후꾸오까껜쇼−까이노−끼힌깐 [개관] 09:00~18:00
[휴관] 월요일, 12/29~1/3 [요금] 200엔, 중학생 이하 100엔
[지도] MAP 10-C1 [교통] 지하철 쿠코 선 空港線 · 하코자키 선 箱崎線의
나카스카와바타 中洲川端 역(K09 · H01) 하차, 1번 출구를 나와 정면으로
도보 5분. 또는 150엔 버스 히가시나카스 東中洲 하차, 도보 5분

1901년 큐슈 · 오키나와 8개 현(県) 연합회의 때 귀빈 접대소로 사용된
건물. 르네상스 양식의 건물로 팔각탑과 프랑스 궁전 양식의 지붕이
독특한 매력을 풍긴다. 태평양 전쟁 직후 고등재판소 · 학교 · 교육청
청사로 사용되다 1981년 이곳으로 옮겨와 일반에 공개되고 있다. 내부는
옛 모습을 복원해 건축 초기의 화려한 면모를 유감없이 보여준다.

01 타츠미스시 강추
たつみ寿司

독특한 풍미의 창작 초밥을 선보인다. 1980년 오픈한 짧지 않은 역사가 내공을 말해주며, 양식 레스토랑을 연상시키는 모던한 인테리어가 눈길을 끈다. 음식 재료에 맞춰 간장·된장·유자 거품 등으로 미리 간을 한 초밥을 내놓는데, 간장에 찍어 먹는 것과는 차원이 다른 다채로운 풍미가 혀를 즐겁게 한다. 음식에 따라 식기를 달리해 근사한 코스 요리를 맛보는 즐거움을 선사하는 것도 매력! 점심에는 9점의 초밥이 나오는 슌노코스 旬のコース(2,000엔)·우메코스 梅コース(3,000엔)·타케코스 竹コース(4,000엔)와 12점의 초밥이 나오는 마츠코스 松コース(5,500엔)만 취급한다. 모든 코스에는 샐러드·계란찜·된장국·디저트가 포함돼 있다.

타케코스
竹コース(4,000엔)

가장 저렴한 슌노코스는 11:00~14:00에만 판매한다.

예산 2,000엔~ 영업 11:00~22:00 휴업 월요일, 1/1~3 메뉴 일어·영어
주소 福岡市 博多区 下川端町 8-5 전화 092-263-1661
홈피 www.tatsumi-sushi.com 지도 MAP 10-A2
교통 지하철 쿠코 선 空港線·하코자키 선 箱崎線의 나카스카와바타 中洲川端 역 (K09·H01) 하차, 도보 2분. 7번 출구를 나와 왼쪽의 골목으로 들어간 다음 60m쯤 직진하면 오른쪽에 있다.

03 노부히데혼텐 강추
信秀本店

한눈에 보기에도 오랜 역사가 느껴지는 꼬치구이 노포(老舗). 1964년 문을 열었으며 이곳을 다녀간 유명인의 사진이 벽을 가득 메우고 있다. 한국 연예인의 얼굴도 심심찮게 눈에 띄니 잘 찾아보자. 주문과 동시에 숯불에 구워내는 꼬치구이는 어느 것을 선택해도 실패하지 않을 만큼 빼어난 맛을 보장한다. 추천 메뉴는 닭 껍질 토리카와 鳥皮(150엔), 닭똥집 스나즈리 砂ずり(150엔), 닭 연골 난코츠 軟骨(220엔), 닭 날개 테바사키 手羽先(240엔), 아스파라거스 삼겹살말이 아스파라노바라마키 アスパラのバラ巻(290엔), 키조개 관자 카이바시라 貝柱(290엔), 열빙어 시샤모 ししゃも(240엔), 삼겹살 바라 バラ(220엔) 등이다. 곁들여 내는 아삭한 생 양배추는 꼬치구이의 느끼함을 잡아준다.

꼬치구이
(1개 150엔~)

예산 3,000엔~ 영업 16:30~23:00 휴업 월요일 메뉴 한국어·일어·영어
주소 福岡市 博多区 下川端町 8-8 전화 050-5493-5045 지도 MAP 10-A2
교통 지하철 쿠코 선 空港線·하코자키 선 箱崎線의 나카스카와바타 中洲川端 역 (K09·H01) 하차, 도보 2분. 7번 출구를 나와 왼쪽의 골목으로 들어간 다음 90m쯤 직진하면 오른쪽에 있다.

꼬치구이는 '달콤한 소스 타레(たれ)' 또는 '소금 塩(시오)' 등 간하는 방식을 선택해서 주문한다.

02 이치란(본점) 강추
一蘭(本店)

고춧가루와 마늘의 얼큰한 국물이 입맛 다시게 하는 라면집. 돼지 사골 국물의
진한 톤코츠 豚骨 라면 임에도 불구하고 비전(秘傳)의 기술로 우려낸 국물과
소스 때문에 돼지 누린내가 거의 나지 않는다. 메뉴는 오직 라면 라멘 ラーメン
(980엔) 하나뿐이라 선택도 쉽다. 자판기에서 식권을 구입하고 종업원이 나눠주는
주문 용지에 면발의 강도, 국물 맛과 매운 정도 등 선택사항을 체크한 다음 자리에
앉아 주문 용지를 건네면 주문 완료! 선택에 실패하지 않으려면 무조건
'기본 基本'에만 체크하는 게 요령이다. '코리안 Korean'이라고 하면 한국어
주문용지를 준다. 라면과 찰떡궁합인 반숙계란 한쥬쿠다마고 半熟塩ゆで
たまご(140엔), 면 사리 카에다마 替玉(210엔), 공기밥 고향 ごはん(250엔)을
곁들여 먹어도 좋다. 1층은 여럿이 앉을 수 있는 포장마차식 테이블, 2층은 독서실
스타일의 1인용 좌석으로 꾸며져 있다.

라면 ラーメン
(980엔)

예산 980엔~ 영업 24시간 메뉴 한국어·일어·영어
주소 福岡市 博多区 中洲 5-3-2 전화 092-262-0433 지도 MAP 10-B1
교통 지하철 쿠코 선 空港線·하코자키 선 箱崎線의 나카스카와바타 中洲川端 역(K09·H01)
하차. 도보 1분. 2번 출구를 나와 정면으로 70m쯤 가면 오른편에 있다.

JR 하카타 역 앞의 후쿠오카 센터 빌딩
福岡センタービル 지하 2층(영업
10:00~22:00, MAP 6-B2), 캐널 시티
하카타 지하 1층(영업 10:00~24:00,
MAP 10-C3)에도 분점이 있다.

04 나가하마 난바완
長浜ナンバーワン

나가하마라멘
長浜らーめん(680엔)

하카타 라면의 원조로 통하는 노포. 1971년 나가하마 長浜 수산시장의
조그만 포장마차에서 비롯됐다. 시장에서 일하는 사람들이 값 싸고 빨리 먹을
수 있는 국수를 말아주던 데서 지금의 라면이 탄생했다고. 인기 불변의 메뉴는
나가하마라멘 長浜らーめん(680엔)이다. 돼지 사골을 반나절에 걸쳐 푹 고아낸
국물은 진하다 못해 아주 걸쭉한데, 생김새와 달리 맛은 의외로 깔끔하다.
다만 돼지고기 차슈에서 누린내가 난다는 사실이 조금 아쉽다. 반숙계란을 얹은
니타마고라멘 煮たまごらーめん(780엔), 차슈·새우완탕·반숙계란을 얹은
스페셜 라면 스페샤루라멘 スペシャルらーめん(1,250엔)도 맛있다. 테이블마다
마늘·깨·후추·매콤한 유자 소스가 비치돼 있으니 취향대로 넣어 먹는다.
마늘을 으깨 넣으면 국물 맛이 한결 개운해진다는 사실도 알아두자.

주문시 면의 익힘 정도를 선택해야 한다.
'나마 なま·하리가네 はりがね·카타
かた·후츠 ふつう·야와 やわ'의 순으로
부드러워지는데, 후츠(보통)로 주문하면
무난하다.

예산 680엔~ 영업 11:30~24:00, 금·토요일 및 공휴일 전날 11:30~02:00,
일요일 11:30~22:00 메뉴 일어·영어 주소 福岡市 博多区 祇園町 4-64
전화 092-263-0423 지도 MAP 10-B4
교통 지하철 쿠코 선 空港線의 기온 祇園 역(K10) 하차, 도보 3분. 3번 출구를 나와 정면으로
130m쯤 가면 왼편에 있다.

실루엣 라테
シルエットラテ(723엔)

05 무민 베이커리&카페
ムーミンベーカリー＆カフェ

폐점 핀란드 동화 《무민》을 테마로 만든 이색 카페. 입구는 무민의 집을 완벽히 재현했으며, 벽은 동화 속 장면을 묘사한 일러스트로 꾸몄다. 곳곳에 무민을 비롯한 인기 캐릭터의 인형을 비치해 구경하는 재미가 쏠쏠하다. 테이블마다 놓인 대형 무민 인형 옆에 앉아 기념사진을 찍는 것도 색다른 추억이 될 듯. 무민 그림을 그려주는 라테 음료인 실루엣 라테 シルエットラテ(723엔)의 인기가 높은데, 부탁하면 무민대신 스너프킨·꼬마 미이·해티패트너도 그려준다. 무민 모양의 케이크와 음식도 맛볼 수 있다. 점심에는 메인 요리에 수프·샐러드가 포함된 세트 메뉴(1,296엔~)도 선보인다.

예산 648엔~ 영업 10:00~22:00 메뉴 일어·영어
주소 福岡市 博多区 住吉 1-2-1 キャナルシティ博多 センターウォーク南側 B1/F
전화 092-263-2626 지도 MAP 10-D3
교통 지하철 쿠코 선 空港線의 기온 祇園 역(K10) 하차, 도보 10분. 3번 출구를 나와 정면으로 500m쯤 가면 왼쪽에 있는 캐널 시티 하카타 쇼핑몰의 센터워크 남쪽 センターウォーク南側 지하 1층에 있다(지도 ➡p.173).

인형·잡화 등 무민 캐릭터 상품을 판매하는 조그만 숍도 운영한다.

06 이시무라만세이도 강추
石村萬盛堂

1905년 창업한 화과자 전문점. 폭신한 마시멜로 안에 달콤한 팥소를 넣은 츠루노코 鶴乃子(2개 350엔)는 일본 왕실에 진상되는 화과자로도 유명하다. 화과자 제조기법을 응용해 마시멜로를 하얀 달걀 모양으로 만든 게 츠루노코의 시초다. 1978년에는 판매촉진 차원에서 3월 14일을 새하얀 츠루노코를 먹는 '화이트 데이'로 정해 오늘에 이르렀다는 사실도 흥미롭다. 세련된 맛의 팥 앙금이 듬뿍 담긴 센가이상모나카 仙厓さんもなか(270엔), 큼직한 딸기를 통째로 넣은 딸기 찹쌀떡 이치고다이후쿠 いちご大福(240엔)도 맛있다. 예스러운 가게 한편에는 화과자를 맛볼 수 있는 조그만 테이블이 있으며 차가 무료로 제공된다.

예산 240엔~ 영업 10:00~19:00 휴업 연말연시 메뉴 일어
주소 福岡市 博多区 須崎町 2-1 전화 092-291-1592
홈피 www.ishimura.co.jp 지도 MAP 10-A1
교통 지하철 쿠코 선 空港線·하코자키 선 箱崎線의 나카스카와바타 中洲川端 역 (K09·H01) 하차, 도보 5분. 7번 출구를 나와 왼쪽의 골목으로 들어간 다음 160m쯤 직진해 횡단보도를 건넌다. 그리고 왼쪽으로 50m쯤 가면 오른편에 있다.

츠루노코
鶴乃子(2개 350엔)

화과자를 맛보는 테이블 옆에는 과자틀 등 이곳의 역사가 담긴 골동품이 전시돼 있다.

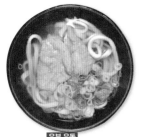

유부 우동
きつね(430엔)

유부 우동
きつね(450엔)

라멘 ラーメン
(720엔~)

우동타이라 강추
うどん平

현지인이 즐겨 찾는 우동집.
멸치·날치 등의 건어물로 우려낸
담백하면서도 감칠맛 나는 국물과
쫄깃한 면발이 인기의 비결이다.
얇게 편을 떠서 튀긴 우엉튀김 우동
고보 ごぼう(480엔), 야들야들한
소고기를 듬뿍 얹은 소고기 우동
니쿠 肉(580엔), 달콤한 유부를 얹은
유부 우동 키츠네 きつね(430엔)
가 맛있다. 국물에 상큼한 유자
후추 유즈코쇼 柚子こしょう를 풀어
색다른 맛으로 즐겨도 좋다.
점심에만 영업하며 국물이 떨어지면
바로 문을 닫으니 주의!

예산 330엔~
영업 11:15~15:00
휴업 일·공휴일
메뉴 일어
주소 福岡市 博多区 住吉 5-10-7
전화 092-431-9703
지도 MAP 7-F5
교통 JR 하카타 博多 역의 하카타 출구
博多口를 나와 왼쪽으로 도보 20분.
스미요시 신사 근처에 있다.

웨스트
ウエスト

저렴한 가격이 매력인 우동 전문점.
규슈에서 가장 많은 체인점을
거느리고 있으며 늦게까지
영업한다. 그리 빼어난 맛은
아니지만 가볍게 한 끼 해결하기에
좋다. 따뜻한 국물에 말아주는 우동
카케 かけ(350엔), 유부 우동 키츠네
きつね(450엔), 날달걀 우동 츠키미
月見(420엔), 카레 우동 카레 カレ
ー(630엔)가 대표 메뉴. 우동에
덮밥·카레라이스가 딸린 다양한
세트 메뉴(760엔~)도 취급한다.
이자카야를 겸하는 곳이라 주류와
가벼운 안주도 판매한다.

예산 350엔~
영업 11:00~23:30
메뉴 일어·영어
주소 福岡市 博多区 博多駅前
2-20-15 1/F
전화 092-461-7007
지도 MAP 10-B5
교통 지하철 쿠코 선 空港線의
기온 祇園 역(K10) 하차, 도보 1분.
5번 출구를 나와 정면에 보이는
횡단보도를 건너면 바로 오른쪽에 있다.

라멘 스타디움
ラーメンスタジアム

유명 맛집 8개를 한 자리에 모아 놓
은 라면 전문 푸드코트. 여성 또는
나홀로 여행자가 이용하기에도 편리
하다. 식당이 주기적으로 바뀌어
언제 가더라도 새로운 맛을 즐길 수
있는 것도 장점이다. 푸드코트 한가
운데에 각각의 식당과 라면의 특징이
적힌 안내판이 있으니 그것을 참고로
선택하면 된다. 자판기에서 식권을
구입하는 방식이며 음식 사진이 붙어
있어 이용하기도 쉽다. 군만두·
밥 등이 포함된 경제적인 세트 메뉴
를 선보이는 곳도 있으니 식당 앞에
붙은 안내판을 눈여겨보자.

예산 720엔~ 영업 11:00~23:00
메뉴 한국어·일어·영어
주소 福岡市 博多区 住吉 1-2-1
キャナルシティ博多 5/F
전화 092-282-2525 지도 MAP 10-D3
교통 지하철 쿠코 선 空港線의
기온 祇園 역(K10) 하차, 도보 10분.
3번 출구를 나와 정면으로 500m쯤 가면
왼쪽에 있는 캐널 시티 하카타 쇼핑몰
5층에 있다(지도 ➡p.173).

군만두 焼餃子
(8개 500엔)

군만두 パリパリ焼餃子
(7개 275엔)

햄버그스테이크
Premium ハンバーグ(1,320엔~)

하카타기온테츠나베
博多祇園鉄なべ

후쿠오카 제일의 군만두 맛집. 30여
년의 역사를 보여주듯 벽에는 이곳을
다녀간 이들의 수많은 사진과 사인이
붙어 있다. 좁은 좌석에 찡겨 앉아야
하는 불편함과 무뚝뚝한 서비스가
그리 유쾌하진 않지만, 일단 무쇠
철판에 담긴 군만두 야키교자 焼餃
子(8개 500엔)를 받아들면 기분이
180도 달라진다. 노릇노릇하게 구운
군만두는 바삭한 껍질과 푸짐한 소,
감칠맛 넘치는 육즙이 입안을 즐겁게
한다. 양이 적어 1인당 2인분 이상
주문하는 것은 필수! 내부 촬영을
엄격히 금하니 카메라를 함부로
꺼내지 않는 게 좋다.

[예산] 500엔~ [영업] 17:00~23:00
[휴업] 일·공휴일 [메뉴] 일어
[주소] 福岡市 博多区 祇園町 2-20
[전화] 092-291-0890 [지도] MAP 10-B4
[홈피] www.tetsunabe.co.jp
[교통] 지하철 쿠코 선 空港線의 기온
祇園 역(K10) 하차, 도보 5분. 3번 출구를
나와 정면으로 130m쯤 간 다음, 왼쪽으로
돌아 120m 직진하면 왼편에 있다.

교자야니노니
餃子屋弐ノ弐

저렴한 가격으로 승부하는
주점. 가볍게 술 한 잔 걸치기에
좋아 현지인도 즐겨 찾는다. 만두를
비롯한 다양한 중국 음식을 맛볼 수
있으며, 대표 메뉴는 감칠맛 나는
육즙의 군만두 파리파리야키교자
パリパリ焼餃子(7개 275엔)다.
8~10가지 요리가 나오는 푸짐한
코스 메뉴 コス コース(1인
2,000~3,000엔), 각종 주류를
90분 동안 무제한 마실 수 있는
노미호다이 飲み放題(1,500엔)도
선택할 수 있다. 텐진에도 분점이
있다(MAP 8-C4, 9-B2).

[예산] 275엔~ [영업] 17:00~24:00 [메뉴] 일어
[주소] 福岡市 博多区 上川端町 5-108
[전화] 092-272-0522
[지도] MAP 10-B3
[교통] 지하철 쿠코 선 空港線·하코자키 선
箱崎線의 나카스카와바타 中洲川端 역
(K09·H01) 하차, 도보 8분. 5번 출구를
나와 왼쪽으로 380m쯤 직진하면 왼편에
있다. 카와바타 상점가 안에 있으며 캐널
시티 하카타에서도 가깝다.

비프 타이겐
Beef 泰元

캐주얼한 햄버그 스테이크 &
스테이크 전문점. 느긋하게
식사를 즐기기에 좋은 아늑한
시설과 친절한 서비스가 돋보인다.
카고시마의 직영 농장에서 키운
흑우 黒牛를 재료로 만든 양질의
소고기 요리를 합리적 가격에 맛볼
수 있다. 인기 메뉴는 뜨겁게 달군
철판에 담겨 나오는 육즙 가득한
햄버그스테이크 프레미아무함바구
Premium ハンバーグ(1,320엔)
다. 함께 나오는 스테이크 소스·
소금·폰즈 소스에 찍어 먹으면
더욱 맛있다.

[예산] 1,320엔~ [영업] 11:00~23:00
[메뉴] 일어·영어 [전화] 092-283-4389
[주소] 福岡市 博多区 住吉 1-2-1
キャナルシティ博多 ノースビル B1/F
[홈피] www.taigen.jp [지도] MAP 10-C3
[교통] 지하철 쿠코 선 空港線의 기온 祇園
역(K10) 하차, 도보 10분. 3번 출구를
나와 정면으로 500m쯤 가면 왼쪽에 있는
캐널 시티 하카타 쇼핑몰의 노스 빌딩
지하 1층에 있다(지도 ➡p.173).

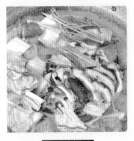

미즈타키 水たき
(3,200엔)

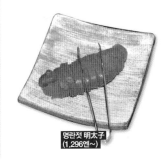

명란젓 明太子
(1,296엔~)

커피 ホットコーヒー
(484엔)

미즈타키나가노
みずたき長野

후쿠오카식 닭백숙 미즈타키 맛집. 언제 가더라도 입구에 긴 줄이 늘어서 있어 금방 눈에 띈다. 예약 없이는 99% 이용이 불가능하니 최대한 서둘러 예약해야 한다. 담백한 닭 육수에 뭉텅뭉텅 썬 닭고기를 삶아먹는 미즈타키 水たき(3,200엔)와 곱게 간 닭고기를 경단 모양으로 삶아먹는 수프타키 スープ炊き(3,200엔)가 메인 메뉴다. 2인분 이상은 반반씩 주문하는 것도 가능하다. 닭고기는 함께 나오는 폰즈소스에 찍어 먹으면 더욱 맛있다.

예산 3,200엔~
영업 12:00~22:00
휴업 일요일 **메뉴** 일어
주소 福岡市 博多区 博多区 対馬小路 1-6
전화 092-281-0105
지도 MAP 10-A1·7-C1
교통 지하철 쿠코 선 空港線·하코자키 선 箱崎線의 나카스카와바타 中洲川端 역(K00·H01) 하차, 도보 12분. 7번 출구를 나온 다음, 왼쪽의 골목으로 들어가 550m 직진한 뒤, 오른쪽으로 10m쯤 가면 왼편에 있다.

후쿠야 (강추)
ふくや

후쿠오카 특산품인 명란젓 전문점. 매콤하게 절인 명란젓 멘타이코 明太子(1,296엔~)는 우리 입에도 잘 맞는 밥반찬이다. 케첩처럼 짜 먹는 명란젓 츠부츄부 Tubu Tube(918엔~)처럼 먹기 쉽게 튜브나 캔 형태로 가공한 상품도 취급한다. 진열장에 놓인 시식품을 직접 맛보고 구입해도 좋다. 맛은 매콤한 레귤러 レギュラー와 순한 마일드 マイルド로 구분된다.

예산 1,296엔~
영업 09:00~22:00,
토·일·공휴일 09:30~18:00
메뉴 일어
주소 福岡市 博多区 中洲 2-6-10
전화 092-261-2981
홈피 www.fukuya.com
지도 MAP 10-C2
교통 지하철 쿠코 선 空港線·하코자키 선 箱崎線의 나카스카와바타 中洲川端 역(K09·H01) 하차, 도보 6분. 1번 출구를 나와 왼쪽 뒤로 15m쯤 가면 미스터 도넛이 있다. 미스터 도넛을 끼고 오른쪽으로 돌아 300m쯤 가면 왼쪽에 있다.

토카도 커피 (강추)
豆香洞コーヒー

2013년 월드 커피 로스팅 챔피언십 우승자의 커피숍. '매일 마셔도 질리지 않는 맛'을 모토로 최상의 커피를 내려준다. 엄선된 원두와 적절한 로스팅을 거친 커피는 깔끔하면서도 깊은 맛이 특징. 따뜻한 커피 홋토코히 ホットコーヒー(484엔)와 아이스 커피 아이스코히 アイスコーヒー(594엔) 두 가지만 취급하며, 메뉴판에 원두 종류와 특징, 로스팅 정도가 자세히 적혀 있다. 로스팅은 2~10단계로 구분하는데 숫자가 높을수록 강한 맛을 의미한다.

예산 484엔~ **영업** 10:00~19:00
메뉴 일어·영어
주소 福岡市 博多区 下川端町 3-1
博多リバレインモール B2/F
전화 092-260-9432 **지도** MAP 10-A1
홈피 www.tokado-coffee.com
교통 지하철 쿠코 선 空港線·하코자키 선 箱崎線의 나카스카와바타 中洲川端 역(K09·H01) 하차, 6번 출구와 연결된 하카타 리버레인 博多リバレイン 쇼핑몰 지하 2층에 있다.

1 후쿠오카의 3대 쇼핑 명소로 명성이 자자하다. 2 · 3 20대 여성 취향의 아기자기한 생활소품이 가득한 프랑프랑.
4 인기 패션 아이템도 풍부하다. 5 수입 식료품 전문점 칼디 커피 팜. 6 프랑프랑의 미키 접시.

캐널 시티 하카타
キャナルシティ博多

후쿠오카 제일의 규모와 다양한 상품 구성을 자랑하는 대형 쇼핑센터. 사우스 · 센터 워크 · 이스트 · 노스 · 그랜드 · 비즈니스 센터 빌딩의 여섯 개 건물에 숍 · 레스토랑 · 영화관 · 호텔 등 온갖 편의시설이 모여 있어 쇼핑과 오락이란 두 마리 토끼를 동시에 잡을 수 있다. 숍은 사우스 · 센터 워크 · 이스트 · 노스 빌딩에 집중돼 있으며, 메인 아이템은 의류 · 패션잡화 · 스포츠 용품 · 인테리어 용품 · 캐릭터 상품이다. 고가의 명품보다 실속 있는 중저가 브랜드의 비중이 높다. H&M · 자라 · 유니클로 등 SPA 매장의 인기가 높은데

영업 숍 10:00~21:00, 레스토랑 11:00~23:00
주소 福岡市 博多区 住吉 1-2 전화 092-282-2525
홈피 www.canalcity.co.jp 지도 MAP 10-D3
교통 지하철 쿠코 선 空港線의 기온 祇園 역(K10) 하차, 도보 10분. 3번 출구를 나와 정면으로 500m쯤 가면 왼쪽에 있다. 또는 JR 하카타 博多 역의 하카타 출구 博多口 앞 A번 정류장에서 150엔 버스를 타고 캐나루시티하카타마에 キャナルシティ博多前 하차.

특히 유니클로(이스트 빌딩 1~3층)는 규슈 최대 규모를 갖춘 곳답게 아이템도 풍부하다. 일본 1020세대의 패션 트렌드가 궁금하면 패션 쇼핑몰 OPA(센터 워크 지하 1층~3층)를 눈여겨보자. 에모다 · Moussy · 슬라이 등 로컬 브랜드가 충실하다. 화사한 스타일의 인테리어 · 잡화 전문점 프랑프랑 Francfranc(이스트 빌딩 2층), 운동화부터 의류까지 다양한 아이템을 취급하는 ABC 마트 그랜드 스테이지(센터 워크 3층)도 볼만하다.

오파 Opa 지하 1층
온갖 캐릭터 상품을 취급하는 키덜트의 천국. 토토로 · 마녀 배달부 키키 등 깜찍한 인형과 잡화가 가득한 스튜디오 지브리 오피셜 숍 동구리 공화국 どんぐり共和国, 헬로키티 전문점 산리오 갤러리 Sanrio Gallery, 엽기발랄한 애니메이션 근육맨의 캐릭터 굿즈를 판매하는 킨니쿠 숍 후쿠오카 Kin29 Shop Fukuoka, 울트라맨 전문점 울트라맨 월드 ウルトラマンワールドM78, 원피스 · 나루토 등의 캐릭터 상품을 취급하는 점프 숍 Jump Shop이 볼만하다.

캐널 시티 하카타

프랑프랑 Francfranc `이스트 빌딩 2층`

모던한 디자인의 잡화·인테리어 용품 전문점. 시티 라이프를
즐기는 20대 싱글 여성이 타깃인 브랜드답게 군더더기 없는
깔끔하고 세련된 디자인이 돋보인다. 일본 최대의 매장으로
테이블웨어·주방·욕실·리빙·조명 등 다양한 상품을
구비했다. 여성 취향 저격의 러블리한 식기·욕실용품이
추천 아이템이다.

니토리 ニトリ `사우스 빌딩 4층`

일본판 이케아로 통하는 인테리어 전문점. 가구·침구·잡화
등 생활 전반에 필요한 아이템을 두루 취급한다. 저렴하고
실용적인 수납·주방용품이 강추 아이템이다.

무지 Muji `노스 빌딩 3·4층`

심플&내추럴 콘셉트의 라이프스타일 브랜드. 양질의 제품을
합리적 가격에 판매하는 게 매력이다. 매장 규모가 커
취급하는 아이템도 다양하다.

건담 베이스 The Gundam Base `사우스 빌딩 1층`

규슈 최초의 건프라 플래그십 스토어. 아이템이 풍부한 것은
물론 여기서만 구매 가능한 한정판도 취급한다.

마츠모토 키요시 マツモトキヨシ
`비즈니스 센터 빌딩 지하 1층`

일본 전역에 수백 개의 지점을 거느린 드러그 스토어 체인.
기초·기능성 화장품과 의약품을 취급한다. 여타 드러그
스토어에 비해 가격이 조금 비싸고, 단체 관광객이 많이
찾다보니 은근히 번잡하다. 상품 구성은 풍부하니 다른
드러그 스토어를 찾아가기 힘들 때 이용하면 적당할 듯.

츠키지 긴다코 築地 銀だこ `센터 워크 지하 1층`

가벼운 간식으로 즐기기에 좋은 타코야키 たこ焼き
(8개 638엔~) 전문점. 크루아상처럼
겉을 바삭하게 구운 붕어빵
쿠로왓상타이야키 クロワッサン
たい焼き(1개 210엔)도 맛있다.

맥스 밸류 Max Valu

캐널 시티 하카타 바로 옆에 위치한 대형 슈퍼마켓.
지하 1층 식료품, 1층 잡화 코너로 이루어져 있다. 24시간
영업하며 상품도 풍부해 이용하기 편리하다. 우리나라에서
구하기 힘든 소스·커피·차·맥주, 그리고 식료품을
구입하기에 좋다.

AREA 04

후쿠오카 주변
福岡周辺

풍성한 볼거리는 없지만 삭막한 도심를 벗어나
싱그러운 풍경과 마주할 수 있는 게 매력이다.
초록빛 자연이 가득한 드넓은 공원, 넘실대는 파도
위로 눈부신 햇살이 쏟아지는 해변, 우레 같은
함성이 울려퍼지는 야구장을 찾아가 색다른 여행의
낭만을 즐겨보자. 멀지 않은 곳에 규슈 제일의
쇼핑 명소로 명성이 자자한 대형 아웃렛이 자리해
쇼핑의 재미를 더하는 것도 놓치기 힘든 매력이다.

볼거리 ★★★☆☆
먹거리 ★☆☆☆☆
쇼　핑 ★★★☆☆
유　흥 ☆☆☆☆☆

버스 15분

버스 25분

후쿠오카
타워

텐진

하카타 역

must see

후쿠오카 타워 p.176
멋진 전망과 야경 감상의 명소.
시사이드 모모치 해변공원 p.177
로맨틱한 해변에서 인생샷 찍기.
오호리 공원 p.178
호숫가에서 즐기는 호젓한 산책.
츠타야 서점 p.181
독특한 콘셉트의 세련된 서점.

must eat

자크 p.180
정통 프랑스식 케이크&디저트.
아늑한 살롱도 이용 가능.

must buy

마리노아 시티 후쿠오카 p.182
160여 개의 숍이 입점한 아웃렛. 실
속 만점 쇼핑에 최고!
토스 프리미엄 아웃렛 p.184
170여 브랜드가 입점한 규슈 최대의
아웃렛. 명품 전문 아웃렛다운 쾌적한
시설과 고급진 브랜드 구성이 매력.

#100만 불짜리 야경 포인트 #LED 아트 조명도 볼거리
#여권 제시하면 입장료 할인

1 하늘을 향해 우뚝 솟은 후쿠오카 타워. 야경도 아름답다.
2 전망대는 커플 여행자들이 기념사진을 찍는 '연인의 성지'
로도 인기가 높다.

福岡タワー 후쿠오카 타워 ★★★★☆

발음 후꾸오까타와−
개관 09:30~22:00(입장 21:30까지)
휴무 부정기적 요금 800엔, 초등학생 · 중학생 500엔, 4세 이상 200엔
홈피 www.fukuokatower.co.jp 지도 MAP 11−B2
교통 하카타 버스 터미널(MAP 6−A3) 1층의 5 · 6번 승강장에서 306 · 312
번 버스를 타고 후쿠오카타와 福岡タワー 또는 후쿠오카타와미나미구치
福岡タワー南口 하차(25분, 240엔). 또는 텐진의 1A번 정류장(MAP 5)에서
W1 · 302번 버스를 타고 후쿠오카타와 福岡タワー 또는
후쿠오카타와미나미구치 福岡タワー南口 하차(15분, 240엔).
또는 지하철 쿠코 선 空港線의 니시진 西新 역(K04) 하차, 1번 출구를 나와
정면 오른쪽으로 도보 27분.

후쿠오카 최고의 높이를 뽐내는 234m의 전파 송신탑. 1989년
아시아 태평양 박람회를 기념해 세웠으며 꼭대기에는 TV · 라디오
전파 송신소가 있다. 상층부에는 복(福)을 상징하는 삼각형의
후쿠오카 시 심볼을 새겨 놓았다. 8,000장의 반사유리로 뒤덮여
항상 반짝반짝 빛나는 외관이 인상적이다. 123m 지점에는
후쿠오카 일대가 360도로 내려다보이는 전망대가 있다. 야경 감상
포인트로도 인기가 높은데, 일몰 1시간 전에 오르면 멋진 전망과
황금빛 노을, 그리고 화려한 야경을 두루 감상할 수 있다. 해가 지면
건물 외벽에 설치된 2,700개의 LED 조명이 일제히 빛을 발하며
벚꽃 · 보름달 · 크리스마스트리 등 계절을 상징하는 다채로운
문양을 그려내는 모습도 볼만하다.

#초록빛 바다와 파란 하늘　#물놀이와 산책의 명소
#마리존 배경으로 인생샷 찍기

シ ★★★★☆
ーサイドももち海浜公園
시사이드 모모치 해변공원

[발음] 사ー사이도모모찌까이힌꼬ー엔　[지도] MAP 11−B2
[교통] 하카타 버스터미널(MAP 6−A3) 1층의 5 · 6번 승강장에서 306 · 312
번 버스를 타고 후쿠오카타와
福岡タワー 또는 후쿠오카타와미나미구치
福岡タワー南口 하차(25분, 240엔), 도보 5분. **또는** 텐진의 1A번 정류장
(MAP 5)에서 W1 · 302번 버스를 타고 후쿠오카타와 福岡タワー
또는 후쿠오카타와미나미구치 福岡タワー南口 하차(15분, 240엔),
도보 5분. **또는** 지하철 쿠코 선 空港線의 니시진 西新 역(K04) 하차,
1번 출구를 나와 정면 오른쪽으로 도보 30분.

길이 1km, 면적 22만㎡의 드넓은 해변공원. 1982년 해안
매립지를 개발하는 과정에서 조성된 인공해변이다. 샤워실 ·
딜의실 · 산책로가 완비돼 있어 가벼운 물놀이나 산책을 즐기기에
좋으며, 해변에는 카페 · 레스토랑 등의 편의시설도 두루 갖췄다.
흠이라면 인공해변인 까닭에 백사장의 모래가 조금 거칠다는 것!
해변공원 한가운데에 위치한 로마네스크 양식의 이국적 건물은
결혼식장인 마리존 Marizon이다. 입구까지 이어지는 도로 양쪽에
늘어선 야자수와 바다 위에 떠 있는 섬처럼 보이는 로맨틱한 풍경
때문에 기념촬영의 명소로 인기가 높다. 단, 내부는 결혼식 하객을
제외한 일반인의 출입이 불가능하니 주의! 해질녘에 은은한
조명에 물든 모습이 볼만하며, 이 앞에서 바라보는 후쿠오카
타워의 야경 또한 무척 멋지다는 사실을 기억하자.

1 · 2 해변에서는 일광욕이나 물놀이도 즐길 수 있다.
3 후쿠오카 타워 전망대에서 바라본 마리존. 은은한 빛으로
물드는 야경도 볼만하다.

#백조 보트 타기　#고즈넉한 일본 정원
#낭만 가득 불꽃놀이

大 濠公園 오호리 공원 ★★★★☆

발음 오-호리꼬-엔　**지도** MAP 12-B2

교통 지하철 쿠코 선 空港線의 오호리코엔 大濠公園公園 역(K06) 하차, 도보 2분. 3번 출구를 나와 정면으로 60m쯤 간 다음 왼쪽으로 가면 있다.
또는 하카타 버스 터미널(MAP 6-A3) 1층의 2번 승강장에서 3번 버스를 타고 오호리코엔 大濠公園 하차(27분, 240엔).
또는 텐진의 11번 정류장(MAP 5)에서 3·71·77번 버스를 타고 오호리코엔 大濠公園 하차(7분, 190엔).

보트 대여소 **영업** 월~금요일 11:00~18:00, 토·일·공휴일 10:00~18:00, 9~3월 월~금요일 11:00~일몰, 토·일·공휴일 10:00~일몰 **요금** 30분 600엔, 백조 보트 30분 1,100엔~

일본 정원 **개관** 09:00~18:00, 10~4월 09:00~17:00 **휴관** 월요일, 12/29~1/3 **요금** 250엔, 15세 미만 120엔

후쿠오카 성의 해자(垓字)를 개조해서 만든 40만㎡의 드넓은 공원. 한가운데에는 둘레 2km의 대형 호수가 있다. 호수 주위로 조깅 코스와 자전거 도로가 정비돼 있으며, 호수 위에 점점이 놓인 섬들을 연결하는 다리가 길게 이어져 산책이나 휴식을 즐기기에 좋다. 공원 남쪽에는 축구장 두 개 넓이의 한적한 일본식 정원도 있다. 근래에 조성된 것이라 예스러운 멋은 덜하지만 느긋하게 거닐며 이국적 분위기를 즐기기에는 부족함이 없다.
7월 말~8월 초에는 호수 위에서 6,000발의 불꽃이 밤하늘을 화려하게 수놓는 불꽃놀이 대회 大濠花火大会가 열려 눈을 뗄 수 없는 장관을 연출한다.

1 호수 가운데의 섬까지 다리로 이어진다.
2 휴식을 취할 수 있는 조그만 정자도 있다.
3 백조 보트를 타고 호수를 돌아봐도 재미있다.

#벚꽃놀이의 명소 #엄청난 규모의 성터와 성벽
#멋진 전망의 텐슈다이

舞 ★★★★☆
鶴公園 마이즈루 공원

발음 마이즈루꼬-엔 지도 MAP 12-B3
교통 지하철 쿠코 선 空港線의 아카사카 赤坂 역(K07) 하차,
도보 6분. 2번 출구를 나와 왼쪽으로 300m쯤 가면 왼편에 있다.
또는 하카타 버스 터미널(MAP 6-A3) 1층의 2번 승강장에서
3 · 13번 버스를 타고 후쿠오카죠 · 코로칸마에 福岡城 · 鴻臚館前 하차
(25분, 240엔). 또는 텐진의 11번 정류장(MAP 5)에서
3 · 71 · 77번 버스를 타고 후쿠오카죠 · 코로칸마에
福岡城 · 鴻臚館前 하차(6분, 190엔).

후쿠오카 성 福岡城의 성터를 정비해서 만든 초록빛 공원.
총면적은 축구장 60개와 맞먹는 39만 3,000㎡에 달하며, 500여
그루의 벚나무가 심겨 있어 벚꽃이 만발하는 3월 말~4월 초에는
공원 전체가 연분홍빛으로 물드는 장관이 펼쳐진다. 해당 기간에는
야간 조명을 밝혀 로맨틱한 밤 벚꽃놀이도 즐길 수 있다.
1601년 공사를 시작해 7년 만에 완성시킨 후쿠오카 성은 47개의
망루와 10개의 성문을 가진 엄청난 위용을 자랑했으며, 총면적
80만㎡에 성을 둘러싼 해자의 길이만도 4.7㎞에 달했다. 임진왜란
당시 난공불락의 요새였던 우리나라의 진주성을 모방해 지었는데,
엄청난 규모의 석벽에 둘러싸여 '석성 石城'이란 별칭이 붙기도
했다. 하지만 19세기 말 정치적 이유로 성이 철거돼 지금의
성터만 남았다. 산책로를 따라 성터 구석구석을 돌아볼 수 있으며,
텐슈다이 天守台에 오르면 후쿠오카 일대가 훤히 내려다보인다.

1 옛 모습으로 복원된 후쿠오카 성의 망루.
2 텐슈다이에서 바라본 후쿠오카 타워.
3 벚꽃놀이 명소로도 인기가 높다.

福 岡市博物館 후쿠오카 시 박물관 ★★☆☆☆

발음 후꾸오까시하꾸부쯔깐 **개관** 09:30~17:30
휴관 월요일, 12/28~1/4
요금 200엔, 고등학생·대학생 150엔, 중학생 이하 무료
홈피 http://museum.city.fukuoka.jp **지도** MAP 11-C2
교통 JR 하카타 博多 역 앞의 A번 정류장에서 6·300·301·303번 버스를 타고 하쿠부츠칸미나미구치 博物館南口 하차(30분, 240엔). **또는** 텐진의 1A번 정류장(MAP 5)에서 W1·302번 버스를 타고 후쿠오카타와미나미구치 福岡タワー南口 하차(15분, 240엔), 도보 6분. **또는** 지하철 쿠코 선 空港線 니시진 西陣 역(K04) 하차, 1번 출구를 나와 정면 오른쪽으로 도보 20분.

후쿠오카의 역사를 일목요연하게 보여주는 박물관. 역사적 사건의 발생 순서에 따라 자료를 전시해 전체를 한 바퀴 돌아보면 이 도시의 성장과정이 쉽게 이해된다. 지리적 특성상 우리나라와 교류가 많았던 까닭에 이와 관련된 전시물이 풍부한 것도 흥미롭다. 가장 유명한 소장품은 국보로 지정된 황금 도장, 금인(金印)이다. 가로·세로 2.3cm 크기의 금인은 1784년 후쿠오카 북부의 시카노시마 志賀島 섬에서 발견됐다. 밭을 갈던 농부가 우연히 땅속에 묻힌 상자를 캐냈는데 그 안에 금인이 담겨 있었던 것. 금인에는 후한(後漢)의 광무제(BC6~AD57)가 왜의 노국왕에게 하사했음을 의미하는 '한위노국왕 漢委奴国王'이란 글귀가 새겨져 있어 고대 중일관계를 뒷받침하는 유물로 1931년 국보에 지정됐다. 하지만 출토 과정과 문구의 해석·표현에 의문점이 많아 여전히 위작 논란이 분분하다. 자유로이 드나들 수 있는 정원에는 대형 연못과 함께 〈웅변〉·〈힘〉·〈승리〉·〈자유〉로 명명된 브루델(1861~1929)의 청동 조각 4점이 전시돼 있다. 높이 3.75m, 무게 1톤의 이 조각은 원래 아르헨티나 대통령 기념비의 일부로 제작된 것이며, 1989년 후쿠오카 시(市) 성립 100주년을 기념해 파리의 브루델 미술관에서 구입해왔다.

1 웅장한 후쿠오카 시 박물관.
2 브루델의 작품인 청동 조각.
3 위작 논란이 가시지 않는 금인.

오호리 공원의 인기 케이크 숍 자크 Jacques

마니아 사이에서 인기가 높은 프랑스 유학파 파티셰의 케이크 숍. 밀크와 비터 초콜릿 무스를 2층으로 쌓아올린 뒤 초콜릿을 입힌 달콤 쌉싸름한 케이크 프랑스 フランス(570엔), 상큼한 망고 무스에 카시스의 새콤한 맛을 더한 케이크 마니피크 マニフィック(530엔)가 맛있다. 인기 메뉴는 개점 후 한두 시간 안에 완판되니 서둘러 가야 한다.

예산 예산 530엔~ **영업** 10:00~12:20, 13:40~17:00
휴무 월·화요일 **메뉴** 영어·일어
주소 福岡市 中央区 荒戸 3-2-1 **전화** 092-762-7700
홈피 www.jacques-fukuoka.jp **지도** MAP 12-A1
교통 지하철 쿠코 선 空港線의 오호리코엔 大濠公園 역(K06) 하차, 도보 7분. 1번 출구를 나와 300m 직진한 다음, 오른쪽으로 꺾어 50m쯤 가면 왼쪽에 있다.

프랑스 フランス
(570엔)

蔦 屋書店 츠타야 서점 ★★★★☆

[발음] 츠따야쇼뗀 **[영업]** 09:00~22:00 **[지도]** MAP 12–D2
[교통] 지하철 나나쿠마 선 七隈線의 롯폰마츠 六本松 역(N11) 하차,
3번 출구 바로 앞의 롯폰마츠 421 빌딩 2층에 있다.
또는 JR 하카타 博多 역의 하카타 출구 博多口 앞 B · C · D번 정류장에서
9 · 10 · 11 · 15 · 16 · 17 · 19 · 214번 버스를 타고 롯폰마츠
六本松 하차(30분, 240엔). **또는** 텐진의 10번 정류장(MAP 5)에서
12 · 13번 버스를 타고 롯폰마츠 六本松 하차(15분, 190엔).

1 라이프스타일 서점을 표방하는 츠타야.
2 예술 서적도 충실히 구비했다.

풍부한 문화 콘텐츠를 제공하는 서점 겸 라이프스타일 숍. 일반적인
서점과 다른 세련된 인테리어로 인기가 높다. 자유로운 문화공간을
표방하는 곳답게 매장 곳곳에 의자를 비치해 도서관처럼 편히
책을 읽을 수 있다. 바깥 경치를 감상하며 커피와 독서를 즐길 수
있도록 꾸민 아늑한 북카페 스타일의 스타벅스도 단연 눈길을 끈다.
여행 · 먹거리 · 음악 · 패션 · 아트 등 최신 트렌드를 다루는 서적과
주방용품 · 잡화 · 음반 등의 관련 아이템을 함께 비치해 정보 습득과
쇼핑의 편의를 높인 것도 눈에 띄는 특징이다. 1층에는 고급 식료품과
수입 식재료를 취급하는 슈퍼마켓 Bon Repas Trezo도 있다.

1 일본 최초의 개폐식 돔 구장이다.
2 단테의 광장. 우리에게도 친숙한 유명인의 손
모형이 전시돼 있다.

福 岡PayPayドーム 후쿠오카 페이 페이 돔 ★★☆☆☆

[발음] 후쿠오카페이 페이도-무 **[홈피]** www.softbankhawks.co.jp
[지도] MAP 11–A3 **[교통]** JR 하카타 博多 역의 하카타 출구 博多口 앞 A번
정류장에서 6–1 · 305번, B · C · D번 정류장에서 10 · 15번 버스를 타고
규슈이료센타 九州医療センター 하차(40분, 240엔), 도보 1분.
또는 텐진의 1A번 정류장(MAP 5)에서 W1번 버스를 타고 규슈이료센타 九州医療센
터 하차(15분, 240엔), 도보 1분. **또는** 지하철 쿠코 선 空港線의 토진마치 唐人町
역(K05) 하차, 도보 20분. 1번 출구를 나와 정면으로 300m 간 다음, 오른쪽으로 돌아
700m 직진한다.
돔 구장 투어 **[시간]** 10:00~16:00(1시간 간격) **[요금]** 1,600엔, 중학생 이하 850엔
왕정치 야구 박물관 **[개관]** 11:00~20:00 **[요금]** 1,800엔, 중학생 이하 900엔

프로 야구팀 소프트뱅크 호크스 Softbank Hawks의 홈구장. 1993년
오픈한 **일본 최초의 개폐식 돔 구장**으로 3만 5,773명을 수용한다.
그라운드에서 천장까지 높이 84m, 지름 212m이며, 무게 1만 2,000톤의
육중한 지붕이 완전히 개폐되는 데는 20분이 걸린다. 시합이 없을 때에 한해
투어(50분 소요)로 객석 · 더그아웃 · 경기장 등의 내부 시설을 관람할 수 있다.
시합을 보려면 홈페이지에서 경기 일정을 확인해보자(입석 1,000엔~).
6~7번 게이트 사이에는 단테의 광장 暖手の広場이란 독특한 조형물이 있다.
세계 각국의 저명 인사 204명의 손을 실물 크기로 본뜬 모형인데, 미래를
짊어질 어린이들이 동경하는 인물과 악수해볼 수 있게 만든 것이다. 우리에게
친숙한 인물로는 왕정치 · 마이클 잭슨 · 본 조비 · 프랭크 시내트라 · 나탈리
콜 · 빌리 조엘 등이 있다. 돔 구장 옆에는 홈런왕 왕정치의 야구 인생을
소개하는 왕정치 야구 박물관 王貞治ベースボールミュージアム도 있다.

1 마리나 사이드에는 지름 50m의 대관람차 스카이 휠(10:00~21:00, 500엔)이 있다.
2·3 생활잡화·인테리어 소품을 구입하기에도 좋다. 4·5 인기 브랜드의 패션 매장도 다수 입점해 있다.

마리노아 시티 후쿠오카
マリノアシティ福岡

160여 개의 숍이 입점한 대형 아웃렛. 고가 명품 브랜드보다 일본 로컬 브랜드의 비중이 높으며, 할인점 중심의 아웃렛 사이드 Outlet Side와 일반 매장 중심의 마리나 사이드 Marina Side로 나뉘어 있다. 120여 개의 매장이 입점한 아웃렛 사이드의 주요 아이템은 패션·액세서리·스포츠·주방·인테리어 용품으로 할인율은 30~70% 수준이다. 특히 Ships·Beams·Urban Research·유나이티드 애로우스·Journal Standard·Adam et Rope 등 유행을 선도하는 인기 셀렉트 숍이 다수 입점해 눈길을 끈다. 스타일리시한 아이템을 싼값에 득템하기 좋으니 매의 눈으로 꼼꼼히 살펴보자. 토미 힐피거·갭·WEGO·Earth Music & Ecology·Abahouse·Peach John 등의 패션 브랜드와 프랑프랑·Living House 등의 라이프스타일 숍도 볼만하다. 마리나 사이드는 라이프스타일·아동·스포츠 용품 및 식당가로 구성돼 있어 가족단위 쇼핑객이 즐겨 찾는다. 추천 매장은 빌리지 뱅가드·니토리·Golf5·토이저러스&베이비저러스·Sports Depo 등이다.

영업 숍 10:00~20:00, 레스토랑 11:00~21:00 **휴무** 부정기적
주소 福岡市 西区 小戸 2-12-30 **전화** 092-892-8700
홈피 www.marinoacity.com **지도** MAP 1-B1
교통 JR 하카타 역 앞의 A번 정류장에서 333번 버스를 타고 마리노아 시티 후쿠오카 マリノアシティ福岡 하차(40분, 440엔).
또는 텐진의 1A번 정류장에서 333번 버스를 타고 마리노아 시티 후쿠오카 マリノアシティ福岡 하차(30분, 380엔).
또는 지하철 쿠코 선 空港線의 메이노하마 姪浜(K01) 역 남쪽 출구 南口 앞에서 출발하는 쇼와 버스 昭和バス를 타고 마리노아 시티 후쿠오카 マリノアシティ福岡 하차(15분, 160엔).

마리노아 시티 후쿠오카로 갈 때는 후쿠오카 그린 패스·후쿠오카 투어리스트 시티 패스 등의 1일권(➡p.119)을 구입하는 게 경제적이다. 후쿠오카 그린 패스 소지자는 303번 버스, 후쿠오카 투어리스트 시티 패스(303번 버스 이용 불가) 소지자는 메이노하마 역에서 쇼와 버스를 이용한다.

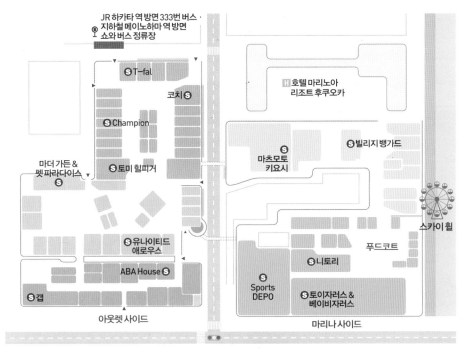

마리노아 시티 후쿠오카

갭 `아웃렛 사이드 1층`

아메리칸 캐주얼의 대표 브랜드. 깔끔한 라인의 내추럴한 스타일을 선보이며 여성복·남성복·아동복·유아복 등 폭넓은 상품 구성을 자랑한다. 예쁜 디자인에 소재가 좋은 유아복은 선물용으로 인기 만점!

ABC마트 스포츠 아웃렛 `아웃렛 사이드 2층`

나이키·푸마·뉴밸런스·패트릭 Patrick·써코니 Saucony 등 스포츠 브랜드만 취급하는 ABC마트의 콘셉트 숍. 운동화는 물론 의류까지 판매하며 아이템도 무척 다양하다.

유나이티드 애로우스 `아웃렛 사이드 1층`

일본의 대표 셀렉트 숍. 스트리트 감성의 감각적 캐주얼부터 세련된 정장까지 다양한 연령대를 아우르는 디자인이 특징이다. 자체 디자인의 오리지널 라인과 유명 디자이너 브랜드의 트렌디한 아이템을 함께 선보인다.

마더 가든 & 펫 파라다이스 `아웃렛 사이드 2층`

친환경 목재 장난감으로 인기가 높은 프리미엄 완구 브랜드 '마더 가든'과 스누피·미키 마우스 등의 캐릭터 아이템이 풍부한 애견용품 전문점 '펫 파라다이스'의 통합 매장이다.

빌리지 뱅가드 `마리나 사이드 북관 1층`

기상천외한 아이디어의 서점 겸 잡화점. 다양한 주제의 서적을 중심으로 관련 잡화·장난감·음반·화장품 등 온갖 아이템을 취급한다. 독특한 생활소품과 캐릭터 상품을 구입하기에 좋다.

토이자러스 & 베이비자러스 `마리나 사이드 남관 1층`

장난감·어린이용품 전문점. 인형·프라모델·피규어·오락기 등 온갖 장난감이 넘쳐나는 어린이와 키덜트족의 천국이다. 애니 캐릭터 상품과 프라모델이 충실하며, 연령별로 구분된 영유아용 장난감도 풍부하다.

스포츠 디포 `마리나 사이드 남관 1층`

종합 스포츠용품 전문점. 압도적인 상품 수를 자랑하는 대형 매장이다. 야구·테니스·자전거·골프·스키 등 온갖 스포츠 용품이 구비돼 있다. 캠핑 용품 코너도 충실하다.

니토리 `마리나 사이드 남관 2층`

'일본판 이케아'로 통하는 인테리어·잡화 전문점. 실용적 디자인, 저렴한 가격, 세분화된 기능의 3박자를 고루 갖춰 인기가 높다. 대형 가구부터 패브릭·욕실·식기·주방용품까지 다양한 아이템을 취급한다.

1 · 2 미국의 프리미엄 아웃렛과 동일한 스타일로 운영한다. 인포메이션 센터에서 여권을 제시하면 할인쿠폰을 주기도 한다.
3~6 인기 명품은 물론 중가의 패션 브랜드도 다수 입점해 있다.

토스 프리미엄 아웃렛
鳥栖プレミアム・アウトレット

 170여 개의 브랜드가 입점한 규슈 최대의 아웃렛. 명품 전문 아웃렛으로 유명한 프리미엄 아웃렛 Premium Outlets 계열답게 쾌적한 시설과 고급스러운 브랜드 구성을 자랑한다. 주요 취급 품목은 패션 · 액세서리 · 아동복 · 스포츠 용품 · 주방용품 · 인테리어 용품이며 친숙한 해외 브랜드와 일본의 인기 브랜드가 적절히 섞여 있어 선택의 폭이 넓다. 가격 부담이 적은 중가(中價) 브랜드도 많아 실속 쇼핑을 즐기기에 그만이다. 할인율은 20~70% 수준이며 유명 브랜드 상품을 로드숍 가격으로 득템하는 행운을 잡을 수도 있다. 단, 해외 직구보다 비싼 경우도 있으니 꼼꼼한 가격 비교는 필수! 일본의 대표 셀렉트 숍 Beams · Urban Research · Journal Standard · United Arrows, 10~20대 여성에게 인기가 높은 Niko And... · Sly · Rodeo Crown · Lowrys Farm · As know as · Earth Music&Ecology, 디자이너 브랜드 Takeo Kikuchi ·

베이프 A Bathing Ape Pirate Store에 주목하자. 트라이엄프 · 와코루 등 여성 속옷은 사이즈가 다양해 선택의 폭이 넓다. 인테리어 · 주방용품에 관심 있다면 프랑프랑 Francfranc · 애프터눈 티 리빙 Afternoon Tea Living · 웨지우드 Wedgwood · 츠빌링 J.A. 헹켈 Zwilling J.A. Henkels도 놓치지 말자.

숍 10:00~20:00 휴무 2월 셋째 목요일
주소 佐賀県 鳥栖市 弥生が丘 8-1 전화 0942-87-7370
홈피 www.premiumoutlets.co.jp/tosu 지도 MAP 1-D3
교통 텐진 고속버스 터미널(MAP 8-F4) 3층의 4번 정류장에서 직행버스가 출발한다(45분, 편도 770엔, 왕복 1,400엔).
또는 JR 하카타 博多 역에서 나가사키 · 카고시마 방면 열차를 타고 토스 鳥栖 역으로 간 다음(특급 20분 1,320엔, 쾌속 30분 570엔), 출구 오른쪽 길 건너편의 버스 정류장에서 20번 버스를 타고 토스 프리미엄 아웃렛 鳥栖プレミアム・アウトレット 하차(15분, 210엔).
텐진 고속버스 터미널→토스 프리미엄 아웃렛
평일 10:02, 토 · 일 · 공휴일 10:02, 12:02
토스 프리미엄 아웃렛→텐진 고속버스 터미널
평일 16:30, 토 · 일 · 공휴일 14:30, 16:30

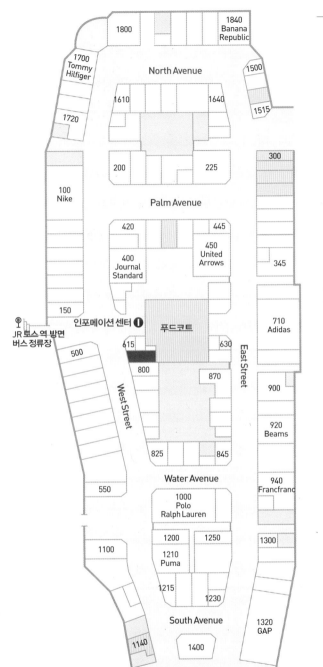

토스 프리미엄 아웃렛

우미노나카미치 海ノ中道

하카타 만과 현해탄 사이로 툭 튀어나온 지형의 우미노나카미치는 후쿠오카 도심에서 7km 가량 떨어진 한적한 해변 휴양지다. 기나긴 해변을 따라 이어지는 푸른 바다와 드넓은 녹지, 자전거 하이킹 코스 등 여러 위락시설을 갖춰 현지인의 주말 나들이 코스로도 인기가 높다. 볼거리가 많진 않아 반나절이면 충분히 돌아볼 수 있으니 후쿠오카 시내에서 시간이 남거나 조용히 휴식을 취하고 싶을 때 찾아가보자.

하카타 역 → 우미노나카미치
JR 하카타 역(MAP 7-H3)의 1~5번 플랫폼에서 출발하는 코쿠라 小倉 방면 열차를 타고 카시이 香椎 역으로 간 다음 (특급 7분, 쾌속 11분, 보통 15분), 열차를 갈아타고 JR 우미노나카미치 海ノ中道 역(보통 17분)에서 내린다. 조그만 간이역이며 바로 앞에 우미노나카미치 해변공원 입구가 있다. 후쿠오카 투어리스트 시티 패스(➡p.119)로 하카타 역~우

미노나카미치 구간의 열차를 이용할 수 있으며 단순 왕복만 해도 본전이 빠진다. 단, 열차는 쾌속 · 보통만 탈 수 있다.

하카타 역 → 우미노나카미치
쾌속 · 보통열차 25~40분, 480엔
북큐슈 레일 패스 사용 가능

텐진 → 우미노나카미치
텐진의 18A번 정류장(MAP 5)에서 21 · 21A · 21B번 버스를 타고, 우미노나카미치에 키구치 海の中道駅口에서 내린다.

텐진 → 우미노나카미치
버스 30~60분, 600엔
산큐 패스 사용 가능

마리존 → 우미노나카미치
시사이드 모모치 해변공원의 마리존(MAP 11-A2)에서 우미노나카미치 선착장까지 쾌속선이 2~3시간 간격(10:05~17:05)으로 운항한다.

마리존 → 우미노나카미치
쾌속선 20분, 1,100엔

우미노나카미치 해변공원
海の中道海浜公園
초록빛으로 가득한 시민들의 휴식처. 태평양전쟁 때 만든 비행장을 1981년 지금의 공원으로 탈바꿈시켰다. 면적은 여의도의 두 배인 540만㎡에 달하며, 산책로 · 전망대 · 놀이터 · 야외극장 · 미니 동물원 · 수영장 · 잔디 광장 등 다양한 시설을 갖춰 산책이나 피크닉을 즐기기에 좋다. 전체를 걸어서 돌아보는 불가능하니 입구에서 자전거를 빌리는 게 현명하다(3시간 500엔, 1일 700엔).
🕐 09:30~17:30, 11~2월 09:30~17:00
🚫 12/31~1/1, 2월 첫째 월 · 화요일
💴 450엔, 중학생 이하 무료
🗺 MAP 28-C1 · D1
🌐 https://uminaka-park.jp
🚉 JR 우미노나카미치 海ノ中道 역 하차. 역 바로 앞에 공원 입구가 있다.

마린 월드
マリンワールド
쓰시마 난류를 테마로 만든 일본에서 네 번째로 큰 수족관. 1~3층으로 이루어져 있으며 펭귄 · 돌고래 · 해파리 등 350여 종, 2만여 마리의 다양한 해양생물을 만날 수 있다. 돌고래 쇼가 열리는 야외극장도 있다.
🕐 09:30~17:30, 12~2월 10:00~17:00, 골든 위크 · 여름방학 09:30~21:30
🚫 2월 첫째 월 · 화요일
💴 2,500엔, 초등학생 · 중학생1,200엔
🗺 MAP 28-D1
🌐 www.marine-world.co.jp
🚉 JR 우미노나카미치 海ノ中道 역 하차, 도보 11분.

마린 월드

소도시여행 #2

노코노시마 能古島

후쿠오카 도심에서 북서쪽으로 10여 km 떨어진 곳에 위치한 노코노시마는 남북 3.5km, 동서 2km에 불과한 크기의 조그만 섬이다. 후쿠오카 시내에서 빤히 바라보일 만큼 지척의 거리에 있지만, 일단 섬 안으로 들어가면 번잡한 도시의 일상을 잊고 포근한 자연의 품에 안길 수 있기에 현지인의 나들이 코스로도 인기가 높다.
페리가 출발하는 메이노하마 선착장에서 도보 30분 거리에는 대형 아웃렛 마리노아 시티 후쿠오카(➡p.182)가 있으니 함께 묶어서 가도 좋다.

후쿠오카 → 노코노시마

하카타 역 A번 정류장에서 300·301·302번 버스, 하카타 역 B번 정류장에서 9번 버스, 하카타 버스터미널 1층의 5번 승강장에서 312번 버스를 타고 노코도센죠 能古渡船場에서 내린다. 또는 텐진의 3번 정류장(MAP 5)에서 300·301·302번 버스를 타고 노코도센죠 能古渡船場에

서 내린다. 그리고 버스 정류장 앞의 메이노하마 선착장 姪浜旅客待合所에서 페리로 갈아타고 노코노시마로 간다. 버스 요금이 만만치 않으니 후쿠오카 그린 패스(➡p.119)를 구입하는 게 경제적이다.

하카타 역 → 노코도센죠
버스 40~50분, 440엔

텐진 → 노코도센죠
버스 25~30분, 420엔
산큐 패스 사용 가능

메이노하마 선착장 → 노코도센죠
페리 10분, 왕복 460엔
🚢 06:15, 06:45, 07:15, 07:45, 08:15~17:15(매시 15분), 17:45, 18:15, 18:45, 19:45, 20:30, 21:00, 22:00

노코노시마 교통편

언덕이 많아 걸어서 돌아보기는 불가능하다. 선착장에서 노코노시마 아일랜드 파크까지 버스가 다니며, 후쿠오카 그린패스로도 탈 수 있다.
버스 🚍 240엔
산큐 패스 사용 가능

노코노시마 아일랜드 파크

のこのしまアイランドパーク
노코노시마 북쪽에 위치한 면적 15만㎡의 자연공원. 완만한 구릉을 따라 이어지는 산책로를 거닐며 느긋하게 휴식을 취할 수 있다. 특히 유명한 것은 색색의 꽃밭이다. 바다를 향해 이어진 언덕 가득 유채(봄), 코스모스(가을)가 만발할 때면 눈을 떼기 힘든 아름다운 풍경이 펼쳐진다. 단, 꽃이 없을 때는 본전 생각만 간절해질 뿐이니 홈페이지에서 개화 상황을 확인하고 가는 게 좋다. 전망대 너머로는 후쿠오키 시가지가 빤히 바라보인다.
🕐 09:00~17:30.
일·공휴일 09:00~18:30
💴 1,200엔,
초등학생·중학생 600엔,
3세 이상 400엔
🗺 MAP 29-D1
🔗 http://nokonoshima.com
🚌 선착장 앞에서 버스를 타고 종점 아이란도파쿠 아이랜드 파크 하차(13분, 230엔).

노코 버거

のこバーガー
노코노시마의 명물 햄버거. 빵 사이에 소고기 패티와 양상추·토마토·구운 양파를 넣고 마요네즈를 듬뿍 발라주는 노코 버거 のこバーガー(490엔)가 유명하다. 소박한 생김새만큼이나 맛도 심플하지만 재미삼아 맛보기에는 나쁘지 않다. 음료로는 여기서만 한정 판매하는 노코노시마 사이다 能古島サイダー(210엔)를 주문해보자.
💰 490엔~
🕐 09:30~17:00
※12~2월은 날씨가 좋은 토·일요일만 영업
☎ 092-891-5300
🗺 MAP 29-A2
🚌 선착장 건물 바로 앞에 있다.

노코 버거

소도시여행 #3

다자이후 大宰府

7세기 규슈의 정치·경제 중심지 역할을 하던 유서 깊은 도시다. 학문의 신을 모시는 신사 다자이후텐만구가 있어 참배객의 발길이 끊이지 않는데, 특히 입시철이면 천 리 길을 마다 않고 몰려드는 수험생들로 손바닥만한 도시가 북새통을 이룬다.

후쿠오카 → 다자이후(사철)

텐진의 니시테츠후쿠오카 西鉄福岡 역(T01)에서 열차를 타고 니시테츠후츠카이치 西鉄二日市 역(T13)으로 간다(특급 15분, 급행 18분, 보통 25분). 그리고 1·4번 플랫폼에서 출발하는 다자이후 선 大宰府線 보통열차로 갈아타고 종점인 다자이후 大宰府 역(D02)에서 내린다(5분).

후쿠오카 → 다자이후

사철 20~40분, 420엔

후쿠오카 → 다자이후(버스)

하카타 버스터미널(MAP 6–A3) 1층의 11번 승강장에서 다자이후 행 버스가 출발한다.

버스를 이용할 때는 후쿠오카 시내의 버스·지하철·JR 열차 1일권에 다자이후 왕복 버스 요금이 포함된 후쿠오카 투어리스트 시티 패스(➡p.119), 후쿠오카 시내의 버스 전용 1일권에 다자이후 왕복 버스 요금이 포함된 후쿠오카 그린 패스(➡p.119)를 구입해도 좋다.

후쿠오카 → 다자이후

버스 40분, 610엔
신큐 패스 사용 가능

후쿠오카 투어리스트 시티 패스

요금 1,820엔

후쿠오카 그린 패스

요금 1,600엔

다자이후 시내교통

걷는 것으로 충분하다. 단, 외곽에 위치한 칸제온지·다자이후 정청까지 가려면 다자이후 역에서 자전거를 빌리는 게 편하다.

자전거 대여

영업 09:00~18:00
요금 3시간 300엔~

다자이후텐만구
太宰府天満宮

①⑤⑦ 일본 전역에 1만 2,000개나 있는 텐만구 天満宮의 총본산. 스가와라 미치자네 菅原道真를 학문의 신으로 모신다. 신사의 유래에 대해서는 다음과 같은 재미난 전설이 전해온다. 845년 교토 京都에서 태어난 스가와라 미치자네는 5살 때 시조를 읊고, 11살 때 한시를 지었을 만큼 똑 소리 나는 신동이었다. 재능은 나이를 더할수록 빛을 발해 각종 관직을 두루 섭렵했다. 55살 때는 국무총리급인 우대신 右大臣에 임명되는 영예를 누렸으며 민중을 보살피는 훌륭한 정치가로 명망이 높았다. 하지만 이에 비례해 주위의 질시 또한 만만치 않았다. 결국 그는 음모에 휘말려 901년 다자이후로 좌천당했고 불과 2년 뒤 억울하게 세상을 뜨고 만다.
장례식날 유체는 우마차에 실려 장지로 향하고 있었는데 갑자기 소가 걸음을 멈추더니 꼼짝도 하지 않았다. 별 수 없이

그의 제자 한 명이 여기에 그를 묻고 텐만구의 전신인 안라쿠지 安樂寺란 절을 세웠다. 그 뒤 공교롭게도 스가와라 미치자네의 좌천에 가담한 이들이 변고를 당하고 교토에 재난이 끊이지 않자 조정에서는 죽은 스가와라 미치자네가 내린 벌로 알고 안라쿠지에 그를 신으로 모시는 사당을 세워 다자이후 신사를 만들었다. 태평양 전쟁 뒤에는 한층 격이 높은 신사로 승격해 지금의 다자이후텐만구란 이름이 붙었다.
입구부터 흥미로운 볼거리가 눈길을 끈다. 마음 '심 心'자 모양의 연못 위에 놓인 세 개의 다리는 삼세(三世) 즉, 과거·현재·미래를 뜻하며 삼세의 사념을 떨치고 경내로 들어가란 의미를 담았다. 다리 건너 오른쪽에는 신사의 수호조로 행복을 불러온다는 피리새의 석상 鶯の像이 있다. 본전의 입구인 붉은색의 로몬 楼門 오른편에는 스가와라 미치자네의 우마차를 끌던 소의 동상이 있다. 소의 머리를 쓰다듬으면

자신의 머리가 좋아진다는 재미난 얘기도 전해온다.

화려한 장식이 눈을 떼지 못하게 하는 본전 本殿은 1591년 재건됐으며 내부에는 스가와라 미치자네의 위패를 모셔 놓았다. 본전을 바라볼 때 오른쪽에는 커다란 매화나무가 있는데, 스가와라 미치자네가 교토에서 키우던 매화가 주인이 죽은 것을 알고 슬퍼하며 여기까지 한달음에 날아와 꽃을 피웠다는 전설의 주인공이다.

🕐 일출~일몰
🎫 무료
📞 MAP 13-B4
🌐 www. dazaifutenmangu.or.jp
🚉 다자이후 大宰府 역에서 도보 6분. 다자이후 역을 나와 정면으로 30m쯤 간 다음. 오른쪽으로 돌아 300m 직진하면 신사의 입구가 있다.

다자이후텐만구 참배로
太宰府天満宮参道

❹❽ 다자이후 역에서 다자이후텐만구까지 곧게뻗은 참배로. 원래 신사에 바칠 공물(供物)을 사거나 참배를 마친 뒤 식사를 하던 곳이다. 지금은 도로 양쪽에 예스러운 식당과 기념품점이 즐비한 상점가로 변신해 여행자의 발길을 재촉한다. 아기자기한 액세서리·기념품을 장만하기에 좋으며 온갖 군것질거리를 맛보는 재미도 놓칠 수 없다.

🗺 MAP 13-C3
🚉 다자이후 大宰府 역에서 도보 1분. 다자이후 역을 나와 정면으로 30m쯤 가면 오른쪽에 있다.

테라다야
寺田屋

❾ 분위기 좋은 정원에서 다자이후의 명물 우메가에모치와 녹차를 맛볼 수 있다.
🕐 09:00~17:30
🚫 매월 첫째·셋째 수요일

스타벅스 커피

❷❸ 다자이후의 명물로 소문난 커피숍. 일본 건축계의 거장 쿠마 켄고 隈研吾의 설계로 탄생한 콘셉트 스토어. 전통 목조 건축을 현대적으로 재해석한 기발한 디자인이 돋보인다.
🕐 08:00~20:00

동구리노모리
どんぐりの森

토토로를 비롯한 깜찍한 인형·잡화를 파는 스튜디오 지브리의 오피셜 숍.
🕐 10:00~18:00

비도로다자이후
びぃどろ大宰府

유리로 만든 앙증맞은 매화, 합격 기원 부적을 파는 핸드메이드 잡화점.
🕐 10:00~17:00
🚫 부정기적

바이엔
梅園

❻ 1946년 창업한 화과자 전문점. 먹기 아까울 만큼 예쁜

과자가 가득하다.
🕐 10:00~17:00
🚫 월요일

카자미토리
風見鶏

140년 된 고택을 개조해서 만든 분위기 만점 카페. 직접 로스팅한 커피가 맛있다.
🕐 10:00~17:00

우메가에모치

겉면만 살짝 구운 매화 찹쌀떡 우메가에모치 梅ヶ枝餅는 스가와라 미치자네가 좌천돼 왔을 때 한 노파가 매화 가지에 떡을 끼워 건네며 위로했다는 일화에서 유래했다. 가격은 1개 130엔 정도이며 참배로 곳곳에서 판다.

코묘젠지
光明禅寺

③④ 1273년에 창건된 선종 사찰. 다자이후 텐만구의 운영을 보조하는 보리사(菩提寺)로 세워졌다. 규모가 크진 않지만 물을 사용하지 않고 돌·모래·이끼만으로 삼라만상을 묘사한 일본식 정원인 카레이산스이 枯山水 정원이 볼만하다. 15개의 돌로 '광 光'자를 만든 불광석정 仏光石庭, 이끼와 모래로 육지와 바다를 표현한 일적해정 一滴海庭 등 두 개의 정원이 있으며, 가을 단풍의 명소로도 잘 알려져 있다.

개관 08:00~17:00
요금 경내 무료, 정원 200엔
지도 MAP 13-C4
교통 다자이후 大宰府 역에서 도보 8분. 다자이후 역을 나와 정면으로 30m쯤 간 다음, 오른쪽으로 돌아 300m 직진하면 다자이후텐만구의 입구가 있다. 이 앞에서 오른쪽으로 돌아 100m쯤 직진한다.

규슈 국립박물관
九州国立博物館

⑦ 아시아의 시각으로 바라본 일본의 역사를 다루는 박물관. 일본의 4대 국립박물관 가운데 하나이며 역사 관련 소장품이 풍부하다. 12개의 전시실에서는 한국·중국에서 유입된 문화를 바탕으로 성장한 일본의 역사를 자세히 소개한다. 역동적인 외관의 건물을 보는 것만으로도 가치가 충분한데, '건물도 생물처럼 사회 변화에 맞춰 진화한다'는 메타볼리즘의 거장 키쿠타케 키요노리 菊竹清訓의 설계로 2005년 완공됐다.

개관 09:30~17:00,
금·토요일 09:30~20:00
휴관 월요일
요금 700엔, 대학생 350엔
지도 MAP 13-C5
교통 다자이후 大宰府 역에서 도보 15분. 다자이후텐만구 경내서 보물관 宝物館 방향으로 가면 박물관 입구와 이어진 에스컬레이터가 있다.

다자이후 정청
大宰府政庁跡

①② 일본 최초의 통일국가인 야마토 大和 정권의 규슈 총독부가 있던 곳. 7세기에는 웅장한 궁전을 갖출 만큼 번영을 구가했으며, 규슈 정치·경제의 중심지이자 한반도와 중국의 사신을 맞이하는 외교의 장이기도 했다. 유적의 면적은 축구장 30개와 맞먹는 254,000㎡에 달한다. 하지만 지금은 주춧돌만 남은 궁전 터를 통해 옛 모습을 간신히 짐작해볼 수 있을 뿐이라 아쉬움을 더한다. 궁전 터에 조성된 드넓은 녹지는 피크닉을 즐기기에 적당하며, 2~3월 매화, 3월 말 벚꽃, 6월 철쭉 등 계절마다 화사한 꽃의 물결이 이어지는 것으로 유명하다.

개관 24시간
요금 무료
지도 MAP 13-B1
교통 다자이후 大宰府 역에서 자전거로 15분(약 2km).

칸제온지
観世音寺

⑤⑥ 746년 창건된 천태종의 사찰. 현재의 가람은 17세기에 조성됐다. 중요문화재로 지정된 18개의 불상과 국보로 지정된 일본 최고(7세기)의 범종이 눈에 띄는 볼거리다.

개관 09:00~17:00
요금 500엔
지도 MAP 13-B2
교통 다자이후 大宰府 역에서 자전거로 10분(약 1.5km).

지카하이젠코히 란칸
自家焙煎珈琲 蘭館

다자이후에서 명성이 자자한 스페셜티 커피 전문점. 전 세계에서 엄선해온 원두를 직접 로스팅해서 커피를 내린다.

예산 638엔~
지도 MAP 13-D3
영업 10:00~18:00
전화 092-925-7503
홈피 http://rankan.jp
교통 다자이후 역에서 도보 7분.

굽이굽이 흐르는 좁은 수로가 거미줄처럼 이어져 '물의 마을'이란 별명으로 불리는 도시다. 수로 위를 미끄러지듯 떠가는 쪽배에 몸을 맡긴 채 수 백여 년의 시간이 녹아든 풍경을 감상하며 야나가와의 로맨틱한 매력에 푹속 빠져보자.

약간의 강행군이긴 하지만 아침 일찍 서두르면 후쿠오카→다자이후→야나가와→후쿠오카의 순으로 일주할 수도 있다(10시간 소요). 이때는 할인패스인 다자이후·야나가와 칸코킷푸를 구입하는 게 경제적이다.

후쿠오카 → 야나가와(사철)

텐진의 니시테츠후쿠오카 西鉄福岡 역(T01)에서 오무타 大牟田 행 특급열차 特急를 타고 니시테츠야나가와 西鉄柳川 역(T39)에서 내린다. 특급열차는 30~40분 간격으로 운행한다.

후쿠오카 → 야나가와
🚃 **특급열차** 50분, 870엔
🌐 www.nishitetsu.jp

야나가와토쿠모리 킷푸

柳川特盛きっぷ
야나가와 여행시 유용한 할인 티켓. 니시테츠후쿠오카↔니시테츠야나가와의 특급열차 왕복 티켓, 유람선 승선권, 장어덮밥 1회 식사권이 포함돼 있다. 지정된 8개 식당 가운데 하나를 골라서 이용할 수 있는데, 와카마츠야 若松屋(p.193)를 선택하는 것이 좋다. 티켓을 따로 구매하는 것보다 2,000엔 이상 저렴하다. 니시테츠후쿠오카 역의 매표소에서 판매한다.

💰 5,260엔

다자이후·야나가와 칸코킷푸

大宰府·柳川観光きっぷ
니시테츠후쿠오카↔다자이후↔니시테츠야나가와의 특급열차 왕복 티켓에 유람선 승선권, 관광시설·온천·식당 할인권이 포함된 할인 티켓. 티켓을 따로 사는 것보다 460엔 이상 저렴하다. 니시테츠후쿠오카 역의 매표소에서 판매한다.

💰 3,080엔

야나가와 시내교통

은근히 지역이 넓어 한 번쯤 버스나 택시를 이용하게 된다. 유람선을 탈 경우 하선장을 기점으로 주변 명소를 걸어서 돌아보고 역으로 돌아갈 때 버스를 탄다. 니시테츠야나가와 역까지 15분쯤 걸리는데(240엔), 운행 편수가 1일 4~5회에 불과하니 주의하자. 버스 이용이 여의치 않을 때는 택시를 이용한다(10분, 2,000엔~).
유람선을 타지 않고 도시 전체를 자유로이 돌아보려면 니시테츠야나가와 역에서 자전거를 빌리자. 평지에 길도 단순해 자전거 타기가 쉽다.

자전거 대여소(역무실)

🕐 09:00~18:00
💰 1시간 150엔, 1일 500엔
전동자전거 1일 800엔

미하시라 신사

三柱神社
1826년에 건립된 타치바나 立花 가문의 씨족 신을 모시는 신사. 신사까지 이어지는 긴 참배로 양옆에는 아름드리 벚나무가 심겨 있어 꽃이 피는 3월 무렵이면 아름다운 풍경을 연출한다. 경내에는 연못을 중심으로 조그만 일본식 정원도 꾸며 놓았다. 본전으로 들어가는 정문은 화려하기로 정평이 난 닛코 토쇼구의 요메이몬 陽明門, 회랑은 유네스코 세계문화유산인 미야지마의 이츠쿠시마 厳島를 모방해서 만들었다.

🕐 일출~일몰
🗺 MAP 14-A4
🚃 사철 니시테츠야나가와 역에서 도보 9분.

미하시라 신사

야나가와 유람선
柳川川下り

❶❸~❺ 뱃사공의 삿대질로 움직이는 쪽배에 몸을 싣고 시내를 돌아보는 유람선 투어. 오키바타 선착장 沖端乘下船場까지 3.5km 구간을 1시간 동안 이동하며 고즈넉한 야나가와의 풍경을 배 위에서 감상할 수 있다. 유람선을 타고 가다보면 돌을 쌓아 만든 석벽과 수문, 19세기의 모습을 간직한 붉은 벽돌 건물이 차례로 나타나며 이 도시의 오랜 역사를 말해준다. 명소를 지날 때마다 뱃사공이 조근조근 들려주는 옛이야기도 뱃놀이의 여흥을 더한다. 수로 중간중간 나타나는 매점에서 음료·주류를 판매하니 가볍게 목을 축이며 뱃놀이를 즐겨도 좋다.

현재 야나가와에는 도심부에만 60km, 도시 전역에 470km의 수로가 거미줄처럼 뻗어 있다. 해안습지란 지형적 영향으로 수로를 파기가 쉬웠던 까닭에 오래전부터 농경 목적의 소규모 수로가 만들어졌고, 16세기에는 야나가와 성(城)의 방어용 해자를 만들기 위한 공사를 벌여 지금과 같은 대규모 수로가 탄생했다. 상수도가 놓이기 전에는 이곳의 물을 끌어다 식수와 농업용수로 사용했다. 총 다섯 개의 유람선 회사가 있으며, 이용하기 편리한 곳은 역에서 가까운 스이고야나가와 관광 水郷柳川観光과 야나가와 관광개발 柳川観光開発이다.

스이고야나가와 관광
🕐 09:00~17:00
💴 1,700엔, 초등학생 850엔
🗺 MAP 14-B5
🌐 http://kawakudari.com
🚉 니시테츠야나가와 역의 서쪽 출구에서 도보 7분.

야나가와 관광개발
🕐 09:40~14:40
💴 1,800엔, 초등학생 900엔
🗺 MAP 14-B4
🌐 www.yanagawakk.co.jp
🚉 니시테츠야나가와 역의 서쪽 출구에서 도보 10분.

오하나·쇼토엔 정원
御花・松涛園

❹ 야나가와의 영주 타치바나 아키토라 立花鑑虎의 별장. 1697년 완공됐으며 1908~1910년 유러피언 스타일의 서양관 西洋館과 응접실·쇼토엔 정원이 추가돼 지금의 형태를 갖췄다. 총 10개의 건물과 정원으로 구성돼 있으며 20세기 초에 유행하던 서양과 일본의 건축양식이 융합된 독특한 건축미를 유감없이 보여준다. 3,300㎡의 널찍한 쇼토엔은 바다 위에 수많은 섬이 떠 있는 모습을 본떠 만든 정원이다. 1,500여 개의 정원석과 280여 그루의 소나무로 꾸며는데, 대부분의 나무가 200년 이상된 고목이라 더욱 감탄을 자아내게 한다.
🕐 10:00~16:00
💴 1,000엔
🗺 MAP 14-D2
🌐 www.ohana.co.jp
🚉 야나가와 유람선 오키바타 선착장에서 도보 3분.

키타하라 하쿠슈 생가 기념관
北原白秋生家記念館

야나가와 출신의 문인 키타하라 하쿠슈 北原白秋의 생가를 복원한 기념관. 그의 저서와 유품이 전시돼 있다.
🕐 09:00~17:00
🚫 12/29~1/3
💴 600엔
🗺 MAP 14-C1
🚉 야나가와 유람선 오키바타 선착장에서 도보 5분.

구 토지마 가 주택
旧戸島家住宅

❻ 18세기 말 영주의 다실(茶室)로 지어진 건물. 내부에는 일본식 정원을 바라보며 차를 마실 수 있는 다실과 방이 옛 모습 그대로 보존돼 있다.
🕐 09:00~17:00
🚫 화요일, 12/29~1/3
💴 100엔
🗺 MAP 14-C1
🚉 야나가와 유람선 오키바타 선착장에서 도보 10분.

카메노이 호텔 야나가와
亀の井ホテル 柳川

❼ ⓫ 유람선이 오가는 수로가 한눈에 내려다보이는 온천. 원래 온천 호텔인데 5층의 전망 온천과 1층의 노천온천은 일반인도 이용 가능하다.

영업 11:00~15:00, 18:00~21:00
요금 600엔
지도 MAP 14-D2
교통 야나가와 유람선 오키바타 선착장에서 도보 10분.

카라타치 문인의 족탕
からたち文人の足湯

⓬ 수로 옆에 위치한 무료 족탕. 70명이 동시에 이용할 수 있을 만큼 규모가 크다. 주변을 돌아보다 잠시 쉬어가기에 좋다.

영업 11:00~15:00
교통 야나가와 유람선 오키바타 선착장 沖端乗下船場에서 도보 11분.

간소모토요시야 ⟨강추⟩
元祖本吉屋

❽ ~ ⓾ 야나가와 장어덮밥의 원조집. 1681년 창업했다. 340여 년간 대물림해온 소스를 발라 숯불에 정성껏 구운 장어는 고소한 향과 달콤한 맛, 입에서 스르르 녹는 보들보들한 식감이 아름다운 하모니를 이룬다. 네모난 찜통에 밥과 구운 장어를 넣어서 찐 장어 덮밥 세이로무시 せいろ蒸し(4,800엔)가 대표 메뉴다.

예산 3,700엔~
영업 10:30~20:00
휴업 매월 둘째 · 넷째 월요일
메뉴 일어
주소 柳川市 旭町 69
전화 0944-72-6155
지도 MAP 14-A4
교통 니시테츠야나가와 西鉄柳川 역의 서쪽 출구 西口에서 도보 18분. 길이 복잡하니 지도를 잘 보고 가야 한다. 역 앞에서 택시를 타면 기본요금 정도로 갈 수 있다.

와카마츠야 ⟨강추⟩
若松屋

⓭ ⓮ 1854년에 문을 연 장어요리 전문점. 창업 당시의 레시피 그대로 야나가와 산 간장과 물엿으로 만든 소스가 장어의 감칠맛을 한층 끌어올려준다. 밥과 구운 장어를 찜통에 넣어서 찐 최상품 장어덮밥 죠우나기세이로무시 上鰻せいろ蒸し(3,930엔)가 맛있다. 재료가 떨어지면 바로 문을 닫아 손님이 몰리는 주말 · 공휴일 저녁은 이용하기 힘들 수도 있다.

예산 3,265엔~
메뉴 일어
영업 11:00~20:00
휴업 수요일, 매월 셋째 화요일
주소 柳川市 沖端町 26
전화 0944-72-3163
지도 www.wakamatuya.com
지도 MAP 14-D1
교통 야나가와 유람선 오키바타 선착장 沖端乗下船場 바로 앞에 있다.

타치바나우동
立花うどん

현지인에게 인기가 높은 우동집. 1년에 18만 그릇이 팔리는 소고기 우동 니쿠우동 肉うどん(605엔)이 간판 메뉴다. 주문과 동시에 삶아내는 우동은 쫄깃한 면발과 감칠맛 나는 국물의 조화가 훌륭하다. 소고기 우동에 아삭한 우엉 튀김을 추가한 니쿠고보텐우동 肉ごぼう天うどん(781엔)도 맛있다. 평일 낮에는 우동에 밥과 반찬이 딸려 나오는 푸짐한 타치바나 정식 타치바나테쇼쿠 立花定食(748엔)도 맛볼 수 있다.

예산 341엔~
메뉴 일어
영업 09:00~21:00
휴업 화요일
지도 MAP 14-A5
주소 柳川市 三橋町 高畑 191
전화 0944-73-1011
교통 니시테츠 야나가와 역에서 도보 9분.

소고기 우동

우레시노온센 嬉野温泉

'일본의 3대 미인 온천'으로 꼽히는 온천 마을이다. 8세기의 역사서에도 등장할 만큼 유서 깊은 역사를 자랑한다. 온천수에 함유된 미량의 탄산수소나트륨 때문에 피부가 매끈매끈해지는 효과를 볼 수 있는데, '미인 온천'이란 별칭은 여기서 유래했다.

규슈 내륙에 위치한 조그만 마을이라 번화한 맛은 없지만 유서 깊은 전통 료칸이 곳곳에 자리해 이 마을의 오랜 역사를 말해준다. 강변을 따라 느긋하게 산책을 즐기거나 올레 코스를 걸으며 싱그러운 자연을 만끽하는 것도 우레시노온센의 여유를 즐기는 좋은 방법이다.

우레시노온센 관광협회
🔗 https://spa-u.net

규슈 올레 우레시노 코스

후쿠오카 → 우레시노온센

하카타 버스터미널(MAP 6-A3) 3층 37번 승강장, 텐진 고속버스 터미널(MAP 8-F4) 3층 4번 승강장에서 나가사키 長崎 행 고속버스를 타고 우레시노 버스 센터 嬉野バスセンター에서 내린다. 버스는 1일 4회 운행하는데, 좌석수가 한정적이라 예약을 서두르는 게 좋다.

후쿠오카 → 우레시노온센
고속버스 2시간, 2,200엔
산큐 패스 사용 가능
🔗 www.atbus-de.com

후쿠오카 국제공항 → 우레시노온센

후쿠오카 국제공항 1층 3번 정류장에서 나가사키 長崎 행 고속버스를 타고 우레시노 버스 센터 嬉野バスセンター에서 내린다. 버스는 1일 4회 운행하며 예약을 하는 게 좋다.

공항 → 우레시노온센
고속버스 90분, 2,200엔
산큐 패스 사용 가능
🔗 www.atbus-de.com

사가 국제공항 → 우레시노온센

티웨이항공에서 인천~사가 노선을 주 9회 운행한다. 사가 국제공항 佐賀国際空港은 우레시노온센에서 50km 정도 떨어져 있으며, 규모가 작아 이용에 큰 어려움은 없다. 단, 면세점이 빈약하니 쇼핑은 크게 기대하지 않는 게 좋다.

우레시노온센까지는 셔틀버스 또는 리무진 택시 リムジンタクシー를 이용한다. 셔틀버스는 티웨이항공의 운항 스케줄에 맞춰 운행하며, 여행박사·료칸클럽 등의 여행사에서 예약을 대행한다. 운행 스케줄이 유동적이니 여행사 홈페이지에서 운행 여부를 확인하고 예약하자.

공항 → 우레시노온센
셔틀버스 1시간, 500엔~
리무진 택시 1시간, 2,000엔

사가 국제공항행 항공편
2023년 하반기 이후
운항 재개 예정

타케오온센 → 우레시노온센

JR 타케오온센 역 남쪽 출구 南口 앞에서 우레시노온센 방면 버스를 타고 우레시노 버스 센터 嬉野バスセンター에서 내린다.
버스 35분, 670엔(06:47~21:15, 20~60분 간격 운행)
산큐 패스 사용 가능

나가사키 → 우레시노온센

나가사키 역 앞의 버스터미널(MAP 21-A2) 11번 승강장에서 후쿠오카 행 고속버스를 타고 우레시노 버스 센터 嬉野バスセンター에서 내린다. 1일 4회 운행하며 예약하고 타는 게 좋다.
고속버스 1시간 10분, 1,800엔
산큐 패스 사용 가능

우레시노온센 시내교통

워낙 조그만 마을이라 걷는 것으로 충분하다. 단, 올레 코스 시작점까지는 거리가 멀어 버스를 타야 한다. 우레시노 버스 센터에서 자전거를 빌려주지만 이용 가능성은 적다(500엔).

토요타마히메 신사
豊玉姫神社

❸❺ 우레시노온센의 역사와 함께해 온 유서 깊은 신사. 전쟁으로 소실돼 17세기 초에 지금의 모습으로 재건됐다. 우레시노온센을 수호하는 토요타마히메 豊玉姫를 신으로 모신다. 그는 해신(海神)의 딸로 고운 피부를 가져 피부 미인의 신으로도 숭앙받고 있다. 본전을 바라볼 때 오른쪽 사당에는 흰색의 메기 신상이 있다. 메기 신은 토요타마히메의 부하로 우레시노 강을 지배하며 마을을 지켜왔다고 하는데, 재난이 닥칠 때면 강에서 거대한 메기가 나타나 신탁을 내렸다는 전설도 전해온다.

🕐 일출~일몰
🗺 MAP 30-B1
🚌 우레시노 버스 센터에서 도보 4분. 버스 센터를 등지고 오른쪽으로 80m 간 다음, 오른쪽으로 돌아 140m 직진하면 오른편에 있다.

토도로키 폭포
轟の滝

❶❹ 시오다 강 塩田川과 이와야가와우치 강 岩屋川内川이 만나는 곳에 위치한 폭포. 높이는 11m에 불과하지만 풍부한 수량과 지형적 영향으로 폭포 소리가 마치 천둥번개가 치는 것처럼 요란하게 들린다고 해 '굉음(轟)을 울리는 폭포(滝)'란 명칭이 붙었다. 폭포 위에는 험상궂은 표정의 부동명왕상이 있는데, 태평양전쟁 말기인 1944년 평화와 무운(武運)을 기원하며 마을 사람들이 세운 것이다. 폭포 주변은 녹음이 우거진 한적한 공원으로 정비돼 있다. 봄이 오면 공원 가득 벚꽃이 만발해 꽃놀이를 즐기기에도 좋다.

🕐 MAP 30-A3
🚌 우레시노 버스 센터에서 도보 30분. 우레시노 강의 강변 산책로를 따라 상류로 올라가면 쉽게 찾을 수 있다.

규슈 올레 우레시노 코스
九州オルレ嬉野コース

❷❻❼ 총 길이 12.5km의 올레 코스. 인적 드문 가파른 산길을 올라야 하는 초반부가 조금 힘들다. 중반부를 넘어서면 평이한 산길과 내리막길이 이어지며, 완주에는 4~5시간 걸린다. 코스 초입에 우레시노 도기 전시장과 니시요시다 곤겐 불상 西吉田権現さん, 중반에 녹차 밭과 메타세쿼이어 숲 전망대, 후반에 토도로키 폭포 등의 볼거리가 있는 재미를 더한다. 우레시노 버스 센터에서 자세한 코스 지도를 받아가자.

🗺 MAP 30-D2
🚌 우레시노 버스 센터 4번 정류장에서 카시마·나카가와 鹿島·中川 행 버스를 타고 카미자라야 上皿屋(15~20분, 320엔) 하차. 버스 진행방향으로 조금 걸어가면 올레 코스 시작점을 알리는 표지판이 보인다.

우레시노 강변 산책로
嬉野川遊歩道

우레시노 강을 따라 2km 가량 이어지는 산책로. 정비가 잘돼 있어 느긋하게 산책을 즐기기에 좋으며, 상류로 올라가면 토도로키 폭포까지 이어진다.

🗺 MAP 30-B1
🚌 우레시노 버스 센터를 등지고 왼쪽으로 도보 4분.

즈이코지
瑞光寺

1369년에 창건된 사찰. 입구에는 수령 800년의 거대한 녹나무가 자라고 있으며, 산문 좌우에는 석조 인왕상이 놓여 있다. 초록빛 이끼가 가득 덮인 경내에는 조그만 지장보살과 불상·사당이 줄지어 있다.

🕐 일출~일몰
💰 무료
🗺 MAP 30-B1
🚌 우레시노 버스 센터를 등지고 오른쪽으로 도보 8분.

시볼트 온천
シーボルトの湯

❼ 유럽풍 외관이 눈길을 끄는 온천. 온천수 성분 때문에 피부가 매끈매끈해지는 효과가 있다. 단출하지만 깔끔한 시설이 돋보인다. 올레 코스를 완주한 뒤 피로를 풀기에도 좋다.

영업 06:00~22:00
휴업 매월 셋째 수요일
요금 420엔, 초등학생 210엔
지도 MAP 30-C1
교통 우레시노 버스 센터를 등지고 왼쪽으로 도보 9분.

시볼트 족탕
シーボルトのあし湯

❺ 누구나 자유로이 이용할 수 있는 무료 족탕. 지친 다리를 쉬어가기에 적당하다. 수건은 직접 가져가야 한다.

영업 24시간
지도 MAP 30-C1
교통 우레시노 버스 센터를 등지고 왼쪽으로 도보 7분.

소안 요코쵸
宗庵 よこ長

❻❾ 우레시노온센의 인기 레스토랑. 냄비에 보글보글 끓여내는 삶은 두부 정식 유도후테쇼쿠 湯どうふ定食(950엔)가 맛있다. 배추·어묵·새우·표고버섯으로 우린 국물은 담백한 맛이 일품이며, 파·가다랑어포를 국물에 풀어 짭짤하게 간이 배인 두부와 함께 먹으면 더욱 맛있다. 정식에는 콩조림·감자 샐러드 등 네 가지 반찬이 포함돼 있다.

예산 520엔~
휴업 수요일
영업 10:30~15:30,
17:00~21:00
주소 嬉野市 嬉野町 下宿
乙 2190
지도 MAP 30-C1
전화 0954-42-0563
홈피 http://yococho.com
교통 우레시노 버스 센터에서 도보 6분. 버스 센터를 등지고 왼쪽으로 40m 간 다음, 왼쪽으로 돌아 190m 직진한다. 사거리에서 왼쪽으로 돌아 50m쯤 가면 오른쪽에 있다.

키하코 오브 요시다야
KiHaKo of YOSHIDAYA

❶~❹❽ 모던한 감성의 카페. 커다란 통유리가 개방감을 선사하며, 모든 테이블을 창가에 배치해 바깥 풍경을 바라보며 느긋하게 차나 식사를 즐길 수 있다. 메뉴는 프렌치를 중심으로 한 경양식이 주를 이룬다. 카페와 나란히 이어진 숍에서는 세련된 도기·잡화·기념품도 판매한다.

예산 453엔~
휴업 부정기적
영업 10:00~20:00
주소 嬉野市 嬉野町 大字岩屋川内甲 379
지도 MAP 30-B2
전화 0954-42-0178
홈피 www.yoshidaya-web.com
교통 우레시노 버스 센터에서 도보 11분. 버스 센터를 등지고 왼쪽으로 50m 간 다음, 오른쪽으로 돌아 300m 직진한다. 사거리에서 왼쪽으로 돌아 180m쯤 가면 왼편에 있다.

우레시노온센의 온천

오랜 전통을 자랑하는 온천 료칸이 많아 1박 이상 하며 온천을 즐기길 추천한다. 당일치기로 돌아볼 때는 아래의 온천을 이용하자. 료칸에 부속된 온천이며 노천온천 등의 시설이 완비돼 있다.

타이쇼야 大正屋
영업 12:00~23:00
요금 1,100엔
지도 MAP 30-B1
홈피 http://taishoya.com

와타야벳소 和多屋別荘
영업 12:00~21:00
요금 1,000엔
지도 MAP 30-D1
홈피 www.wataya.co.jp

카스이엔 華翠苑
영업 12:00~20:00
요금 1,100엔
지도 MAP 30-B2
홈피 www.kasuien.co.jp

소도시 여행 #6

타케오온센 武雄温泉

1,200년의 역사를 간직한 온천 마을이다. 번잡한 일상을 벗어나 소박한 풍경 속에서 느긋하게 휴식을 취하기에 적합하다. 20세기 초의 모습이 드문드문 남겨진 온천가에서 예스러운 정취를 만끽해도 좋다. 규슈에서 가장 아름다운 도서관과 난이도가 높지 않은 올레 코스가 있다는 사실도 반갑다. 자전거를 타고 살짝 외곽에 위치한 이케노우치 호수를 찾아보는 재미도 쏠쏠하다.

타케오 시 관광협회
홈피 www.takeo-kk.net

미후네야마라쿠엔 정원

타케오 시 도서관

사가 국제공항 → 타케오온센

티웨이항공에서 인천~사가 노선을 주 9회 운항한다. 사가 국제공항 佐賀国際空港은 타케오온센에서 35km 정도 떨어져 있으며 규모가 작아 이용에 어려움은 없다. 면세점이 무척 빈약하니 쇼핑은 크게 기대하지 않는 게 좋다.
타케오온센까지는 셔틀버스 또는 리무진 택시 リムジンタクシー를 이용한다. 셔틀버스는 티웨이항공의 운항 스케줄에 맞춰 운행하며, 여행박사·료칸클럽 등의 여행사에서 예약을 대행한다. 운행 스케줄이 유동적이니 여행사 홈페이지에서 운행 여부를 확인하고 이용하자.

공항 → 타케오온센
셔틀버스 1시간, 500엔~
리무진 택시 1시간, 2,000엔

┌─────────────────────┐
사가 국제공항행 항공편
2023년 하반기 이후 운항 재개 예정
└─────────────────────┘

후쿠오카 → 타케오온센

JR 하카타 역에서 출발하는 특급열차 하우스텐보스 ハウステンボス 또는 미도리 みどり를 타고 타케오온센 武雄温泉 역에서 내린다. 특급열차는 1일 17회 운항한다.
요금이 저렴한 쾌속·보통열차는 두 번 갈아타야 한다. 우선 하카타 역에서 쿠루메 久留米 방면 쾌속열차를 타고 토스 鳥栖 역에서 내려 히젠야마구치 肥前山口 방면 보통열차로 갈아탄다. 그리고 히젠야마구치 肥前山口 역에서 내려 하이키 早岐 방면 보통열차로 갈아타고 타케오온센 武雄温泉 역에서 내린다.

후쿠오카 → 타케오온센
특급열차 70분, 2,880엔
쾌속 + 보통 150분, 1,680엔
북큐슈 레일 패스 사용 가능

JR 타케오온센 역

우레시노온센 → 타케오온센

우레시노 버스 센터(MAP 30-B1)의 3번 승강장에서 타케오온센 행 버스를 타고 JR 타케오온센 武雄温泉 역에서 내린다.

버스 35분, 670엔(06:04~20:10, 20~60분 간격 운행)
산큐 패스 사용 가능

나가사키 → 타케오온센

JR 나가사키 역에서 신칸센 카모메 かもめ를 타고 타케오온센 武雄温泉 역에서 내린다. 또는 JR 나가사키 역에서 쾌속열차를 타고 히이키 武岐 역으로 가서 열차를 갈아타고 타케오온센 역에서 내린다.

신칸센 23분 3,070엔
쾌속열차 2시간, 2,170엔
북큐슈 레일 패스 사용 가능

타케오온센 시내교통

JR 타케오온센 역의 여행 인포메이션 센터에서 전동 자전거를 빌려준다.
운영 09:00~17:00
요금 1일 500엔

타케오온센 누문
武雄温泉楼門

 ④❼ 1915년에 문을 연 온천 휴양시설. 입구의 누문 楼門과 신관 新館을 포함한 네 동의 건물로 이루어져 있으며, 옛 서울역과 도쿄 역을 설계한 건축가 타츠노 킨고 辰野金吾의 작품이다. 백색과 주홍색의 대조가 인상적인 누문은 용궁의 입구를 형상화한 것이다. 원래 온천으로 사용하던 신관은 현재 전시관으로 바뀌었으며 내부에는 요금소·탈의실·남탕·여탕(1층), 휴게실(2층)이 옛 모습 그대로 보존되어 있다. 누문 옆에는 지금도 이용 가능한 온천이 있다.

🕐 신관 10:00~18:00, 온천 06:30~24:00
🚫 화요일 ※온천은 무휴
💰 신관 무료, 온천 500엔~
🗺 MAP 31-A1
🚆 JR 타케오온센 역의 북쪽 출구 北口(로몬 출구 楼門口)를 나와 왼쪽으로 도보 20분.

타케오 시 도서관
武雄市図書館

⑤ 규슈에서 가장 아름다운 도서관. 2013년 개관이래 해마다 100만 명의 방문객이 찾아드는 명소로 큰 인기를 누리고 있다. 개방감 넘치는 구조와 목조 인테리어 특유의 포근한 분위기가 인상적이다. 넓은 창과 지붕을 이용한 자연 채광에 은은한 조명을 더해 차분한 분위기를 유도한다. 공공도서관임에도 불구하고 서적·음반 유통업체인 츠타야 TSUTAYA에 관리를 위탁해 세련되면서도 특별한 도서관으로 거듭날 수 있었다. 1층에는 분위기 만점의 스타벅스 매장이 있어 커피와 함께 독서를 즐기기에도 좋다.

🕐 09:00~21:00
💰 무료 🗺 MAP 31-B2
🚆 JR 타케오온센 역의 남쪽 출구 南口(미후네야마 출구 御船山口)를 나와 정면으로 도보 20분.

타케오 신사
武雄神社

❶❸❻ 735년에 창건된 유서 깊은 신사. 타케우치노 스쿠네·타케오코코로노 미코토·츄아이 일왕·오진 일왕·진구 황후 등 일왕가의 인물을 신으로 모신다. 경내에는 두 그루의 나무가 하나의 뿌리로 연결된 부부목, 활을 쏴서 운세를 점치는 비샤미쿠지 步射みくじ 등의 볼거리가 있다. 신사 안쪽으로 이어진 오솔길을 따라 150m쯤 들어가면 울창한 대숲을 지나 거대한 녹나무 武雄の大楠가 보인다. 수령 3,000년을 헤아리는 신성한 나무인 까닭에 금줄이 드리워져 있으며, 밑동에는 텐진 天神을 모시는 구멍이 뚫려 있다.

🕐 일출~일몰 💰 무료
🗺 MAP 31-B2
🚆 JR 타케오온센 역의 남쪽 출구 南口(미후네야마 출구 御船山口)를 나와 정면으로 도보 25분.

미후네야마라쿠엔 정원
御船山楽園

② 타케오온센의 심벌인 미후네 산 御船山 기슭에 위치한 일본식 정원. 연못과 산책로를 조화롭게 배치한 지천회유식 池泉回遊式 정원으로 유명하다. 2,000그루의 벚나무가 일제히 꽃망울을 터뜨리고, 20만 그루의 진달래가 산 전체를 울긋불긋 물들이는 봄 풍경이 압권이다. 우뚝 솟은 미후네 산과 연못을 배경으로 펼쳐지는 환상적인 조명 쇼도 놓쳐선 안 될 듯. 자세한 스케줄은 홈페이지를 참조하자.

🕐 08:00~22:00(유동적)
🗺 MAP 31-B3
💰 600엔, 초등학생 250엔 (시기에 따라 다름)
🌐 www.mifuneyamarakuen.jp
🚆 JR 타케오온센 역의 남쪽 출구 南口 앞에서 우레시노온센 방면 JR 버스를 타고 미후네야마라쿠엔 御船山楽園 하차 (11분, 170엔).

이케노우치 호수
池の内湖

⑫⑬ 타케오온센 남동쪽에 위치한 인공호수. 호숫가에는 산책로와 녹지가 정비돼 있어 나들이 코스로 각광받고 있다. 날씨가 좋을 때는 보트를 빌려 타고 한가로이 호수 유람을 즐겨도 좋다. 호숫가에는 지구와 우주의 신비를 소개하는 사가 현립 우주과학관 佐賀県立宇宙科学館도 있다. 과학관 뒤로 이어지는 개울에서는 6월 초부터 1만여 마리의 반딧불이를 볼 수 있다.

📍 MAP 31-D2
🚃 JR 타케오온센 역의 남쪽 출구 南口를 나와 정면으로 도보 50분 또는 자전거로 20분.

보트 대여
🕐 09:00~17:00
💰 30분 470엔

사가 현립 우주과학관
🕐 09:15~17:15 🚫 월요일
💰 520엔, 고등학생 310엔, 초등학생 · 중학생 200엔

규슈 올레 타케오 코스
九州オルレ武雄コース

⑧⑨ 총 길이 14.5km의 올레 코스. 전체 코스 가운데 절반 정도가 타케오온센 시내를 지나는 까닭에 난이도가 높지 않다. 오히려 길이 너무 평이해 지루함이 느껴질 우려도 있다. 코스 중반에 이케노우치 호수를 지나 산 정상까지 오르는 구간은 경사가 가파르고 길이 험해 가장 힘든 구간이니 주의하자. 산정 전망대에서는 타케오온센 일대가 한눈에 내려다보이는 멋진 경치를 즐길 수 있다. 도중의 키묘지 貴明寺에서는 좌선 체험도 가능하다. 완주에는 4~5시간이 걸린다. JR 타케오온센 역의 여행 인포메이션 센터에서 자세한 코스 지도를 받아가자.

📍 MAP 31-B1
🚃 JR 타케오온센 역의 남쪽 출구 南口에서 출발한다.

TKB 어워즈
TKB Awards

⑩⑭ 발랄한 분위기의 수제 버거 전문점. 주문과 동시에 만들어주는 햄버거와 감자튀김이 맛있다.

💴 580엔~ 🚫 월요일
🕐 11:00~15:00, 16:00~20:00
📍 MAP 31-B1
🚃 JR 타케오온센 역의 북쪽 출구 北口를 나와 왼쪽으로 도보 14분.

고향야
ごはんや

⑪ 현대적인 스타일의 가정식 백반집. 간이 조금 세지만 정갈한 차림이 좋다. 닭튀김 · 야채볶음 등의 메뉴가 먹을 만하다.

💴 400엔~
🚫 일요일
🕐 11:00~14:30
📞 0954-22-6626
📍 MAP 31-A1
🚃 JR 타케오온센 역의 북쪽 출구 北口를 나와 왼쪽으로 도보 17분.

타케오온센의 온천

단순천이라 온천수 자체로는 특별한 효능을 기대하기 힘들다. 1박한다면 타케오온센 누문 주변의 온천 료칸을 이용하자. 당일치기로 돌아볼 때는 아래의 온천을 이용하자.

모토유 元湯
🕐 06:30~24:00
💰 500엔
📍 MAP 31-A1

슌케이야 春慶屋
🕐 13:00~21:00
💰 1,000엔
📍 MAP 31-A1
🌐 www.syunkeiya.jp

쿄토야 京都屋
🕐 13:00~익일 10:00
💰 1,000엔
📍 MAP 31-A1
🌐 www.saga-kyotoya.jp

소도시 여행 #7

아리타 有田

일본에서도 손꼽히는 도예촌. 임진왜란 때 끌려간 일본 도기 산업의 시조(始祖)가 된 도공 이삼평의 얼이 서린 곳이다. 예스러운 거리를 거닐며 산책을 즐기거나 도기 전문점이 가득한 상점가에서 예쁜 도자기를 고르는 재미가 쏠쏠하다.

후쿠오카 → 아리타

JR 하카타 역에서 특급열차 하우스텐보스 ハウステンボス 또는 미도리 みどり를 타고 타케오온센 武雄温泉 역으로 가서 보통열차로 갈아타고 카미아리타 上有田 역에서 내린다.

특급 + 보통열차
1시간 25분~, 3,050엔
북큐슈 레일 패스 사용 가능

타케오온센 → 아리타

JR 타케오온센 역에서 하이키 早岐 방면 보통열차를 타고 카미아리타 上有田 역에서 내린다.

보통열차 14분, 280엔
북큐슈 레일 패스 사용 가능

이즈미야마 자석장
泉山磁石場

도자기의 원료인 도석(陶石) 채굴장. 17세기 초에 일본 최초로 도석이 발견된 이래 400여 년에 걸쳐 산 하나를 통째로 깎아내며 도석을 채굴했다. 지금은 폐수 등 환경오염 문제로 채굴을 중단한 상태다. 채굴장이 내려다보이는 전망대 옆에는 도석을 처음 발견한 이삼평의 공을 기리는 비가 세워져 있다. 인근에는 아리타 자기의 역사를 소개하는 자료관과 이삼평의 좌상을 모신 이시바 신사 石場神社가 있다.
🗺 MAP 32-D1
🚉 JR 카미아리타 역을 나와 오른쪽으로 도보 20분.

도기 상점가
陶器商店街

아리타 도기를 판매하는 상점가. 1km 남짓한 거리를 따라 여러 숍들이 모여 있어 윈도우 쇼핑의 재미를 더한다. 아리타 도기 축제(4/29~5/5) 때는 싼 값에 양질의 도기를 판매한다. 상점가 안쪽으로 조금 들어간 곳에는 도기 굽는 가마의 잔해로 담을 쌓은 톤바이가베 トンバイ塀가 있다. 좁은 골목을 따라 18~19세기의 예스러운 건물이 즐비해 걷는 재미가 쏠쏠하다.
🗺 MAP 32-B2
🚉 JR 카미아리타 上有田 역을 나와 오른쪽으로 도보 7분.

토잔 신사
陶山神社

이삼평을 신으로 모시는 신사. 토리이 鳥居와 등롱 등 신사를 장식한 거의 모든 장식물을 도자기로 만든 모습이 이채롭다. 본전 왼쪽 뒤로 이어진 가파른 계단을 5분 정도 오르면 이삼평의 공덕을 기리는 비가 우뚝 서있다. 이 위에서는 아리타 마을이 한눈에 내려다보인다. 신사 인근에는 이삼평의 14대손이 운영하는 도조 이삼평요 陶祖李参平窯, 700m쯤 떨어진 곳에는 이삼평이 잠든 묘소가 있다.
🗺 MAP 32-B2
🚉 JR 카미아리타 역을 나와 오른쪽으로 도보 20분.

유후인

Yufuin check point

유후인 3대 명소

1 유노츠보 상점가 유후인의 다운타운. 온갖 기념품점이 모인 쇼핑의 거리 ➡p.214

2 킨린 호수 물안개가 아름다운 호수. 커플 여행자가 선호하는 데이트 코스 ➡p.215

3 유후인 플로랄 빌리지 영국의 거리를 재현한 이색 상점가. 이국적 분위기가 물씬! ➡p.217

유후인 7대 맛집

1 유후인 버거 하우스 맛깔난 수제 버거. 신선한 재료와 푸짐한 양이 매력 ➡p.222

2 비 스픽 유후인의 인기 베이커리. 고소한 생크림 롤 케이크가 간판 메뉴 ➡p.223

3 캇포사토 감칠맛 나는 닭고기 전골. 유후인 산(産) 식재료만 사용 ➡p.222

4 후쿠스케 닭고기 육수의 담백한 라면. 밥을 말아 먹으면 더욱 좋은 맛 ➡p.224

5 밀히 고소한 냄새가 군침 돌게 하는 치즈 케이크. 출출할 때 간식으로 안성맞춤 ➡p.225

6 니코 도넛 촉촉한 식감과 고소한 맛의 콩 도넛. 커피와 궁합이 훌륭 ➡p.225

7 금상 크로켓 즉석에서 튀겨주는 크로켓. 유후인 대표 주전부리 ➡p.224

유후인 5대 숍

1 유후인 플로랄 빌리지 20~30대 취향의 깜찍한 잡화와 캐릭터 상품 ➡p.226

2 동구리노모리 스튜디오 지브리 오피셜 숍. 토토로 · 포뇨 등 친숙한 아이템이 가득 ➡p.227

3 유후인 오르골의 숲 아름다운 음색의 오르골 전문점. 예쁜 유리 공예품 ➡p.227

4 크래프트관 하치노스 따뜻한 질감의 공예품 전문점. 인테리어 소품 쇼핑에 추천 ➡p.227

5 히노신 유후인 특산품 판매장. 아기자기한 인형과 잡화도 판매. 역 · 버스터미널 옆이라 편리 ➡p.227

공항 → 유후인

후쿠오카 국제공항 또는 오이타 국제공항에서 직행버스가 운행된다. 공항↔유후인을 단순
왕복할 때는 편도 티켓보다 왕복 티켓을 구입하는 게 저렴하다 ➡p.206

후쿠오카 국제공항 → 유후인
고속버스 1시간 40분, 3,250엔

오이타 국제공항 → 유후인
고속버스 55분, 1,550엔

주변도시 → 유후인

후쿠오카에서는 기차·버스를 이용한다. 요금은 버스가 저렴하다. 기차는 예약 필수이며, 버
스는 이용자가 몰리는 주말·공휴일에는 예약하는 게 안전하다. 벳푸에서는 버스가 저렴하
고 편리하다. 기타큐슈에서는 기차가 편리하다 ➡p.207

후쿠오카 → 유후인
특급열차 2시간 20분, 5,190엔
고속버스 2시간 20분, 3,250엔

벳푸→유후인
보통열차 1시간 15분, 1,130엔
버스 1시간 940엔

기타큐슈
특급 + 보통열차 3시간, 5,630엔

시내교통

조그만 마을이라 걷는 것으로 충분하다. 역 또는 중심가에서 거리가 먼 숙소를 이용할 때는
택시를 타야 할 수도 있다 ➡p.210

온천

규슈에서도 손꼽히는 온천 휴양지라 분위기 좋은 온천이 많다. 온천수 성분이 단순천이라 특
별한 효능을 기대하기 힘든 게 유일한 단점! 1박 이상할 때는 숙소에 딸린 온천을 이용한다.
당일치기 여행 또는 온천이 없는 숙소를 이용할 때는 시영온천 또는 료칸에서 운영하는 온천
을 이용한다 ➡p.220

호텔

호텔보다 온천 료칸이 주를 이룬다. 유후인 여행의 묘미는 온천이 좌우한다 해도 과언이 아
니므로 료칸 선택시 온천 시설에 신경 써야 한다. 예약 사이트의 이용자 후기와 료칸 홈페이
지의 사진을 꼼꼼히 살펴보자.
중심가에서 거리가 먼 료칸도 많다. 교통이 편한 곳을 선호한다면 JR 유후인 역에서 500m
(도보 10분) 이내에 위치한 곳을 고른다. 한적하고 시설이 좋지만 중심가에서 거리가 먼 료칸
을 예약할 때는 셔틀버스 등 교통편 제공 여부를 확인한다.

Yufuin quick guide

① 킨린 호수

유후인은 어떤 곳?

해발 453m의 고지대에 위치한 유후인은 차분한 시골 마을의 정취를 만끽할 수 있는 고급 온천 휴양지다. 아련히 물안개가 피어오르는 호수와 사계절 모습을 달리하는 들녘, 그리고 가슴 속 깊이 파고드는 맑은 공기가 편안한 휴식의 장을 제공한다. 최근에는 웰빙 여행지로 각광 받으며 한국인 여행자도 급증하는 추세다. 여름에는 유서 깊은 유후인 영화제와 음악제가 열려 한여름 밤의 아름다운 추억을 만들 수 있는 것도 매력이다. 유후인은 한자 표기가 두 가지인데 '由布院'과 '湯布院' 모두 이곳 유후인을 뜻한다.

② 유노츠보 상점가

이 주변은 전부 논밭

도보 10분

유후인 역
③

① 킨린 호수   **➡p.217**

유후인의 상징처럼 여겨지는 호수다. 한가로이 호숫가를 거니는 재미가 쏠쏠하다. 관광객들로 북적이는 낮 시간보다는 이른 아침이나 해질녘에 가길 권한다.

② 유노츠보 상점가   **➡p.214**

유후인에서 가장 번화한 거리다. 특히 주말·공휴일이면 엄청난 인파로 발 디딜 틈 없이 붐빈다. 거리를 따라 늘어선 기념품점을 구경하거나 유명 맛집에서 간식거리를 사먹는 재미도 놓칠 수 없다.

③ 유후인 역   **➡p.216**

주변도시와 공항을 연결하는 기차·버스가 발착하는 곳이다. 유후인에서 유일하게 코인로커가 비치돼 있으니 짐이 많거나 당일치기로 여행할 때 참고할 것. 역 주변으로 기념품점 등의 숍이 모여 있다. 택시 잡기가 가장 편한 곳이란 사실도 잊지 말자.

Yufuin day trip

①

벳푸 別府 ➡p.229

일본 굴지의 온천 휴양지다. 수많은 온천과 함께 눈여겨볼 것은 '지옥순례'라는 온천 투어다. 땅 속에서 엄청난 기세로 뿜어져 나오는 수증기와 부글부글 끓어오르는 열탕이 화산 섬 규슈에 와있음을 실감케 한다.

유후인→벳푸
보통열차 1시간 15분
버스 1시간

벳푸 **①**

유후인 ● 　　유후산

← **②** 히타

②

히타 日田 ➡p.228

예스러운 풍경을 만끽할 수 있는 도시다. 고풍스러운 건물이 남겨진 구시가를 거닐며 느긋하게 산책을 즐겨도 좋다. 니혼슈 양조장과 삿포로·에비스 맥주 공장 투어가 가능하다는 사실도 잊지 말자.

유후인→히타
특급열차 51분
보통열차 1시간 10분

주변 도시에서 유후인으로

후쿠오카 국제공항·오이타 국제공항에서는 직행 버스 또는 렌터카를 이용한다. 후쿠오카·벳푸·기타큐슈 등 주변 도시에서 갈 때는 기차·버스·렌터카를 모두 이용할 수 있는데 각기 장단점이 있으니 꼼꼼히 비교해보고 편리한 쪽을 선택하자. 일반적으로 운행 편수가 많고 요금이 저렴한 버스의 이용 비율이 높다. 기차는 직행편이 적고 일부 노선은 예약이 필수라는 사실을 기억하자.

세 줄 요약

공항에서 유후인으로

후쿠오카·오이타 국제공항에서 직행 버스 운행. 왕복권·회수권을 구입하면 저렴하다.

기차 or 버스?

도시간 이동에는 운행 편수가 많고 요금이 저렴한 버스를 선택하는 게 현명하다.

기차·버스 예약

일부 노선은 예약 필수이며 주말·성수기에는 자리잡기가 힘들다. 예약을 서두르자.

후쿠오카 국제공항 → 유후인

고속버스 1시간 40분, 3,250엔
신큐 패스 사용 가능

오이타 국제공항 → 유후인

고속버스 55분, 1,550엔
신큐 패스 사용 가능

오이타 국제공항

공항에서 유후인 바로가기

후쿠오카 국제공항과 오이타 국제공항에서 유후인까지 직행 버스가 다닌다. 기타큐슈 국제공항에서는 직행 버스가 없지만 렌터카를 이용하면 2시간 안에 유후인으로 갈 수 있다.

후쿠오카 국제공항 福岡国際空港

후쿠오카 국제공항(➡p.104) 입국장 1층, 2번 정류장에서 유후인 행 버스가 출발한다. 내리는 곳은 종점인 유후인에키마에 버스 센터 由布院駅前バスセンター다. 후쿠오카 시내에서 손님을 태우고 오는 버스라 자리가 없을 수 있으니 입국장 1층의 버스 안내 데스크에서 탑승 가능 여부를 확인하고 티켓을 구입하는 게 좋다.

요금을 절약하려면 왕복권 往復割引乗車券 또는 4매 회수권 回数券을 구입한다. 왕복권은 혼자 후쿠오카 국제공항↔유후인을 왕복하거나 두 명이 후쿠오카 국제공항→유후인을 편도로 이용할 수 있는 티켓, 4매 회수권은 두 명이 해당 구간을 왕복 또는 4명이 편도로 이용할 수 있는 티켓이며 편도 티켓 1장을 구입하는 것보다 저렴하다.

오이타 국제공항 大分国際空港

오이타 국제공항(➡p.234) 입국장 1층, 3번 정류장에서 유후인 행 버스가 출발한다. 내리는 곳은 종점인 유후인에키마에 버스 센터다. 오이타 국제공항↔유후인만 오갈 때는 요금이 저렴한 왕복권 往復券을 구입하는 것도 요령이다.

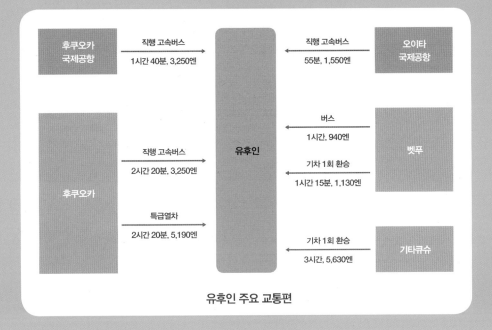

유후인 주요 교통편

후쿠오카 → 유후인 福岡 → 由布院

다수의 기차와 고속버스가 운행돼 교통이 편리하다. 규슈 여행의 로망으로 유명한 특급열차 유후인노모리도 이용할 수 있다. 인기 구간이라 예약 없이는 기차·버스 이용이 힘들다는 사실에 주의하자.

기차 JR

하카타 博多 역(MAP 7-H3)에서 매일 6회 특급열차가 운행된다. 기차 이용과 관련된 자세한 정보는 p.208를 참조하자. 기차가 도착하는 곳은 유후인 서쪽에 위치한 유후인 由布院 역이다.

버스 バス

텐진 고속버스 터미널 天神高速バスターミナル(MAP 8-F4) 3층의 5번 승강장, 하카타 버스터미널 博多バスターミナル(MAP 6-A3) 3층의 34번 승강장에서 유후인 행 고속버스가 출발한다. 1일 19회 운행하지만 워낙 인기 노선이라 자리 잡기가 힘드니 최대한 서둘러 예약해야 한다. 버스는 텐진 고속버스 터미널→하카타 버스터미널→하카타 국제공항을 경유해 종점인 유후인 버스 센터에 도착한다.

렌터카 レンタカー

후쿠오카에서 유후인까지 거리는 약 120km. 고속도로 경유시 1시간 40분~2시간 걸리며 통행료는 승용차 기준 3,370엔이다.

후쿠오카 → 유후인

특급열차 2시간 20분, 5,190엔
북큐슈 레일 패스 사용 가능
고속버스 2시간 20분, 3,250엔
산큐 패스 사용 가능

수하물 택배 서비스

유후인 역 앞의 유후인칫키 ゆふいんチッキ에서 숙소까지 짐을 배달해준다. 유후인에 일찍 도착한 경우 숙소로 짐만 먼저 보내놓고 마을 구경을 하다 오후 늦게 체크인할 때 이용하면 편리하다.
요금 1개 800엔~
영업 09:00~17:00
전화 0977-28-4550
홈피 www.yufuin.gr.jp/chikki.html
지도 MAP 15-C2

기타큐슈 → 유후인

특급+보통열차 3시간, 5,630엔
북큐슈 레일 패스 사용 가능
고속버스 3시간 30분, 4,740엔
산큐 패스 사용 가능

기타큐슈 → 유후인 北九州 → 由布院

소요시간은 기차와 버스 모두 비슷하다. 단, 요금은 버스가 기차의 절반 수준으로 저렴하며, 운행 편수와 편의성 측면에서는 기차가 유리하다.

기차 JR

특급열차를 타고 JR 오이타 역까지 간 다음(1시간 40분), 유후인 방면 보통열차로 갈아탄다. 오이타→유후인 구간의 보통열차는 1일 20회 운행한다. 열차가 도착하는 곳은 JR 유후인 역이다.

쾌적한 시설의 특급열차

버스 バス

유후인까지 직행은 없다. JR 코쿠라 역 앞의 버스 터미널에서 나가사키 長崎 행 고속버스를 타고 코소쿠키야마 高速基山 정류장(75분)으로 가서 유후인 행 고속버스로 갈아타고 유후인에키마에 由布院駅前バスセンター(90분)에서 내린다.

렌터카 レンタカー

기타큐슈에서 유후인까지 거리는 약 120km. 고속도로 경유시 1시간 40분~2시간 걸리며 통행료는 승용차 기준 3,640엔이다.

특급열차 유후 vs 유후인노모리

후쿠오카~유후인 구간에서 운행하는 특급열차는 유후 ゆふ와 유후인노모리 ゆふいんの森 두 종류가 있다. 이름이 비슷하고 경유지와 소요시간도 똑같아 무슨 차이가 있겠나 싶겠지만 엄연히 다른 열차이니 이용시 주의하자. 유후는 규슈를 운행하는 수많은 특급열차 가운데 하나다. 쾌속 · 보통열차보다 빠르고 좌석은 조금 더 고급스럽다. 자유석 自由席도 있어 규슈 레일 패스 소지자는 예약 없이도 탈 수 있다.

유후인노모리는 규슈 기차 여행을 꿈꾸는 이들의 로망으로 통하는 특급열차다. 온천 리조트 유후인의 정서를 담뿍 맛볼 수 있게 디자인한 열차의 외관은 물론, 주변 풍경을 감상하기 편하도록 설계한 넓은 창과 열차 양 끝에 설치된 전망 테라스석이 기차 여행의 묘미를 더한다. 운행 중에는 차장의 모자를 빌려 쓰고 기념사진을 찍는 스페셜 이벤트도 열린다. 좌석은 전 차량 지정석 指定席이라 예약이 필수다. 규슈 레일 패스 소지자라도 예약 없이는 절대 탈 수 없으니 주의하자! 워낙 인기가 높아 주말 · 공휴일 등의 성수기에는 좌석이 금방 바닥나므로 예약을 서둘러야 한다(북큐슈 레일 패스 소지자는 예약비 무료).

규슈 기차 여행의 로망 유후인노모리

아늑한 좌석의 객실

유후(후쿠오카 → 유후인) 07:43→10:03, 12:13→14:39, 18:30→20:49 5,190엔
유후인노모리(후쿠오카 → 유후인) 09:17→11:31, 10:11→12:29, 14:38→16:50 5,190엔

벳푸 → 유후인 別府 → 由布院

기차보다 버스의 운행 편수가 많고 요금도 저렴하다. 유후인까지 직행편을 운행하는 버스와 달리 기차는 중간에 갈아타야 해 조금 불편하단 사실도 알아두자.

기차 JR

JR 벳푸 역에서 유후인까지의 직행열차는 1일 1회밖에 없다. 때문에 JR 오이타 大分 역(벳푸에서 특급열차 10분, 보통열차 15분)으로 가서 유후인 由布院 방면 보통열차로 갈아타는 게 일반적이다. 오이타→유후인의 보통열차는 1일 20회 운행한다. 열차가 도착하는 곳은 JR 유후인 역이다.

버스 バス

카메노이 亀の井 36번과 유후린 ゆふりん의 두 개 노선이 운행된다. 소요시간과 요금은 동일하므로 어느 쪽을 선택해도 무방하다. 단, 짐이 많을 때는 시설이 쾌적한 유후린을 이용하는 게 편리하다.

카메노이 36번 버스는 JR 벳푸 역 서쪽 출구 西口 앞의 3번 정류장(MAP 17-B2)에서 출발한다. 유후린은 키타하마 버스 센터 北浜バスセンター(MAP 17-B5)를 출발, JR 벳푸 역 동쪽 출구 東口 앞의 버스 정류장(MAP 17-B2)을 경유해 유후인으로 향한다. 버스가 도착하는 곳은 유후인에키마에 버스 센터.

렌터카 レンタカー

벳푸에서 유후인까지의 거리는 약 24km. 11번 국도를 따라 갈 경우 40~50분 걸린다. 연휴가 이어지는 골든 위크(4월 말~5월 초)와 여름 휴가철(7월 말~8월 중순)에는 차량 통행이 늘어나 소요시간이 더 걸릴 수도 있다.

벳푸 → 유후인

특급열차 62분, 2,130엔
보통열차 75분, 1,130엔
규슈 레일 패스 사용 가능
버스 1시간, 940엔
산큐 패스 사용 가능

유후인의 역·버스 터미널

유후인 역

JR 유후인 由布院 역

규모가 작아 이용하기 쉽다. 개찰구를 나오자마자 왼쪽에 여행 인포메이션 센터가 있으며, 하나뿐인 출구를 나오면 정면으로 유후인의 중심가가 펼쳐진다. 역 앞에는 시내 구석구석을 오가는 버스와 마차 정류장, 택시 승강장이 있다. 코인로커도 있지만 이용자가 많아 빈자리를 찾기가 쉽지 않다.
MAP 15-C2

유후인에키마에 버스 센터

유후인에키마에 버스 센터 由布院駅前バスセンター

역과 마찬가지로 규모가 작다. 버스 센터를 나와 왼쪽으로 가면 유후인 중심부, 오른쪽으로 가면 유후인 역이다. 편의시설이 부족하니 코인로커 등은 유후인 역을 이용한다.
MAP 15-B2

유후인
시내교통

유후인은 손바닥만한 동네라 느긋하게 걷는 것으로 충분하다. 아니 오히려 걸어다녀야 여행의 묘미를 제대로 즐길 수 있다는 게 정확한 표현! 곳곳에 아기자기한 숍과 볼거리가 숨어 있으니 튼튼한 두 다리만 믿고 부지런히 걷자. 걷기 힘들 때는 유후인 역의 여행 인포메이션 센터에서 자전거를 빌리거나, 역 앞에서 출발하는 택시·관광버스·마차 등의 대중교통을 이용할 수도 있다.

세 줄 요약

도보

주요 명소가 유후인 역에서 도보 30분 이내의 거리에 있으며 이정표도 충실하다.

자전거

시간의 구애를 받지 않고 편하게 돌아다닐 수 있다. 유후인 역에서 대여 가능.

대중교통

택시·관광버스·마차가 있지만 활용도가 떨어져 이용할 일이 거의 없다.

자전거

⏰ 09:00~17:00
💰 2시간 500엔, 4시간 이상 1,500엔

자전거 楽チャリ

유후인 구석구석을 편하게 다니려면 자전거를 이용해도 좋다. 남부와 동부의 언덕을 제외하고는 거의 전역이 평지나 다름없으며 도로 상태도 양호. 자전거는 유후인 역의 여행 인포메이션 센터에서 여권을 제시하고 빌린다.

스카보로 버스

⏰ 10:00, 13:00, 14:00
💰 1인 1,400엔

스카보로 버스 スカーボロバス

1920년대의 영국제 클래식카를 본떠 만든 관광버스. 멋진 외관 때문에 유후인의 명물로도 유명하다. 유후인 역→플로럴 하우스→코젠인 興禅院→우나구히메 신사 宇奈岐日女神社→유후인 역을 일주한다(50분 소요). 마을 외곽으로 도는 노선이라 활용도는 높지 않다.

관광마차

⏰ 3~11월 09:30~16:00
(30~60분 간격 운행),
12월 09:30~14:30
(30~60분 간격 운행)
⏰ 1~2월, 악천후시
💰 2,200엔, 초등학생 이하 1,650엔

관광마차 観光辻馬車

유후인 역→붓산지 佛山寺→우나구히메 신사→유후인 역을 일주하는(50분 소요) 정원 10명의 조그만 마차. 경쾌한 말발굽 소리와 함께 느릿느릿 움직여 주변 풍경을 감상하며 한적한 유후인의 분위기를 만끽할 수 있다. 스카보로 버스와 마찬가지로 마을 외곽을 도는 노선이라 교통편으로서의 활용도는 떨어진다.

best course

#1 유후인 핵심 일주

마을을 걸어서 일주한다. 유노츠보 상점가는 11:00 이후에 문을 여는 숍도 있으니 이른 점심을 먹고 느긋하게 여행을 시작하는 게 좋다.

소요시간 4시간~ 입장료 0엔
교통비 0엔~ 식비 2,500엔~

① **유후인 버거 하우스**
점심, 수제 버거 p.222

도보 2분

② **비 스픽 디저트,**
유후인 명물 생크림 롤 케이크 p.223

도보 4분

③ **동구리노모리** p.227

바로 앞

④ **유노츠보 상점가** p.214

바로 앞

⑤ **유후인 플로랄 빌리지** p.217 · 226

바로 앞

⑥ **금상 크로켓 본점**
간식, 크로켓 p.224

도보 1분

⑦ **유후인 오르골의 숲** p.227

도보 8분

⑧ **킨린 호수** p.215

도보 5~30분

⑨ **온천 즐기기** p.220

⑧ 킨린 호수

유후인 오르골의 숲
⑦⑥ 금상 크로켓 본점
⑤
유후인 플로랄 빌리지

④ 유노츠보 상점가
③ 동구리노모리
② 비 스픽
① 유후인 버거 하우스

JR 유후인역

MAP 15 참조

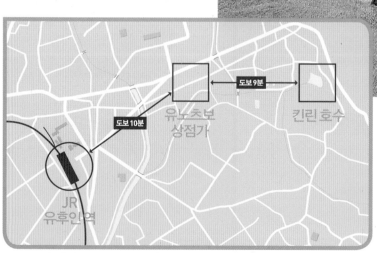

AREA 01

유후인
由布院

목가적 풍경이 펼쳐지는 한적한 온천마을. 삐죽
솟은 유후 산을 배경으로 펼쳐진 논밭과 주말마다
수많은 인파로 북적이는 활기찬 상점가가 묘한
대조를 이룬다. 볼거리가 풍부하진 않지만
'여행생활자'의 자세로 산책하듯 마을 구석구석을
돌아보며 여유로운 유후인의 삶에 물들어보자.
일상에 지친 몸과 마음을 푸근하게 녹여줄 온천의
마력에 빠져보는 것도 잊어서는 안 될 듯!

볼거리 ★★★☆☆
먹거리 ★★★☆☆
쇼　핑 ★★☆☆☆
유　흥 ★☆☆☆☆

도보 9분

유노츠보
상점가

킨린 호수

도보 10분

JR
유후인역

must see

유노츠보 상점가 p.214
아담한 규모의 기념품 상점가.
킨린 호수 p.215
유리알처럼 투명한 호수.
유후인 플로랄 빌리지 p217
이국적 분위기의 초미니 테마파크.
온천 p.220
유후인 여행의 백미.

must eat

유후인 버거 하우스 p.222
유후인 제일의 수제 버거.
비 스픽 p.223
달콤 고소한 생크림 케이크 숍.
후쿠스케 p.224
닭 육수의 담백한 라면이 별미.
밀히 p.225
달콤 고소한 치즈 케이크 맛집.

must buy

유후인 플로랄 빌리지 p.217
인테리어 소품·잡화가 인기.
동구리노모리 p.227
구경하는 재미가 쏠쏠한 캐릭터 숍.
유후인 오르골의 숲 p.227
맑은 음색의 오르골 전문점.
크래프트관 하치노스 p.227
개성만점 디자인의 공예품점.

#유후인 제일의 쇼핑 명소   #군것질의 재미가 쏠쏠
#평일의 느긋한 여유

1·2 기념품과 맛난 먹거리를 파는 숍이 줄지어 있다.
3 고풍스러운 건물 모양으로 만든 상점도 눈길을 끈다.

湯の坪街道 ★★★★★ 유노츠보 상점가

발음 유노쯔보카이도-　영업 11:00~20:00(숍마다 다름)
지도 MAP 15-A3·A4
교통 JR 유후인 由布院 역에서 도보 10분. 유후인 역의 출구를 나와
정면으로 480m 직진하면 조그만 다리가 있다. 다리를 건너자마자 바로
앞에 있는 비 스픽 B-Speak 베이커리 오른쪽으로 이어지는 골목부터
유노츠보 상점가가 시작된다.
야스라기 유노츠보요코쵸　홈페이지 www.yufuin.org

유후인에서 가장 번화한(?) 상점가. 킨린 호수 초입까지
750m 가량 이어지며, 차 한 대가 겨우 지나갈 정도의 좁은
도로를 따라 100여 개의 숍이 옹기종기 모여 있다. 후쿠오카
같은 대도시의 상점가와는 비교하기 힘든 수수한 분위기로
평일에는 한산하기 그지없다. 그러나 주말·공휴일이면 현지인은
물론 세계 각국에서 몰려든 관광객으로 인산인해를 이루는
진풍경이 펼쳐진다. 꿀·수공예품 같은 지역 특산물과 깜찍한
액세서리·기념품을 두루 취급해 쇼핑의 즐거움을 더하며 맛난
군것질거리도 호기심을 자극한다.
상점가 중간에 위치한 야스라기 유노츠보요코쵸 やすらぎ湯の坪
横丁도 놓치지 말자. 소규모 상점가지만 전통 먹거리와 공예품·
잡화를 파는 12개의 숍이 모여 있어 구경하는 재미가 쏠쏠하다.
예스러운 모습으로 꾸민 정감어린 풍경 또한 색다른 볼거리로
다가온다.

#물안개가 아름다운 호수 #로맨틱한 호숫가 산책
#근사한 카페에서 즐기는 커피

金 ★★★★★
鱗湖 킨린 호수

발음 킨린꼬 **지도** MAP 15-A5
교통 JR 유후인 由布院 역에서 도보 30분. 유후인 역에서 유노츠보 상점가
방면으로 1.3㎞ 직진한 다음, 오른쪽으로 돌아 250m쯤 간다. 상점가 곳곳에
이정표가 세워져 있어 길 찾기는 어렵지 않다.

바닥에서 차디찬 지하수와 뜨거운 온천수가 동시에 샘솟는
신비한 호수. 일교차가 심한 날은 물안개가 자욱히 피어올라
몽환적 분위기를 연출한다. 속이 훤히 비치는 맑은 물에서는
고기 떼가 무리지어 헤엄치는 모습이 보이는데, '킨린'이란
이름이 노을빛을 받아 금색(金)으로 반짝이는 고기비늘(鱗)에서
유래했다는 사실을 알고 보면 더욱 흥미롭다. 호수 둘레는 400m
정도이며, 산책로가 정비돼 있어 느긋하게 돌아보기에 좋다.
전설에 따르면 원래 이곳엔 거대한 호수가 있었으나, 유후 산
由布岳의 여신 우나구히메 ウナグヒメ(➡ p.219)가 호수의 물을
빼 지금의 유후인을 만들었다고 전해진다. 당시 호수에 살던 용이
물이 마르는 모습을 보고 태양신 아마테라스 오미카미 天照大
神에게 자신이 머물 작은 연못만 내주면 항상 맑은 물을 샘솟게
해 이 땅이 영원히 번영케 하겠다고 애원해 지금의 킨린 호수가
생겨났다. 실제로 호수 한편에는 아마테라스 오미카미를 모시는
텐소 신사 天祖神社가 있으며, 그 밑으로 항상 맑은 물이 샘솟아
오랫동안 주민들의 식수원으로 이용됐다.

1 일본 건국 신화의 창조신을 모시는 텐소 신사.
2 사시사철 모습을 달리하는 킨린 호수. 봄의 신록과 가을
단풍이 특히 아름답다.

ト リック3Dアート湯布院
★★☆☆☆
트릭 3D 아트 유후인

🔊 토릿꾸스리디아~토유후인
🕐 09:30~18:00, 10~2월 09:30~17:30
💴 880엔, 초등학생 · 중학생 660엔
🌐 www.trick3dart-yufuin.com
🗺 MAP 15-B4
🚃 JR 유후인 由布院 역에서 도보 16분. 유후인 역에서
유노츠보 상점가 방면으로 750m 직진한 다음,
오른쪽으로 돌아 50m쯤 가면 왼편에 있다.

착시현상을 불러일으키는 기묘한 그림 20여 점이
전시된 미술관. 벽과 바닥에 그린 평범한 그림이지만
특정 위치에서 보면 신기하리만치 완벽하게 입체로
보인다. 우리에게도 친숙한 서양 명화와 동물을 테마로
그린 코믹한 그림이 재미난 기념사진을 만들어준다.

재미삼아 들르기에 적당한 소규모 미술관이다.

J R 由布院駅 JR 유후인 역
★★☆☆☆

🔊 제-아루유후인에끼 🗺 MAP 15-C2
🚃 JR 유후인 由布院 역 하차.

유후인 역 아트홀 🕐 08:30~19:00 💴 무료
족탕 🕐 09:00~19:00 💴 160엔, 초등학생 이하 80엔 ※
수건 포함. 이용권은 유후인 역 매표소에서 판매

예술적 감성이 담뿍 느껴지는 조그만 기차역.
로스앤젤레스 현대미술관을 설계한 유명 건축가
이소자키 아라타 磯崎新(1931~)의 작품으로 예술의
마을이란 이미지를 살리고자 역 구내에 다채로운
전시회가 열리는 아트홀 アートホール을 꾸며 놓았다.
햇살이 쏟아져 들어오는 높이 12m의 천장이 탁
트인 개방감을 선사하며, 영화제 기간(8월 셋째 또는
넷째 수요일부터 5일간)에는 역 일대가 근사한 야외
영화관으로 변신한다. 온천마을답게 1번 플랫폼에는
지친 다리를 쉬어갈 수 있는 조그만 족탕 あし湯도
있다.

九 州自動車歷史館 규슈 자동차 역사관
★★☆☆☆

🔊 큐-슈-지도-샤렉시칸
🕐 09:30~16:30, 토 · 일 · 공휴일 09:30~17:00
🚫 1~2월의 목요일
💴 800엔, 초등학생 이하 400엔 🗺 MAP 15-A4
🚃 JR 유후인 由布院 역에서 도보 26분. 유후인에서 유노츠보
상점가 방면으로 1.2km 직진한 다음, 오른쪽으로 돌아 100m쯤 가면
오른편에 있다.

1 박물관 입구에 놓인
앙증맞은 아톰 삼륜차.
2 클래식카 마니아라면 잠시
들러볼만하다.

1900년대에 생산된 클래식카 70여 대를 소장 · 전시하는
박물관. 규모가 작고 시설도 허름하지만 1909년식 포드-T,
1929년식 롤스로이스, 1933년식 목탄차, 1959년식 링컨
리무진, 1950년대의 군용 지프 등 클래식카 마니아가 열광할
여러 차종을 전시한다. 조금 생뚱맞지만 입구에는 세스나기와
철인 28호의 특대 사이즈 모형도 놓여 있다.

湯布院フローラルビレッジ 유후인 플로랄 빌리지 ★★★☆☆

📍 유후인후로-라루비렛지 🕐 09:30~17:30 ☑ 부정기적
💰 무료 🌐 http://floral-village.com 🗺 MAP 15-A4
🚃 JR 유후인 由布院 역에서 도보 22분. 유후인 역에서 유노츠보 상점가
방면으로 1.1km 직진하면 오른쪽에 유후인 플로랄 빌리지로 들어가는 입구가
있다.
부엉이의 숲 💰 700엔, 12세 이하 500엔
체셔 고양이의 숲 💰 800엔, 12세 이하 600엔

유노츠보 상점가 한복판에 위치한 초미니 테마파크.
〈해리 포터〉의 촬영지인 영국의 코츠월드 Cotswold를 테마로 꾸민
이국적 풍경이 눈길을 끈다. 단, 어수선한 분위기와 빈약한 콘텐츠로
인해 그다지 매력적인 명소는 아니란 사실에 유의하자. **핵심 시설은
코츠월드의 거리를 재현한 상점가**다. 동화 속 마을처럼 앙증맞게 꾸민
거리에는 이상한 나라의 앨리스 · 피터 래빗 · 토토로 · 마녀 배달부
키키 등 유명 동화 · 애니메이션의 캐릭터 상품을 파는 8개의 숍이
모여 있다. 상점가 한가운데에는 해리포터의 의상을 입고 귀여운
부엉이들과 기념사진을 찍는 부엉이의 숲 フクロウの森도 있다
(쇼핑 ➔ p.226). 테마파크 곳곳엔 오리 · 염소에게 직접 먹이를 주며
노는 미니 동물원, 지친 다리를 잠시 쉬어갈 수 있는 족탕도 있다.
애묘인이라면 수십 마리의 벵갈 고양이와 오붓한 시간을 보낼 수 있는
고양이 카페 체셔 고양이의 숲 チェシャ猫の森에 잠시 들러봐도 좋다.

1 영국의 거리를 그대로 재현해 놓았다.
2 이국적인 간판을 구경하는 재미도 놓칠 수 없다.
3 아기자기한 소품을 구입하기에 적당하다.

1 100년 전 일본의 모습이 흥미롭다.
2 내부에는 옛날에 사용하던 가재도구도 전시돼 있다.

九州由布院民芸村 규슈 유후인 민예촌 ★★★☆☆

휴관

📍 큐-슈-유후인민게-무라
🕐 08:30~17:00, 토 · 일요일 08:30~17:30
💰 **민예촌** 650엔, 중학생 · 고등학생 370엔, 초등학생 250엔,
코토인 650엔, 중학생 · 고등학생 370엔, 초등학생 250엔,
민예촌 · 코토인 공통권 980엔, 중학생 · 고등학생 610엔, 초등학생 370엔
🌐 http://yufuin-mingeimura.com 🗺 MAP 15-A4
🚃 JR 유후인 由布院 역에서 도보 28분. 유후인 역에서 유노츠보 상점가
방면으로 1.2km 직진한 다음, 오른쪽으로 돌아 200m쯤 가면 오른편에 있다.

규슈 각지에서 옮겨온 10여 채의 전통가옥으로 이루어진 민예품
공방겸 전시관. 특히 주목할 곳은 19세기 전통 양조장 건물을
복원해 만든 민예민구관 民芸民具館이다. 내부에는 16~19세기
서민들이 사용하던 생활잡화와 민예품이 전시돼 있다. 나란히
이어진 공방에서는 목공예품 · 유리 공예품 · 일본 전통종이
제작과정을 살펴볼 수 있다. 입구 옆에 위치한 코토인 古陶院에서는
한국 · 중국 · 일본에서 수집한 다채로운 도자기 컬렉션을 선보인다.

★★☆☆☆
マ ルク・シャガールゆふいん金鱗湖美術館
마르크 샤갈 유후인 킨린코 미술관

휴관 **[발음]** 마루꾸사가-루유후인킨린꼬비쥬쯔깐 **[개관]** 09:00~17:30, 일·공휴일 07:00~17:30 **[휴관]** 부정기적
[요금] 600엔, 학생 500엔, 초등학생 400엔 ※홈페이지에서 할인쿠폰
다운로드 가능 **[홈피]** www.chagall-museum.com **[지도]** MAP 15-A5
[교통] JR 유후인 由院 역에서 도보 30분. 유후인 역에서 유노쯔보 상점가 방면으로
1.3km 직진한 다음, 오른쪽으로 돌아 200m쯤 가면 오른편에 있다. 상점가 곳곳에
이정표가 세워져 있어 길 찾기는 어렵지 않다.

색채의 마술사 마르크 샤갈 Marc Chagall(1887~1985)의 작품이 소장된
미술관. 규모는 작지만 프랑스를 제외한 해외에서는 유일한 샤갈 전문
미술관이다. 주요 소장품은 〈서커스〉 연작 38점을 비롯한 석판화 작품이다.
1층에는 킨린 호수를 바라보며 커피·식사를 즐길 수 있는 근사한 카페도 있다.

미술관 카페는 조용히 휴식을 취하기에 좋다.

★★☆☆☆
由 布院ステンドグラス美術館
유후인 스테인드글라스 미술관

[발음] 유후인스텐도구라스비쥬쯔깐
[개관] 09:00~17:00 **[지도]** MAP 15-C4
[요금] 1,000엔, 중학생 이하 500엔
[홈피] www.yufuin-sg-museum.jp
[교통] JR 유후인 由院 역에서 도보 22분. 유후인 역을 나와
정면으로 150m쯤 간 다음, 사거리에서 오른쪽 대각선 방향으로
900m쯤 가면 오른편에 있다.

1800년대부터 수집한 스테인드글라스 작품을 전시하는
미술관. 소장품 가운데는 서양인의 눈에 비친 일본의
모습을 묘사한 것처럼 독특한 작품도 있다. 미술관은
스테인드글라스를 중심으로 에밀 갈레의 유리 공예품·
회화를 전시하는 닐즈 하우스와 고풍스러운 영국 건축양
식의 성 로버트 교회로 이루어져 있다. 교회는 모든 자재
를 영국에서 들여다 지은 것으로 기와·지붕은 170년
전에 제작된 골동품이다. 직접 스테인드글라스를 만들어
보는 체험 공방도 운영한다(1시간, 1,500~4,500엔).

★★☆☆☆
湯 布院昭和館 유후인쇼와칸

[발음] 유후인쇼와깐 **[개관]** 10:00~17:00
[요금] 1,200엔, 중학생·고등학생 1,000엔, 초등학생 이하
600엔 ※홈페이지에서 할인쿠폰 다운로드 가능
[홈피] www.syowakan.jp
[지도] MAP 15-A4
[교통] JR 유후인 由布院 역에서 도보 24분. 유후인 역에서
유노쯔보 상점가 방면으로 1.2km쯤 직진하면 왼쪽에 있다.

1950~1960년대 일본의 풍경을 재현한 미니
전시관. 당시는 전후(戰後) 국가부흥을 기치로
공업화가 진행되며 사회에 활기를 불어넣던 시기로
우리나라의 1970년대와 비슷한 분위기다. 내부는
상점가·사진관·목욕탕·민가·학교 등 70여
년 전의 모습을 고스란히 재현한 24개의 전시실로
이루어져 있으며, 당시 사용하던 손때 묻은 물건들이
현장감을 더한다.

1 60여 년 전의 모습이 재현된 유후인쇼와칸.
2 우리에게도 낯설지 않은 골동품이 전시돼 있다.

유후 산을 등반하기 좋은 시기는 봄~가을이다.

由布岳 유후 산
★★★☆☆

발음 유후다께

교통 유후인에키마에 버스 센터(MAP 15-B2)에서 벳푸 別府 방면 버스를 타고 유후토잔구치 由布登山口 (16분, 360엔) 하차. 버스 운행 간격이 뜸하니 정류장에서 시각표를 확인하고 등반 계획을 세우는 게 안전하다.

유후인 일대를 굽어보는 해발 1,583m의 활화산. 정상 부분이 동쪽 봉우리 東峰와 서쪽 봉우리 西峰 두 개로 나뉘어 있어 전체적인 모습이 말의 귀처럼 보인다. 오랜 옛날부터 신들이 사는 산으로 숭앙 받아왔으며 중세에는 산악불교의 영지로 명성을 떨쳤다. 지금은 아소 국립공원의 일부로 지정돼 있다. 정상에서는 유후인은 물론 벳푸 주변까지도 한눈에 들어온다. 정상까지 오르는 데는 2~3시간이 걸린다. 서쪽 봉우리는 코스가 무척 험하니 가벼운 등반이 목적이라면 동쪽 봉우리로 오르는 게 안전하다.

宇奈岐日女神社 우나구히메 신사
★☆☆☆☆

발음 우나구히메진쟈 **지도** MAP 15-D4

교통 JR 유후인 由布院 역에서 도보 26분. 유후인 역을 나와 정면으로 150m쯤 간 다음. 사거리에서 오른쪽 대각선 방향으로 1.2km쯤 가면 왼편에 있다.

2,000여 년의 역사를 간직한 유서 깊은 신사. 유후다케의 여신 우나구히메 ウナグヒメ(➡ p.215) 또는 킨린 호수에 사는 장어(우나기 ウナギ)의 정령을 모시고자 세운 것으로 알려져 있다. 때문에 우나기히메 신사라고 부르기도 한다. 찾는 이가 드물어 고즈넉한 분위기를 만끽할 수 있기에 조용히 산책삼아 다녀오기에 적당하다. 배전을 바라볼 때 오른편에 있는 세 개의 거대한 나무 밑동은 태풍으로 쓰러진 이 신사의 신목(神木)이다.

1·2 마을의 탄생 전설을 간직한 유서 깊은 신사다.

杵社 오고 신사
★★☆☆☆

발음 오-고샤 **지도** MAP 15-D3

교통 JR 유후인 由布院 역에서 도보 30분. 유후인 역의 출구를 나와 오른쪽으로 1.5km쯤 간다. 주택가의 복잡한 골목을 지나야 하니 길을 잃지 않게 주의하자. 또한 신사에 다다를 즈음에는 가파른 오르막길이 이어진다는 사실도 알아둘 것.

우나구히메 신사에 딸린 부속 신사. 규모가 작고 관리도 허술해 신사 자체로는 큰 볼거리가 없다. 주목할 것은 경내에 있는 수령 1,000년의 삼나무 거목이다. 천연기념물로 지정된 높이 38m, 둘레 13m의 이 나무는 밑동에 사람이 들어갈 만한 크기의 커다란 구멍이 뚫린 상태로 수차례 화마의 피해를 입었으나 지금까지도 꿋꿋이 초록빛 잎을 틔우며 강인한 생명력을 뽐내고 있다. 이 때문에 '삼나무의 기'를 받으려는 현지인의 발길이 끊이지 않는다.

© JNTO

유후인 온천 즐기기

❶ JR 유후인 역 족탕
由布院駅あし湯

플랫폼 한편에 위치한 조그만 족탕. 기차를 기다리는 동안 이용하기에 좋다.
[영업] 09:00~19:00
[요금] 200엔
(수건 포함. 이용권은 유후인 역 매표소에서 판매)
[지도] MAP 15-C2
[교통] JR 유후인 由布院 역 1번 플랫폼에 위치.

❷ 슈호칸 족탕
秀峰館の足湯

슈호칸 호텔에서 운영하는 무료 족탕. 유후인 산책 도중에 잠시 쉬어가기에 적당하다. 수건은 가지고 가야 한다.
[영업] 24시간
[지도] MAP 15-C4
[홈피] www.shuhokan.jp
[교통] JR 유후인 由布院 역에서 도보 15분.

❸ 시탄유
下ん湯

킨린 호숫가에 위치한 오두막 모양의 조그만 노천온천. 남녀 혼탕이며 밖에서 내부가 훤히 들여다보여 어지간한 강심장(?)이 아니고서는 이용하기 힘들 듯.
[영업] 10:00~20:00
[요금] 200엔
[지도] MAP 15-A5
[교통] JR 유후인 由布院 역에서 도보 35분.

❹ 유노츠보온센
ゆのつぼ温泉

공중목욕탕 스타일의 조그만 온천. 소박한 일본의 정취를 맛볼 수 있다. 단, 탈의실과 작은 욕탕이 시설의 전부다.
[영업] 10:00~18:00
[요금] 200엔
[지도] MAP 15-B4
[교통] JR 유후인 由布院 역에서 도보 19분.

❺ 쿠아쥬 유후인
クアージュゆふいん

현대적인 시설의 온천. 노천온천·폭포탕·사우나·수영장·자쿠지를 완비했다.
[영업] 10:00~21:30
[휴업] 매월 둘째·넷째 목요일
[요금] 830엔~
[지도] MAP 15-C3
[교통] JR 유후인 由布院 역에서 도보 10분.

❻ 코토부키하나노쇼
ことぶき花の庄

대형 호텔에 부속된 온천. 쾌적하며 대욕장·사우나·노천온천을 이용할 수 있다. 역에서 가까운 것도 장점.
※2023년 6월 현재 투숙객만 이용가능
[영업] 12:00~15:00
[요금] 700엔
[지도] MAP 15-C3
[홈피] www.hananosho.co.jp
[교통] JR 유후인 由布院 역에서 도보 6분.

❼ 유후인산스이칸
ゆふいん山水館

유후 산이 바라보이는 멋진 전망의 노천온천이 매력. 규모가 크고 시설도 쾌적하다.
[영업] 12:00~16:00
[요금] 700엔
[지도] MAP 15-C3
[홈피] www.sansuikan.co.jp
[교통] JR 유후인 由布院 역에서 도보 8분.

❽ 야마노호텔 무소엔
山のホテル夢想園

유후인 외곽에 위치한 온천 료칸. 호젓한 분위기와 유후 산이 마주보이는 대형 노천온천으로 인기가 높다.
[영업] 10:00~14:00
[요금] 1,000엔, 5~12세 700엔
[홈피] www.musouen.co.jp
[지도] MAP 15-D1
[교통] JR 유후인 由布院 역에서 도보 30분. 또는 택시 5분.

유후인의 매력은 온천, 특히 '자연과 하나 되는' 노천온천이라 해도 과언이 아니다.
마을 곳곳에 저렴한 공동 온천이 있지만 제대로 즐기려면 료칸에서 운영하는 고급 온천을
선택하는 게 현명하다. 료칸 홈페이지에 실린 사진을 참고로 온천을 선택하는 것도 요령이다.

---

⑨ 유후노고사이가쿠칸
柚富の郷彩岳館

료칸에 딸린 온천. 원천수를
그대로 사용해 물이 좋으며 주
변 경관이 바라보이는 호젓한
노천온천도 이용할 수 있다.
※2023년 6월 현재 투숙객만
이용가능
영업 11:00~16:00
요금 620엔, 초등학생 210엔
홈피 www.saigakukan.co.jp
지도 MAP 15-D2
교통 JR 유후인 由布院 역에서
도보 30분. 또는 택시 5분.

⑩ 바이엔
梅園

일본색 짙은 온천. 멋진 경관의
정원과 노천온천이 온천욕의
즐거움을 더한다.
※2023년 6월 현재 투숙객만
이용가능
영업 11:00~16:00
요금 700엔 홈피 MAP 15-C5
홈피 www.yufuin-baien.com
교통 JR 유후인 由布院 역에서
도보 30분. 또는 택시 5분.

⑪ 유후인나나이로노카제
ゆふいん七色の風

유후인 외곽의 온천. 싱그러운
자연의 품에 안겨 온천욕을 즐
길 수 있다. 노천온천도 이용
가능하다.
※2023년 6월 현재 투숙객만
이용가능
영업 12:00~16:00
요금 700엔
지도 MAP 15-C5
교통 JR 유후인 由布院 역에서
4km. 택시 10분.

⑫ 호타루노야도센도
ほたるの宿仙洞

료칸에 딸린 온천. 노천온천이
있지만 규모가 작고 벽에 둘러
싸여 개방감이 떨어진다.
영업 11:00~14:00
요금 6,600엔(식사 포함)
홈피 www.yufuin-sendou.
com
교통 JR 유후인 由布院 역에서
도보 30분. 택시 5분.

⑬ 하나무라
はな村

대형 호텔에 딸린 온천 시설.
깔끔하지만 전반적으로 온천의
규모가 작고 갑갑하다.
※2023년 6월 현재 투숙객만
이용가능
영업 12:30~14:30
요금 770엔
지도 MAP 15-A3
홈피 www.yufuin-hanamura.jp
교통 JR 유후인 由布院 역에서
도보 15분.

⑭ 유후인테이
ゆふいん亭

일본색 짙은 분위기의 온천. 규
모는 크지 않다. 노천온천은 벽
에 막혀 있어 조금 갑갑하게
느껴진다.
영업 10:00~16:00
요금 500엔, 초등학생 300엔
홈피 www.yufuintei.com
지도 MAP 15-A3
교통 JR 유후인 由布院 역에서
도보 20분.

⑮ 유후인야스하
ゆふいん泰葉

푸른빛이 감도는 아담한 노천
온천이 눈길을 끈다. 피부가 매
끈매끈해지는 보습효과의 온천
수가 샘솟는다.
영업 10:00~20:00
요금 900엔
지도 MAP 15-C2
홈피 www.yasuha.co.jp
교통 JR 유후인 由布院 역에서
도보 35분. 택시 7분.

⑯ 츠카노마
束ノ間

료칸에 딸린 온천. 노천온천이
있지만 규모가 작고 벽에 둘러
싸여 개방감이 떨어진다.
영업 09:30~18:00
휴업 수요일
요금 800엔
홈피 https://tsukanoma.club
지도 MAP 15-C1
교통 JR 유후인 由布院 역에서
도보 40분. 택시 8분.

01 유후인 버거 하우스 강추
ゆふいんバーガーハウス

유후인 제일의 수제 버거. 발랄한 분위기가 인상적이며, 13개의 좌석을 갖춘 아늑한 산장풍의 실내석과 4인용 테이블 두 개가 놓인 야외석으로 이루어져 있다. 놓치지 말아야 할 메뉴는 양상추 · 양파 · 토마토 · 치즈 · 베이컨 · 계란 · 소고기 패티와 마요네즈 · 케첩 · 특제소스 · 머스터드 · 마가린을 켜켜이 쌓아 만든 유후인 버거 레귤러 유후인바가레큐라 ゆふいんバーガーレギュラー(960엔)다. 양이 푸짐해 한 끼 식사로도 거뜬하다. 특대 사이즈의 유후인 버거 스페셜 유후인바가스페샤루 ゆふいんバーガースペシャル(1,680엔)는 먹방러의 도전 메뉴로도 인기가 높다. 주문과 동시에 조리하는 까닭에 음식이 나오기까지 15분 이상 걸린다는 사실에 주의하자. 콜라 등의 음료는 자판기에서 별도로 구입한다.

예산 960엔~ 영업 11:00~17:00 휴업 부정기적 메뉴 일어 · 영어
주소 由布市 湯布院町 川上 2952-3 전화 080-3183-2288
지도 MAP 15-B3
교통 JR 유후인 由布院 역에서 도보 7분. 유후인 역의 출구를 나와 정면으로 370m 직진하면 오른쪽에 있다.

유후인 버거 레귤러
ゆふいんバーガーレギュラー(960엔)

햄버거는 포장지로 감싼 채 살짝 눌러 재료가 삐져나오지 않게 하면 먹기 쉽다.

03 캇포사토 강추
割烹サトウ

1966년 문을 연 향토요리 전문점. 창업 당시의 모습을 고스란히 간직한 예스러운 분위기가 인상적이다. 인기 메뉴는 전통의 맛을 이어오는 닭고기 전골 지도리나베 地鶏鍋(2인분 4,500엔). 쫄깃한 육질의 토종닭과 유후인에서 재배한 싱싱한 채소, 매일 아침 들여오는 두부를 재료로 사용해 담백하면서도 감칠맛 넘치는 국물이 입맛을 당기게 한다. 국물이 끓기 시작하면 닭고기를 먼저 넣고, 우엉 · 버섯 등의 질긴 재료와 배추 · 두부 · 면 등의 부드러운 재료를 차례대로 넣어 푹 익혀 먹는다. 건더기를 다 먹고 국물을 조금 남겨 죽 시메노조스이 〆の雑炊(1인분 350엔)를 끓여 먹어도 맛있다. 가볍게 맛만 보려면 닭고기 전골 1인분 지도리나베고젠 地鶏鍋御膳(1,800엔)을 주문해도 좋다.

예산 1,100엔~ 영업 11:00~14:00, 16:00~21:30 휴업 화요일 메뉴 일어 · 영어
주소 由布市 湯布院町 川上 2955-18 전화 0977-84-3414 홈피 www.kappou-sato.co.jp
지도 MAP 15-B3 교통 JR 유후인 由布院 역에서 도보 12분. 유후인 역의 출구를 나와 정면으로 150m 직진한 다음, 오른쪽 대각선 방향으로 250m쯤 가면 다리가 나온다. 다리 앞에서 왼쪽으로 돌아 170m쯤 가면 왼편에 있다.

닭고기 전골 地鶏鍋(4,500엔~)

닭튀김 정식 등의 경제적인 런치 메뉴 (1,000~1,250엔)도 취급한다.

02 비 스픽 _{강추}
B-Speak

유후인에서 가장 유명한 케이크 숍. 20여 년의 전통을 자랑하며, 특히
한국인에게 인기가 높다. 오픈 시간 전부터 긴 줄이 늘어서는데, 인기 아이템은
오픈 직후 1시간 이내에 매진되니 서둘러 가야 한다. 간판 아이템은 폭신폭신한
케이크 안에 달콤 고소한 생크림을 넣고 돌돌 말아낸 롤 케이크 피 롤 플레인
피로루푸렌 P ロール プレーン(1컷 540엔, 1롤 1,520엔), 그리고 초콜릿 맛 롤
케이크 피 롤 초코 피로루쵸코 P ロール チョコ(1컷 540엔, 1롤 1,520엔)다. 허를
가볍게 자극하는 상큼한 단맛이라 많이 먹어도 물리지 않는 게 매력이다. 아쉬운
점은 여타 롤 케이크에 비해 생크림의 양이 조금 적다는 것! 잼·초콜릿·쿠키·
치즈 케이크 등의 다양한 스위트는 기념품이나 선물용으로
추천한다.

피 롤 플레인
P ロール プレーン
(540엔~)

[예산] 540엔~ [영업] 10:00~17:00 [휴업] 부정기적 [메뉴] 일어·영어
[주소] 由布市 湯布院町 川上 3040-2 [전화] 0977-28-2166
[홈피] www.b-speak.net [지도] MAP 15-B3
[교통] JR 유후인 由布院 역에서 도보 10분. 유후인 역의 출구를 나와 500m 직진하면 정면에
있다. 유노츠보 상점가 초입에 있어 찾기 쉽다.

케이크 구입시 생크림이 변질되지 않도록
보냉팩을 추가로 구입하는 게 좋다.

04 사보 텐죠사지키
茶房 天井棧敷

1800년대의 목조건물을 개조해서 만든 앤티크한 카페.
2층에 위치해 창가에 앉으면 킨린 호수가 내려다보인다. 잔잔히 깔리는 클래식
음악이 운치를 더하며, 다락방처럼 꾸민 서가에는 영화·연극·음악 관련
고서가 빼곡히 꽂혀 있다. 유러피언 스타일의 진한 향이 감도는 텐죠사지키
블렌드 커피 텐죠사지키부렌도 天井棧敷ブレンド(600엔)를 비롯해 홍차·
코코아·유자 주스 등 다양한 음료를 선보인다. 한 번쯤 맛봐야 할 메뉴는 이곳의
명물 디저트 몬 유후 モン·ユフ(550엔)인데, 크림치즈에 휘핑크림과 건포도를
얹어 쫀득한 식감에 달콤하면서도 고소한 맛을 더했다. 샌드위치 등의 가벼운
식사 메뉴도 취급한다.

몬 유후 モン·ユフ(550엔)

카페 영업이 끝나면
근사한 바(17:00~24:00)로 변신한다.

[예산] 600엔~ [영업] 09:00~17:00 [휴업] 부정기적 [메뉴] 일어·영어
[주소] 由布市 湯布院町 川上 2633-1 [전화] 0977-85-2866
[홈피] www.kamenoi-bessou.jp [지도] MAP 15-B5
[교통] JR 유후인 由布院 역에서 도보 30분. 유후인 역에서 유노츠보 상점가 방면으로
1.3km 직진한 다음, 오른쪽으로 돌아 300m쯤 간다. 킨린 호수 인근의
료칸 카메노이벳소 亀の井別荘 안에 있다.

라면 鶏だしラーメン
(750엔)

런치 세트
(1,210엔~)

금상 크로켓
金賞コロッケ(200엔)

후쿠스케 강추
福助

입에 착착 감기는 담백한 국물의 라면집. 자리가 10여 개에 불과한 조그만 가게라 식사 시간에는 상당히 붐빈다. 더구나 국물이 떨어지면 바로 영업을 마치니 주의할 것! 라면 도리다시라멘 鶏だしラーメン(750엔)은 토종닭으로 우려낸 담백한 국물과 쫄깃한 면발이 멋진 조화를 이룬다. 얼큰한 라면 토리카라라멘 鶏辛ラーメン(800엔)도 인기가 높다. 라면 국물에 김가루 · 구운 마늘 · 계란지단을 토핑한 밥을 말아먹는 카에메시 替えめし(150엔)도 이 가게가 자랑하는 별미다.

예산 750엔~
영업 11:30~14:00, 18:30~20:00
휴업 수요일
메뉴 일어
주소 由布市 湯布院町 川上 3052-3
전화 0977-85-3536
지도 MAP 15-B3
교통 JR 유후인 由布院 역에서 도보 7분. 유후인 역의 출구를 나와 정면으로 350m 직진하면 오른쪽에 있다.

카페 라 루쉬
Cafe La Ruche

킨린 호수와 나란히 이어진 분위기 만점의 카페. 야외 테이블에 앉아 킨린 호수가 그려내는 한적한 풍경을 만끽하며 커피(605엔~) · 홍차(605엔~) 등의 음료를 즐길 수 있다. 커피와 잘 어울리는 케이크 · 푸딩 등의 디저트를 맛보기에도 좋다. 09:00~10:30에는 토스트 · 스콘에 샐러드와 음료가 제공되는 모닝 세트(1,540엔), 11:30~14:30에는 샌드위치(1,210엔~) 등의 런치 메뉴도 선보인다.

예산 605엔~
메뉴 일어 · 영어
영업 09:00~17:00
주소 由布市 湯布院町 川上岳本 1592-1
전화 0977-28-8500
지도 MAP 15-A5
교통 JR 유후인 由布院 역에서 도보 30분. 유후인 역에서 유노츠보 상점가 방면으로 1.3km 직진한 다음, 오른쪽으로 돌아 200m쯤 가면 오른편에 위치한 마르크 샤갈 유후인킨린코 미술관 1층에 있다.

금상 크로켓 본점
金賞コロッケ本店

유후인의 명물인 크로켓 전문점. 1987년 '일본 전국 크로켓 콘테스트'에서 금상을 받으며 일약 스타덤에 올랐다. 지금의 가게 이름도 거기서 유래한 것. 겉은 바삭하고 속은 촉촉하게 튀긴 크로켓 코롯케 コロッケ(200엔)은 금상 · 고기감자 · 게 크림 · 문어 · 치즈 · 감자 · 카레 등 7가지 맛이 있으며, 가장 인기가 높은 것은 콘테스트 당시 금상을 받은 금상 크로켓 킨쇼코롯케 金賞コロッケ다. 유노츠보 상점가 중간에도 분점(MAP 15-B4)이 있다.

예산 200엔~
영업 09:00~18:00, 12~2월 09:00~17:30
휴업 부정기적
메뉴 한국어 · 일어 · 영어
주소 由布市 湯布院町 川上 1481-7
전화 0977-28-8888
지도 MAP 15-A4
교통 JR 유후인 由布院 역에서 도보 25분. 유후인 역에서 유노츠보 상점가 방면으로 1.2km 직진한 다음, 오른쪽으로 돌아 40m쯤 가면 오른편에 있다.

도넛 ドーナツ
(187엔~)

치즈 케이크
焼き立てケーゼクーヘン(240엔)

스누피 카페 라테
スヌーピーカフェ・ラテ(880엔)

니코 도넛 강추
NICO ドーナツ

건강한 맛을 추구하는 도넛 숍.
유후인에서 재배한 콩과 16가지
곡물로 만든 도넛 도나츠 ドーナツ
(187~259엔)은 겉은 바삭하고 속은
부드러운 식감이 특징이다. 최소한의
단맛만 살려 혀끝에서 은은히
감도는 달콤함도 놓치기 힘든 매력!
코코아 · 시나몬 · 메이플 넛츠 ·
초콜릿 · 에스프레소 등 12가지 맛의
도넛을 취급하며, 쇼케이스에 진열된
것을 직접 보고 고르는 방식이라
이용하기도 쉽다. 2층에는 도넛과
함께 커피 등의 음료를 즐길 수 있는
아늑한 카페도 있다.

예산 183엔~
영업 금~월요일 10:00~17:00
휴업 화~목요일, 연말연시
메뉴 일어
주소 由布市 湯布院町 川上 3056-13
전화 0977-84-2419
홈피 www.nico-shop.jp
지도 MAP 15-B3
교통 JR 유후인 由布院 역에서 도보 5분.
유후인 역의 출구를 나와 정면으로 250m
쯤 직진하면 왼쪽에 있다.

밀히 강추
MILCH ミルヒ

달콤한 향이 후각을 자극하는
스위트 숍. 독일어로 우유를
뜻하는 '밀히 Milch'란 이름에서
미루어 짐작할 수 있듯 100%
유후인 산(産) 우유를 재료로 만드는
다양한 스위트를 선보인다.
인기 절정의 아이템은 갓 구운 치즈
케이크 야키다테케제쿠헨 焼き立て
ケーゼクーヘン(240엔)인데,
촉촉하면서도 고소한 맛이
일품이다. 산뜻한 단맛에
고소한 풍미를 더한 밀크 푸딩
미루히푸딩구 ミルヒプディング
(330엔)도 맛있다. JR 유후인 역
근처에도 분점이 있다
(MAP 15-B2).

예산 240엔~ 영업 10:30~17:30
휴업 부정기적 메뉴 한국어 · 일어 · 영어
주소 由布市 湯布院町 川上 3015-1
전화 0977-28-2800
지도 MAP 15-A3
홈피 http://milch-japan.co.jp
교통 JR 유후인 由布院 역에서 도보 15분.
유후인 역의 출구를 나와 정면으로 750m
직진하면 왼쪽에 있다.

스누피챠야
SNOOPY茶屋

마니아가 즐겨 찾는 스누피 테마
카페. 내부는 온통 스누피 그림과
인형으로 가득하며, 모니터에서는
스누피 애니가 쉴 새 없이
흘러나온다. 매장 곳곳에 숨은
그림처럼 그려 넣은 스누피 캐릭터를
찾아보는 재미도 쏠쏠하다.
깜찍한 스누피 마시멜로를 동동
띄워주는 스누피 카페 라테 スヌーピ
ーカフェ・ラテ(880엔),
스누피 맛챠 라테 スヌーピー抹茶
ラテ(880엔), 스누피 얼굴 모양의
재미난 식사 메뉴(1,848엔)가
호기심을 자극한다. 출입구와 이어진
숍에서는 스누피 캐릭터 상품도
판매한다.

예산 880엔~ 영업 10:00~17:00,
12/11~3/10 10:00~16:30
메뉴 일어 · 영어 전화 0977-85-2760
주소 湯布院市 湯布院町 川上 1524-27
홈피 www.snoopychaya.jp
지도 MAP 15-A4
교통 JR 유후인 由布院 역에서 도보 20분.
유후인 역의 출구를 나와 정면으로 1km쯤
직진하면 오른쪽에 있다.

1 걸리버 여행기의 소인국을 연상시키는 조그만 건물.
2 20~30대 여성을 겨냥한 깜찍한 아이템이 많다.

유후인 플로랄 빌리지
湯布院フローラルビレッジ

《해리 포터》를 모티브로 꾸민 테마파크 스타일의 쇼핑몰. 고작 26개의 숍이 입점한 작은 규모지만 동화 속 마을처럼 꾸민 로맨틱한 분위기가 이채롭다. 주요 아이템은 인기 애니 · 동화의 캐릭터를 테마로 만든 인테리어 소품과 생활잡화. 상품이 풍부하진 않지만 소소한 기념품이나 선물을 장만하기에는 문제가 없다. 눈에 띄는 숍은 미니카 · 앤티크 시계 · 가죽제품 · 영국풍 잡화를 취급하는 The Hideout, 클레이 애니메이션 《숀더쉽 Shaun the Sheep》의 테마 숍 The Sheep, 《이상한 나라의 앨리스》 관련 아이템만 취급하는 Life in Rose, 《피터 래빗》 캐릭터 숍 The Rabbit 등이다.

영업 09:30~17:30 휴업 부정기적
주소 由布市 湯布院町 川上 1503-3 전화 0977-85-5132
홈페 http://floral-village.com 지도 MAP 15-A4
교통 JR 유후인 由布院 역에서 도보 22분. 유후인 역에서 유노츠보 상점가 방면으로 1.1km 직진하면 오른쪽에 있다.

히노신
日乃新

세련된 스타일의 기념품점. 과자 · 절임반찬 같은 지역 특산물, 소박한 디자인의 공예품 · 인형 · 핸드메이드 비누 · 화장수, 소주 · 사케 같은 주류 등 다양한 아이템을 취급해 기념품이나 선물을 장만하기에 좋다. JR 유후인 역 · 버스 터미널 바로 옆이라 기차 · 버스를 기다리는 동안 쇼핑을 즐기기에도 편리하다.

영업 08:30~19:00, 12~2월 09:00~18:00
주소 由布市 湯布院町 川北 3-3
전화 0977-84-5515 지도 MAP 15-B2
홈페 www.yufuin-hinoshin.co.jp
교통 JR 유후인 由布院 역을 나오자마자 정면 왼쪽에 있다.

코스모스
コスモス

유후인 최대의 드러그 스토어. 의 약품 · 화장품을 중심으로 잡화 · 식료 · 주류를 두루 취급한다. 단, 후쿠오카 등 대도시의 드러그 스토어에 비해 상품 구성이 빈약하고 가격 메리트가 크지 않으니 지나친 기대는 금물! 5,000엔 이상 구입시 면세가 된다.

영업 10:00~21:00
주소 由布市 湯布院町 川上 1074-1
전화 0977-28-4300
홈페 www.cosmospc.co.jp
지도 MAP 15-A3
교통 JR 유후인 由布院 역에서 도보 15분. 유후인 역의 출구를 나와 정면으로 780m 직진하면 왼쪽에 있다. 유노츠보 상점가에서 가깝다.

에이코프
Aコープ

다양한 아이템을 취급하는 대형 슈퍼마켓. 주류 · 과자 · 조미료 등 공산품은 물론, 과일 · 채소 등의 신선 식품도 저렴하다. 료칸 · 호텔에서 먹을 주류 · 간식을 구입할 때 이용하면 편리하다. 일부 잡화는 드러그 스토어보다 싼 경우도 있으니 꼼꼼히 살펴보자.

영업 10:00~19:00 전화 0977-85-2241
주소 由布市 湯布院町 大字川上字 奈良田 3028
홈페 http://acoop-kyushu.jp
지도 MAP 15-B3
교통 JR 유후인 由布院 역에서 도보 13분. 유후인 역의 출구를 나와 정면으로 660m 직진하면 오른쪽에 있다. 유노츠보 상점가 한복판에 있다.

1 초대형 토토로 인형과 기념사진을 찍어보자.
2 귀여운 인형이나 생활잡화를 구입하기에 좋다.

동구리노모리 どんぐりの森

입구에서 초대형 토토로 인형이 손님을 맞이하는 숍.
〈이웃집 토토로〉·〈마녀 배달부 키키〉·〈붉은 돼지〉·
〈센과 치히로의 행방불명〉 등 우리에게도 친숙한
아이템이 가득한 스튜디오 지브리의 오피셜 숍이다.
인기 캐릭터가 그려진 오르골·탁상시계·화분처럼
아기자기한 상품이 많아 구경하는 재미가 쏠쏠하다.
깜찍한 디자인은 물론 실용성까지 겸비한 패션·문구·
욕실·인테리어 소품은 특히 20~30대에게 인기가
높다. 일본색 짙은 녹차 컵·화투·풍경은 기념품으로도
강추! 주방용품에 관심 있다면 명품 도자기 브랜드
노리다케에서 제작한 토토로 접시·찻잔도
눈여겨보자.

영업 10:00~17:00, 토·일·공휴일 09:30~17:30
주소 由布市 湯布院町 川上 3019-1
전화 0977-85-4785 지도 MAP 15-A3
교통 JR 유후인 由布院 역에서 도보 14분. 유후인
역의 출구를 나와 정면으로 700m 직진하면 왼쪽에
있다. 유노츠보 상점가 한복판에 있어 찾기 쉽다.

산리오야
さんりお屋

헬로 키티 마니아의 성지. 예스러운
민가를 리모델링해서 만든 숍에는 헬로
키티·리락쿠마·쿠데타마 등 산리오의
인기 캐릭터가 가득하다. 여기서만 파
는 한정판 아이템을 구입할 수 있는 것
도 놓치기 힘든 매력. 아기자기한 디자
인의 접시·밥그릇은 기념품으로 인기
가 높다.

영업 09:00~18:00
주소 由布市 湯布院町 川上 3010-1
전화 0977-28-8302
지도 MAP 15-A4
교통 JR 유후인 由布院 역에서 도보 16분.
유후인 역의 출구를 나와 정면으로 800m
직진하면 왼쪽에 있다. 유노츠보 상점가
한복판에 위치한다.

유후인 오르골의 숲
由布院オルゴールの森

맑은 음색의 오르골 전문점. 아기자
기한 디자인의 아이템이 풍부해 구경하
는 것만으로도 재미있다. 1층에는 핸드
메이드 특유의 섬세함이 돋보이는 유리
공예품 전문점 가라스노모리 ガラスの
森 매장도 있다. 강아지·고양이·도끼
등의 유리 인형은 행운의 마스코트로
인기가 높다.

영업 10:00~17:00,
토·일요일 09:30~17:30
주소 由布市 湯布院町 川上 1477-1
전화 0977-85-5015
지도 MAP 15-A5
교통 JR 유후인 由布院 역에서 도보 24분.
유후인 역의 출구를 나와 정면으로 1.2km
직진하면 왼쪽에 있다. 유노츠보 상점가의
동쪽 끝에 있다.

크래프트관 하치노스
クラフト館蜂の巣

벌집 모양의 건물이
눈길을 끄는 공예품점.
나무·도자기·가죽 등
천연소재로 만든 다양한 핸드메이드
제품을 취급하며, 주요 상품은 장난감·
문구·엑세서리·식기나. 깜찍한
동물 모양의 벽시계, 따스한 질감이
매력인 나무 그릇·숟가락처럼
유니크한 아이템이 풍부하다.

영업 09:30~18:00
주소 由布市 湯布院町 川上 1507-1
전화 0977-84-5850 지도 MAP 15-A3
교통 JR 유후인 由布院 역에서 도보 22분.
유후인 역의 출구를 나와 정면으로 1.1km
직진하면 왼쪽에 있다. 유노츠보 상점가
한복판에 위치한다.

히타 日田

후쿠오카와 유후인의 중간에 위치한 히타는 인구 6만의 소도시다. 규슈 서부와 동부를 잇는 교통의 요지로 17세기부터 개발이 시작돼 에도 시대가 막을 내릴 때까지 바쿠후 幕府 직할령으로 통치를 받아왔다. 태평양 전쟁의 피해를 거의 입지 않은 덕분에 구시가는 한 세기 전의 고즈넉한 풍경을 변함없이 간직하고 있다. 도시 규모가 작아 두세 시간이면 충분히 돌아볼 수 있으니 유후인에서 당일치기로 다녀오거나 후쿠오카에서 유후인을 오가는 사이에 잠시 들러도 좋다.

마메다마치 상점가
🌐 www.hita-mameda.jp

유후인 → 히타

JR 유후인 역에서 히타 日田 역까지 특급·보통 열차를 이용한다. 운행 간격이 뜸하니 미리 열차 시각표를 확인하고 이용하는 게 안전하다.
히타 역은 조그만 시골역이다. 출구를 나와 오른쪽으로 가면 여행 인포메이션 센터가 있으며, 주요 명소가 모인 마메다마치까지는 1km 정도 떨어져 있다(도보 20분). 렌터카 이용시 히타까지는 1시간쯤 걸린다.

유후인 → 히타

특급열차 51분, 2,130엔
보통열차 1시간 10분, 1,130엔
북큐슈 레일 패스 사용 가능

히타 시내교통

시내버스가 운행되지만 노선을 알아보기 힘들고 노선 수도 적어 여행자가 이용할 가능성은 희박하다. 마메다마치까지는 걷거나 택시 또는 인포메이션 센터의 대여 자전거를 이용한다. 거리가 먼 삿포로 맥주 공장까지는 택시 이용이 필수다.

마메다마치
豆田の町並み

흔히 '규슈의 작은 교토 京都'라고 불리는 거리.
1601년 마루야마 성 丸山城을 중심으로 형성된 거주지이며, 당시 모습을 고스란히 간직한 예스러운 건물이 가득해 과거로의 시간 여행을 즐길 수 있다. 거리를 따라 기념품과 지역 특산물을 파는 숍이 모여 있어 이를 구경하는 재미도 쏠쏠하다.
🗺 MAP 33-D2
🚉 JR 히타 日田 역에서 도보 20분.

히타쇼유 히나고텐
日田醤油 雛御殿

170년의 역사를 뽐내는 간장 가게. 맛 좋은 간장과 국수장국을 판매해 인기가 높다.
영업 09:00~17:00
휴업 1/1
🗺 MAP 33-D1
🚉 JR 히타 日田 역에서 도보 25분.

쿤쵸 양조장 자료관
薫長酒蔵資料館

1702년에 세워진 양조장. 전통 니혼슈 양조 공정 견학 및 시음. 구입을 할 수 있다.
영업 09:30~16:30
휴업 연말연시, 부정기적
🌐 www.kuncho.com
🗺 MAP 33-D2
🚉 JR 히타 日田 역에서 도보 25분.

삿포로 맥주 규슈 히타 공장
サッポロビール九州日田工場

삿포로·에비스 맥주의 규슈 공장. 맥주 생산 과정 견학 투어를 운영한다. 예약은 홈페이지에서 하며, 유료 투어(20분, 400엔) 선택시 맥주 시음도 가능하다.
영업 10:00~17:00
휴업 월·화요일, 연말연시
🌐 www.sapporobeer.jp/brewery/kyushuhita
🚉 JR 히타 역 택시 10분.

벳푸

Beppu check point

Beppu quick guide

Beppu day trip

오이타 국제공항에서 벳푸로

주변 도시에서 벳푸로

벳푸 시내교통

Beppu check point

벳푸 8대 명소

1 지옥 순례 솟구치는 열탕과 증기가 지옥을 연상시키는 온천 탐방 코스 ➡p.256

2 칸나와온센 마을 13세기에 조성된 온천 마을. 고즈넉하게 즐기는 산책과 온천 ➡p.257

3 시다카 호수 그림 같은 풍경의 평온한 호수. 초록빛으로 가득한 봄~가을 추천! ➡p.266

4 타케가와라 온천 140년 역사를 자랑하는 벳푸의 터줏대감. 옛 방식 그대로의 온천 ➡p.245

5 솔 파세오 긴자 상점가 60년 역사가 녹아든 상점가. 서민적인 숍·식당이 밀집 ➡p.244

6 아프리칸 사파리 벳푸에서 만나는 아프리카 초원. 동물 먹이주기 체험이 인기 ➡p.269

7 타카사키야마 자연동물원 울타리가 없는 체험형 동물원. 코앞에서 만나는 야생 원숭이 ➡p.270

벳푸 6대 맛집

1 토요츠네 신선한 제철 재료만 사용하는 튀김. 90년 역사를 자랑하는 전통의 맛집 ➡p.247

2 오와다스시 벳푸 산 생선을 중심으로 선보이는 다채로운 초밥. 양도 푸짐 ➡p.247

3 토요켄 일본 최초로 닭튀김을 만든 중화요리 전문점. 포근한 식감의 튀김이 인상적 ➡p.248

4 카이센이즈츠 합리적인 가격에 선보이는 질 좋은 생선회. 회 종류는 매일 변경 ➡p.248

5 교자 코게츠 엄지손가락이 자동으로 올라가는 육즙 가득 군만두. 맥주를 부르는 맛 ➡p.250

6 그릴 미츠바 혼밥하기 좋은 경양식집. 추천 메뉴는 두툼한 비프 커틀릿 ➡p.249

벳푸 2대 숍

1 유메타운 벳푸 벳푸 최대의 쇼핑센터. 패션·생활잡화·프라모델 등 다양한 상품 구성이 매력. 대형 푸드코트와 슈퍼마켓도 입점 ➡p.251

2 니토리 일본판 이케아로 통하는 인테리어·잡화 숍. 기발한 아이디어 상품이 쇼핑 포인트, 가격도 저렴 ➡p.251

공항 → 벳푸

오이타 국제공항 1·2번 정류장에서 출발하는 버스를 이용한다. 공항↔벳푸를 단순 왕복할 때는 편도 티켓보다 왕복 티켓을 구입하는 게 저렴하다 ➡p.234

오이타 국제공항 → 벳푸
버스 48~51분, 편도 1,500엔, 왕복 2,600엔

주변도시 → 벳푸

후쿠오카에서는 기차·버스를 이용한다. 시간은 비슷하게 걸리며 요금은 버스가 저렴하다. 유후인에서는 버스가 저렴하고 편리하다. 기타큐슈에서는 기차·버스를 이용한다. 운행편수가 많은 기차가 편리하지만, 요금은 버스가 훨씬 저렴하다 ➡p.235

후쿠오카 → 벳푸
특급열차 2시간 10분~2시간 30분, 6,470엔
고속버스 2시간~2시간 45분, 3,250엔

유후인 → 벳푸
보통열차 1시간 15분, 1,130엔
버스 1시간 940엔

기타큐슈
특급열차 1시간 20분~1시간 40분, 4,860엔 　**버스** 3시간 15분, 4,030엔

시내교통

주요 교통수단은 버스. 카메노이 버스와 오이타 버스가 있으며, 주요 명소는 카메노이 버스 노선상에 위치한다. 버스 요금이 비싸 1일권 구입은 필수다. 카메노이 버스 전용인 '마이 벳푸 프리'를 구입한다. 산큐 패스 소지자는 카메노이·오이타 버스를 무료로 이용할 수 있어 1일 권을 구입할 필요가 없다 ➡p.238

마이 벳푸 프리
미니 1일권 1,000엔, 2일권 1,600엔 　**와이드** 1일권 1,700엔, 2일권 2,600엔

온천

규슈 제일의 온천 휴양지답게 온갖 종류의 온천을 이용할 수 있다. 온천마다 온천수의 성분과 효능이 다르니 확인하고 이용하자. 1박 이상하며 느긋하게 온천을 즐기길 추천한다. 당일치기 여행 또는 온천이 없는 숙소에 묵을 경우 시영온천 또는 료칸에서 운영하는 고급 온천을 찾아간다 ➡p.252·263

호텔

JR 벳푸 역과 벳푸키타하마 버스 센터 주변에 저렴한 호텔과 온천 료칸이 모여 있다. 교통이 편하고 주변에 레스토랑·숍이 모여 있어 편리하다. 알뜰 여행을 추구한다면 이 주변의 숙소를 알아보자.

고급 호텔·료칸은 벳푸 시내 곳곳에 흩어져 있어 버스·택시 이용이 필수다. 일부 호텔·료칸에서는 JR 벳푸 역까지 무료 셔틀버스를 운행하기도 하니 예약시 확인한다. 숙소에 딸린 온천 시설이 좋을수록 여행의 만족도가 높아진다는 사실도 잊지 말자.

Beppu quick guide

벳푸는 어떤 곳?

도쿄의 아타미, 홋카이도의 노보리베츠와 더불어 일본 온천의 대명사로 통하는 벳푸. 예부터 온천 휴양지로 각광 받아온 이곳은 멀리서 보면 곳곳에서 하얀 수증기가 올라오는 모습이 마치 도시 전체가 부글부글 끓고 있는 듯한 착각에 빠지게 한다. 이 조그만 도시에서 하루에 샘솟는 온천수는 무려 13만 7,000㎘, 그리고 이를 활용한 1만여 개의 온천이 도시 전역에 산재해 있다. 벳푸의 총인구는 고작 15만 명에 불과하지만 온천을 찾아 해마다 이곳을 방문하는 외지인은 1,300만 명으로 이 도시의 밥줄은 바로 온천에서 얻어지는 엄청난 관광 수입이라 해도 과언이 아니다.

❶ 칸나와온센 ➡p.255

벳푸 제일의 볼거리로 꼽는 지옥 순례가 위치한 곳이다. 규모가 크지 않아 두세 시간이면 충분히 돌아볼 수 있다. 온천·숙박시설이 주를 이루며 레스토랑·숍 등의 편의시설은 별로 없다. 벳푸 역에서 출발하는 노선 버스를 이용해 쉽게 찾아갈 수 있다.

칸나와온센
❶

버스 20분

도보 10분
❸ 벳푸키타하마 버스 센터
❷
벳푸 역

버스 30분

벳푸 주변
❹

❷ 벳푸 역 ➡p.243

주변도시와 시내의 주요 명소를 연결하는 교통 중심지다. 역 주변으로 상점가·숍·레스토랑이 모여 있다. 볼거리는 풍부하지 않다.

❹ 벳푸 주변 ➡p.265

벳푸의 자연을 체험할 수 있다. 호젓한 호수와 산행을 즐기기에 좋은 규슈 올레 벳푸 코스가 여기 위치한다. 남쪽으로는 타카사키야마 자연동물원과 오이타 마린 팰리스 수족관 우미타마고가 있다. 버스 운행이 뜸하니 시각표를 확인하고 움직여야 한다.

❸ 벳푸키타하마 버스 센터

오이타 국제공항과 주변도시를 연결하는 버스가 발착하는 곳이다. 주변에 숍·숙박시설이 모여 있다. 타카사키야마 자연동물원 방면 버스는 여기서 탄다.

Beppu day trip

모지코
❶

코쿠라
❷

❶ 모지코 門司港 ➡p.336

20세기 초의 풍경이 남겨진 항구 도시다. 번영의 일로를 걷던 100년 전 모습을 간직한 서양식 건물이 흥미롭다. 기타큐슈의 명물 먹거리 야키카레의 발상지란 사실도 잊어선 안 될듯!

벳푸→모지코
특급＋보통열차 1시간 40분

❷ 코쿠라 小倉 ➡p.330

기타큐슈의 다운타운이자 벳푸 인근에서 가장 번화한 지역이다. 볼거리가 별로 없어 여행지로서의 매력은 떨어지지만, 상점가와 대형 쇼핑몰이 집중돼 쇼핑을 즐기기에 좋다.

벳푸→코쿠라
특급열차 1시간 20분
버스 2시간 10분

❸ 유후인 由布院 ➡p.201

차분한 온천 마을의 정취가 감도는 고급 휴양지다. 호젓한 자연과 분위기 만점의 온천을 체험할 수 있는 것은 물론, 활기찬 상점가를 중심으로 도시적 일상도 누릴 수 있어 매력적이다.

벳푸→유후인
보통열차 1시간 15분
버스 1시간

❸ 유후인

벳푸

오이타
국제공항에서
벳푸로

오이타 국제공항은 규모가 작고 구조도 단순해 이용하기 쉽다. 공항에서 벳푸 시내까지의 거리는 약 48km이며, 도심을 연결하는 교통편은 공항버스·택시·렌터카 등이 있다. 택시는 요금이 무척 비싸니 상대적으로 요금이 저렴한 공항버스를 이용하는 게 경제적이다. 공항버스는 입국장 바로 앞에서 출발하며 정류장 안내가 한글로도 나와 이용에 어려움이 없다.

세 줄 요약

오이타 국제공항

국제선과 국내선이 하나의 건물로 붙어 있다. 편의시설은 국내선 쪽에 모여 있다.

공항버스

벳푸키타하마 버스 센터 또는 JR 벳푸 역에서 내리며 소요시간은 48~51분이다.

왕복권 구입

공항버스 티켓은 편도보다 왕복으로 구입하는 게 저렴하다.

오이타 국제공항

[홈피] www.oita-airport.jp

오이타 국제공항

공항버스

오이타 국제공항→벳푸키타하마 버스 센터
48분, 편도 1,500엔, 왕복 2,600엔
오이타 국제공항→JR 벳푸 역
51분, 편도 1,500엔, 왕복 2,600엔
산큐 패스 사용 가능

벳푸→오이타 국제공항

JR 벳푸 역 동쪽 출구 東口 앞의 정류장 또는 벳푸키타하마 버스 센터 맞은편의 2번 정류장(➡p.239)에서 공항버스가 출발한다. JR 벳푸 역에서 출발하는 버스는 운행 간격이 뜸해 이용하기 조금 불편하다.

오이타 국제공항 大分国際空港

인천 국제공항에서 오이타 국제공항까지 제주항공이 매주 3회 운항한다. 오이타 국제공항은 국제선과 국내선 건물이 하나로 붙어 있으며, 입국장은 1층에 위치한다. 같은 층에는 여행정보를 제공하는 인포메이션 센터·편의점·렌터카 대여소 등의 편의시설과 누구나 자유로이 이용 가능한 무료 족탕이 있다.

출국장은 건물 밖에서 입국장을 바라볼 때 오른쪽에 위치한다. 항공편 운항 시각에 맞춰 문을 여는데, 편의시설이 무척 빈약하니 기념품 쇼핑은 시내에서 마치고 오거나 입국장과 연결된 국내선 쪽의 매점을 이용하는 게 좋다.

공항버스 空港バス

시내로 들어갈 때는 공항버스를 이용한다. 버스 정류장은 입국장 1층의 출구를 나와 왼쪽으로 조금만 가면 있다. 네 개의 정류장이 있는데 벳푸키타하마 別府北浜 버스 센터(MAP 17-B5)로 가는 버스는 1번 정류장, 벳푸키타하마 버스 센터를 경유해 JR 벳푸 別府 역(MAP 17-C2)까지 가는 버스는 2번 정류장에서 출발한다. 버스 티켓은 자판기에서 판매하며 편도보다 왕복권이 저렴하다. 왕복권은 혼자서 왕복으로 이용하거나 두 명이 편도로 한 장씩 이용해도 된다.
버스 안내방송은 영어·일어로 나오며 정차할 정류장의 이름이 모니터에 한글로도 표시돼 이용에 큰 어려움은 없다.

공항버스

주변 도시에서 벳푸로

후쿠오카 · 유후인 · 기타큐슈 등 주변 도시에서 갈 때는 기차 · 버스 · 렌터카를 모두 이용할 수 있다. 각각 장단점이 있으니 꼼꼼히 비교해보고 편리한 쪽을 선택하자. 일반적으로 운행 편수가 많고 편의시설이 충실한 특급열차의 이용 비율이 높다. 경비를 절약하려면 요금이 저렴한 버스를 이용해도 좋다.

세 줄 요약

후쿠오카 → 벳푸

기차가 빠르고 편리하다. 단, 요금은 버스가 기차보다 절반 정도 저렴하다.

유후인 → 벳푸

갈아타는 불편함이 없고 운행 편수가 많은 버스를 이용하는 게 편리하다.

기타큐슈 → 벳푸

기차가 유리하다. 버스는 요금이 저렴한 대신 운행 편수가 적어 불편하다.

후쿠오카 → 벳푸 福岡 → 別府

기차 · 버스를 모두 이용할 수 있다. 운행 편수가 많고 속도가 빠른 기차가 편리하지만, 요금은 버스가 절반 정도로 저렴하다.

기차 JR

JR 하카타 博多 역(MAP 7-H3)에서 특급열차 소닉 ソニック이 20~40분 간격으로 운행한다. 기차가 도착하는 곳은 벳푸 동쪽에 위치한 JR 벳푸 別府 역이다.

버스 バス

하카타 버스터미널 博多バスターミナル (MAP 6-A3) 3층의 34번 승강장 텐진 고속버스 터미널 天神高速バスターミナル (MAP 8-F4) 3층의 5번 승강장에서 벳푸 행 고속버스가 출발한다. 1일 12~16회 운

벳푸 행 고속버스

행하며 하카타 버스터미널→텐진 고속버스 터미널→후쿠오카 국제공항을 경유해 종점인 벳푸키타하마 버스 센터에 도착한다.

렌터카 レンタカー

후쿠오카에서 벳푸까지의 거리는 약 145km. 고속도로 경유시 2시간쯤 걸리며 통행료는 승용차 기준 3,670엔이다.

후쿠오카 → 벳푸

특급열차
2시간 10분~2시간 30분, 6,470엔
북큐슈 레일 패스 사용 가능
버스
2시간~2시간 45분, 3,250엔
산큐 패스 사용 가능

벳푸의 역 · 버스 터미널

JR 벳푸 別府 역
1층에 매표소 · 개찰구, 2층에 플랫폼이 있으며 규모가 작아 이용하기 쉽다. 출구는 동쪽 東口과 서쪽 西口 두 개가 있다. 여행정보와 명소 · 온천의 할인권을 제공하는 인포메이션 센터는 동쪽 출구 쪽에 위치한다. 상점가를 비롯한 다운타운은 동쪽 출구를 나가면 바로 앞에 있다(MAP 17-B2).
벳푸키타하마 버스 센터 別府北浜バスセンター
주변 도시를 연결하는 고속버스가 발착하는 곳이다. 규모가 작아 매표소 · 휴게시설을 제외하고는 특별한 편의시설이 없다. 상점가 · 해변에서 가까우며 JR 벳푸 역과는 550m 떨어져 있다(MAP 17-B5).

유후인 → 벳푸

특급열차 1시간, 2,130엔
보통열차 1시간 15분, 1,130엔
북큐슈 레일 패스 사용 가능
버스 1시간, 940엔
신큐 패스 사용 가능

기차보다 버스의 운행 편수가 많고 요금도 저렴하다. 벳푸까지 직행편을 운행하는 버스와 달리 기차는 중간에 갈아타야 해 조금 불편하단 사실도 알아두자.

기차 JR

유후인에서 벳푸까지의 직행열차는 1일 4회밖에 없다. 때문에 JR 오이타 大分 역으로 가서 벳푸 別府 행 열차로 갈아타는 게 일반적이다. 유후인→오이타는 1~2시간 간격, 오이타→벳푸는 10~30분 간격으로 운행하며, 열차가 도착하는 곳은 JR 벳푸 別府 역이다.

벳푸~유후인 보통열차

버스 バス

카메노이 亀の井 36번과 유후린 ゆふりん의 두 개 노선이 운행된다. 소요시간과 요금은 동일하므로 어느 쪽을 선택해도 무방하다. 단, 짐이 많을 때는 시설이 쾌적한 유후린을 이용하는 게 편리하다. 버스는 유후인에키마에 버스 센터(MAP 15-B2)에서 출발한다. 도착하는 곳은 카메노이 36번 버스는 JR 벳푸 역 서쪽 출구 西口(MAP 17-B2)이며, 유후린은 벳푸키타하마 버스 센터(MAP 17-B5)를 경유해 JR 벳푸 역 동쪽 출구 東口 앞(MAP 17-B2)까지 간다.

벳푸키타하마 버스 센터

렌터카 レンタカー

유후인에서 벳푸까지의 거리는 약 24km. 11번 국도를 따라 가면 40~50분 걸린다.

기타큐슈 → 벳푸

특급열차
1시간 20분~1시간 40분, 4,860엔
북큐슈 레일 패스 사용 가능
버스
3시간 15분, 4,030엔
신큐 패스 사용 가능

기차·버스를 이용할 수 있다. 편리함과 속도로는 기차가 유리하다. 버스는 시간이 오래 걸리고 운행 편수가 적은 대신 요금이 기차의 절반 수준으로 저렴하다.

기차 JR

JR 코쿠라 小倉 역(MAP 26-C4)에서 특급열차 소닉 ソニック과 니치린 にちりん이 20~40분 간격으로 운행한다. 기차가 도착하는 곳은 벳푸 동쪽에 위치한 JR 벳푸 別府 역이다.

버스 バス

JR 코쿠라 역 남쪽 출구 南口 앞의 버스 정류장(MAP 26-C5)에서 나가사키 행 버스를 타고 코소쿠키야마 정류장으로 가서 벳푸 행 버스로 갈아탄다. 내리는 곳은 벳푸키타하마 버스 센터다(MAP 17-B5).

벳푸 행 고속버스

렌터카 レンタカー

기타큐슈에서 벳푸까지의 거리는 약 115km. 고속도로 경유시 1시간 40분 걸리며 통행료는 승용차 기준 3,620엔이다.

벳푸
시내교통

규모가 작은 JR 벳푸 역 주변은 도보로 충분히 돌아볼 수 있다. 그러나 벳푸 역을 제외한 나머지 지역은 도심에서 거리가 멀고 언덕 · 산길을 올라가야 해 대중교통 이용이 필수다. 가장 편리한 교통편은 주요 명소를 거미줄처럼 연결하는 카메노이 버스다. 요금이 은근히 비싸 경제적으로 이용하려면 1일권을 구입하는 게 현명하다.

세 줄 요약

카메노이 버스
여행자의 발과 같은 존재. 벳푸의 주요 명소가 거의 모두 이 버스의 노선상에 있다.

오이타 버스
노선이 적어 이용 가능성이 낮다. 벳푸 외곽의 명소를 찾아갈 때만 한두 번 이용한다.

마이 벳푸 프리
카메노이 버스를 자유로이 이용할 수 있는 1일권. JR 벳푸 역의 인포메이션 센터에서 판매한다.

버스 バス

벳푸에서 버스 이용은 절대적이다. JR 벳푸 역 주변을 제외한 나머지 지역은 도심에서 거리가 멀뿐만 아니라 언덕과 산길로 이루어져 있어 걷는 것 자체가 불가능하기 때문! 버스는 카메노이 버스와 오이타 버스의 두 개 회사에서 운행하며 차량의 색깔과 로고로 구별한다.

카메노이 버스 亀ノ井バス

주요 명소가 거의 모두 카메노이 버스의 노선상에 위치해 이 회사의 버스만 타고 다녀도 무리가 없다. 일반 노선버스는 파란색 차체에 버스 정면에 거북 등 모양의 로고가 붙어 있다. 벳푸~유후인 구간을 오가는 쾌속버스 유후린 ゆふりん도 운행하는데, 빨간색 차체에 유후린 마크가 붙어 있어 일반 노선버스와 구별된다. 요금은 노선버스와 동일하지만 시설이 쾌적해 비슷한 구간을 이동할 때는 노선버스보다 유후린을 이용하는 게 좀 더 편리하다.

오이타 버스 大分バス

노선이 한정적이라 여행자가 이용할 가능성은 적다. 카메노이 버스가 운행하지 않는 벳푸 남부의 타카사키야마 자연동물원 · 오이타 마린 팰리스 수족관 우미타마고로 갈 때 이용하는 게 전부라고 봐도 무방하다. 오렌지색 차체에 버스 정면에 별 모양의 로고가 붙어 있어 카메노이 버스와 쉽게 구별된다.

버스

🕐 06:30~23:00(노선마다 다름)
💴 1회 150엔~
산큐 패스 사용 가능
카메노이 버스
🌐 www.kamenoibus.com
오이타 버스
🌐 www.oitabus.co.jp

카메노이 버스

오이타 버스

유후린

실전 버스 타기 バス利用

40여 개에 이르는 노선이 거미줄처럼 얽혀 있어 초행자가 이용하기는 조금 까다롭다. 헤매지 않고 이용하려면 오른쪽 페이지의 노선도를 보고 주요 명소를 연결하는 2·5·7·8·16·16A·26·26A·36·37·41번 카메노이 버스, 유후린 버스, AS60·AS61번 오이타 버스의 14개 노선만 기억하면 된다.

버스는 JR 벳푸 역 서쪽 출구 西口와 동쪽 출구 東口, 벳푸키타하마 버스 센터를 기점으로 운행한다. 칸나와온센 방면으로 갈 때는 서쪽 출구, 치노이케·타츠마키 지옥 방면으로 갈 때는 동쪽 출구·벳푸키타하마 버스 센터를 이용한다.

버스 정류장

버스는 뒷문으로 타고 앞문으로 내린다. 뒷문으로 탈 때 발권기에서 번호가 적힌 정리권 整理券(세이리켄)을 뽑고, 내릴 때 거기 적힌 번호와 운전석 왼쪽 위의 모니터에 표시된 번호가 일치하는 칸의 요금을 낸다(이용법 ➡p.113). 주요 정류장에서는 한국어 안내 방송도 나오는데, 초행자는 정류장을 파악하기 힘드니 미리 운전사에게 내릴 곳을 알려달라고 부탁하는 게 좋다.

버스 1일권, 마이 벳푸 프리 My べっぷ Free

버스 이용의 가장 큰 걸림돌은 만만치 않은 요금이다. 20~30분만 이동해도 요금이 300~400엔을 훌쩍 넘어서는 까닭에 버스를 경제적으로 이용하려면 1일권 '마이 벳푸 프리 My べっぷ Free' 구입이 필수다. 단, 산큐 패스 사용자는 카메노이 버스를 자유로이 탈 수 있으니 구입하지 않아도 된다.

마이 벳푸 프리는 카메노이 버스 전용이라 오이타 버스는 탈 수 없지만, 주요 명소가 대부분 카메노이 버스의 노선상에 있어 이용에 큰 불편은 없다. 사용 구간이 벳푸 시내로 제한되는 미니 프리 ミニフリー와 시외까지 커버하는 와이드 프리 ワイドフリー가 있는데, 시외의 아프리칸 사파리·유후인까지 갈 계획이 아니라면 미니 프리로 충분하다.

마이 벳푸 프리는 JR 벳푸 역 구내의 인포메이션 센터에서 판매한다. 뒷면에 날짜가 적힌 부분에 은박이 입혀 있는데, 사용하고자 하는 날에 해당하는 부분의 은박을 동전으로 긁어서 벗기면 사용 개시가 된다.

택시 タクシー

택시 요금은 차량의 크기에 따라 다르며 자세한 요금은 운전석 옆에 표시돼 있다. 시간·거리 병산제에 심야할증까지 있어 요금이 우리나라보다 비싼데 JR 벳푸 역에서 대표적 명소인 칸나와온센까지의 요금은 3,000엔정도다. 영어가 잘 통하지 않아 목적지명을 일본어·한자로 보여주는 게 좋다. 택시 문은 자동으로 열리고 닫히게 운전석에서 조작하므로 자신이 직접 여닫을 필요는 없다. 벳푸 시내와 주요 관광지를 제외한 지역에서는 택시를 잡기 힘드니 주의하자.

마이 벳푸 프리

마이 벳푸 프리에는 온천·관광지에서 사용 가능한 할인권도 포함돼 있다.

미니 프리 1일권
1,000엔, 고등학생·중학생 800엔, 초등학생 500엔

미니 프리 2일권
1,600엔, 초등학생 800엔

와이드 프리 1일권
1,700엔, 초등학생 850엔

와이드 프리 2일권
2,600엔, 초등학생 1,300엔

택시

소형차
[기본] 기본요금 1km 500엔
추가요금 181m당 50엔

중형차
[기본] 기본요금 1km 520엔
추가요금 119m당 50엔

JR 벳푸 역 버스정류장

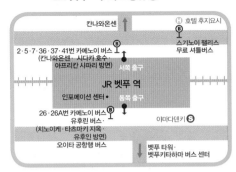

벳푸키타하마 버스 센터

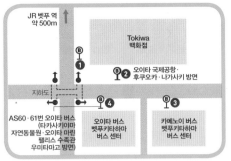

카메노이 버스 주요 노선도

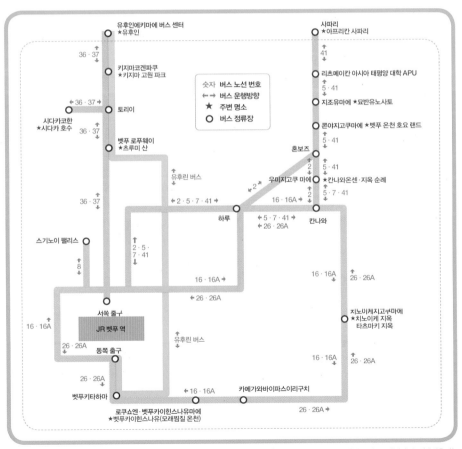

※ 마이 벳푸 미니 프리는 점선 이내 구간만 사용가능. 벳푸 프리 와이드는 전체 사용 가능

best course

이틀 동안 버스를 타고 다니므로 버스 2일권(마이 벳푸 프리 미니)을 구입한다. 단, 산큐 패스 소지자는 버스 이용이 무료이므로 구입할 필요가 없다.

소요시간 7시간~ **입장료** 2,200엔 **식비** 4,000엔~
교통비 마이 벳푸 프리 미니 2일권 1,600엔~

1 JR 벳푸 역
마이 벳푸 프리 미니 2일권 구입

버스 20분
2·5·7·41번 버스 승차, 우미지고쿠마에 하차

2 오니이시보즈 지옥·우미 지옥 p.258

도보 5분

3 카마도 지옥·오니야마 지옥 p.259

도보 2분

4 시라이케 지옥 p.260

도보 3분

5 칸나와온센 마을 p.257

도보 5분

6 코코치 카페 무스비노 점심 식사 p.262

버스 7분
칸나와 2번 정류장에서 16·16A번 버스 승차,
치노이케지고쿠마에 하차

7 치노이케 지옥·타츠마키 지옥 p.260

버스 25분
16·16A번 버스 승차, 벳푸키타하마 하차

8 솔 파세오 긴자 상점가 p.244

도보 2분

9 타케가와라 온천
온천 즐기기 p.245·253

도보 14분

10 토요츠네 저녁 식사, 튀김덮밥 p.247

⑦ 치노이케 지옥·타츠마키 지옥

② 오니이시보즈 지옥·우미 지옥
③ 카마도 지옥·오니야마 지옥
④ 시라이케 지옥
⑤ 칸나와온센 마을
⑥ 코코치 카페 무스비노

⑩ 토요츠네
① JR 벳푸 역
⑧ 솔 파세오 긴자 상점가
⑨ 타케가와라 온천

MAP 16 참조

best course

#2 벳푸 주변 여행

버스 2일권을 계속 사용한다. 단, 벳푸키타하마 버스 센터↔타카사키야마 자연동물원 구간은 2일권이 통용되지 않는 오이타 버스에서 운행해 따로 요금을 내야 한다.

소요시간 7시간~　　입장료 520엔~　　식비 4,000엔~
교통비 480엔~

① JR 벳푸 역

버스 30분
36 · 37번 버스 시다카코한 하차

② 시다카 호수 p.266

버스 30분+도보 10분
36 · 37번 버스 JR 벳푸 역 하차

③ 벳푸키타하마 버스 센터

버스 10분
4번 정류장에서 AS60 · 61번 버스 승차,
타카사키야마 하차

④ 타카사키야마 자연동물원 p.270

버스 10분+도보 4분
AS60 · 61번 버스 승차, 벳푸유메타운마에 하차

⑤ 카이센이즈츠
저녁 식사, 회덮밥 p.248

도보 5분~

⑥ 온천 즐기기 p.252 · 263

MAP 16 참조

벳푸 역
別府駅

JR 벳푸 역 주변은 이 일대에서 가장 번화한(?)
다운타운이다. 하지만 세련된 면모보다는 소박한
지방 도시의 풍경이 펼쳐지는 게 현실. 산책삼아
거리를 거닐며 세월의 흔적이 고스란히 새겨진
상점가와 오랜 역사의 온천을 돌아보는 것으로
충분하다. 벳푸에서 가장 많은 맛집이 모인 지역이라
조촐하게나마 식도락을 즐길 수 있는 것도 나름의
매력이다.

볼거리 ★★☆☆☆
먹거리 ★★★☆☆
쇼　핑 ★☆☆☆☆
유　흥 ★★☆☆☆

벳푸 역

버스 20분

칸나와온센

must see

솔 파세오 긴자 상점가 p.244
70~80년대 분위기가 감도는 상점가.
타케가와라 온천 p.245
오랜 역사의 고풍스러운 온천.
벳푸 온천 즐기기 p.252
단돈 100엔에 이용 가능한 시영온천
에서 최고급 노천온천까지!

must eat

토요츠네 p.247
90년 역사의 튀김덮밥 맛집.
오와다스시 p.247
싱싱한 재료가 매력인 초밥.
카이센이즈츠 p.248
싸고 질 좋은 생선회 맛집.
교자 코게츠 p.250
맥주와 즐기는 육즙 가득 군만두.

must buy

유메타운 벳푸 p.251
벳푸 최대 규모를 자랑하는 쇼핑센터.
셀렉트 벳푸 p.251
로컬 아티스트가 만든 스페셜 잡화.
니토리 p.251
일본판 이케아로 통하는 인테리어 숍.

#천장이 덮여 있어 비가 와도 OK
#예스러운 분위기의 상점가 #식당・주점 이용이 편리

ソ ★★★☆☆
ル パ セ オ 銀座商店街 솔 파세오 긴자 상점가

발음 소루파세오긴자쇼-뗀가이 영업 숍 10:00~18:00, 레스토랑
11:00~20:00(숍・레스토랑마다 다름)
휴무 연말연시 지도 MAP 17-C4
교통 JR 벳푸 別府 역 동쪽 출구 東口에서 도보 5분. 동쪽 출구를 나와 정면의
내리막길을 따라 350m 직진하면 오른쪽에 있다.

60여 년의 역사를 간직한 서민적인 상점가. 300m 가량 길게
이어지며 천장이 덮인 아케이드식 상점가라 아무리 날씨가 궂어도
걱정없이 돌아볼 수 있다. 일본 각지에서 모여드는 수학여행단의
필수 방문 코스로 꼽히던 1970년대에는 기념품 상가로 큰 인기를
누렸다. 하지만 쇠락의 길을 걷는 지금은 100여 개의 식당・
주점・잡화점이 모인 동네 상점가로 가까스로 명맥을 유지하고
있을 뿐이다. 전반적으로 활기를 찾아보긴 힘들지만,
1970~1980년대의 모습을 간직한 상점과 온천가 특유의
분위기가 어린 예스러운 유흥가의 풍경이 색다른 볼거리로
다가온다. 상점가 중간에는 지역 특산품 및 공예품을 선보이는
전시장 Platform 02・07도 있으니 잠시 들러봐도 좋을 듯.
한 블록 옆에 위치한 야요이텐구도리 やよい 天狗通り 상점가에는
새빨간 얼굴에 거대한 코를 가진 텐구 天狗 상이 놓여 있어 눈길을
끈다. 화마(火魔)를 막는 신통력이 있다고 해 화재 예방차원에서
지금의 사당을 세우고 텐구 상을 모시게 됐다고.

1 상점가 안에 주점・식당이 모여 있어 편리하다.
2 아기자기하게 꾸민 숍이 호기심을 자극한다.
3 화마를 막아준다는 붉은 얼굴의 텐구 상.

的 ★★☆☆☆
ヶ浜公園 마토가하마 공원

발음 마또가하마꼬-엔 **지도** MAP 17-A5
교통 JR 벳푸 別府 역 동쪽 출구 東口에서 도보 18분. 동쪽 출구를 나와 정면의 내리막길을 따라 500m쯤 가면 삼거리가 나온다. 거기서 왼쪽으로 돌아 400m 쯤 가면 오른쪽에 있다.

길이 350m의 모래사장이 딸린 해변공원. 푸른 잔디가 깔린 공원에는 조각과 분수대 등의 조형물이 설치돼 있다. 인공해변인 까닭에 모래가 조금 거칠지만 방파제가 설치된 해변은 파도가 잔잔해 물놀이를 즐기기에 적당하다. 시내에서 가까워 산책삼아 다녀오기에 용이한 것도 장점이다.

벳푸의 정취가 녹아든 타케가와라 온천.

竹 ★★★★☆
瓦温泉 타케가와라 온천

발음 타께가와라온센 **개관** 06:30~22:30
휴관 매월 셋째 수요일 **요금** 300엔
지도 MAP 17-D4
교통 JR 벳푸 別府 역 동쪽 출구 東口에서 도보 15분. 동쪽 출구를 나와 정면의 내리막길을 따라 500m 직진한 다음, 오른쪽의 골목으로 들어가 250m쯤 가면 오른편에 있다.

벳푸의 대명사로 통하는 유서 깊은 온천. 1879년 문을 열었으며 건물이 지어질 당시 '대나무로 이은 지붕(타케가와라 竹瓦)'을 얹은 까닭에 지금의 이름이 붙었다. 의료시설이 부족하던 과거에는 신경통·관절통 치료 목적으로 찾는 이가 많아 주변이 온통 숙박시설 천지였다고 한다. 국가등록 유형문화재로 지정된 건물은 1938년에 재건한 것으로 카라하후즈쿠리 唐破風造라 웅장한 처마 장식이 특징이다. 로비와 천장 역시 1930년대의 모습을 고스란히 간직해 보는 재미를 더한다(온천 정보 ➡p.253).

別 ★☆☆☆☆
府タワー 벳푸 타워

발음 벳뿌타와- **개관** 09:30~21:30
요금 800엔, 중학생·고등학생 600엔
홈피 www.bepputower.co.jp **지도** MAP 17-A4
교통 JR 벳푸 別府 역 동쪽 출구 東口에서 도보 16분. 동쪽 출구를 나와 정면의 내리막길을 따라 500m쯤 가면 삼거리가 나온다. 거기서 왼쪽으로 돌아 300m쯤 가면 오른쪽에 있다.

1957년에 세운 높이 90m의 철탑. 원래 TV 송신탑으로 설계했지만 실제 목적으로 이용되진 못했다. 오히려 17층의 전망대(50m)가 인기 스폿으로 떠오르며 1960년대에는 벳푸의 관광명소로 이름을 날렸는데, 당시 방문자 수는 연간 100만 명을 헤아릴 정도였다. 하지만 전망대의 높이가 낮고 볼거리가 전무한 까닭에 지금은 찾는 이가 거의 없는 게 현실! 1987년에는 해체될 위기에 처했다가 완공 50주년을 맞은 2007년 유형문화재로 등록돼 보호받고 있다. 도쿄 타워·오사카 츠텐카쿠·나고야 TV 타워·삿포로 타워·하카타 포트 타워와 생김새가 비슷한 것은 설계자가 모두 같기 때문이다.

나고야 타워·오사카 츠텐카쿠의 뒤를 이어 일본에서 세 번째로 세워진 고층 철탑이다.

J★☆☆☆☆
R 別府駅 JR 벳푸 역

발음 제-아루벳뿌에끼 **지도** MAP 17-C2 **교통** JR 벳푸 別府 역 하차.
벳푸 역 시장 **영업** 10:00~18:00(상점마다 다름) **휴업** 연말연시

벳푸를 오가는 열차와 모든 시내버스가 발착하는 교통
중심지. 동쪽 출구 東口 앞에는 벳푸를 일본 제일의
온천 관광지로 일궈낸 아부라야 쿠마하치 油屋熊八
(1863~1935)의 동상이 있다. '반짝 대머리 아저씨
ピカピカのおじさん'란 애칭의 그는 1920년대에 카메노이
亀の井 버스와 온천 호텔을 세우고, 일본 최초로 가이드가
딸린 관광버스를 도입하는 등 벳푸 관광산업의 발전에
초석을 다진 인물로 유명하다. 동쪽 출구를 등지고
오른쪽으로 가면 기차선로를 따라 200m가량 이어지는
벳푸 역 시장 別府駅市場도 있다. 규모는 작지만 생선 ·
신선식품을 취급하는 40여 개의 상점이 옹기종기 모인
서민적 분위기가 특징이다.

JR 벳푸 역과
아부라야
쿠마하치 동상.

벳푸 라쿠텐치의 명물인 오리 경주는 1950년부터 시작됐다.

別★☆☆☆☆
府ラクテンチ 벳푸 라쿠텐치

발음 벳뿌라꾸뗀찌
개관 09:30~17:00
휴관 화요일
요금 입장료 1,100엔, 초등학생 이하 500엔
케이블카 포함 입장료 1,300엔, 초등학생 이하 600엔
홈페이지 www.rakutenchi.jp **지도** MAP 16-B4
교통 JR 벳푸 別府 역 동쪽 출구 東口 앞에서 15번 카메노이
버스를 타고 라쿠텐치 ラクテンチ 하차(15분, 230엔).

1929년에 오픈한 유서 깊은(?) 유원지.
입구에서 케이블카를 타고 산 위로 오르면
롤러코스터 · 대관람차 · 동물원 · 수영장 등의
시설을 갖춘 유원지가 나타나며, 전망대에서는 벳푸
시가지가 훤히 내려다보인다. 시설이 워낙 낙후한
까닭에 본전 생각이 간절해질 가능성이 높다는
사실에 주의하자.

グ★★☆☆☆
ローバルタワー 글로벌 타워

발음 구로-바루타와-
개관 09:00~21:00, 12~2월 09:00~19:00
요금 300엔, 중학생 이하 200엔 **지도** MAP 16-C3
교통 JR 벳푸 別府 역 서쪽 출구 西口 앞의 3번 정류장에서 3 · 8번 카메노이 버스를
타고 비콘푸라자마에 ビーコンプラザ前 하차(5분, 170엔).
또는 서쪽 출구를 나와 정면으로 도보 30분. 오르막길이라 걷기가 조금 힘들다.

대형 컨벤션 센터인 비콘 플라자 ビーコンプラザ에 부속된 전망대. 높이
125m의 전망대는 가운데의 기둥에 완만한 곡선을 이룬 구조물이 걸쳐 있는
모습이다. 이는 지름 1km의 거대한 가상 구체(球體)의 일부를 묘사한 것.
해발 100m 지점의 전망대에 오르면 벳푸 시가지가 한눈에 내려다보이며,
날씨가 좋을 때는 바다 건너의 시코쿠 四国 섬까지 보인다. 오전에는
역광이라 시야가 흐리니 오후에 오르는 게 좋다. 야경은 의외로 시시하니 큰
기대는 금물이다.

01 토요츠네
とよ常 [강추]

3대째 가업을 이어오는 90년 역사의 레스토랑. 벳푸 근해에서 잡아올린 싱싱한 생선과 신선한 제철 채소를 사용해 계절의 풍미를 담뿍 맛볼 수 있다. 튀김과 생선회를 주로 하며, 대표 메뉴는 특상 튀김덮밥 토쿠죠텐동 特上天丼(950엔)이다. 밥 위에 새우 두 마리와 단호박·풋고추 등 6개의 튀김을 얹어주는데, 싱싱함이 살아있는 기분 좋은 식감의 튀김과 90년 역사가 담긴 달콤 짭조름한 소스가 멋진 조화를 이룬다. 부드러운 식감의 붕장어 튀김덮밥 아나고동 穴子丼(1,430엔)도 맛있다. 양이 조금 적으니 푸짐하게 먹으려면 곱빼기 오모리 大盛り(100엔 추가)로 주문하거나 새우튀김 에비텐 海老天(1마리 360엔)을 추가해도 좋다. 간장·양파·깨에 버무린 전갱이·고등어를 밥 위에 올려먹는 벳푸 향토요리 류큐동 りゅきゅう丼(950엔)도 도전해볼 가치가 충분하다.

[예산] 860엔~ [영업] 11:00~14:00, 17:00~21:00 [휴업] 목요일 [메뉴] 일어·영어
[주소] 別府市 駅前本町 5-30 [전화] 0977-23-7487 [홈피] www.toyotsune.com
[지도] MAP 17-B3 [교통] JR 벳푸 別府 역 동쪽 출구 東口에서 도보 5분. 동쪽 출구를 나와 정면으로 150m 간 다음, 왼쪽으로 돌아 100m 더 가면 왼쪽에 있다.

특상 튀김덮밥
特上天丼(950엔)

이곳이 문을 닫는 목요일에는 벳푸키타하마 버스 센터 근처의 본점(휴업 수요일)을 이용한다(MAP 17-B5).

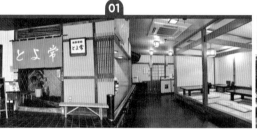

01

02

02 오와다스시
大和田鮨 [강추]

도쿄에서 경력을 쌓은 장인이 운영하는 40년 역사의 초밥집. 벳푸 근해에서 잡은 싱싱한 생선은 물론, 도쿄의 츠키지 築地 시장에서 들여오는 최상품 참치까지 다양한 초밥 메뉴를 선보인다. 모양은 조금 투박하지만 식재료 본연의 맛을 한껏 끌어내는 빼어난 실력 때문에 멀리 후쿠오카에서 찾아오는 단골까지 있을 정도다.

참치 중뱃살·성게알이 포함된 초밥 8점 세트 토쿠죠니기리 特上にぎり (2,750엔), 전갱이·고등어 등 벳푸 인근의 생선을 위주로 한 초밥 9점 세트 치자카나니기리 地魚にぎり(3,300엔), 참치 중뱃살·전갱이·고등어·김말이 반 개가 포함된 초밥 11점 세트 긴센니기리 吟選にぎり(4,400엔) 등의 세트 메뉴를 주문하면 푸짐하게 맛난 초밥을 먹을 수 있다. 초밥 외에 생선회·참치덮밥 등의 메뉴도 취급한다.

[예산] 2,750엔~ [영업] 11:30~14:00, 16:30~21:00 [휴업] 월·화요일, 연말연시 [메뉴] 일어
[주소] 別府市 北浜 1-1-3 [전화] 0977-21-0263 [지도] MAP 17-C3 [교통] JR 벳푸 別府 역 동쪽 출구 東口에서 도보 6분. 동쪽 출구를 나와 정면의 내리막길로 180m쯤 가면 사거리가 나온다. 사거리에서 오른쪽으로 돌아 120m쯤 직진하면 왼쪽에 있다.

초밥 8점 세트
特上にぎり(2,750엔)

닭튀김 とり天
(1,144엔~)

회덮밥 정식
海鮮丼定食 (1,210엔)

토리카츠 정식
とりかつ定食 (1,058엔)

토요켄 강추
東洋軒

1926년에 문을 연 유서 깊은 레스토랑. 도쿄의 유명 호텔 및 일왕의 수행요리사로 경력을 쌓은 창업주가 오픈해 3대째 가업을 이어오고 있다. 일본식 중국요리가 전문인데, 일본 최초로 닭튀김 토리텐 とり天(단품 1,144엔, 정식 1,430엔)을 선보인 곳으로 유명하다. 잡내가 없는 야들야들한 닭고기는 육즙이 풍부하며, 포근하게 씹히는 독특한 식감의 튀김옷이 인상적이다. 초간장에 겨자를 풀어서 찍어 먹으면 더욱 맛있다. 11:00~14:30에는 저렴한 런치 메뉴도 선보인다.

예산 1,144엔~ **휴업** 매월 둘째 화요일
영업 11:00~15:30, 17:00~22:00
메뉴 일어 **주소** 別府市 石垣東 7-8-22
전화 0977-23-3333
지도 MAP 16-C3
교통 JR 벳푸 別府 역 동쪽 출구 東口에서 24번 카메노이 버스를 타고 신미나토마치 新港町 하차(10분, 170엔), 도보 5분. 신미나토마치 정류장에서 버스 진행방향으로 100m쯤 가면 왼쪽의 철길 건널목 쪽으로 식당 표지판이 붙어 있다.

카이센이즈츠 강추
海鮮いづつ

싱싱한 생선회로 잘 알려진 맛집. 1970년대 분위기를 풍기는 허름한 식당이지만, 합리적 가격에 양질의 음식을 맛볼 수 있어 언제나 문전성시를 이룬다. 특히 손님이 몰리는 주말에는 자리 잡기가 하늘의 별 따기이니 서둘러 가야 한다. 초인기 메뉴는 새콤하게 밑간을 한 밥 위에 채 썬 차조기 잎을 깔고 10여 종의 생선회를 듬뿍 얹어주는 회덮밥 정식 카이센동테쇼쿠 海鮮丼定食 (1,210엔)이다. 회 종류가 매일 바뀌어 언제 가더라도 다채로운 맛을 즐길 수 있다.

예산 1,210엔~
영업 11:00~15:00, 18:00~21:30
휴업 월요일 **메뉴** 일어
주소 別府市 楠町 5-5
전화 0977-22-2449 **지도** MAP 17-D4
교통 JR 벳푸 別府 역 동쪽 출구 東口에서 도보 13분. 동쪽 출구를 나와 정면으로 350m쯤 가면 오른쪽에 솔 파세오 긴자 상점가 ソルパセオ銀座商店街가 있다. 상점가로 들어가 300m쯤 직진하면 오른쪽에 있다.

하루카츠
春かつ

폐점 JR 벳푸 역 구내에 위치한 닭튀김·돈가스 전문점. 기차 또는 버스를 기다리는 도중에 간편하게 이용할 수 있다. 추천 메뉴는 돈가스처럼 바삭하게 튀긴 닭튀김에 양배추 샐러드와 된장국을 곁들인 토리카츠 정식 토리카츠테쇼쿠 とりかつ定食 (1,058엔)이다. 닭튀김과 햄 튀김이 함께 나오는 하루카츠 콤비 정식 하루카츠콘비테쇼쿠 春かつコンビ定食(1,058엔), 두툼한 등심 돈가스 정식 아츠기리로스톤카츠테쇼쿠 厚切りロースとんかつ定食 (1,706엔)도 먹을만하다.

예산 1,058엔~
영업 10:00~21:30
메뉴 일어
주소 別府市 駅前町 12-13 B-Passage
전화 0977-24-4129
지도 MAP 17-B2
교통 JR 벳푸 別府 역 서쪽 출구 西口에서 도보 1분. 서쪽 출구를 나오자마자 오른쪽으로 50m쯤 가면 오른편에 있다.

비프 커틀릿
ビーフカツ(2,050엔)

소무리 런치 세트
そむりランチ(1,320엔)

냉면 冷麵(890엔~)

그릴 미츠바
グリルみつば

현지인이 즐겨 찾는
경양식 레스토랑.

깔끔하며 혼자서 이용하기에도
부담이 없다. 고급진 스테이크 메뉴도
취급하지만, 그보다 인기가 높은 것은
두께 1cm에 육박하는 두툼한 소고기
안심의 비프 커틀릿 비후카츠 ビーフ
カツ(2,050엔)다. 부드럽게 씹히는
식감과 입 안 가득 퍼지는 촉촉한
육즙의 조화가 훌륭한데, 스테이크
감각으로 즐기는 커틀릿을 떠올리면
좋을 듯. 밥 라이스 ライス(소 150
엔~, 중 250엔~, 대 350엔~)은
추가로 주문해야 한다.

예산 2,050엔~ 메뉴 일어
영업 11:30~14:00, 18:00~21:00
휴업 화요일 주소 別府市 北浜1-4-31
전화 0977-23-2887
지도 MAP 17-C3
교통 JR 벳푸 別府 역 동쪽 출구 東口에서
도보 9분. 동쪽 출구를 나와 정면의
내리막길로 180m쯤 가면 사거리가
나온다. 사거리에서 오른쪽으로 돌아
150m 직진한 다음, 왼쪽으로 돌아
120m쯤 가면 왼쪽에 있다.

소무리
そむり

오이타 특산품인 분고 豊後 소고기
스테이크 전문점. 25년의
연륜을 자랑하는 곳으로 엄선된
소고기만 사용한다는 자부심이
오롯이 묻어난다. 육즙이 줄줄 흐르는
고소한 스테이크 스테키 ステーキ
(런치 2,750엔~, 디너 4,290엔~)가
대표 메뉴이며, 점심에는
햄버그스테이크에 새우튀김이
포함된 경제적인 소무리 런치 세트
소무리란치 そむりランチ(1,320엔)
도 선보인다.

예산 1,320엔~
영업 11:30~14:00, 17:30~21:30
휴업 월요일 메뉴 일어 · 영어
주소 別府市 北浜 1-4-28
笠岡商店 빌딩 2/F
전화 0977-24-6830
지도 MAP 17-C4
교통 JR 벳푸 別府 역 동쪽 출구 東口에서
도보 10분. 동쪽 출구를 나와 정면의
내리막길로 180m 가면 사거리가
나온다. 사거리에서 오른쪽으로 돌아
150m 직진한 다음, 왼쪽으로 돌아
160m쯤 가면 왼쪽에 있는 카사오카쇼텐
笠岡商店 빌딩 2층에 있다.

로쿠세이
六盛

현지인이 즐겨 찾는 벳푸 냉면
전문점. 일제 강점기 우리나라의
냉면을 맛본 한 일본인이 고향인
벳푸로 돌아와 일본식으로 만들기
시작한 게 벳푸 냉면의 시초다. 이곳의
냉면 레멘 冷麵(보통 890엔, 곱빼기
1,090엔)은 정통 한국식과 달리 면이
서너 배쯤 굵고 뚝뚝 끊어지는 독특한
식감이 특징이다. 소고기와 다시마로
우려낸 국물도 낯선 느낌으로
다가온다. 고명으로는 짠맛의 양배추
김치와 소고기 편육 · 계란 · 깨를
올려준다. 그리 훌륭한 맛은 아니니
재미삼아 맛보는 정도로 충분하다.

예산 890엔~
휴업 수요일
메뉴 일어
영업 11:00~19:00
주소 別府市 北浜 2-9-1
전화 0977-23-1111
지도 MAP 17-4B
교통 JR 벳푸 別府 역 동쪽 출구 東口에서
도보 9분. 동쪽 출구를 나와 정면의
내리막길로 450m쯤 가면 왼쪽에 위치한
토키와 トキハ 백화점 지하 1층에 있다.

냉면 冷麺(790엔~)

군만두 鍋烙(600엔)

젤라토(520엔~)

아리랑
アリラン

1950년에 문을 연 한식당.
현지식으로 개량된 맛이라 정통
한식과는 다른 색다른 맛이 난다.
'벳푸 냉면의 발상지'로 알려진
까닭에 현지인이 즐겨 찾는 메뉴는
바로 냉면 레멘 冷麺(보통 790엔,
곱빼기 910엔). 하지만 우리나라
냉면과는 생판 다른 맛과 식감 때문에
실망할 가능성이 높으니 '이색 별미'
로 생각하고 맛보는 게 좋다. 의외로
갈비·등심 등의 고기 메뉴가
먹을만하니 고기 생각이 간절할 때
이용하는 것도 방법이다.

[예산] 790엔~
[영업] 11:30~14:00, 17:30~22:30,
일요일·공휴일 17:00~21:30
[휴업] 화요일 [메뉴] 일어
[주소] 別府市 北浜 2-2-35
[전화] 0977-22-3010
[지도] MAP 17-B3
[교통] JR 벳푸 別府 역 동쪽 출구 東口에서
도보 8분. 동쪽 출구를 나와 정면의
내리막길로 260m쯤 간 다음, 왼쪽으로
돌아 50m쯤 간다. 그리고 오른쪽으로
돌아 60m쯤 가면 왼쪽에 있다. 바로 앞에
공원이 있어 찾기 쉽다.

교자 코게츠 (강추)
ぎょうざ湖月

벳푸 제일의 군만두 맛집. 고작
7명이 들어가면 꽉 차는 손바닥만한
가게는 언제나 손님으로 가득하다.
메뉴는 군만두 야키교자 鍋烙(600
엔)와 맥주 비루 ビール(600엔)
뿐이라 주문하기도 쉽다.
한 면만 노릇노릇하게 구운 군만두는
잡내가 전혀 없고 감칠맛 나는
육즙이 가득한데, 매콤한 고추기름을
살짝 두른 초간장에 찍어 먹으면
더욱 맛있다. 평일에는 문을 닫는
경우가 많으니 주의하자.

[예산] 600엔~
[영업] 14:00~20:00
[휴업] 월~목요일, 부정기적
[메뉴] 일어
[주소] 別府市 北浜 1-9-4
[전화] 0977-21-0226
[지도] MAP 17-C4
[교통] JR 벳푸 別府 역 동쪽 출구 東口에서
도보 8분. 동쪽 출구를 나와 정면으로
350m쯤 가면 오른쪽에 솔 파세오 긴자
상점가 ソルパセオ銀座商店街 입구가
있다. 그 왼쪽에 다이리쿠 라멘 大陸
らーめん이 있는 좁은 골목으로 들어가
20m쯤 가면 왼쪽에 있다.

제노바 (강추)
GENOVA

정통 이탈리아식 젤라토를 선보이는
가게. 상큼한 단맛이 매력이라 가벼운
디저트 또는 한여름 더위에 지쳤을
때 군것질거리로 강추한다. 엄선된
재료만 사용해 직접 만드는 젤라토는
과일·맛챠·홍차 등 26가지 맛이
상비돼 있다. 진열장에 놓인 것을
보고 주문하면 돼 이용하기 쉽다.
원하는 메뉴는 직접 맛을 보고 주문할
수 있으니 부담 없이 물어보자. 인공
첨가물을 사용하지 않아 금방 녹기
때문에 서둘러 먹어야 한다는 사실에
유의할 것!

[예산] 520엔~
[영업] 12:00~21:00
[휴업] 수요일
※수요일이 공휴일일 때는 그 다음날
[메뉴] 일어
[주소] 別府市 北浜 1-10-5
[전화] 0977-22-6051
[지도] MAP 17-C4
[교통] JR 벳푸 別府 역 동쪽 출구 東口에서
도보 8분. 동쪽 출구를 나와 정면으로
350m쯤 가면 오른쪽에 솔 파세오 긴자
상점가 ソルパセオ銀座商店街가 있다.
상점가로 들어가 15m쯤 가면 왼쪽에 있다.

유메타운 벳푸 ゆめタウン別府

벳푸 제일의 규모를 자랑하는 대형 쇼핑센터. 3개 층에 걸쳐 100여 개의 숍과 레스토랑·푸드코트가 모여 있어 발품 팔지 않고도 쇼핑과 식사의 두 마리 토끼를 모두 잡을 수 있다. 눈여겨볼 숍은 풍부한 상품 구성을 자랑하는 대형 슈퍼마켓, 수입 식료품·커피 전문점 Kaldi Coffee Farm, 100엔 숍 Daiso(1층), 캐주얼 의류를 초저가로 판매하는 GU, 반려동물용품 전문점 완라브 ワンラブ(2층), 깜찍한 양말 및 여성 속옷을 취급하는 tutuanna, 에스닉한 패션·잡화를 판매하는 티티카카 チチカカ, 프라모델·피규어 전문점 Hobby Zone, 엽기발랄한 아이템으로 가득한 잡화점 Village Vanguard(3층) 등이다.

영업 숍 09:30~21:00, 레스토랑 11:00~21:00
주소 別府市 楠町 382-7 전화 0977-26-3333
홈피 www.izumi.jp/beppu 지도 MAP 17-D5
교통 JR 벳푸 別府 역 동쪽 출구 東口에서 도보 17분. 동쪽 출구를 나와 정면의 내리막길로 500m쯤 가면 삼거리가 나온다. 삼거리에서 오른쪽으로 돌아 350m쯤 직진하면 왼쪽에 있다.

1 주말이면 쇼핑을 나온 현지인들로 북적인다.
2 엽기발랄한 아이템이 풍부한 빌리지 뱅가드.

토키와
TOKIWA

중급 규모의 백화점.

벳푸 유일의 백화점이지만 규모에 비해 상품이 빈약해 쇼핑의 재미를 보기는 조금 힘들다. 눈여겨볼 매장은 예쁜 디자인의 잡화를 초저가로 판매하는 100엔 숍 seria(4층)와 슈퍼마켓(지하 1층), 라이프스타일 숍 무지 Muji(1층)다.

영업 10:00~19:00
주소 別府市 北浜 2-9-1
전화 0977-23-1111
홈피 www.tokiwa-dept.co.jp/beppu
지도 MAP 17-B4
교통 JR 벳푸 別府 역 동쪽 출구 東口에서 도보 9분. 동쪽 출구를 나와 정면의 내리막길로 450m쯤 가면 왼쪽에 있다.

셀렉트 벳푸
SELECT BEPPU

100년 역사의 목조주택을 리모델링한 숍. 벳푸의 로컬 아티스트가 지역 이미지를 가미해서 만든 핸드메이드 잡화·의류·에코백을 취급한다. 규모는 작지만 발랄한 감성과 디자인의 아이템이 눈길을 끈다. 2층에는 미니 갤러리(유료)도 있다.

영업 11:00~18:00 휴무 화요일
주소 別府市 中央町 9-34
전화 0977-80-7226
지도 MAP 17-D3
홈피 https://selectbeppu.com
교통 JR 벳푸 別府 역 동쪽 출구 東口에서 도보 8분. 동쪽 출구를 나와 정면의 내리막길로 180m쯤 가면 사거리가 나온다. 사거리에서 오른쪽으로 돌아 200m쯤 직진하면 오른편에 있다.

니토리
ニトリ

'일본판 이케아'로 통하는 인테리어·잡화 전문점. 최고의 가성비란 표현에 걸맞게 '무난한 디자인·저렴한 가격·세분화된 기능'의 3박자를 고루 갖췄다. 저렴하고 질좋은 그릇, 아기자기한 욕실용품, 세심한 배려가 돋보이는 아이디어 상품이 손길을 유혹한다.

영업 10:00~20:00
주소 別府市 上人ヶ浜町 6-13
전화 0120-014-210
홈피 www.nitori.co.jp
지도 MAP 16-C2
교통 JR 벳푸 別府 역 동쪽 출구 東口 앞의 정류장에서 26번 카메노이 버스를 타고 아마네리조트마에 Amaneresort 前 하차(17분, 280엔), 도보 1분.

© JNTO

© JNTO

벳푸 온천 즐기기

타입별 추천 온천

로컬 라이프 즐기기
1 카이몬지온센
3 후로센
4 타노유온센
6 유미마츠온센

벳푸 온천 역사체험
2 에키마에고토온센
7 타케가와라온센

분위기 만점 노천온천
8 벳푸카이힌스나유
9 스기노이 팰리스

❶ 카이몬지온센
海門寺温泉

벳푸 시에서 운영하는 깔끔한 시영온천. 두 개의 욕조가 온천의 전부일 만큼 시설이 단출하다. 원천수를 그대로 사용해 천질이 좋다.
영업 06:30~22:30
휴무 매월 둘째 월요일
요금 250엔
지도 MAP 17-B3
교통 JR 벳푸 別府 역 동쪽 출구 東口에서 도보 8분.

❷ 에키마에고토온센
駅前高等温泉

유럽풍 외관이 인상적인 온천. 1924년 오픈 당시의 모습이 고스란히 남겨진 낡디 낡은 시설이 매력이자 흠이다. 숙박시설도 겸한다.
영업 06:45~22:45
요금 200엔~
지도 MAP 17-C3
교통 JR 벳푸 別府 역 동쪽 출구 東口에서 도보 3분.

❸ 후로센
不老泉

벳푸 시에서 운영하는 시영온천. 시설은 두 개의 욕조가 전부지만 최근 리모델링해 무척 깔끔하다. 작지만 휴게실도 갖췄다.
영업 06:30~22:30
휴무 매월 첫째 월요일
요금 250엔
지도 MAP 17-D2
교통 JR 벳푸 別府 역 동쪽 출구 東口에서 도보 7분.

❹ 타노유온센
田の湯温泉

깔끔한 시영온천. 조그만 욕조 하나가 시설의 전부일 만큼 규모가 작다. 온천수는 피부 진정 효과가 있는데, 물이 무척 뜨거우니 주의하자.
영업 06:30~22:30
휴무 매월 첫째 화요일
요금 200엔
지도 MAP 17-C1
교통 JR 벳푸 別府 역 서쪽 출구 西口에서 도보 7분.

❺ 벳푸코라쿠
べっぷ好楽

료칸에 딸린 온천. 시설이 깔끔하며 옥상의 노천온천을 이용할 수 있다.
영업 15:00~21:00
요금 1,100엔
홈피 http://koraku.net
지도 MAP 17-B5
교통 JR 벳푸 別府 역 동쪽 출구 東口에서 도보 14분.

❻ 유미마츠온센
弓松温泉

20세기 초부터 이용돼온 유서 깊은 온천. 허름한 구식 공중 목욕탕 스타일인 것이 아쉽다. 시설도 조그만 욕조 하나뿐인 무척 심플한 구조이다. 온천수는 피부를 매끈매끈하게 하는 효능이 있다.
영업 14:00~16:00
요금 100엔
지도 MAP 17-A4
교통 JR 벳푸 別府 역 동쪽 출구 東口에서 도보 15분. 벳푸 타워 근처에 있다..

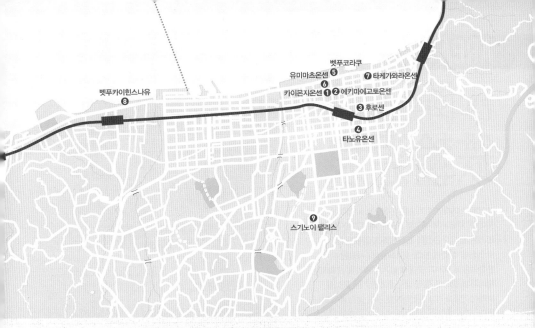

벳푸 여행의 핵심은 여행의 피로를 녹여주는 따뜻한 온천이다. 현지인의 일상을 체험할 수 있는 100엔짜리 시영온천부터 환상적인 시설의 최고급 노천온천까지 이용 가능한 온천도 무궁무진하다. 저렴한 곳은 수건 이용료를 따로 받으니 개인적으로 챙겨가는 것을 잊지 말자.

⑦ 타케가와라온센
竹瓦温泉

1879년 오픈 당시의 모습을 고스란히 간직한 온천. 외관은 물론 욕실·휴게실까지 예스러운 정취가 가득해 온천 여행의 즐거움을 더한다. 단, 욕조가 작고 시설이 낡아 쾌적함이 떨어진다는 사실에 주의! 사우나 효과가 있는 모래찜질 온천도 운영한다.

🕐 06:30~22:30, 모래찜질 08:00~22:30
🚫 매월 셋째 수요일
💰 온천 300엔, 모래찜질 1,500엔 🗺️ MAP 17-D4
🚃 JR 벳푸 別府 역 동쪽 출구 東口에서 도보 15분.

⑧ 벳푸카이힌스나유
別府海浜砂湯

한적한 해변에 위치한 모래찜질 온천. 잔잔한 파도 소리와 함께 온천을 즐길 수 있다 욕의(浴衣)를 입고 지정된 자리에 누우면 몸 위에 두껍게 모래를 덮어주는데, 모래 밑으로 42℃의 뜨거운 온천수가 샘솟아 천연 사우나 효과를 더해준다. 바로 옆에는 아름다운 해변 풍경을 감상하며 휴식을 취할 수 있는 무료 족탕도 있다.

🕐 08:30~18:00, 12·2월 09:00~17:00
🚫 매월 넷째 수요일 💰 1,500엔 🗺️ MAP 16-C2

🚃 JR 벳푸 別府 역 동쪽 출구 東口에서 26·26A번 카메노이 버스를 타고 로쿠쇼엔·벳푸카이힌 스나유마에 六勝園·別府海浜砂湯前 하차 (15분, 240엔), 버스 진행방향 반대편에서 도보 1분.

⑨ 스기노이 팰리스
スギノイパレス

서일본 西日本 최대의 온천이란 명성에 걸맞는 대형 온천. 최고의 매력은 벳푸 일대가 한눈에 내려다보이는 멋진 전망의 초대형 노천온천 타나유 棚湯다. 뜨끈한 온천수에 몸을 담근 채 주변 풍경을 감상하는 재미가 끝내준다! 특히 해질녘에 가면 벳뿌 만을 붉게 물들이는 황홀한 노을과 도시의 야경, 그리고 검은 밤하늘을 반짝반짝 수놓는 무수한 별빛을 감상할 수 있다. 바로 옆에는 온천수를 이용한 야외 풀장 아쿠아가든 アクアガーデン 등의 물놀이 시설도 있다. 아쿠아가든에서는 19:00~22:00의 매시 정각, 빛과 음악이 어우러진 아름다운 분수 쇼도 펼쳐진다.

🕐 타나유 09:00~23:00, 아쿠아가든 11:00~23:00
💰 타나유 월~목요일 1,300엔, 금·일요일 1,600엔, 토·공휴일 1,800엔 아쿠아가든 월~목요일 1,300엔, 금·일요일 1,000엔, 토·공휴일 1,800엔
타나유·아쿠아가든 공통권 월~목요일 1,800엔, 금·일요일 2,100엔, 토·공휴일 2,300엔
🌐 https://suginoi.orixhotelsandresorts.com
🗺️ MAP 16-B3
🚃 JR 벳푸 別府 역 서쪽 출구 西口 앞에서 출발하는 무료 셔틀버스로 15분.

무료 셔틀버스
🕐 08:00~18:40
※40분 간격 운행
🗺️ p.239의 JR 벳푸 역 버스정류장 참조.

칸나와온센
鉄輪温泉

경이로운 대자연의 기운을 온몸으로 체험할 수 있는
곳이다. 사방에서 솟구쳐 오르는 새하얀 수증기와
뜨거운 열기가 온천의 고장 벳푸의 한복판에
서 있음을 실감케 한다. 13세기부터 시작된
온천마을의 역사가 곳곳에 남겨진 거리를 산책하는
재미가 쏠쏠하며, 펄펄 끓는 온천증기에 음식을
쪄먹는 전통요리에 도전해보는 것도 멋진 추억이
된다.

볼거리 ★★★★☆
먹거리 ★☆☆☆☆
쇼　핑 ☆☆☆☆☆
유　흥 ☆☆☆☆☆

벳푸 역

버스 20분

칸나와온센

must see

지옥 순례 p.256
뜨거운 열탕과 증기가 샘솟는 벳푸의
초특급 명소.
칸나와온센 마을 p.257
예스러운 풍경의 고즈넉한 온천마을.
온천 즐기기 p.263
여행의 피로를 풀어주는 온천 체험.

must eat

지옥 찜가마 공방 칸나와 p.262
온천증기로 즉석에서 쪄내는 맛난 요리.
코코치 카페 무스비노 p.262
100년의 역사를 간직한 분위기 만점
카페.
우미 지옥 p.258
온천수에 삶은 계란과 증기로 찐 푸딩
이 별미.

must buy

쇼핑의 불모지라 해도 과언이 아니다.
지옥 순례 코스와 칸나와온센 마을의
메인 도로인 이데유자카 주변에 몇몇
기념품점이 있지만 딱히 쇼핑의 매력
이 느껴지진 않는다.

see 遊

#벳푸 여행 인증샷　#공통 입장권이 저렴
#홈페이지에서 할인권 다운로드 가능

地獄めぐり ★★★★★ 지옥 순례

발음 지고꾸메구리　**개점** 08:00~17:00
요금 지옥 1개당 450엔,
7개 지옥 공통 입장권 2,200엔, 중학생 이하 1,000엔
※홈페이지에서 할인권 다운로드 가능
홈피 www.beppu-jigoku.com　**지도** MAP 18-B3·C3
교통 칸나와온센의 7개 지옥으로 갈 때는 JR 벳푸 別府 역 서쪽 출구
西口 앞의 2번 정류장에서 2·5·7·41번 카메노이 버스를 타고 칸나와
鉄輪 하차(20분, 330엔). 치노이케·타츠마키 지옥으로 갈 때는 JR 벳푸
別府 역 동쪽 출구 東口 앞의 정류장에서 26·26A번 카메노이 버스를
타고 치노이케지고쿠마에 血の池地獄前 하차(30분, 410엔).

벳푸 여행의 대명사로 통하는 명소. 지하 수백 미터 아래에서
솟구쳐 오르는 뜨거운 열탕과 증기가 섬뜩한 지옥의 모습을
연상시킨다고 해서 이름 붙여진 이곳은 일종의 노천온천(=지옥)
으로 각기 다른 모양의 지옥을 차례로 순례(?)할 수 있다.
오니이시보즈·우미·카마도·오니야마·시라이케의 5개
지옥은 칸나와온센 鉄輪温泉에 모여 있고, 치노이케·타츠마키의
2개 지옥은 칸나와온센에서 버스로 7분쯤 떨어진 곳에 위치한다.
지옥 순례를 할 때는 각각의 지옥마다 별도의 입장료를 내고
들어가는 것보다 7개 지옥을 모두 돌아볼 수 있는 공통 입장권을
구입하는 게 편하고 경제적이다. 여름에는 뙤약볕에 온천의
열기가 더해져 한층 더위가 심해지니 되도록 아침 일찍 돌아보는
게 좋다.

1 불지옥을 상징하는 카마도 지옥의 도깨비 석상.
2 열탕에서 진흙 거품이 끓어오르는 오니이시보즈 지옥.
모양이 다른 7개의 지옥을 돌아보는 것이 지옥 순례다.

#예스러운 풍경의 온천마을
#느긋하게 즐기는 산책   #무료 족탕에서 휴식

鉄輪温泉 칸나와온센 마을
★★★★☆

빨칸나와온센 **지도**MAP 18-B4
교통 JR 벳푸 別府 역 서쪽 출구 西口 앞의 2번 정류장에서 2·5·7·41번
카메노이 버스를 타고 칸나와 鉄輪 하차(20분, 330엔).
이데유자카 포켓 파크 **개관**10:00~17:00 **요금**무료

벳푸 8대 온천 가운데 하나로 꼽히는 마을. 온천 용출량은 일본
최대를 자랑하며 벳푸 원천(源泉)의 절반 가까이가 이곳에 집중돼
있다. 13세기의 고승 잇펜 쇼닌 一遍上人이 염불수행 도중 이곳을
찾아 풍부한 수량의 온천을 발견하고 칸나와무시유(➡p.263) 등의
온천 치료시설을 만든 게 이 마을의 시초라고 전해진다.
마을 중앙을 가로지르는 도로인 이데유자카 いでゆ坂 그 사이로
거미줄처럼 이어지는 좁은 골목을 따라 걸으면 **시간이 정지한**
듯 예스러운 풍경과 오랜 역사를 간직한 건물이 차례로 모습을
드러내며 산책의 즐거움을 더한다.
이데유자카 초입에는 뜨거운 온천증기에 음식을 쪄먹는 지옥
찜가마 공방 칸나와 地獄蒸し工房 鉄輪(➡p.262), 온천증기와
온천수로 족욕을 즐기는 **무료 족탕**이 설치된 이데유자카 포켓 파크
いでゆ坂ポケットパーク, 잇펜 쇼닌이 개창한 에후쿠지 永福寺
등의 명소도 있다. 칸나와무시유 앞의 광장에는 잇펜 쇼닌의
석상이 놓여 있는데, 석상에서 자기 몸의 아픈 부위와 같은 곳에
온천수를 뿌리며 소원을 빌면 몸이 낫는다고 한다.

1 칸나와온센 마을의 온천을 개발한 잇펜 쇼닌의 석상.
2 이데유자카 포켓 파크에는 무료로 이용할 수 있는 증기
족탕도 있다. 특히 겨울에 강추!

鬼石坊主地獄 오니이시보즈 지옥 ★★★★☆

📝 오니이시보-즈지고꾸 🕐 08:00~17:00
💰 450엔, 중학생 이하 200엔 ※7개 지옥 공통 입장권 사용 가능
🗺 MAP 18-B2 🚌 JR 벳푸 別府 역 서쪽 출구 西口 앞의
2번 정류장에서 2・5・7・41번 카메노이 버스를 타고
우미지고꾸마에 海地獄前 하차(20분, 330엔), 도보 3분.
오니이시노유 🕐 10:00~22:00 🚫 매월 첫째 화요일
💰 620엔, 초등학생 300엔

뜨거운 진흙 거품이 부글부글 끓어오르는 지옥. 둥근
거품이 올라오는 모양이 마치 중(坊主)의 머리 같다고
해서 지금의 이름이 붙었다. 733년 무렵 발견됐으며 4개의
크고 작은 연못에서 진흙 거품을 볼 수 있다. 온천수의
온도는 99℃에 달한다. 돌무더기에서 엄청난 양의
수증기가 솟구치는 모습도 장관이다. 안쪽에는 누구나
이용할 수 있는 무료 족탕(足湯)도 마련돼 있다. 내부에는
노천온천을 갖춘 깔끔한 시설의 온천, 오니이시노유
鬼石の湯가 있으니 시간 여유가 되면 이용해보자.

1・2 진흙 열탕에서 커다란 거품이 부글부글 끓어오른다.
3 엄청난 양의 증기가 솟아오르는 장관이 펼쳐진다.

海地獄 우미 지옥 ★★★★★

📝 우미지고꾸 🕐 08:00~17:00
💰 450엔, 중학생 이하 200엔 ※7개 지옥 공통 입장권 사용 가능
🗺 MAP 18-B2
🚌 JR 벳푸 別府 역 서쪽 출구 西口 앞의 2번 정류장에서
2・5・7・41번 카메노이 버스를 타고 우미지고꾸마에 海地獄前 하차
(20분, 330엔), 도보 3분.

코발트색의 바다를 옮겨다 놓은 듯한 지옥. 지옥 순례 코스
가운데 가장 큰 규모를 자랑한다. 지하 200m에서 솟구치는
온천수의 온도는 98℃이며 이 물로 5분만에 달걀을 삶아낸다.
온천수가 푸른빛을 띠는 것은 유산철(硫酸鐵) 성분이 녹아있기
때문이다. 이 지옥은 1,200년 전 츠루미 산 鶴見岳(➡p.267)의
폭발로 생겨났는데 온천수 연못 자체가 당시의 분화구다. 연못
맞은편으로는 뜨거운 온천수와 짙은 수증기가 맹렬히 뿜어져
나오는 장관이 펼쳐진다. 붉은색 토리이 鳥居가 줄지어선 언덕을
오르면 우미 지옥 전체가 내려다보이는 전망대와 사업번창・
가내평안・교통안전 등의 소원을 비는 조그만 신사가 있다.
온천의 열기로 운영하는 온실에서는 어린아이가 올라타도
거뜬한 초대형 수련을 키운다. 온천수에 삶은 계란과
증기로 찐 달콤한 푸딩은 이곳의 별미로 인기가 높다.

1 파란 온천수 연못의 우미 지옥.
2 뜨거운 열탕에 계란을 삶는다.
3 전망대로 이어진 토리이 터널.
4 온실에서는 우아한 자태의
연꽃을 키운다.

鬼山地獄 오니야마 지옥 ★★★☆☆

📢 오니야마지고꾸
🕐 08:00~17:00
💴 450엔, 중학생 이하 200엔 ※7개 지옥 공통 입장권 사용 가능
🗺 MAP 18-B3
🚌 JR 벳푸 別府 역 서쪽 출구 西口 앞의 2번 정류장에서 2·5·7·41번 카메노이 버스를 타고 우미지고쿠마에 海地獄前 하차 (20분, 330엔), 도보 5분.

70여 마리의 악어를 키우는 지옥. 흔히 '악어 지옥 ワニ地獄' 이라고 부른다. 안으로 들어가면 엄청난 굉음과 함께 99.1℃ 의 열탕이 치솟는데, 이 온천열을 이용해 1924년부터 악어를 사육하고 있다. 가장 큰 악어는 1992년 이곳에서 태어난 '이치로 イチロウ'이며 몸길이 4m, 체중 500kg의 거대한 몸집을 뽐낸다. **수요일 10:00와 토·일요일 10:00·14:30 에는 악어 먹이주기 쇼** 진행된다. 안쪽의 말레이시아 전통가옥에는 1996년 여기서 71세로 생을 마감한 초대형 악어의 박제가 전시돼 있다.

1 맹렬한 기세로 증기가 뿜어져 나온다.
2 악어가 득시글대는 오니야마 지옥.
3 입구에 세워진 빨간 도깨비상.

カマド地獄 카마도 지옥 ★★★★★

📢 카마도지고꾸 🕐 08:00~17:00
💴 450엔, 중학생 이하 200엔 ※7개 지옥 공통 입장권 사용 가능
🗺 MAP 18-B3
🚌 JR 벳푸 別府 역 서쪽 출구 西口 앞의 2번 정류장에서 2·5·7·41번 카메노이 버스를 타고 우미지고쿠마에 海地獄前 하차 (20분, 330엔), 도보 5분.

다양한 모습의 온천이 끓어오르는 지옥. 1~6쵸메 丁目로 번지수가 붙은 온천 6개가 있으며 제각기 생김새와 특징이 다르다. 잇쵸메 1丁目는 90℃의 열탕이 샘솟는 붉은 진흙 온천이며, 빨간색 도깨비상이 있는 니쵸메 2丁目의 바위틈에서는 100℃의 증기가 끊임없이 올라온다. 여기에 성냥불이나 담배 연기를 불어 넣으면 증기의 양이 몇 배나 불어나는 신기한 광경이 펼쳐진다. 증기가 불어나는 이유는 연기 입자가 온천의 승기를 빨아늘여 순간석으로 부피가 팽창하기 때문이다.

산쵸메 3丁目는 85℃의 하늘색 연못, 욘쵸메 4丁目는 60℃의 진흙이 끓어오르는 연못으로 여기서도 수면을 향해 담배 연기를 불어 넣으면 증기의 양이 몇 곱절로 '뻥튀기' 되는 마술 같은 현상이 일어난다. 고쵸메 5丁目는 엄청난 증기가 뿜어져 나오는 95℃의 열탕인데 시시때때로 물색이 바뀐다. 로쿠쵸메 6丁目의 온천에서는 95℃의 피처럼 붉은 진흙탕이 끓어오른다.

1 카마도 지옥의 상징 도깨비상.
2 고쵸메의 온천수 연못. 3 잇쵸메의 붉은 진흙 온천.

1 예스러운 외관으로 꾸민 시라이케 지옥의 입구.
2 증기가 뭉게뭉게 피어오르는 온천수 연못.

白 池地獄 시라이케 지옥 ★★★☆☆

발음 시라이께지고꾸 **개관** 08:00~17:00
요금 450엔, 중학생 이하 200엔 ※7개 지옥 공통 입장권 사용 가능
200엔 ※7개 지옥 공통 입장권 사용 가능
지도 MAP 18-B3
교통 JR 벳푸 別府 역 서쪽 출구 西口 앞의 2번 정류장에서
2·5·7·41번 카메노이 버스를 타고 칸나와 鉄輪 하차(20분,
330엔), 도보 3분.

우윳빛의 커다란 온천수 연못이 있는 지옥. 지하에서
뿜어져 나올 때는 95℃의 무색투명한 온천수지만
일단 연못에 고이기 시작하면 온도와 압력이 떨어져
유백색으로 변한다. 온천수에는 염화나트륨·규산·
중탄산 칼슘 성분이 함유돼 있어 위장병·피부염에
효과가 좋다. 안쪽에는 온천수의 열기로 운영하는 조그만
수족관이 있는데, 몸 길이 1.9m의 피라루크와 식인
물고기 피라니아 등 아마존의 희귀 열대어가 눈길을 끈다.
정원에는 칸나와온센의 초석을 다진 고승 잇펜 쇼닌
一遍上人(1239~1289)의 석상도 모셔 놓았다.

血ノ池地獄 치노이케 지옥 ★★★★★

발음 치노이께지고꾸 **개관** 08:00~17:00
요금 450엔, 중학생 이하 200엔 ※7개 지옥 공통 입장권 사용 가능
지도 MAP 16-C2 **교통** 칸나와온센의 칸나와 鉄輪 버스 터미널 2번
정류장에서 16·16A번 카메노이 버스를 타고 치노이케지고쿠마에 血の池
地獄前 하차(7분, 190엔), 도보 1분. **또는** JR 벳푸 別府 역 동쪽 출구 東口
앞의 정류장에서 26·26A번 카메노이 버스를 타고 치노이케지고쿠마에 血
の池地獄前 하차(30분, 410엔), 도보 1분.

글자그대로 붉은 핏빛의 온천수가 가득한 지옥. 산화철과
산화마그네슘을 함유한 붉은 점토가 지하에서 뿜어 나와
온통 피로 물든 것 같은 거대한 연못을 이뤘다. 630~760년의
가집(歌集) 《만요슈 万葉集》에도 '붉은 연못 赤池'이란 이름으로
등장할 만큼 오래 전부터 알려져 온 이 연못은 면적 1,300㎡,
깊이 30m로 하루에 1,800㎘의 온천수가 뿜어져 나온다. 하지만
온도는 의외로 낮아 78℃에 불과하다. 여기서 채취한 진흙은
피부질환 치료제를 만들거나 천을 염색하는 데 사용된다. 연못
옆에는 누구나 자유로이 이용 가능한 무료 족탕(足湯), 연못
뒤쪽의 계단을 오르면 치노이케 지옥 전체가 한눈에 내려다보이는
전망대가 있다. 전망대로 오르는 계단 옆의 매점에서는 여기서
채취한 점토로 만든 피부질환 연고를 판매한다.

1 새빨간 진흙 온천수로
가득한 연못.
2 연못 옆에는 자유로이
이용 가능한 무료 족탕이
있다.
3 빨간 도깨비와 함께
기념사진을!

山 地獄 야마 지옥
★☆☆☆☆

발음 야마지고꾸 **개관** 09:00~17:00
요금 500엔, 중학생 이하 300엔 **지도** MAP 18-B3
교통 JR 벳푸 別府 역 서쪽 출구 西口 앞의 2번 정류장에서 2·5·7·41번 카메노이 버스를 타고 우미지고쿠마에 海地獄前 하차(20분, 330엔), 도보 2분.

산기슭에 쌓인 바위틈으로 엄청난 양의 수증기가 뿜어져 나오는 지옥. 수증기의 온도는 90℃ 정도이며 뜨거운 열기를 이용해 바로 옆의 미니 동물원에서 조랑말·카피바라·염소 등의 동물을 기른다. 볼거리가 빈약해 본전 생각이 간절해질 가능성이 높으니 주의!

龍 巻地獄 타츠마키 지옥
★★★★☆

발음 타쯔마끼지고꾸 **개관** 08:00~17:00
요금 450엔, 중학생 이하 200엔 ※7개 지옥 공통 입장권 사용 가능
지도 MAP 16-B2
교통 칸나와온센의 칸나와 鉄輪 버스 터미널 2번 정류장에서 16·16A번 카메노이 버스를 타고 치노이케지고쿠마에 血の池地獄前 하차(7분, 190엔), 도보 2분.
또는 JR 벳푸 別府 역 동쪽 출구 東口 앞의 정류장에서 26·26A번 카메노이 버스를 타고 치노이케지고쿠마에 血の池地獄前 하차(30분, 410엔), 도보 1분.

105℃의 펄펄 끓는 열탕이 솟구쳐 오르는 간헐천. 호쾌하게 분출되는 온천수의 모습이 마치 '용오름(타츠마키)'처럼 보인다고 해 지금의 이름이 붙었다. 온천수의 압력이 높아 공중으로 20m 이상 치솟지만, 안전을 위해 두꺼운 바위로 5m 높이에 덮개를 만들어 놓았다. **분출은 30~40분마다 5분 정도 지속되며 하루에 600㎘ 정도의 온천수가 샘솟는다.**

1 엄청난 기세로 솟아오르는 열탕.
2 입구에는 기념품 판매 코너가 있다.

坊 主地獄 보즈 지옥
★★☆☆☆

발음 보-즈지고꾸 **개관** 08:30~17:00
요금 400엔, 중학생 이하 200엔
지도 MAP 18-D1 **교통** JR 벳푸 別府 역 서쪽 출구 西口 앞의 2번 정류장에서 2·5·7·41번 카메노이 버스를 타고 혼보즈 本坊主 하차(22분, 330엔), 도보 3분.
또는 우미 지옥에서 오르막길로 도보 10분.

470년 전 절이 있던 자리에서 화산이 폭발해 생겨난 지옥. 뜨거운 진흙이 둥글둥글한 거품을 만들며 끓어오르는 모양이 마치 중(坊主)의 머리 같다고 해서 지금의 이름이 붙었다. 굴뚝처럼 불쑥불쑥 솟은 진흙 무더기에서 거품이 끓어오르는데 진흙의 온도는 99℃ 이며 지하 1,800m 지점에서 솟아오른다. 거품의 크기는 계절과 기압에 따라 변한다. 안쪽에는 엄청난 소리와 함께 수증기가 끓어오르는 열기공과 진흙 채취장, 분화구 터 등의 볼거리도 있다. 전반적으로 오니이시보즈 지옥(➡p.258)과 비슷한 모습이다.

1·2 쉴 새 없이 몽글몽글 뿜어 오르는 진흙 거품.

地 ★★★☆☆
獄蒸し工房 鉄輪 지옥 찜가마 공방 칸나와

발음 지고꾸무시꼬-보-깐나와 **영업** 10:00~20:00
휴무 매월 셋째 수요일(공휴일일 때는 그 다음날) **요금** **지옥 찜가마 15분 이용** 기본
400엔, 대형 600엔, 추가 10분당 기본 200엔, 대형 300엔 **지도** MAP 18-B4
교통 JR 벳푸 別府 역 서쪽 출구 西口 앞의 2번 정류장에서 2·5·7·41번
카메노이 버스를 타고 칸나와 鉄輪 하차(20분, 330엔), 도보 2분.

천연온천 증기로 음식을 쪄먹는 '지옥 찜가마 요리 地獄蒸し料理
(지고쿠무시료리)' 체험장. 100℃의 증기가 뿜어나오는 지옥
찜가마 地獄蒸し釜에 재료를 넣으면 10~30분 뒤 음식이 완성되는
재미난 경험을 할 수 있다. 오랜 전통을 자랑하는 요리법이며 염분을
함유한 온천증기로 단번에 쪄내기 때문에 식재료 본연의 풍미가
고스란히 응축된 맛이 매력이다. 채소·해산물·고기(200~3,000
엔) 등의 식재료를 공방 내에서 판매하며 원하는 재료를 직접 사가도
된다. 재료를 찌는 데 걸리는 시간은 계란 6~10분, 게·소라·새우
15~20분, 고구마 20~30분 정도다.

1·2 바구니에 재료를 담아 가마 속에 넣으면 금세 먹음직한
음식이 완성된다.

© JNTO

湯 ★★☆☆☆
けむり展望台 유케무리 전망대

발음 유께무리뗀보-다이 **개관** 24시간
요금 무료 **지도** MAP 18-B5
교통 대중교통 연결이 안 돼 렌터카 또는 택시를 이용해야
한다. 칸나와온센에서 차로 4분 또는 JR 벳푸 別府
역에서 차로 15분쯤 걸린다.

칸나와온센 동쪽 산중턱에 위치한 조그만
전망대. 벳푸 일대가 훤히 내려다보이는 발군의
전망을 자랑한다. 특히 벳푸 전역에 위치한 수백
개의 온천에서 하얀 수증기(湯けむり 유케무리)가
모락모락 피어오르는 모습을 볼 수 있는 것으로
유명하다. 편의시설은 조그만 벤치와 주차장이
전부이며 교통이 무척 불편하다는 사실에
주의할 것!

코코치 카페 무스비노 ここちカフェむすびの

1907년에 지어진 전통 목조주택을 리모델링한 분위기 만점
의 카페. 100년 전의 모습을 고스란히 간직한 인테리어와 느
긋하게 휴식을 취할 수 있는 포근한 공간이 멋스럽다. 커피·
홍차·케이크 등의 가벼운 디저트를 즐길 수 있으며, 조식
09:00~11:00, 런치 12:00~15:00, 디너 18:00~19:30에
는 시즌별로 메뉴가 바뀌는 맛난 요리(800엔~)도 선보인다.

예산 486엔~ **영업** 09:00~19:30
휴무 목요일, 매월 둘째·넷째 수요일
지도 MAP 18-B4 **교통** JR 벳푸 別府 역 서쪽 출구 西口 앞의 2번
정류장에서 2·5·7·41번 카메노이 버스를 타고 칸나와 鉄輪
하차(20분, 330엔), 도보 8분. 좁은 골목길 안쪽에 있어 길을 찾기
힘드니 주의.

1 100년 전의 모습을 간직한 건물.
2 느긋하게 맛난 요리를 즐길 수
있다.
3 달콤한 디저트도 놓치지 말자.

Special
칸나와온센의 온천을 즐기자

鉄輪むし湯 칸나와무시유

영업 06:30~20:00
휴업 매월 넷째 목요일(공휴일일 때는 그 다음날)
요금 700엔, 욕의 대여료 220엔 지도 MAP 18-B4
교통 JR 벳푸 別府 역 서쪽 출구 西口 앞의 2번 정류장에서
2·5·7·41번 카메노이 버스를 타고 칸나와 鉄輪 하차
(20분, 330엔), 도보 6분.

1276년 고승 잇펜 쇼닌(➡p.257)이 만든 유서 깊은
온천. 일반적인 온천과 달리 우리나라의 찜질방처럼
바닥에서 온몸을 지지는 스타일의 온천이다. 우선 몸을
가볍게 씻고 욕의로 갈아입은 뒤, 약초의 일종인 석창포
石菖가 깔린 사우나실로 들어가 시원하게 땀을 흘린다.
10여분 뒤 몸에 묻은 석창포를 털어내고 욕탕에서 몸을
씻으며 온천욕을 즐긴다. 신경통·근육통·관절통·
피로회복에 효험이 있다.

ひょうたん温泉 효탄온센

영업 09:00~01:00 휴업 4·7·12월 부정기 휴업
요금 880엔, 초등학생 380엔
홈페이지 www.hyotan-onsen.com 지도 MAP 18-C4
교통 JR 벳푸 別府 역 서쪽 출구 西口 앞의 2번 정류장에서
2·5·7·41번 카메노이 버스를 타고 칸나와 鉄輪 하차
(20분, 330엔), 도보 13분.

1922년에 문을 연 온천. 호리병(ひょうたん 효탄)
모양의 노천온천이 있어 지금의 이름이 붙었다.
칸나와온센에서 가장 큰 규모를 자랑하는 곳답게 욕실·
휴게실 등의 편의시설이 충실하다. 최대의 매력은 널찍한
노천온천인데, 밤늦게까지 영업해 별빛을 바라보며
온천욕을 즐길 수도 있다. 부담 없는 가격에 모래찜질
온천(330엔)을 이용할 수 있는 것도 장점이다. 온천수는
신경통·화상·부인병에 효험이 있다.

夢たまて筥 유메타마테바코

영업 07:00~02:00
요금 580엔, 초등학생 290엔 지도 MAP 18-C4
교통 JR 벳푸 別府 역 서쪽 출구 西口 앞의 2번 정류장에서
2·5·7·41번 카메노이 버스를 타고 칸나와 鉄輪 하차
(20분, 330엔), 도보 9분.

호텔에 딸린 쾌적한 시설의 온천. 규모가 크며 히노키
탕·자쿠지·폭포탕·증기탕·사우나 등 10여 가지 시설을
자유로이 이용할 수 있다. 노천온천과 가벼운 식사를
즐길 수 있는 식당·휴게실도 완비했다.

渋の湯 시부노유

영업 06:30~21:00 요금 100엔
지도 MAP 18-B4
교통 JR 벳푸 別府 역 서쪽 출구 西口 앞의 2번 정류장에서
2·5·7·41번 카메노이 버스를 타고 칸나와 鉄輪 하차(20분,
330엔), 도보 4분.

13세기부터 이용된 유서 깊은 온천. 주민들이 이용하는
곳으로 공중목욕탕처럼 조그만 욕조 하나만 설치돼
있다. 약산성의 메타규산이 함유된 온천이라 피부보습
효과가 있다.

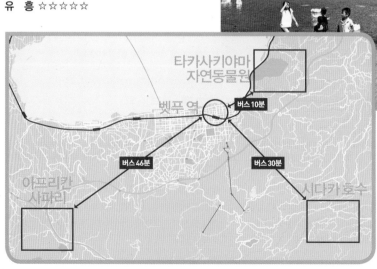

AREA 03

벳푸 주변
別府周辺

번잡한 도심을 벗어나 싱그러운 자연을 접할
수 있다. 계절의 변화에 따라 모습을 달리하는
산정호수와 벳푸 일대가 한눈에 들어오는 드높은
산, 아프리카의 초원을 고스란히 옮겨다 놓은 듯한
동물원 등 색다른 볼거리가 눈길을 끈다. 시내에서
거리가 멀고 버스 운행이 뜸해 렌터카를 이용하지
않는 이상 이동에 약간의 애로사항이 있다는
사실을 기억하자.

볼거리 ★★★★☆
먹거리 ☆☆☆☆☆
쇼　핑 ☆☆☆☆☆
유　흥 ☆☆☆☆☆

타카사키야마
자연동물원

벳푸 역

버스 10분

버스 46분

버스 30분

아프리칸
사파리

시다카호수

must see

시다카 호수 p.266
싱그러운 자연 속의 산정호수.
츠루미 산 p.267
벳푸 일대가 한눈에 들어오는 전망대.
아프리칸 사파리 p.269
아프리카의 초원이 펼쳐지는 동물원.
타카사키야마 자연동물원 p.270
야생 원숭이와 만나는 동물원.

must eat

식도락을 즐길만한 곳이 전무하다. 그
나마 식사가 가능한 곳은 아프리칸 사
파리·키지마 고원 파크·오이타 마린
팰리스 수족관 우미타마고 등의 놀이
시설이 전부다.

must buy

마땅한 쇼핑 시설이 없다. 가벼운 기
념품을 구입할 수 있는 곳은 아프리칸
사파리·키지마 고원 파크·오이타 마
린 팰리스 수족관 우미타마고 정도다.

see 遊

#여름 피서지　#사뿐사뿐 호숫가 산책
#버스 운행이 뜸하니 주의

1 백조 보트를 타고 호수 유람을 즐긴다.
2 피크닉을 즐기기에 좋은 녹지도 완비했다.
3 올레 코스에 세워진 조랑말 모양의 간세.

志高湖 시다카 호수 ★★★★☆

발음 시다까꼬 **지도** MAP 16-B4
교통 JR 벳푸 別府 역 서쪽 출구 西口 앞의 3번 정류장에서 평일 07:37에 출발하는 36번 카메노이 버스, 토·일·공휴일 07:37·13:07에 출발하는 37번 카메노이 버스를 타고 시다카코한 志高湖畔 하차(30분, 530엔), 도보 1분. 해당 시각 이외에 출발하는 36·37번 버스는 시다카코한에 정차하지 않는다.
※버스 시각을 맞추기 힘들 때는 아무 시간대에나 출발하는 36·37번 버스를 타고 토리이 鳥居(26분, 490엔) 하차, 도보 25분. 또는 JR 벳푸 역 동쪽 출구 東口 앞에서 출발하는 유후린 ゆふりん 버스를 타고 토리이 鳥居(45분, 490엔) 하차, 도보 25분. 마이 벳푸 미니 프리 사용 가능.
보트 대여 **요금** 30분 일반 보트 540엔, 백조 보트 1,100엔
자전거 대여 **요금** 1시간 300엔

츠루미 산 鶴見岳의 남동쪽에 위치한 아름다운 호수. 해발 600m의 고원에 위치해 피서지로 인기가 높으며, 봄 벚꽃과 가을 단풍의 명소로도 유명하다. 호수 주위로는 2km에 이르는 산책로와 푸른 잔디가 깔린 녹지가 정비돼 있어 한가로이 휴식을 취하기에 좋다. 캠핑장·낚시터·보트 선착장·자전거 도로 등의 편의시설도 잘 갖춰 놓아 주말·휴일이면 나들이 나온 현지인들로 북적인다. 오솔길을 따라 20분쯤 걸으면 카구라메 호수 神楽女湖가 나오는데, 해마다 6~7월이면 30만 송이의 창포가 만발하는 장관이 펼쳐진다. 산책로는 올레 코스와도 이어진다.

鶴見岳 ★★★☆☆
츠루미 산

음 츠루미다께 **지도** MAP 16-A3
교통 JR 벳푸 別府 역 서쪽 출구 西口 앞의 3번 정류장에서
출발하는 36·37번 카메노이 버스를 타고 벳푸로푸웨이
別府ロープウェイ 하차(25분, 440엔). **또는** JR 벳푸 역 동쪽
출구 東口 앞에서 출발하는 유후린 ゆふりん 버스를 타고
벳푸로푸웨이 別府ロープウェイ 하차(40분, 440엔).
마이 벳푸 미니 프리 사용 가능.

케이블카 **시간** 09:00~17:00 **요금** 왕복 1,700엔, 편도 1,200엔
홈피 www.beppu-ropeway.co.jp

9만 년 전 유후 산 由布岳과 함께 활동을 개시한
화산. 역사적으로는 지금까지 여섯 차례의 폭발이 관측됐으며, 가장 최근
분화한 것은 1995년
7월이다. 해발 1,375m에 이르는 높은 산이라 정상은 벳푸 시내보다 기온이
10℃ 가량 낮은 별천지다. 해발 503m 지점에 위치한 벳푸타카하라 別府高
原 역에서 케이블카를 타고 불과 10분이면 정상 인근의 전망대(1,300m)에
다다른다. 전망대는 벳푸 일대는 물론 주변 산악지대와 멀리 시코쿠 四国
섬까지 한눈에 들어올 만큼 발군의 전망을 자랑한다. 봄에는 벚꽃과 철쭉,
가을에는 산 전체를 울긋불긋 물들이는 화려한 단풍, 겨울에는 새하얀 눈꽃이
숨이 멎을 듯 경이로운 장관을 연출한다. 여전히 활동을 지속중인 휴화산인
까닭에 전망대 뒤쪽의 화구에서는 하얀 수증기가 스멀스멀 올라오는 신기한
광경도 볼 수 있다.
여름 휴가철 등 특정 시즌에는 벳푸의 야경을 감상할 수 있도록 케이블카를
야간 운행하기도 한다. 단, 고지대인 탓에 바람이 심하거나 날씨가 나쁠 때는
예고 없이 케이블카 운행이 중지되기도 하니 홈페이지에서 운행 여부를
확인하고 가는 게 좋다.

1 벳푸 일대를 굽어보는 츠루미 산의 위용.
2 산정을 오르내리는 케이블카.

시다카 호수 탄생 전설

먼 옛날 벳푸 서쪽에 위치한 유후 산 由布岳(➡p.219)과 소
보 산 祖母山은 남산(男山)이었고 츠루미 산은 여산(女山)
이었다고 한다. 유후 산과 소보 산은 둘 다 츠루미 산을 사랑
했는데, 소보 산은 츠루미 산의 환심을 사고자 틈만 나면 선
물을 보내곤 했다. 그러니 안디깝게도 소보 신을 제치고 유
후 산과 결혼해 버린 츠루미 산!
어리숭하게도 둘의 사이를 전혀 눈치 채지 못한 소보 산은
평소처럼 선물을 주려고 츠루미 산을 찾아가다가 둘이 결혼
했다는 청천벽력 같은 소식을 듣고 말았다. 사랑은 눈물의
씨앗이라고 소보 산은 하염없이 눈물을 흘렸다. 그때 그 눈
물이 고여서 생긴 게 바로 시다카 호수다. 또 두 산에게 얼굴
을 보이고 싶지 않은 소보 산은 나무를 빽빽하게 심어 자기
얼굴을 가렸다는데, 그 때문인지 지금도 벳푸 일대에서 숲
이 가장 울창한 산으로 알려져 있다.

재미난 전설을 품고 있는 유후 산(사진 왼쪽)과
츠루미 산(사진 오른쪽). 유후 산은 정상 등반도
가능하다. 자세한 내용은 p.219를 참고하자.

城島高原パーク 키지마 고원 파크 ★★★☆☆

발음 키지마코-겐파-꾸 **개관** 09:00~17:00 ※시즌에 따라 다름
휴무 부정기적 ※홈페이지에서 확인 가능 **요금** 1,500엔, 초등학생 이하 600엔,
놀이기구 자유이용권 3,300엔 **홈피** www.kijimakogen-park.jp **지도** MAP 16-A4
교통 JR 벳푸 別府 역 서쪽 출구 西口 앞의 3번 정류장에서 출발하는 36·37번
카메노이 버스를 타고 키지마코겐파쿠 城島高原パーク 하차(35분, 580엔),
도보 3분. **또는** JR 벳푸 역 동쪽 출구 東口 앞에서 출발하는 유후린 ゆふりん 버스를
타고 키지마코겐파쿠 城島高原パーク 하차(50분, 580엔), 도보 3분.
마이 벳푸 미니 프리 사용 가능.

1967년 오픈한 50여 년 역사의 유원지. 츠루미 산의 남쪽 비탈에
펼쳐진 해발 600m의 고원지대에 위치해 여름에도 선선한 까닭에
피서지로 인기가 높다. 25ha에 이르는 드넓은 부지에는 롤러코스터·
대관람차·고카트 등 30여 개의 놀이기구가 갖춰져 있다. 인기 절정의
놀이기구는 1992년에 만든 **일본 최초의 목조 롤러코스터 쥬피터
ジュピター**다. 일반적인 롤러코스터와 달리 어딘지 위태로워 보이는
겉모습과 삐걱대는 소음 때문에 짜릿한(?) 스릴을 맛볼 수 있는 게 매력!
전반적으로 성인을 위한 놀이기구보다는 어린이를 동반한 가족단위
여행객을 위한 시설이 주를 이룬다는 사실을 기억하자. 또한 놀이기구
이용료가 1회 400~1,000엔으로 만만치 않으니 마음 편히 이용하려면
자유이용권을 구입하는 게 경제적이다.

1 울창한 숲으로
이어지는 규슈
올레 벳푸 코스.
2 진행 방향
표지판. 파란색은
정방향, 주황색은
역방향을 뜻한다.

九州オルレ別府コース 규슈 올레 벳푸 코스 ★★★☆☆

폐쇄

발음 큐-슈우오루레벳뿌코-스
홈피 www.welcomekyushu.or.kr/kyushuolle **지도** MAP 16-A4
교통 JR 벳푸 別府 역 서쪽 출구 西口 앞의 3번 정류장에서 평일 07:37
에 출발하는 36번 카메노이 버스, 토·일·공휴일 07:37·13:07에 출발하는 37번
카메노이 버스를 타고 시다카코한 志高湖畔
하차(30분, 510엔), 도보 1분. 해당 시각 이외에 출발하는 36·37번 버스는
시다카코한에 정차하지 않는다. ※버스 시각을 맞추기 힘들 때는 아무 시간대에나
출발하는 36·37번 버스를 타고 토리이 鳥居(26분, 470엔) 하차, 도보 25분.
또는 JR 벳푸 역 동쪽 출구 東口 앞에서 출발하는 유후린 ゆふりん 버스를 타고
토리이 鳥居(45분, 470엔) 하차, 도보 25분. 마이 벳푸 미니 프리 사용 가능.

규슈의 21개 올레 코스 가운데 하나. 시다카 호수 안내소→전망대→
아타고 신사→에다고 공민관→카구라메 호수→시다카 호수 안내소를
한 바퀴 빙 도는 원형의 코스로 난이도는 중상이며, 총거리 11km,
완주에 3~4시간이 걸린다. 숲이 우거진 츠루미 산록과 고즈넉한 풍경,
그리고 청정자연을 만끽할 수 있는 시다카 호수가 코스에 포함돼 산행의
재미를 더한다. 시다카 호수 안내소를 제외하고는 음료수를 구할 곳이
없으니 넉넉히 챙겨가야 하며 길을 잃지 않도록 홈페이지에서 자세한
코스를 프린트해 가는 게 좋다.

ア ★★★☆☆
フリカンサファリ 아프리칸 사파리

🔊 아후리칸사파리
🕐 09:00~16:00, 11~2月 09:30~15:00
💰 2,600엔, 중학생 이하 1,500엔, 정글버스 1,300엔, 중학생 이하 1,100엔
🌐 www.africansafari.co.jp
🗺 MAP 16-A1
🚌 JR 벳푸 別府 역 서쪽 출구 西口 앞의 2번 정류장에서 41번 카메노이 버스를 타고 사파리 サファリ(46분, 800엔) 하차. 마이 벳푸 와이드 프리 사용 가능.

70여 종 1,300여 마리의 동물을 사육하는 동물원. 차를 타고 사파리 코스를 돌며 사자·기린·코끼리를 관찰하는 동물 존 動物ゾーン과 원내를 자유로이 거닐며 캥거루·원숭이 등의 동물을 살펴보는 후레아이 존 ふれあいゾーン으로 이루어져 있다. 동물 존은 투어 차량인 정글버스 또는 직접 운전하는 렌터카로만 들어갈 수 있는데, 관람객이 사자·산양에게 먹이를 주는 체험은 정글버스를 타야만 가능하다. 정글버스 예약은 동물원 입구에서 하며 6km의 사파리 코스를 일주하는 데 약 1시간이 걸린다. 렌터카로 돌볼 때는 이용 안내가 담긴 가이드 DVD를 빌려야 한다(600엔). 후레아이 존에서는 캥거루·원숭이에게 먹이주기, 승마, 아기 사자·호랑이와 사진 찍기 등의 특별한 체험을 할 수 있으며, 고양이 카페 캣 살롱(300엔)과 애견 카페 도그 살롱(300엔)도 운영한다. 고원지대라 벳푸 시내보다 기온이 낮아 봄·가을에는 따뜻한 옷을 챙겨 가는 게 좋다.

1 코뿔소·사자 모양의 사파리 차량.
2 동물에게 직접 먹이도 줄 수 있다.
3 동물원 안을 자유로이 뛰어다니는 캥거루.

明 ★★☆☆☆
礬湯の里 묘반유노사토

🔊 묘반유노사또 🕐 08:00~18:00 💰 무료
🌐 www.yuno-hana.jp 🗺 MAP 16-A2
🚌 JR 벳푸 別府 역 서쪽 출구 西口 앞의 2번 정류장에서 5·41번 카메노이 버스를 타고 지조유마에 地蔵湯前(26분, 430엔) 하차. 버스 진행방향으로 도보 3분. 마이 벳푸 미니 프리 사용 가능.
노천온천 🕐 10:00~21:00 💰 600엔, 초등학생 이하 300엔

전통 유황 채취장이 보존된 견학시설. 약 또는 입용제로 사용되는 '유노하나 湯の花'는 온천증기가 뿜어져 나오는 곳에 초막집을 세우고, 한 달여에 걸쳐 바닥에 응고되는 유황 결정을 채취해서 만든다. 1725년부터 전래돼온 전통방식을 고수하며, 초막집 안으로 들어가 유노하나가 만들어지는 과정도 살펴볼 수 있다. 매점에서는 유노하나와 온천증기로 찐 계란·옥수수 등의 먹거리도 판매한다. 언덕을 조금 올라간 곳에는 우윳빛의 온천수가 가득한 노천온천도 있다. 피부가 매끄러워지는 미인 온천으로 알려져 있으며, 지대가 높아 빼어난 전망을 자랑하는 것도 매력이다.

1 유노하나를 채취하는 초막집.
2 유노하나 채취 과정도 살펴볼 수 있다.
3 뜨거운 증기가 뿜어져 나오는 열기꿍.

高 ★★★☆☆
崎山自然動物園 타카사키야마 자연동물원

📖 타까사끼야마시젠도−부쯔엔 🕐 09:00∼17:00
💴 520엔, 중학생·초등학생 260엔
🌐 www.takasakiyama.jp 🗺 MAP 16−D4
🚌 벳푸키타하마 버스센터 別府北浜 4번 정류장(➡p.239)에서 AS60·AS61
번 오이타 버스를 타고 타카사키야마 高崎山 하차(10분, 240엔), 도보 5분. 버스
진행방향 뒤에 보이는 파란색 육교를 건너간다.
※마이 벳푸 미니·와이드 프리 사용 불가.

1,300여 마리의 원숭이를 자연 방목하는 동물원. 원래 이곳엔
아무런 볼거리도 없었으나 오이타 시 大分市 시장의 아이디어로
산에 들끓는 야생 원숭이를 길들이기 시작해 1953년 자연 방목에
성공했다. 10여 년 전까지 이곳으로 먹이를 구하러 내려오는 원숭이는
약 2,000마리를 헤아렸으며, A·B·C 세 개의 무리로 나뉘어 각각의
우두머리가 통솔하고 있었다. 하지만 A와 B 무리의 영역 다툼에서 진
A 무리가 소멸함에 따라 지금은 B·C 무리의 1,300여 마리만 이곳을
찾고 있다. 원숭이를 가장 많이 볼 수 있는 때는 먹이를 구하러 산을
내려오는 오전이다. 원숭이 방목장까지는 160m 정도의 언덕길을
걸어 올라가거나 모노레일(편도 110엔)을 타고 간다.

1 타카사키야마 자연동물원을 오르내리는 모노레일.
2 원숭이에게 직접 먹이도 줄 수 있다.
3 먹이를 찾아 산을 내려온 원숭이 무리.

大 ★★★☆☆
分マリーンパレス水族館 うみたまご
오이타 마린 팰리스 수족관 우미타마고

📖 마린파레스스이조꾸깐우미타마고
🕐 09:00∼17:00
💴 2,600엔, 중학생·초등학생 1,300엔, 4세 이상 850엔
🌐 www.umitamago.jp 🗺 MAP 16−D4
🚌 벳푸키타하마 버스센터 別府北浜 4번 정류장(➡p.239)에서 AS60·AS61번
오이타 버스를 타고 타카사키야마 高崎山 하차(10분, 240엔), 버스 진행방향
왼쪽으로 도보 2분. ※마이 벳푸 미니·와이드 프리 사용 불가.

500여 종, 1만 5,000여 마리의 해양생물을 사육하는 수족관.
1·2·M2층의 세 개 층으로 나뉜 공간에 벳푸 연안·대양·극지·
열대의 바다를 테마로 한 20여 개의 갤러리를 갖춰 생동감 넘치는
해양생물의 면모를 두루 살펴볼 수 있다. 2층의 야외공연장에서는 애교
만점의 돌고래 쇼도 열린다. 타카사키야마 자연동물원과 육교로 연결돼
있어 두 곳을 함께 묶어서 보면 편리하다.

벳푸 온천 호요 랜드
別府温泉保養ランド

유백색의 진흙 온천이 유명한 온천시
설. 유황 성분을 함유해 피부가 매끄
러워지는 효과가 있으며, 류머티즘·
무좀·아토피에도 효험이 있다. 남녀
욕실이 따로 구분된 실내와 달리 외부
의 노천온천은 남녀혼탕이며, 특유의
유황 냄새와 낡은 시설 탓에 호불호
가 극명히 갈린다는 사실에 주의하자.

🕐 09:00∼20:00
💴 1,500엔
🌐 http://hoyoland.net
🗺 MAP 16−B2
🚌 JR 벳푸 別府 역 서쪽 출구 西口
앞의 2번 정류장에서 5·41번 카메노이
버스를 타고 콘야지고쿠마에 紺屋地獄
前(25분, 380엔) 하차, 도보 2분.
마이 벳푸 미니 프리 사용 가능.

나가사키

Nagasaki check point

Nagasaki quick guide

Nagasaki day trip

나가사키 국제공항에서 시내로

주변 도시에서 나가사키로

나가사키 시내교통

나가사키

AREA 01 나가사키 역

AREA 02 평화공원

AREA 03 미나미야마테 · 히가시야마테

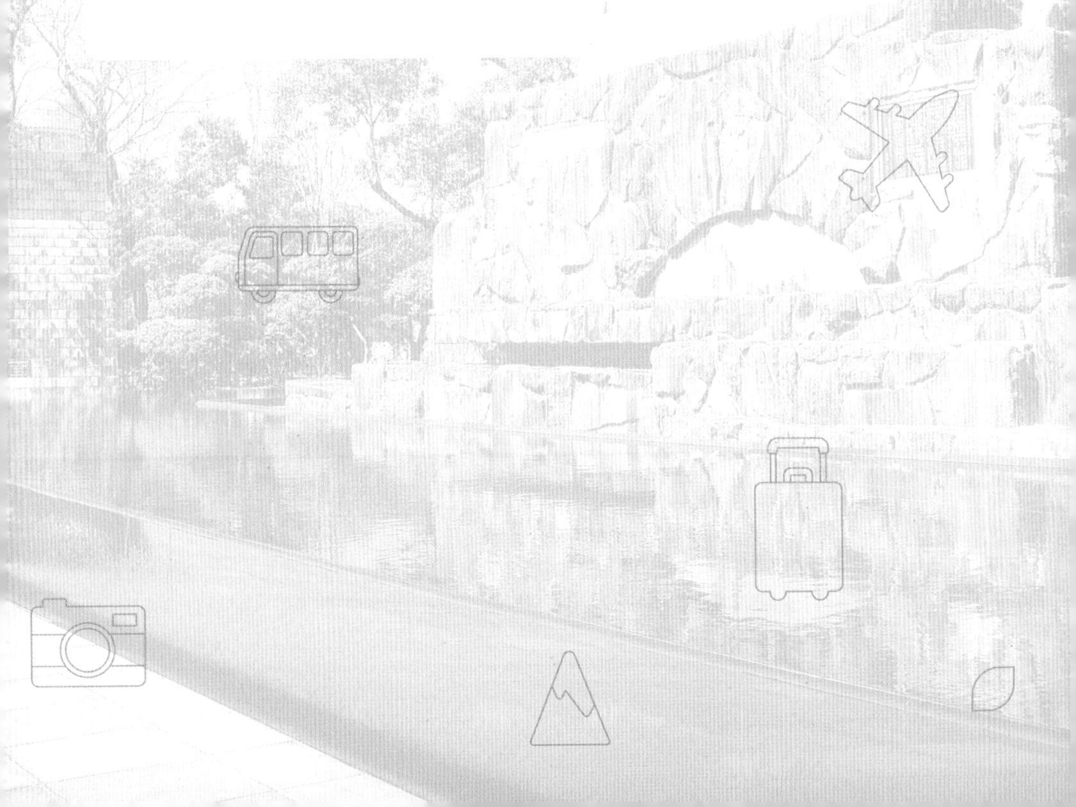

Nagasaki check point

나가사키 9대 명소

1 평화공원 원폭 희생자를 추모하는 나가사키의 상징. 근엄한 표정의 평화 기념상 ➡p.292

2 원폭 낙하 중심지 1945년 8월 9일 비극의 현장. 원폭 투하 지점을 표시한 비석 ➡p.293

3 차이나타운 일본의 3대 차이나타운. 나가사키 짬뽕의 발상지 ➡p.298

4 오란다자카 바닥에 포석이 깔린 이국적인 거리. 한 세기 전 서양인 거주지 ➡p.299

5 글로버 정원 역사적 건물을 모아 놓은 아름다운 공원. 전망과 야경이 훌륭 ➡p.300

6 데지마 개항 전 네덜란드 · 포르투갈 상인의 거주지. 흥미진진한 나가사키의 역사 ➡p.301

7 일본 26성인 순교지 일본의 기독교 성지. 처형당한 26명의 성인을 기리는 곳 ➡p.284

8 이나사야마 산정전망대 나가사키가 훤히 내려다보이는 전망대. 야경 감상도 가능 ➡p.286

9 칸코도리 상점가 나가사키의 다운타운. 숍 · 레스토랑이 모인 활기찬 번화가 ➡p.307

나가사키 9대 맛집

1 후쿠사야혼텐 1624년 창업한 나가사키 카스텔라의 원조. 강렬한 단맛이 특징 ➡p.314

2 쇼오켄 1681년 문을 연 나가사키 카스텔라 맛집. 찰지고 쫄깃한 맛이 매력 ➡p.314

3 분메이도소혼텐 1900년 창업한 카스텔라 전문점. 달콤 포근한 식감 ➡p.288

4 시카이로 나가사키 짬뽕의 원조! 120여 년의 역사를 자랑하는 중화요리 전문점 ➡p.310

5 카이라쿠엔 100년 전통 나가사키 짬뽕의 양대 산맥. 동파육과 사라우동도 훌륭 ➡p.310

6 나가사키싯포쿠 하마카츠 푸짐한 싯포쿠 요리. 나가사키의 역사가 녹아든 맛 ➡p.311

7 욧소혼텐 150년의 역사를 간직한 싯포쿠 전문점. 예스러운 분위기가 매력 ➡p.311

8 운류테 육즙 가득한 한 입 사이즈 군만두. 간식 또는 술안주로 강추 ➡p.312

9 이와나가바이쥬켄 200년 전통의 화과자 숍. 예술의 경지에 오른 맛과 모양 ➡p.314

나가사키 4대 숍

1 하마노마치 쇼핑 아케이드 나가사키 최대의 상점가. 생필품 · 잡화 구입에 편리 ➡p.315

2 아뮤 플라자 나가사키 젊은 감성의 패션 · 잡화 · 기념품이 풍부한 쇼핑센터 ➡p.315

3 유메타운 유메사이토 다양한 상품을 취급하는 대형 할인매장. 식료품 매장도 충실 ➡p.289

4 돈키호테 온갖 아이템이 가득한 잡화점. 기념품 · 선물 구입에 좋음 ➡p.315

공항 → 나가사키

나가사키 국제공항 4 · 5번 정류장에서 출발하는 버스를 이용한다. 5번 정류장에서 출발하는 직행이 조금 더 빠르다. 공항↔나가사키를 단순 왕복할 때는 편도 티켓보다 왕복 티켓을 구입하는 게 저렴하다 ➡p.276

나가사키 국제공항 → 나가사키
버스 43~61분, 1,200엔

주변도시 → 나가사키

후쿠오카에서는 특급열차를 이용하는 게 빠르고 편리하다. 시간이 조금 더 걸리더라도 비용을 절약하려면 버스를 선택한다. 버스로만 연결되는 도시도 있다. 버스는 주말 · 성수기에 자리 구하기가 힘들 수 있으니 예약을 서두르는 게 안전하다 ➡p.277

후쿠오카 → 나가사키
특급열차 · 신칸센 1시간 20분, 6,050엔
고속버스 2시간 20분~3시간, 2,900엔

우레시노온센 → 나가사키
고속버스 1시간 10분, 1,800엔

시내교통

주요 교통수단은 전차다. 노선이 단순해 이용하기 쉬우며 거의 대부분의 명소가 전차 노선상에 위치한다. 요금은 전 구간 단일요금제다. 5회 이상 이용할 경우 1일권을 구입하는 게 경제적이다 ➡p.278

전차 1회 140엔, 1일권 600엔, 24시간권 700엔

온천

나가사키에는 온천이 없다. 온천을 이용하려면 버스로 1시간~1시간 40분 거리에 위치한 오바마온센 또는 운젠으로 간다. 운젠은 유황 온천과 화산지대 특유의 자연지형을 살펴볼 수 있는 곳으로 유명하다. 부지런히 움직이면 당일치기도 가능하다 ➡p.318~320

호텔

선택의 절대 기준은 역 또는 전차 정류장에서 도보 5분 이내의 호텔이다. 교통이 편한 곳을 선호한다면 JR 나가사키 역 주변의 호텔을 이용하자. 전차를 타고 이동하는 게 조금 번거롭지만 레스토랑 · 숍을 이용하기에 편리한 차이나타운 · 칸코도리 상점가 주변의 호텔을 선택해도 좋다.

Nagasaki quick guide

① 평화공원

나가사키는 어떤 곳?

규슈에서 가장 이국적인 면모를 지닌 나가사키는 오랜 옛날부터 한반도와 중국의 문화를 받아들이던 항구 도시다. 쇄국 당시에도 우리나라와 조선통신사를 통해 학술·문화를 교류했기 때문에 불교를 비롯한 한반도의 다양한 문화가 나가사키를 거쳐 일본에 전래됐다. 16세기에는 서양 문물을 급속히 받아들이며 일본 속의 유럽 문화를 꽃피우기도 했다. 태평양 전쟁 때는 일본 조선업의 중심지로 육성된 까닭에 히로시마에 이은 두 번째 원폭 투하지로 결정되는 비극을 낳았다. 원폭과 함께 한줌 재로 사라져 간 사람은 무려 7만 3,800여 명을 헤아리며 도시의 절반 가까이가 형체를 알아볼 수 없을 만큼 파괴됐다.

① 평화공원 ➡p.290

나가사키의 상징으로 유명한 평화 기념상이 자리한 곳이다. 원폭 투하 당시의 비극을 전하는 조형물과 박물관을 관람할 수 있다.

② 나가사키 역

② 나가사키 역 ➡p.282

주요 도시를 연결하는 교통의 중심지다. 기독교 관련 성지와 유서 깊은 사찰이 모여 있다. 역에 대형 쇼핑센터가 부속돼 있어 쇼핑에도 편리하다.

③ 미나미야마테·히가시야마테 ➡p.296

여행과 식도락의 중심지다. 나가사키의 역사가 아로새겨진 거리와 건물, 원조 나가사키 짬뽕을 맛볼 수 있는 차이나타운, 활기찬 쇼핑가 등 여행자의 호기심을 충족시킬 명소가 가득하다.

③ 미나미야마테·히가시야마테

전차 15번

전차 8번

Nagasaki day trip

타케오온센 ②

① 하우스텐보스 ハウステンボス ➡p.316

17세기 네덜란드의 풍경을 고스란히 재현한 테마파크. 볼거리가 풍부하진 않지만 튤립과 풍차가 어우러진 이국적 분위기를 만끽할 수 있다.

나가사키→하우스텐보스
쾌속열차 1시간 30분

② 타케오온센 武雄温泉 ➡p.197

1,200년의 역사를 간직한 조그만 온천 마을이다. 소박한 풍경 속에서 잠시 휴식을 취하기에 적당하다. 규슈 올레 코스를 걸으며 가벼운 하이킹을 즐기기에도 좋다.

나가사키→타케오온센
특급열차 1시간 20분

우레시노온센 ③

③ 우레시노온센 嬉野温泉 ➡p.194

일본의 3대 미인 온천으로 꼽힌다. 온천수에 미량의 탄산수소나트륨이 함유돼 있어 피부가 매끈매끈해지는 효과를 볼 수 있다. 규슈 올레 코스를 걸으며 한가로이 휴식을 취하기에 적당하다.

나가사키→우레시노온센
고속버스 1시간 10분

④ 운젠 雲仙 ➡p.318

나가사키 인근에서 가장 유명한 온천 휴양지다. 마을 전체를 휘감은 유황 냄새와 하얀 수증기가 화산섬 규슈의 한복판에 와 있음을 실감케 한다. 천연 유황 온천이라 온천수의 질도 좋다.

나가사키→운젠
고속버스 1시간 40분

④ 운젠

⑤ 오바마온센 小浜温泉 ➡p.320

조그만 온천 마을이다. 바닷가에 위치해 탁 트인 전망을 즐길 수 있다. 일본에서 가장 길이가 긴 무료 족탕과 온천 증기에 음식을 쪄 먹는 가마가 유명하다.

나가사키→오바마온센
고속버스 1시간 20분

오바마온센 ⑤

① 하우스텐보스

나가사키

나가사키
국제공항에서
시내로

나가사키 국제공항은 규모가 작고 구조도 단순해 이용하기 쉽다. 공항에서 나가사키 시내까지의 거리는 약 40km이며, 도심을 연결하는 교통편은 공항버스·택시·렌터카가 있다. 택시는 요금이 무척 비싸니 요금이 저렴한 공항버스를 이용하는 게 현명하다. 공항버스는 입국장 바로 앞에서 출발하며 정류장 안내가 한국어로도 나와 이용에 어려움이 없다.

※나가사키 국제공항행 항공편은 2023년 하반기 이후 운항 재개 예정.

세 줄 요약

나가사키 국제공항

국제선과 국내선이 하나의 건물로 붙어 있다. 편의시설은 국내선 쪽에 모여 있다.

공항버스

5번 정류장에서 출발하는 직행 버스가 편리하다. JR 나가사키 역까지 43분 소요.

왕복권 구입

공항버스 티켓은 편도보다 왕복으로 구입하는 게 저렴하다.

나가사키 국제공항

🖥 https://nagasaki-airport.jp

나가사키 국제공항

공항버스

나가사키 국제공항 → JR 나가사키 역
소요 43~61분
요금 1,200엔
산큐 패스 사용 가능

나가사키 국제공항 長崎国際空港

인천 국제공항에서 나가사키 국제공항까지 에어서울이 매주 3회 운항한다. 나가사키 국제공항은 국제선과 국내선이 하나로 이어진 '一'자 형의 건물이며, 입국장은 1층에 위치한다. 여행 인포메이션 센터·편의점·렌터카 카운터 등의 편의시설은 국내선 쪽에 모여 있다.

국제선 출국장은 2층이다. 면세점이 무척 빈약하니 기념품 쇼핑은 시내에서 마치거나 국내선 쪽의 기념품점을 이용하는 게 좋다.

공항버스 空港バス

시내로 들어갈 때는 공항버스를 이용한다. 정류장은 입국장 정면 오른쪽의 출구를 나가면 바로 앞에 있다. 1~5번의 다섯 개 정류장이 있는데 나가사키 방면 버스는 4·5번 정류장에서 출발한다. 4번 정류장에서 출발하

공항버스

는 버스는 경유지가 많아 JR 나가사키 역까지 55~61분 걸린다. 반면 5번 정류장에서 출발하는 버스는 나가사키신치 長崎新地(차이나타운, 35분)를 경유해 JR 나가사키 역으로 직행하기 때문에 43분밖에 걸리지 않는다.

버스 티켓은 자판기에서 판매하며 편도보다 왕복권이 저렴하다. 왕복권은 혼자서 왕복으로 이용하거나 두 명이 편도로 한 장씩 이용해도 된다. 버스 안내방송은 일어·영어로 나오며 정차할 정류장의 이름이 모니터에 한글로도 표시돼 이용에 큰 어려움은 없다.

주변 도시에서 나가사키로

후쿠오카에서 갈 때는 기차·버스·렌터카를 모두 이용할 수 있다. 일반적으로 운행 편수가 많은 특급열차의 이용 비율이 높지만, 각기 장단점이 있으니 꼼꼼히 비교해보고 편리한 쪽을 선택하자. 경비를 절약하려면 요금이 저렴한 버스를 이용해도 좋다. 기타 주변 도시에서 갈 때는 버스를 이용하는 게 편리하다.

세 줄 요약

후쿠오카 → 나가사키
기차가 빠르고 편리하다. 요금은 버스가 기차보다 절반 정도 저렴하다.

유후인 → 나가사키
기차가 편리하다. 도중의 JR 토스 역에서 특급열차로 갈아탄다.

기타 도시 → 나가사키
버스만 운행하는 곳도 있다. 성수기·주말에는 예약이 필요할 수 있다.

후쿠오카 → 나가사키 福岡→長崎

가장 편리한 교통편은 기차다. JR 하카타 博多 역에서 출발하는 특급열차를 타고 타케오온센 武雄温泉 역으로 간 다음, 신칸센 카모메 かもめ로 갈아탄다. 기차가 도착하는 곳은 JR 나가사키 長崎 역이다. 하나뿐인 출구를 나오자마자 바로 오른쪽에 여행 인포메이션 센터와 대합실, 출구를 등지고 왼쪽으로 가면 전차·버스 정류장이 있다.

버스는 하카타 버스터미널 博多バスターミナル(MAP 6-A3) 3층의 37번 승강장과 텐진 고속버스 터미널 天神高速バスターミナル(MAP 8-F4) 3층의 4번 승강장에서 출발한다. 15~30분 간격으로 운행해 언제든 편하게 이용할 수 있다. 경유지에 따라 소요시간에 차이가 나니 미리 확인하고 타자. 버스가 도착하는 곳은 JR 나가사키 역 앞이다.

후쿠오카에서 나가사키까지의 거리는 약 160km, 고속도로 경유시 2시간쯤 걸리며 통행료는 승용차 기준 3,840엔이다.

유후인→나가사키 由布院→長崎

기차가 편리하다. 도중의 JR 토스 鳥栖 역에서 특급열차·신칸센 카모메 かもめ로 갈아탄다.

기타 도시→나가사키 周辺都市→長崎

기차로 연결되지 않는 우레시노온센 嬉野温泉, 운젠 雲仙 등에서 갈 때는 버스를 이용하는 게 보편적이다. 버스가 도착하는 곳은 JR 나가사키 역 앞이다.

후쿠오카 → 나가사키

특급열차·신칸센 1시간 20분, 6,050엔
북큐슈 레일 패스 사용 가능
고속버스 2시간 20분~3시간, 2,900엔
산큐 패스 사용 가능

유후인 → 나가사키

특급열차·신칸센 3시간 30분, 9,740엔
북큐슈 레일 패스 사용 가능

우레시노온센 → 나가사키

고속버스 1시간 10분, 1,800엔
※승객이 몰리는 주말·성수기에는 예약을 서두르는 게 안전할 수도 있다.
산큐 패스 사용 가능

운젠 → 나가사키

고속버스 1시간 40분, 1,850엔
산큐 패스 사용 가능

나가사키
시내교통

나가사키는 중심지의 길이가 남북 8km에 불과한 아주 조그만 도시다. 이용 가능한 대중교통은 전차·버스·택시가 있다. 이 가운데 가성비 절대 갑의 교통편은 바로 전차다. 주요 명소를 빠짐없이 연결하며 요금도 저렴해 여행자의 발 역할을 톡톡히 한다. 버스는 전차가 연결되지 않는 일부 명소를 찾아갈 때 탈 수도 있지만 이용 가능성은 현저히 낮다.

세 줄 요약

전차

주요 명소를 빠짐없이 연결하는 핵심 교통수단. 노선이 단순해 이용하기 쉽다.

전차 1일권

다섯 번 이상 타야 본전이 빠지지만, 그만큼 탈 일이 별로 없다. 이용 계획을 잘 세우자.

버스

이용 가능성은 제로에 가깝다. 편리한 전차를 이용하자.

전차

🕐 06:00~23:30(노선마다 다름)
💰 1회 140엔
1일권 600엔
24시간권 700엔
🌐 www.naga-den.com

예스러운 외관의 전차

전차 電車

전차는 1·3·4·5호선의 4개 노선을 운행한다. 노선이 단순해 이용하기도 쉬운데 북쪽의 평화공원 방면은 1·3호선 아카사코 赤迫 행, 남쪽의 데지마·차이나타운·글로버 정원 방면은 1호선 소후쿠지 崇福寺 행을 타면 된다. 각각의 정류장에는 11~51번의 고유 번호가 붙어 있다. 초행자는 고유 번호를 이용하면 정류장 이름으로 찾는 것보다 쉽게 목적지를 찾아갈 수 있다.

요금

요금은 전 구간 단일 요금제다. 전차를 하루 종일 자유로이 탈 수 있는 1일권 電車一日乘車券, 개표 후 24시간 동안 탈 수 있는 24시간권 24時間乘車券 등의 할인권도 있다. 단, 전차를 5회 이상 타야 본전을 뽑을 수 있다. 1일권은 JR 나가사키 역의 인포메이션 센터와 주요 호텔의 프런트, 전차 홈페이지에서 판매하며, 24시간권은 전차 홈페이지에서만 구입할 수 있다.

실전 전차 타기

전차는 뒷문으로 타고 앞문으로 내린다. 전차가 들어오면 노선번호와 행선지를 확인하고 뒷문으로 탑승한다. 운전석 왼쪽 윗부분에 설치된 모니터를 통해 정차할 정류장이 일본어·영어·한글로 표시되니 그것을 보고 내릴 때가 되면 정차 버튼을 눌러 전차를 세운다. 그리고 앞문으로 가서 요금을 내고 내린다. 거스름돈을 주지 않으니 정확한 요금을 내야 한다. 잔돈이 없을 때는 요

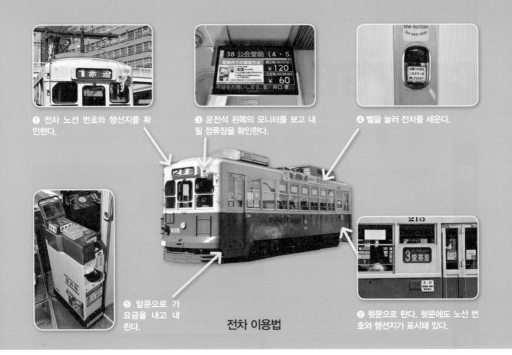

❶ 전차 노선 번호와 행선지를 확인한다.

❸ 운전석 왼쪽의 모니터를 보고 내릴 정류장을 확인한다.

❹ 벨을 눌러 전차를 세운다.

❺ 앞문으로 가 요금을 내고 내린다.

전차 이용법

❷ 뒷문으로 탄다. 뒷문에도 노선 번호와 행선지가 표시돼 있다.

금함에 달린 동전 교환기를 이용한다. 자세한 내용은 위의 '전차 이용법'을 참고하자.

주의할 점은 갈아타기다. 다른 곳에서 갈아탈 때는 무조건 요금을 새로 내야 하지만, 1호선과 5호선이 만나는 신치츄카가이 新地中華街(35) 정류장에 한해서는 요금을 새로 내지 않고 전차를 갈아탈 수 있다. 내릴 때 요금을 내면서 운전사에게 환승권인 '노리츠기켄 乗り続ぎ券'을 받는다. 그리고 전차를 갈아타고 가다가 내릴 때 요금 대신 환승권을 내면 된다. 평화공원 · 나가사키 역에서 오우라텐슈도 · 글로버 정원 방면으로 가거나 그 반대방향으로 이동할 때이 방법이 적용된다.

버스 バス

전차의 활용도가 높아 버스 탈 일은 거의 없다. 더구나 노선을 파악하기 힘들어 초행자가 이용하기 어려운 것도 단점이다. 굳이 버스를 타야 하는 경우는 전차로 연결되지 않는 이나사야마 산정전망대(➡p.286)에 갈 때뿐인데 이마저도 무료 셔틀버스가 운행돼 버스 이용 가능성을 떨어뜨린다.

그럼에도 불구하고 버스 위주로 이동할 때는 대부분의 노선이 JR 나가사키 역 앞에서 출발하며 북부에서는 한 자릿수, 남부에서는 두 자릿수 번호의 버스가 운행된다는 사실을 알아두자. 버스를 네 번 이상 타려면 JR 나가사키 역여행 인포메이션 센터에서 버스 1일권 一日乗車券을 구입하는 게 경제적이다. 산큐 패스(p.78) 소지자는 나가사키 시내에서 운행되는 버스를 무료로 이용할 수 있다.

버스

🕐 06:00~23:00(노선마다 다름)
💴 1회 160엔, 1일권 500엔
🌐 www.nagasaki-bus.co.jp
산큐 패스 사용 가능

나가사키 시내 버스

best course

오후 늦게 이나사야마 산정전망대에 올라 나가사키의 전경과 야경, 식사를 즐긴다. 해지기 1시간 전쯤 전망대에 도착할 수 있도록 시간을 맞춘다.

소요시간 9시간~   입장료 1,450엔
교통비 280엔~   식비 4,000엔~

1 일본 26성인 순교지 p.284

도보 1분

2 성 필리포 교회 p.285

도보 11분

3 후쿠사이지 p.285

도보 14분

4 스시카츠 점심 식사, 초밥 p.288

전차 15분
전차 나가사키에키마에(27) 승차, 헤이와코엔(19) 하차

5 평화공원 p.292

도보 8분

6 우라카미텐슈도 p.295

버스 10분

7 원폭 낙하 중심지 p.293

도보 3분

8 원폭 한국인 희생자 추모비 p.294

도보 2분

9 나가사키 원폭 자료관 p.294

도보 1분

10 국립 나가사키 원폭 사망자 추모 평화기념관 p.294

도보 8분 + 전차 15분 + 버스 8분
JR 나가사키 역 앞에서 무료 셔틀버스 이용

11 이나사야마 산정전망대 저녁 식사, 전망 레스토랑 p.286

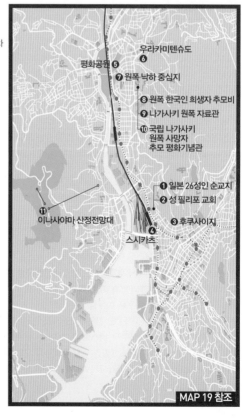

우라카미텐슈도
평화공원 **5**
원폭 낙하 중심지 **7**
8 원폭 한국인 희생자 추모비
9 나가사키 원폭 자료관
10 국립 나가사키 원폭 사망자 추모 평화기념관
1 일본 26성인 순교지
2 성 필리포 교회
3 후쿠사이지
11
이나사야마 산정전망대
스시카츠

MAP 19 참조

best course

길이 복잡한 곳도 있으니 지도를 잘 보고 다닌다. 걷기 힘들 때는 한두 번쯤 전차를 타도 된다. 손님이 몰리는 주말 · 공휴일은 식당 이용이 힘들 수 있으니 예약하는 것도 방법이다.

소요시간 9시간~ 입장료 1,620엔~
교통비 0엔 식비 7,000엔~

1 글로버 정원 p.300

도보 3분

2 오우라텐슈도 p.306

도보 5분

3 시카이로
점심 식사, 나가사키 짬뽕 p.310

도보 10분

4 오란다자카 p.299

도보 10분

5 차이나타운 p.298

도보 16분

6 메가네바시 p.307

도보 1분

7 이와나가바이쥬켄
간식, 화과자 p.314

도보 4분

8 칸코도리 상점가 p.307

바로 앞

9 나가사키싯포쿠 하마카츠
저녁 식사, 싯포쿠 요리 p.311

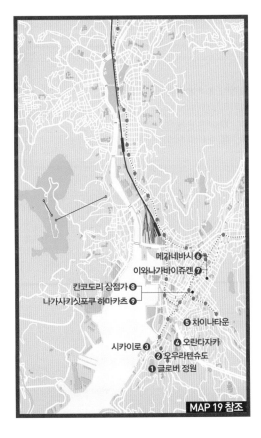

메가네바시 **6**
이와나가바이쥬켄 **7**
칸코도리 상점가 **8**
나가사키싯포쿠 하마카츠 **9**

5 차이나타운

4 오란다자카
시카이로 **3** **2** 오우라텐슈도
1 글로버 정원

MAP 19 참조

나가사키 역
長崎駅

주요 도시를 연결하는 JR 나가사키 역과 고속버스
터미널이 위치해 나가사키에 간다면 누구나
한 번쯤 들르게 되는 곳이다. 볼거리가 풍부하진
않지만 일본사에 한 획을 그은 기독교 유적과 유서
깊은 사찰을 찾아 느긋하게 산책하는 기분으로
돌아보기에 적당하다. JR 나가사키 역 앞과 항구
쪽으로는 대형 쇼핑몰이 있어 가볍게 쇼핑을
즐기기에도 좋다.

볼거리 ★★★★☆
먹거리 ☆☆☆☆☆
쇼　핑 ☆☆☆☆☆
유　흥 ☆☆☆☆☆

전차 8분

전차 15분

나가사키역

미야미야마테
히가시야마테

평화공원

must see

일본 26성인 순교지 p.284
기독교 순교자들의 넋을 기리는 공원.
성 필리포 교회 p.285
가우디의 건축 작품을 닮은 교회.
나가사키 역사문화 박물관 p.286
나가사키 역사를 일목요연하게 정리.
이나사야마 산정전망대 p.286
360도로 탁 트인 전망과 야경.

must eat

분메이도소혼텐 p.288
절대 놓칠 수 없는 나가사키 3대 카스
텔라 맛집.
스시카츠 p.288
JR 나가사키 역 바로 앞에 있어 이용
하기 편리한 회전초밥.

must buy

아뮤 플라자 나가사키 p.289
다양한 아이템을 취급하는 쇼핑몰.
JR 나가사키 역과 나란히 붙어 있어
편리.
유메타운 유메사이토 p.289
나가사키 최대의 쇼핑몰. 중저가 패
션·잡화가 풍부하다.

#일본의 기독교 성지 #공식 명칭은 니시자카 공원
#400년 전 참혹한 역사의 현장

日 ★★★★☆
本二十六聖人殉教地 일본 26성인 순교지
발음 니혼니쥬-로꾸세-진쥰꾜찌
지도 MAP 21-A2
교통 JR 나가사키 長崎 역에서 도보 7분. 역 앞의 육교를 건너 왼쪽으로
130m쯤 가면 NHK 빌딩이 있다. 빌딩을 왼쪽에 끼고 언덕을 100m쯤
오르면 왼편에 있다.
일본 26성인 기념관 **개관** 09:00~17:00
요금 500엔, 고등학생·중학생 300엔, 초등학생 150엔

1597년 기독교 금지령에 따라 외국인 선교사 6명과 일본인
신자 20명이 처형당한 곳. 체포와 동시에 경고의 의미로 코와
귀가 잘린 그들은 예수가 십자가형을 당한 골고다 언덕과 닮은
이곳을 순교지로 선택했고, 십자가에 매달린 채 뾰족한 창에 찔려
피를 토하며 죽어갔다. 기념비에는 3명의 소년이 조각돼 있는데,
당시 그들의 나이는 12살, 13살, 14살에 불과했다. 특히 오른쪽
끝의 12살 소년은 처형대에 올라가 '내 십자가는 어디 있죠'라고
말해 많은 이의 눈시울을 적셨다고 한다.
순교자들은 1862년 로마 교황에 의해 성인(聖人) 명단에 올랐고
100주년 되던 해인 1962년 그들의 명복을 비는 기념비를
세웠다. 기념비 뒷면에는 26명 순교자의 붉은 피와 희생을
뜻하는 26알의 포도가 조각돼 있으며, 그 안쪽으로 나가사키에
전래된 기독교의 역사를 소개하는 일본 26성인 기념관 日本二十
六聖人記念館이 있다.

1 26성인 순교지의 위치를 알리는 표석.
2 순교자 가운데 일부는 800㎞ 떨어진 오사카와 교토에서
끌려왔다.

聖 ★★★☆☆
フィリッポ教会 성 필리포 교회

🔊 세–휘리포꾜–까이　🕐 09:00~17:00(미사 없을 때만 개방)
💰 무료　🗺 MAP 21–A2
🚃 JR 나가사키 長崎 역에서 도보 7분. 역 앞의 육교를 건너 왼쪽으로 130m
쯤 가면 NHK 빌딩이 있다. 빌딩을 왼쪽에 끼고 언덕을 200m쯤 오르면 오른쪽에
있다.

26 성인의 넋을 기리는 조그만 교회. 스페인 건축가 가우디의 숨결이
짙게 느껴지는 이유는 그를 흠모하던 일본인 건축가 이마이 켄지
今井兼次(1895~1987)의 설계로 지어졌기 때문이다. 바르셀로나의
사그라다 파밀리아 성당처럼 높이 솟은 두 개의 첨탑이 인상적인데
왼쪽은 성모 마리아, 오른쪽은 성령의 은총을 상징한다. 피뢰침에는
지상의 승리를 뜻하는 왕관과 성령의 불꽃이 하나씩 걸려 있다.
2층 예배당 역시 여러 종교적 상징물로 장식했다. 나무로 만든 천장은
노아의 방주를 상징하며, 제단 정면의 석판에는 영원불멸의 신을
의미하는 그리스어 '알파 Α와 오메가 Ω'가 26 성인을 상징하는
26개의 십자가에 둘러싸인 모습으로 새겨져 있다. 제단 양옆에는
성모 마리아와 이 교회의 수호성인이자 명칭의 유래가 된 필리페
성인의 성상을 모셔 놓았다. 제단 오른편의 유골함에는 26 성인
가운데 세 명의 유골이 안치돼 있다.

1 우뚝 솟은 첨탑의 성 필리포 교회.
2 경건한 기운이 감도는 예배당.
3 박해를 피해 350년 전 필리핀으로
옮겨졌다가 교회가 지어진 뒤 되찾아온
성인의 유골.

福 ★★☆☆☆
済寺 후쿠사이지

🔊 후꾸사이지　🕐 07:00~17:00　💰 무료　🗺 MAP 21–A3
🚃 JR 나가사키 長崎 역에서 도보 12분. 역 앞의 육교를 건너 오른쪽으로 130m
쯤 가면 왼쪽에 편의점 로손이 있다. 로손을 왼편에 끼고 언덕을 180m 정도
올라간 다음, 오른쪽으로 돌아 60m쯤 가면 절의 입구가 나온다.

거북 등 위에 놓인 거대한 관음상이 인상적인 사찰. 이 절이 세워진
데는 남다른 사연이 있다. 절을 세울 무렵인 1628년은 기독교 박해가
한창이던 때로 누구든 기독교도란 사실이 밝혀지면 죽음을 면치
못했다. 그때 나가사키에 거주하던 중국인은 목숨을 지키기 위해서라도
기독교도가 아님을 증명해야 했는데 그 대안으로 만든 절이 바로
이곳이다. 즉 절을 세움으로써 자신이 불교도란 사실을 나타내려 한 것!
안타깝게도 원래의 절은 원폭과 함께 한 줌 재로 변해 버렸고 지금의
절은 1979년 재건하면서 본래의 모습을 완전히 상실했다.
입구에는 기하학적 형태의 종루에 종이 하나 걸려 있다. 이 종은 매일
11시 2분에 타종하는데 1945년 8월 9일 바로 그 시각, 나가사키
상공에서 원폭이 폭발했다. 거북 모양의 관음당에는 세계에서 세
번째로 큰 진자(振子)가 매달려 있으며, 1층에서 내려다보면 천천히
흔들리는 모습이 희미하게 보인다.

1 거대한 거북 모양의 관음당.
2 원폭 낙하 시각인 11시 2분에 맞춰 타종하는 종루.

長崎歴史文化博物館 나가사키 역사문화 박물관 ★★★☆☆

발음 나가사끼레끼시분까하꾸부쯔깐 **개관** 08:30~19:00, 12~3월 08:30~18:00
휴관 매월 첫째 · 셋째 월요일 **요금** 630엔, 중학생 이하 310엔 **홈피** www.nmhc.jp
지도 MAP 21-B5 **교통** JR 나가사키 長崎 역에서 도보 20분. 역 앞의 육교를 건너
오른쪽으로 1km쯤 간다. **또는** 전차 3호선 사쿠라마치 桜町(44) 정류장 하차, 도보 9분.

해상교역의 거점으로 성장해온 나가사키의 역사를 소개하는 박물관. 원래
이곳에 있던 관청인 나가사키부교소 長崎奉行所의 역사적 의미를
되살리고자 성채를 연상시키는 웅장한 모습으로 지어졌으며, 설계는 일본이
자랑하는 세계적 건축가 쿠로카와 키쇼 黒川紀章(1934~2007)가 맡았다.
총 8개로 구성된 갤러리에는 조선 · 중국 · 네덜란드와의 교역, 나가사키의
생활상, 전통공예 · 미술품을 소개하는 전시물이 가득해 관람객의 호기심을
자극한다. 무료 입장 가능한 나가사키부교소 존 長崎奉行所 존에는
해상무역 및 외국인을 관리하던 에도 시대 관청의 모습을 고스란히 재현해
놓았으며, 토 · 일 · 공휴일의 11:00 · 13:30 · 14:30 · 15:30에는 옛 재판
과정을 보여주는 연극도 상연한다(20분).

1 웅장한 성채를 연상시키는 박물관.
2 연극이 상연되는 나가사키부교소 존.

稲佐山山頂展望台 이나사야마 산정전망대 ★★★☆☆

발음 이나사야마산쪼-뗌보-다이 **개관** 09:00~22:00 **요금** 무료
지도 MAP 19-A3 **교통** JR 나가사키 長崎 역 앞에서 3 · 4번 버스를 타고
로푸웨이마에 ロープウェイ前 하차(8분, 160엔), 150m쯤 가면 이나사야마
산정전망대행 로프웨이 역이 있다. **또는** JR 나가사키 역 앞에서 출발하는 무료
셔틀버스를 타고 종점 하차(8분 소요). 60m쯤 가면 이나사야마 산정전망대행
로프웨이 역이 있다.
또는 JR 나가사키 역에서 이나사야마 산정전망대까지 렌터카로 20분(6km).
무료 셔틀버스 **운행** JR 나가사키 역→로프웨이 역 19:17 · 19:47 · 20:17 · 20:47,
로프웨이 역→JR 나가사키 역 20:30 · 21:00 · 21:30 · 22:10
휴무 8/15, 12월 초, 악천후시
로프웨이 **운행** 09:00~22:00 **휴무** 12월 초, 악천후시
요금 왕복 1,250엔, 고등학생 · 중학생 940엔, 초등학생 620엔, 편도 730엔,
고등학생 · 중학생 520엔, 초등학생 410엔 **홈피** www.inasayama.com

해발 332m의 이나사 산 稲佐山 정상에 위치한 전망대. 나가사키 일대는
물론 멀리 운젠 雲仙 · 고토 五島 · 아마쿠사 天草까지 한눈에 들어올
만큼 빼어난 전망을 자랑한다. 옥상에는 사방이 탁 트인 야외 전망대가
있으며, 내부의 나선형 슬로프를 따라 걸으며 주변 경관을 360도로
살펴볼 수 있다. '세계 신(新) 3대 야경'이란 수식어로 여행자를
유혹하지만, 실제로 그 정도까진 아니니 야경에 대한 지나친 기대는 금물!
전망대 내부에는 전망 레스토랑과 기념품점 등의 편의시설도 갖췄다.
가을~봄에는 바람이 제법 차니 따뜻한 옷을 가져가는 것도 잊지 말자.

1 로프웨이를 타고 불과 5분이면 전망대에 도착한다.
2 로프웨이는 우리나라의 케이블카를 뜻한다.

Special

두 얼굴의 섬, 군함도

바다 위에 떠 있는 거대한 군함처럼 보이는 까닭에 '군함도 軍艦島'라 부르는 이 섬의 공식 명칭은 '하시마 端島'다. 나가사키에서 17.5km 떨어져 있으며 원래 동서 120m, 남북 320m 길이에 불과한 무인도였으나, 석탄 발견을 계기로 여섯 차례에 걸친 매립공사(1897~1931) 끝에 축구장 9개 면적과 맞먹는 6만 3,000㎡의 섬으로 변모했다.

본격적인 개발은 1890년 석탄광산 소유권이 재벌그룹인 미츠비시 三菱에 넘겨지면서 시작됐다. 일제가 침략전쟁에 광분하던 1914~1945년에는 석탄이 전시물자로 부각되며 이곳에 부흥기를 몰고 왔다. 일본 최초의 철근 콘크리트 아파트가 섬 한복판에 들어서고 이 비좁은 공간에 3,000여 명의 인구가 모여 풍족한 일상을 누렸다는 사실만으로도 당시 상황을 미루어 짐작할 수 있을 것이다. 하지만 번영의 이면에는 조선인 강제징용이란 어두운 그림자가 드리워져 있었다. 전쟁 말기인 1943~1945년에는 500~800명의 조선인이 몸조차 제대로 가누기 힘든 비좁은 갱도에 갇혀 하루 12시간 이상의 중노동에 시달렸고, 질병과 사고로 122명의 조선인이 목숨을 잃는 비극도 벌어졌다.

이런 역사적 사실을 묵과한 채 일본 정부는 군함도를 '메이지 시대 산업혁명 유산'이란 명분으로 2015년 유네스코 세계문화유산에 등재시켰다. 당시 우리나라에서는 지속적으로 군함도의 실체를 폭로해 유네스코에서도 역사적 사실의 객관적 서술을 전제로 세계문화유산 등재를 허용했으나 지금까지도 약속은 지켜지지 않고 있다. 더구나 군함도 투어 역시 전쟁으로 말미암은 비극적 사실보다 일본의 화려한 과거를 부각시키는 데 급급해 '평화를 지향하는 도시 나가사키'란 과연 우리에게 어떤 의미인가 다시금 생각해보게 한다.

지금은 아무도 살지 않는 군함도. 건물 내부 출입은 불가능하다

군함도 투어

4개의 투어 회사에서 운영하며 출항시각(09:00~14:00)만 다를 뿐 내용과 일정은 동일하다. 쾌속선을 타고 섬까지 가는 동안 '군함도의 황금기'가 담긴 비디오를 상영하고, 인근 섬에 들러 군함도의 간략한 설명을 들려준 뒤, 바다 위에서 군함도를 한 바퀴 둘러보고, 30분 정도 섬에 내려 폐허가 된 옛 건물을 돌아보며 전성기의 모습을 상기시켜준다(3시간 소요).

배가 작고 바다가 워낙 거칠어 배멀미의 가능성이 높으며, 시기에 따라서는 예고 없이 투어가 중단되기도 하니 주의하자. 의외로 인기가 높아 투어 예약이 필수란 사실도 잊어서는 안 된다. 예약은 투어 회사의 홈페이지에서 한다.

군함도 상륙 크루즈 요금 3,600엔 지도 MAP 21-D2
홈페이지 www.gunkanjima-cruise.jp
군함도 투어 요금 3,900엔 지도 MAP 23-A3
홈페이지 www.gunkanjima-tour.jp
군함도 콘셰르주 요금 5,000엔 지도 MAP 23-A3
홈페이지 www.gunkanjima-concierge.com
군함도 크루즈 요금 4,200엔 지도 MAP 21-D1 · 19-C4
홈페이지 www.gunkan-jima.net

카스텔라 カステラ
(810엔~)

초밥(1접시 129엔~)

밀크셰이크
ミルクセーキ (690엔)

분메이도소혼텐 강추
文明堂総本店

1900년 창업한 카스텔라 전문점. 후쿠사야 · 쇼오켄(➡p.314)과 더불어 나가사키 3대 카스텔라로 통한다. 120년의 전통을 이어온 카스텔라 카스테라 カステラ(다섯 조각 810엔, 0.6호 사이즈 1,080엔, 1호 사이즈 1,890엔)는 촉촉하면서도 포근한 질감과 고급스러운 단맛으로 인기가 높은데, 바닥에 깔린 굵은 알갱이의 설탕이 오독오독 씹히는 색다른 식감이 입을 즐겁게 한다. 엄선된 계란과 숙성 밀가루, 100% 찹쌀 물엿, 순도 99%의 자라메 ざらめ 설탕 등 최고급 재료만 사용한다는 자부심도 상당하다. JR 나가사키 역 앞(MAP 21-B2), 아뮤 플라자 나가사키 쇼핑몰 (MAP 21-B2)에도 분점이 있다.

예산 810엔~ 영업 09:00~18:00
주소 長崎市 江戸町 1-1
전화 095-824-0002
지도 MAP 19-C4
교통 전차 1호선 오하토 大波止(29) 정류장 바로 앞에 있다.

스시카츠
すし活

폐점 70여 가지 초밥을 취급하는 회전초밥. JR 나가사키 역 바로 앞에 위치해 이용하기 편리하지만, 생선 종류가 다양하지 않은 게 흠이다. 가격은 접시의 색과 무늬로 구분하며 (129 · 172 · 205 · 270 · 345 · 432 · 540 · 648엔), 주로 205~432엔대의 초밥이 먹을만하다. 컨베이어 벨트를 따라 이동하는 초밥을 골라 먹거나 사진이 실린 메뉴판을 보고 원하는 것을 주문해서 먹는다. 자리마다 설치된 수도꼭지에 컵을 갖다 대면 녹차용 뜨거운 물이 나온다. 식사를 마친 뒤 종업원을 부르면 접시 숫자를 세서 결제할 금액을 알려준다.

예산 1,000엔~ 영업 11:00~23:00
주소 長崎市 尾上町 1-1
アミュプラザ長崎 5/F
전화 095-808-1501 지도 MAP 21-B2
교통 JR 나가사키 長崎 역에서 도보 5분. 또는 전차 1 · 3호선 나가사키에키마에 長崎駅前(27) 정류장 하차, 도보 7분. 아뮤 플라자 나가사키 쇼핑몰 5층에 있다.

도핫센
銅八銭

동네 사랑방 역할을 하는 카페 겸 레스토랑. 나가사키의 풍경을 담은 유화 · 도자기 · 골동품으로 꾸민 앤티크한 분위기가 인상적이다. 커피 등의 음료는 물론 음식 · 주류까지 온갖 먹거리를 취급해 점심에는 주변 사무실에서 일하는 직장인, 저녁에는 삼삼오오 모여 술잔을 기울이는 단골들로 북적인다. 대표 메뉴는 소박한 단맛에 끌려 자꾸만 손이 가는 밀크셰이크 미루쿠세키 ミルクセーキ(690엔)다. 밀크셰이크를 산처럼 쌓아주는 푸짐한 양도 매력인데, 한여름 더위에 지쳤을 때 원기회복용으로 적당하다. 단, 흡연이 가능하니 비흡연자는 주의!

예산 490엔~ 영업 11:00~21:00
주소 長崎市 上町 6-7
전화 095-827-3971
지도 MAP 21-B4
교통 JR 나가사키 長崎 역에서 도보 13분. 역 앞의 육교를 건너 오른쪽으로 400m 쯤 간 다음, NBC 빌딩 앞에서 왼쪽으로 돌아 90m 가량 언덕을 오른다. 그리고 오른쪽으로 20m 가면 오른편에 있다.

1 JR 나가사키 역 바로 옆이라 이용하기 편리하다.
2 젊은 감성의 패션 · 잡화 숍도 입점해 있다.

아뮤 플라자 나가사키 アミュプラザ長崎

JR 나가사키 역과 나란히 이어진 복합 쇼핑몰. 1층 패션 · 잡화 · 기념품 · 식당가, 2 · 3층 남녀 패션 · 잡화, 4층 영화관 · 오락실 · 잡화, 5층 식당가로 구성된다. 지역 특산품 · 기념품 코너, 푸드 코트, 대형 슈퍼마켓 세이유 Seiyu가 입점한 스테이션 파크(1층)가 특색 있다. 갭 · 유나이티드 애로우즈 · 타케오 키쿠치 등 인기 브랜드가 충실하고, 위고 Wego · Niko and... 같은 10~20대 취향의 트렌디한 중저가 패션 브랜드도 눈길을 끈다 (2 · 3층). 아기자기한 디자인의 잡화와 아이디어 상품이 풍부한 무지 MUJI · 애프터눈 티 리빙 등의 라이프스타일 숍(2층)도 강추!

영업 숍 10:00~20:00, 레스토랑 11:00~22:00,
나가사키 기념품 스트리트(1층) 08:30~20:00
휴업 부정기적 주소 長崎市 尾上町 1-1
전화 095-808-2001
홈피 http://amu-n.co.jp 지도 MAP 21-B2
교통 JR 나가사키 長崎 역에서 도보 30초. 개찰구를 나오자마자 바로 앞에 쇼핑몰 입구가 보인다. 또는 전차 1 · 3호선 나가사키에키마에 長崎駅前(27) 정류장 하차, 도보 2분.

유메타운 유메사이토
ゆめタウン夢彩都

4층 규모의 대형 쇼핑센터. 유니클로를 비롯해 화장품 · 패션 · 잡화 · 인테리어용품 등 실속만점 아이템이 풍부해 가족단위 쇼핑객이 즐겨 찾는다. 지하 1층에 대형 슈퍼마켓도 있다.

영업 09:00~21:00(매장마다 다름)
휴업 부정기적
주소 長崎市 元船町 10-1
전화 095-823-3131
홈피 www.izumi.jp/yume-saito
지도 MAP 21-D2
교통 JR 나가사키 長崎 역에서 도보 17분. 역을 등지고 오른쪽으로 750m쯤 가면 오른편에 있다. 또는 전차 1호선 오하토 大波止(29) 정류장 하차, 도보 2분.

100엔 숍 캔두
CAN★DO

다양한 상품을 취급하는 초저가 잡화점. 거의 모든 상품이 세금 포함 108엔이며, 품질도 괜찮아 가성비 높은 쇼핑을 즐길 수 있다. 재미난 아이디어 상품과 일본 식료품이 추천 아이템이다.

영업 09:00~21:00,
일 · 공휴일 10:00~20:00
주소 長崎市 大黒町 9-22
홈피 www.cando-web.co.jp
전화 095-820-7121
지도 MAP 21-B3
교통 JR 나가사키 長崎 역에서 도보 5분. 역 앞의 육교를 건너 오른쪽으로 80m쯤 가면 왼편에 있다. 또는 전차 1 · 3호선 나가사키에키마에 長崎駅前(27) 정류장 하차, 도보 3분.

코코카라파인
ココカラファイン

정가의 10~30%를 할인 판매하는 드러그 스토어. JR 나가사키 역 바로 앞에 있어 이용하기 편리하다. 흠이라 면 규모가 작아 아이템이 풍부하지 않다는 것. 다양한 화장품 · 의약품을 찾는다면 히미노미치 쇼핑 이게이드의 대형 매장(➡p.315)을 이용하자.

영업 10:00~20:00
휴업 부정기적
주소 長崎市 尾上町 1-1
アミュプラザ長崎 1/F
전화 095-808-1112
홈피 www.cocokarafine.co.jp
지도 MAP 21-B2
교통 JR 나가사키 長崎 역에서 도보 2분. 개찰구 맞은편에 위치한 아뮤 플라자 나가사키 쇼핑몰 1층에 있다.

평화공원
平和公園

1945년 8월 9일 원폭 투하와 더불어 인류사에
영원히 각인된 곳이다. 적어도 70년은 불모의
땅으로 전락할 것이라 예상했지만, 빠른 자연의
치유력에 힘입어 지금은 평온한 공원과 주택가로
변모한 지 오래다. 나가사키의 상징으로 유명한
평화 기념상을 비롯해 원폭의 참상을 전하는
전시관과 수많은 추모비가 가슴 아픈 역사의
현장에 와있음을 실감케 한다.

볼거리 ★★★★☆
먹거리 ☆☆☆☆☆
쇼 핑 ☆☆☆☆☆
유 흥 ☆☆☆☆☆

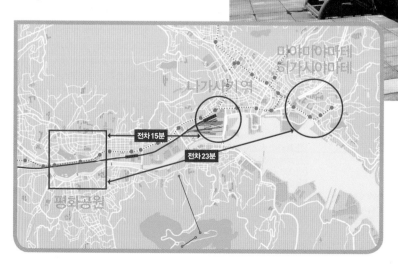

마아마아마테
히가시아마테

나가사키역

전차 15분

전차 23분

평화공원

must see

평화공원 p.292
나가사키의 상징 평화 기념상.
원폭 낙하 중심지 p.293
원폭 낙하 지점을 표시한 공원.
원폭 한국인 희생자 추모비 p.294
한국인 희생자의 넋을 기리는 곳.
나가사키 원폭 자료관 p.294
원폭의 참상을 전하는 전시관.

must eat

나가사키의 대표적인 명소다. 그러나
주변이 평범한 주택가로 이루어져 있
어 식사를 해결할 곳이 마땅치 않다.
식당은 JR 나가사키 역·차이나타운
주변을 이용하는 게 좋다.

must buy

공원을 중심으로 주택가가 이어지는
까닭에 이렇다 할 쇼핑 시설이 없다.
쇼핑 역시 JR 나가사키 역·차이나타
운 주변을 이용해야 한다.

see 遊

#비극적 역사의 현장 　#평화를 기원하는 종이학
#일본 수학여행단의 단골 코스

1 전쟁의 비극을 상기시키는 평화 기념상.
2 기념상 옆에는 일본 전역에서 보내온 종이학이 놓여 있다.

平和公園 평화공원 ★★★★★

발음 헤-와꼬-엔　지도 MAP 22-B1
교통 전차 1·3호선 헤이와코엔 平和公園(19) 정류장 하차, 도보 2분.
정류장을 나와 오른쪽으로 20m쯤 가면 길 건너 왼쪽 대각선 방향으로
평화공원으로 올라가는 계단과 에스컬레이터가 보인다.

핵병기 폐지와 항구적 평화를 기원하는 공원. 원폭이 투하된
8월 9일 오전 11시 2분에는 희생자 17여만 명의 영혼을 달래는
위령제가 열린다. 공원 한가운데에는 평화를 상징하는 비둘기와
학의 날개를 형상화한 물줄기가 샘솟는 평화의 샘 平和の泉이
있다. 피폭 사망자가 느낀 가장 큰 고통이 바로 갈증이었기에
그들의 목마른 영혼을 달래고자 이 샘을 만들었다. 주위에는
세계 각국에서 보내온 평화를 기원하는 조각이 놓여 있다. 평화
기념상까지 가는 도중에 보이는 울타리를 친 건물 터는 원래
우라카미 형무소가 있던 곳이다. 원폭 투하 당시 이 형무소에는
직원과 수인(囚人) 134명이 있었는데 전원이 옴짝달싹 못하고
원폭과 함께 한줌 잿더미로 변해 버렸다.
공원 제일 끝에 위치한 평화 기념상은 피폭 10주년을 기념해
세웠다. 기념상의 뻗어 올린 오른팔은 원폭의 위협을 나타내고,
수평으로 뻗은 왼팔은 평화를 상징하며, 희생자의 명복을 비는
뜻으로 두 눈은 가볍게 감고 있다. 자애로운 표정은 신의 사랑과
부처의 자비를 표현한 것이다.

#희생자의 넋을 기리는 공원　#반복돼서는 안 될 비극
#원폭의 참상을 전하는 조각

原 ★★★★☆
爆落下中心地 원폭 낙하 중심지

[발음] 겐바꾸랏까츄—신찌　[지도] MAP 22-A2
[교통] 전차 1 · 3호선 헤이와코엔 平和公園(19) 정류장 하차, 도보 2분.
정류장을 나와 오른쪽으로 20m쯤 가면 길 건너 오른쪽 대각선 방향으로 원폭
낙하 중심지의 입구가 보인다.

원폭이 투하된 지점을 알려주는 공원. 공원 북쪽에는 1945년
8월 9일 오전 11시 2분, B-29 폭격기에서 투하한 원폭이 떨어진
위치를 표시한 검은색의 원폭 낙하 중심비와 색색으로 접힌 수천
개의 종이학, 그리고 국화가 말없이 놓여 있다. 중심비 안에는
희생자 17만 5,743명의 명부가 안치돼 있으며 그 수는 지금도
꾸준히 늘어나는 중이다. 중심비 옆에 검게 그을린 채 서 있는 탑은
우라카미텐슈도(➡p.295)의 벽과 수탑(水塔)의 일부로 그때의
침상을 대변해준다.

원폭이 폭발한 곳은 중심비에서 공중으로 500m 지점이며 이와
동시에 반경 2.5km 일대가 파멸의 구렁텅이로 빠졌다. 1945년
12월 집계로 사망 7만 3,884명, 부상 7만 4,909명을 기록했으니
얼마나 큰 희생자가 발생했나 쉽게 짐작이 갈 듯. 당시 나가사키
인구는 24만 명에 불과했다. 원폭 낙하 중심지에서 나가사키 원폭
자료관 쪽으로 가면 강가로 이어진 계단이 있는데, 그 밑으로
내려가면 유리벽 너머로 원폭이 폭발할 당시의 건물 잔해가 섞인
지층이 보인다. 화염에 휩싸였을 당시 이 일대의 지표면 온도는
3,000~4,000℃에 달했다.

1 원폭의 비참함을 표현한 모자상.
2 원폭 폭발 당시의 지층을 볼 수 있는 야외전시 코너.

追 ★★★★★
悼長崎原爆朝鮮人犠牲者 원폭 한국인 희생자 추모비

발음 츠이또-나가사끼겜바꾸쵸센진기세-샤 **지도** MAP 22-B3
교통 전차 1·3호선 헤이와코엔 平和公園(19) 정류장 하차, 도보 5분.
원폭 낙하 중심지 공원 끝 쪽의 나가사키 원폭 자료관으로 올라가는
엘리베이터 옆에 있다.

나가사키에서 피폭당해 사망한 한국인의 넋을 기리는 추모비.
1945년 당시 조선소와 군수공장에서 강제노역에 시달리던
한국인은 3만여 명에 달했으며, 그 가운데 2만여 명이 피폭되고
1만여 명이 사망하는 큰 피해를 입었다. 추모비는 그로부터 34년
뒤인 1979년 재일동포들이 성금을 모아 건립했는데, 눈에 잘 띄지
않는 공원 구석에 애처로이 서있는 모습이 안타까움을 더한다.

무고하게 목숨을 잃은 한인의 넋을 기리는 추모비.

해가 지면 연못에 7만 영혼을 상징하는 불빛이 밝혀진다.

国 ★★★☆☆
立長崎原爆死没者追悼平和祈念館
국립 나가사키 원폭 사망자 추모 평화기념관

발음 코꾸리쯔나가사끼겜바꾸시보쯔샤츠이또-헤-와키넨깐
개관 08:30~17:30, 5~8월 08:30~18:30
8/7~8/9 08:30~20:00 **휴관** 12/29~31 **요금** 무료
지도 MAP 22-B3 **교통** 전차 1·3호선 헤이와코엔 平和公園(19)
정류장 하차, 도보 9분.

원폭 희생자 17만 5,743명의 명부가 보관된 추모시설.
정숙·빛·물을 테마로 만든 지하 2층 건물이며
지상에는 지름 29m의 연못, 지하에는 물이 흘러내리는
벽을 만들어 타는 듯한 갈증 속에 목숨을 잃은 희생자의
넋을 위로한다. 연못 바닥에는 원폭 투하 당시 사망자의
수를 상징하는 7만 개의 광섬유를 심어 해가 지면
반딧불처럼 반짝반짝 빛난다. 설계는 일본의 유명 건축가
쿠류 아키라 栗生明가 맡았다.

長 ★☆☆☆☆
崎原爆資料館 나가사키 원폭 자료관

발음 나가사끼겜바꾸시료-깐 **개관** 08:30~17:30, 5~8월
08:30~18:30 **휴관** 12/29~31 **요금** 200엔, 고등학생 이하 100엔
홈피 http://nabmuseum.jp **지도** MAP 22-B3
교통 전차 1·3호선 헤이와코엔 平和公園(19) 정류장 하차, 도보 7분.

원폭 투하 당시의 참상을 보여주는 전시관. 지하 2층~
1층의 세 개 층으로 이루어져 있으며 메인 전시실은 지하
2층이다. 똑딱이는 시계 소리와 함께 원폭이 폭발한 11시
2분에 멈춘 괘종시계가 걸린 전시실 입구에는 참상이
벌어지기 직전 평화로운 나가사키의 모습이 흑백사진으로
묘사돼 있다. 안으로 들어가면 히로시마 広島에 투하된
'리틀 보이 Little boy'에 이은 두 번째 원폭 '팻맨 Fat man
(뚱보)'이 폭발한 직후 아비규환의 현장으로 돌변한 거리가
펼쳐진다. 허허벌판에 다름없는 시가지, 무너져 내린 건물
잔해, 검게 그을린 천사상, 녹아내린 유리병 등이 처참했던
당시의 상황을 고스란히 재현한다. 팻맨의 실물 사이즈
복제품, 핵병기 개발의 역사를 소개하는 자료도 볼 수 있다.

1 반복돼선
안 될 핵전쟁의
위협을 알린다.
2 11시 2분에
멈춘 괘종시계.

1 동양 최대의 성당으로 지어진 우라카미텐슈도.
2 원폭으로 검게 그을린 천사상이 놓여 있다.

浦 ★★★☆☆
上天主堂 우라카미텐슈도

[발음] 우라까미뗀슈도− [개관] 09:00~17:00
※미사 등 교회 행사가 없을 때에 한해 개방
[휴관] 월요일 [요금] 무료 [지도] MAP 22−D1
[교통] 전차 1 · 3호선 헤이와코엔 平和公園(19) 정류장 하차,
도보 12분. 전차 정류장을 등지고 오른쪽으로 이어지는 큰길을 따라 600m쯤
직진하면 오른편에 있다. 또는 평화공원에서 도보 8분.

19세기 중반 신앙의 자유를 되찾은 가톨릭 신자들이 세운 성당.
1880년에 지어졌으며 공사기간만 33년이 걸린 동양 최대의 성당이었다.
안타깝게도 폭심지 인근에 위치해 건물 밑동만 남긴 채 깡그리 잿더미로
변하고 말았다. 지금의 성당은 1959년 옛 모습을 복원시킨 것이다.
1,000명이 동시에 들어갈 수 있는 예배당은 예수의 생애와 기적을 묘사한
스테인드글라스 · 벽화로 장식돼 있다. 성당으로 올라가는 길 도중의
왼쪽에는 목이 잘린 채 검게 그을린 천사상과 폭발의 충격으로 성당에서
떨어져 나간 종탑의 잔해가 남겨져 있어 원폭의 가공할 위력을 온몸으로
느끼게 한다.

片 ★★☆☆☆
足鳥居 외다리 토리이

[발음] 카따아시토리− [지도] MAP 22−C5
[교통] 전차 1 · 3호선 다이가쿠뵤인 大学病院(21) 정류장 하차, 도보 9
분. 또는 나가사키 원폭 자료관에서 도보 16분. 길 찾기가 조금 힘든데
근처까지 가면 간간이 표지판이 있다. 표지판에 '산노진쟈니노토리이 ·
잇폰바시라토리이 山王神社二の鳥居 · 一本柱鳥居'라고 표기된
경우도 있다.

산노 신사 山王神社의 입구를 뜻하는 흰색의 토리이 鳥居.
원폭의 위력에 절반이 부서진 채 기둥 하나에만 의지한
상태로 70년 세월을 버텨 왔는데, 그 모습이 애처롭기도 하고
비참하게 느껴지기도 한다. 뒤에는 처참하게 부서진 토리이의
잔해를 길가에 모아놓았다. 안쪽으로 50m 가량 들어가면
1638년 창건된 산노 신사가 있다. 입구에 거대한 녹나무가

심겨져 있는데, 왼쪽의 나무는 높이
17.6m, 둘레 6.58m, 오른쪽의
나무는 높이 21m, 둘레 8.63m
에 달한다. 피폭의 상처가 워낙
깊어 회복이 불가능할 것으로
예상했으나 건강하게 되살아나
초록빛 잎을 틔우며 강인한
생명력을 뽐내고 있다.

위태롭게 서 있는 외다리 토리이.

나가사키와 원폭의 악연

B−29 폭격기에 실린 원폭 '팻맨 Fat man'은
원래 규슈 제일의 공업 도시 기타큐슈 北九州
(→p.321)에 투하될 예정이었다. 하지만 이전
공습으로 인해 자욱하게 낀 연기와 때마침 몰
려든 두꺼운 구름 때문에 폭격이 불가능해지
자 투하 예정지를 2차 목표인 나가사키로 급
변경했다. 당시 나가사키 상공도 짙은 구름에
덮여 있었으나, 폭격 바로 직전 기적처럼 구름
이 걷히면서 목표 지점이 훤히 드러나 끔찍한
원폭 세례를 받게 됐다.

나가사키를
초토화시킨
원폭 팻맨.

AREA 03

미나미야마테
히가시야마테
南山手·東山手

나가사키의 다운타운이자 옛 모습이 가장
잘 보존된 지역이다. 일본 속의 작은 중국으로
통하는 차이나타운, 이국적인 풍경을 체험할 수
있는 글로버 정원, 일본 기독교 역사의 산 증인
오우라텐슈도 등 볼거리도 풍부하다. 원조
나가사키 짬뽕은 물론, 수백 년 역사를 자랑하는
카스텔라·화과자·전통요리 등 다채로운 맛의
향연을 즐길 수 있는 것도 놓치기 힘든 매력이다.

볼거리 ★★★★★
먹거리 ★★★★★
쇼 핑 ★★☆☆☆
유 흥 ★★☆☆☆

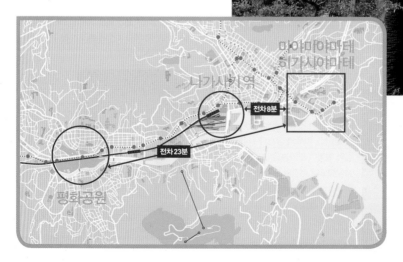

미나미야마테
히가시야마테

나가사키역

전차 8분

전차 23분

평화공원

must see

차이나타운 p.298
일본의 3대 차이나타운 가운데 하나.

오란다자카 p.299
이국적인 나가사키의 풍경.

글로버 정원 p.300
역사적 건축물을 모아 놓은 정원.

데지마 p.301
나가사키 개항의 역사가 담긴 유적.

must eat

시카이로 p.310
100년 역사 나가사키 짬뽕의 원조.

나가사키싯포쿠 하마카츠 p.311
나가사키 전통요리 싯포쿠 전문점.

이와나가바이쥬켄 p.314
장인이 빚는 앙증맞은 모양의 화과자.

후쿠사야혼텐 p.314
400년 전통 나가사키 카스텔라의 원조.

must buy

하마노마치 쇼핑 아케이드 p.315
나가사키 최대의 상점가. 200여 개의
숍이 밀집한 잡화·기념품 구입의 최
적지.

돈키호테 p.315
한국인이 즐겨 찾는 잡화점. 저렴한
가격과 풍부한 아이템이 매력.

#일본 속의 작은 중국　#나가사키 짬뽕의 발상지
#저렴한 런치 메뉴 추천

1 패루는 중국 기술자가 중국에서 들여온 재료로 만들었다.
2 중국 분위기가 물씬 풍기는 기념품도 판다.
3 다채로운 중국 요리가 입맛을 돋운다.

新地中華街 차이나타운 ★★★★★

발음 신찌쮸~까가이　지도 MAP 23-D2・24-D2
교통 전차 1・5호선 신치쮸카가이 新地中華街(31) 정류장 하차, 도보 3분.
신치쮸카가이 정류장 앞의 횡단보도를 바라볼 때 왼쪽으로 길을 건넌다.
그리고 바로 앞에 있는 다리를 건너자마자 왼쪽으로 돌아 100m쯤 직진하면
오른쪽에 차이나타운의 입구가 있다.

요코하마・코베와 어깨를 나란히 하는 일본의 3대 차이나타운.
남북 140m, 동서 100m 길이의 '十'형 도로를 따라 중국풍 건물・
레스토랑・상점이 즐비해 마치 중국의 한 거리를 걷는 듯한 착각에
빠지게 한다. 도로 초입에는 네 개의 패루(牌樓)가 세워져 있다.
각각의 문은 동서남북을 지키는 사신(四神)이기도 해 청룡문(동)・
백호문(서)・주작문(남)・현무문(북)이라고 부른다.
원래 나가사키는 일본의 쇄국 시기에도 중국의 문물을 수입하는
창구였던 까닭에 별도의 중국인 거주지가 있었다(➡p.304).
하지만 1698년 대화재로 기존의 거주지가 소실되자 이곳의
바다를 메워 지금의 차이나타운을 조성했다. 전성기에는 나가사키
인구의 15%에 달하는 1만 여 명의 중국인이 거주했다는
사실만으로도 당시 차이나타운의 규모를 미루어 짐작해볼 수 있다.
나가사키 짬뽕의 발상지이자 규슈 중화요리의 메카로도 유명한데,
저렴하게 맛난 요리를 맛보려면 런치 스페셜을 내놓는 점심시간을
노리는 게 좋다.

#네덜란드인의 언덕   #19세기 스타일의 이국적 풍경
#일부 건물은 내부 견학도 가능

オ ★★★★★
ランダ坂 오란다자카

발음 오란다자까 지도 MAP 23-C3 · C4
교통 차이나타운의 주작문(남문)에서 도보 7분.
또는 전차 5호선 이시바시 石橋(51) 정류장 하차.
도보 3분. 정류장 앞의 횡단보도를 왼쪽으로 건넌 다음,
바로 옆의 골목으로 들어가 90m쯤 직진하면 오른쪽에 있다.

바닥에 포석(鋪石)이 촘촘히 깔린 길이 600m의 언덕길. 비가
내리면 윤기를 머금은 포석들이 반짝반짝 빛나며 한층 정감어린
풍경을 연출한다. 언덕을 따라 조용히 산책을 즐겨도 좋은데 내부
견학이 가능한 서양식 주택도 있다. 언덕 아래로 보이는 나가사키
시내와 항구의 풍경도 놓치기 아쉬운 볼거리다.
이 일대가 서양인 거주지로 지정된 때는 1859년이다. 미일
수호통상 조약(1858년)을 계기로 서양인이 물밀듯 유입되자
기존의 서양인 거주지인 데지마 出島(➡p.301)만으로는 그들을
더 이상 수용할 수 없어 특별히 이 일대를 거주지로 내준 것이다.
이와 더불어 오란다자카는 서양인이 경영하는 무역업체 · 호텔 ·
은행 · 영사관이 들어선 일본 속의 이국(異国)으로 자리 잡았다.
그러나 수 백 년에 걸쳐 서양인이라고는 네덜란드인밖에 보지
못한 현지인은 여기 사는 서양인을 국적에 상관없이 무조건
네덜란드인이란 뜻의 '오란다상 オランダさん'이라 불렀고, 그들이
자주 오르내리던 이 언덕에도 네덜란드인의 언덕을 뜻하는
'오란다자카'란 이름이 붙여졌다.

1 오란다자카 곳곳에 남겨진 이국적인 흔적.
2 서양인이 거주하던 건물이 잘 보존돼 있다.
3 전시관으로 사용 중인 건물은 내부 관람도 가능.

#나가사키의이국적풍경 #역사적향취가가득
#아름다운야경은덤

グ ★★★★★
ラバー園 글로버 정원

발음 구라바-엔 기간 08:00~18:00, **야간개장** 11/22~
12/22 · 12/26~2/4 08:00~20:30, 2/5~2/19 · 4/22 · 4/27~5/6 ·
12/23~12/25 08:00~21:00, 2/20~3/31 · 4/1~4/21 · 5/7~7/19 ·
10/10~11/21의 금 · 토요일 및 공휴일 전날 08:00~21:00, 7/20~10/9
08:00~21:30
요금 620엔, 고등학생 310엔, 초등학생 · 중학생 180엔
홈피 www.glover-garden.jp 지도 MAP 23-A5
교통 전차 5호선 오우라텐슈도 大浦天主堂(50) 정류장 하차, 도보 7분.
정류장 앞의 다리를 건너 100m쯤 직진한 다음, 왼쪽의 언덕길을 200m
가량 올라가면 입구인 제1게이트가 있다. 또는 전차 5호선 이시바시 石橋
(51) 정류장 하차, 도보 3분. 정류장 정면으로 50m 직진한 다음, 오른쪽으로
돌아 표지판을 따라 80m쯤 가면 또 다른 입구인 제2게이트가 있다.

나가사키 항이 한눈에 내려다보이는 언덕 위에 조성된 10만㎡의
드넓은 정원. 정원의 명칭이 된 영국인 무기상(武器商) 토머스
글로버 Thomas Glover의 저택과 함께 150여 년 전 서양인이
거주하던 집 아홉 채를 모아 놓았다. 역사적 가치가 높은 건물이
많은데, 특히 옛 모습이 완벽히 보존된 구 글로버 저택은 유네스코
세계문화유산으로 지정돼 있다. 이와 함께 눈길을 끄는 볼거리는
산책로를 따라 아기자기하게 정비된 일본식 정원과 분수대. 그리고
나가사키 일대가 한눈에 들어오는 근사한 전망대다. 야간개장 때는
나가사키 항의 야경을 덤으로 감상할 수 있어 해마다 이곳을 찾는
여행자의 수는 100만 명에 이른다(➡p.302).

1 언덕 꼭대기에 위치한 구 미츠비시 제2 도크 하우스.
2 아름다운 외관을 뽐내는 구 글로버 저택의 야경.
3 나가사키쿤치와 관련된 전시물도 볼 수 있다.

#19세기 서양인 거주지 #옛 모습을 재현한 건물들
#야간 견학도 가능

出島 ★★★★☆
데지마

발음 데지마 **개관** 08:00~21:00 **휴관** 부정기적
요금 520엔, 고등학생 200엔, 초등학생·중학생 100엔
홈페이지 http://nagasakidejima.jp **지도** MAP 23-C1·24-C1
교통 전차 1호선 데지마 出島(30) 정류장 하차, 도보 1분. 정류장 앞의
횡단보도를 바라볼 때 왼쪽으로 길을 건너면 입구가 있다.
또는 차이나타운의 현무문(북문)을 등지고 왼쪽으로 도보 4분.

1634년에 조성된 서양인 거주지. 일본이 쇄국 정책을 고집할
당시 서양을 향해 열어 놓은 유일한 교류 창구였다. 개항 초기에는
포르투갈 상인이 나가사키 곳곳에 거주했지만, 기독교 포교 방지와
외국인 관리 차원에서 1634년 데지마란 인공 섬을 만들어 그들을
격리시켰다. 하지만 1637년 발생한 시마바라의 난을 계기로 철저한
기독교 탄압을 결심한 일본 정부는 포교를 목적으로 한 포르투갈
및 서양인의 내항을 금지시키고, 그들을 대신해 네덜란드 상인을
불러들였다. 이유는 네덜란드 상인이 포교보다는 철저히 장사에만
관심을 가졌으며 시마바라의 난을 진압하는 데 큰 도움을 줬기 때문.
이후 네덜란드 상인은 일본에서 독점적 지위를 누렸고, 1859년
개항 때까지 데지마는 일본의 유일한 해외 무역소로 자리 잡았다.
현재는 옛 모습으로 복원한 건물 10여 채가 남아 있으며 내부에는
포르투갈·네덜란드 상인이 거주할 당시의 자료와 유물을 전시해
놓았다. 안쪽에는 1820년대 데지마를 50분의 1 크기로 축소시킨
미니 데지마 ミニ出島가 있어 과거의 모습을 짐작케 한다.

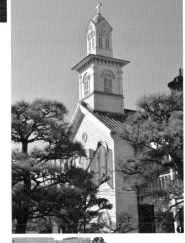

1 섬이었던 데지마는 19세기 말 매립돼 육지로 연결됐다.
2 데지마는 무역 통제를 통한 일본 정부의 수익 창출을
목적으로 조성됐다.

글로버 정원 퍼펙트 가이드

❶ 구 미츠비시 제2 도크 하우스
旧三菱第2ドックハウス

1896년 미츠비시 중공업의 나가사키 조선소에 세워진 건물. 원래 선원용 휴게 · 숙박 시설로 지어졌으며 지금은 선박 모형 등의 전시장으로 이용 중이다. 2층 베란다는 나가사키 항이 한눈에 들어올 만큼 발군의 전망을 뽐낸다.

❷ 나가사키 지방재판소 소장 관사
旧長崎地方裁判所長官舍

1883년에 지어진 지방재판소 관사. 외국인 거류지가 아닌 일반 주택가에 서양식으로 지어진 까닭에 당시에는 무척이나 눈에 띄는 건물이었다. 전반적인 형태가 19세기 일본의 급격한 서구화를 잘 보여준다.

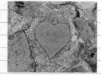
하트스톤 ハートストーン

구 글로버 저택과 휴게소 앞에는 하트 모양의 돌 두 개가 바닥에 박혀 있다. 하나를 찾아 손으로 쓰다듬으면 사랑이 이루어지고, 둘 다 찾으면 행운이 깃든다니 두 눈 크게 뜨고 찾아보자. 입구에서 나눠주는 지도에 돌의 위치가 표시돼 있어 찾기는 어렵지 않다.

❸ 구 워커 저택
旧ウォーカー住宅

영국인 실업가 로버트 닐 워커Rob-ert Nirl Walker의 차남 로버트 2세가 살던 집. 19세기 말 오우라텐슈도 옆에 세워졌다가 여기로 옮겨왔다. 건물은 항구를 향해 열린 베란다와 일본풍 지붕이 특징이다.

일본 정부가 영국에서 임대한 로터스 Lotus 호의 선장으로 22살부터 활약한 로버트 닐 워커는 상하이 · 홍콩 · 블라디보스톡을 오가며 일본 해운업계의 거물로 성장했다. 친일파로 유명한 그는 친형 및 아들과 함께 1898년 워커 상회를 설립했고 후일 일본 최초로 청량음료를 제조 · 판매해 거부의 반열에 올랐다.

❹ 미우라 타마키 동상
三浦環像

글로버 정원은 푸치니의 오페라 〈나비부인〉의 무대가 된 곳이다. 이 때문에 구 링거 저택으로 가는 길 오른쪽의 분수대에는 〈나비부인〉에서 2,000회나 주인공을 맡은 일본의 오페라 가수 미우라 타마키(1884~1946)의 동상이 세워져 있다.

〈라보엠〉 · 〈토스카〉와 더불어 푸치니의 3대 오페라로 꼽히는 〈나비부인〉의 줄거리는 다음과 같다. 몰락한 귀족의 자제로 게이샤가 된 나비부인은 미국인 장교와 사랑에 빠져 고난을 무릅쓴 채 결혼에 성공한다. 그러나 잠시 본국에 다녀온다던 남편은 미국에서 다른 여자를 만나 새장가를 든다. 이 소식을 전해 들은 나비부인은 극도의 절망감에 빠져 아버지에게 물려받은 단도로 한 많은 생을 마감한다. 철모르는 어린 아들만 남겨놓은 채….

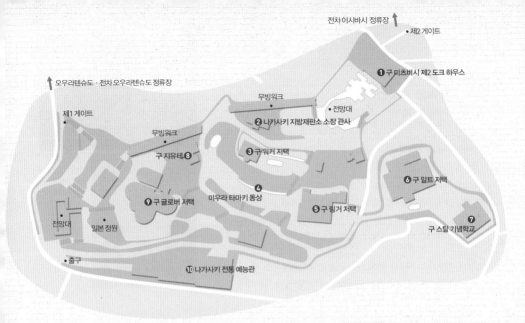

전차 이시바시 정류장

• 제2 게이트

1 구 미츠비시 제2 도크 하우스

↑ 오우라텐슈도 · 전차 오우라텐슈도 정류장

무빙워크

• 전망대

제1 게이트

2 나가사키 지방재판소 소장 관사

무빙워크

3 구 워커 저택

구 지유테 **8**

6 구 알트 저택

4

미우라 타마키 동상

9 구 글로버 저택

5 구 링거 저택

전망대

일본 정원

7

구 스틸 기념학교

• 출구

10 나가사키 전통 예능관

제2 게이트 앞에서 제1 게이트까지 언덕을 내려가며 보는 게 편하므로 전차 이시바시(51) 정류장에서 내려 제2 게이트로 간다. 언덕 아래쪽의 오우라텐슈도부터 보고 갈 때는 제1 게이트로 입장해 에스컬레이터와 무빙워크를 타고 제2 게이트 쪽으로 올라간다.

5 구 링거 저택
旧リンガー住宅

삼면이 베란다로 둘러싸인 방갈로풍의 저택. 1868년에 지어진 목조 건물이며 외벽과 기둥을 돌로 쌓은 독특한 형태를 취하고 있다. 베란다 바닥은 러시아의 블라디보스톡에서 가져온 돌로 만들었다.
이 집을 지은 이는 영국인 프레드릭 링거 Frederick Ringer. 상하이에서 차(茶) 검사관으로 일하던 그는 1864년 토머스 글로버의 초청으로 나가사키로 건너왔다. 그리고 일본차를 홍차로 가공해 영국에 수출하는 회사의 기술 고문으로 일했다. 후일 사업가로 변신한 그는 제분 · 가스 · 발전(發電) · 어업 등 다양한 분야에서 큰 성공을 거뒀고 1907년 영국으로 돌아갔다.

6 구 알트 저택
旧オルト住宅

나가사키 최대의 양식 석조 건물. 항구를 향해 툭 튀어나온 출입구와 베란다를 떠받친 기둥이 멋진 자태를 뽐낸다. 1865년에 지어졌으며 내부에는 19세기 말 나가사키에 체류하던 서양인의 가재도구가 전시돼 있다. 이 집의 주인은 12살 어린 나이에 선원이 된 영국인 윌리엄 알트 William Alt다. 개항과 동시에 나가사키로 건너온 그는 규슈 일대에서 찻잎을 사들여 가공한 뒤 미국에 수출하는 사업으로 큰돈을 벌었으나 건강이 악화돼 1868년 나가사키를 떠나야 했다. 이후 이 집은 학교로 이용되다가 1882년 프레드릭 링거의 장남에게 소유권이 이전돼 지금의 모습으로 남겨졌다.

7 구 스틸 기념학교
旧スチル記念学校

1887년 스틸 Steel 박사가 아들의 넋을 기리고자 세운 학교. 이후 50년에 걸쳐 영어 전문학교로 명성을 떨쳤다. 지금은 토머스 글로버의 사진을 전시하는 자료관으로 이용 중이다.

8 구 지유테
旧自由亭

1878년에 문을 연 일본 최초의 양식 레스토랑. 국내외 주요 인사가 즐겨 찾는 나가사키의 명소로 자리 잡았으나 1887년 폐업했다. 이후 관사로 이용되다가 이곳으로 옮겨 와 전시 중이다.

9 구 글로버 저택
旧グラバー住宅

일본에서 제일 오래된 양식 목조 주택. 1863년 토머스 글로버가 자신의 집으로 지었다. 그는 메이지 유신 때 일왕파(정부군)에게 무기를 팔아 큰 부를 거머쥔 무기상으로 나가사키에서 막강한 영향력을 행사했는데, 일본 최초의 철도 부설사업과 지금도 운영 중인 미츠비시 三菱 조선소가 그의 힘으로 탄생했다. 흥미로운 사실은 이 집이 《나비부인》의 무대로 등장한다는 것인데, 그의 부인이 게이샤 출신이라 그리 됐다는 '썰'도 전해 온다.

10 나가사키 전통 예능관
長崎伝統芸能館

나가사키에서 가장 유명한 축제인 나가사키쿤치 長崎くんち를 체험할 수 있다. 나가사키쿤치의 모습을 담은 영화와 축제에 실제로 사용하는 대형 수레가 눈길을 끈다.

唐 ★★☆☆☆ 人屋敷跡 중국인 거주지

발음 토ー진야시끼아또 **지도** MAP 23-D2
교통 전차 1·5호선 신치츄카가이 新地中華街(31) 정류장 하차, 도보 10분.
또는 차이나타운에서 도보 4분. 차이나타운의 주작문(남문)을 등지고 왼쪽으로 가면
히로바바 상점가 広馬場商店街가 있다. 그 안으로 들어가면 띄엄띄엄 표지판이
이어진다.

1 땅의 신을
모시는 토신당.
2 바다의 여신을
모시는 천후당.

칸나이 館内이란 명칭의 옛 중국인 거주지. 일본 정부에서 중국인
밀무역과 기독교 침투를 막고자 1689년 이 일대에 수용소 20동을
만들고 중국인 5,000명을 격리 수용한 데서 비롯됐다. 이곳을 출입할 수
있던 사람은 일본인 관리와 유녀뿐, 중국인은 외출조차 허락되지 않았다.
화재와 전쟁으로 원래의 거주지가 소실되고 새로이 주택가가 들어선 탓에
옛 모습은 찾아보기 힘들다. 현재 남아 있는 중국식 건물은 토신당 土神堂,
복건회관 福建会館, 천후당 天后堂, 관음당 観音堂의 네 개뿐이다.

東 ★★☆☆☆ 山手甲十三番館

히가시야마테코 13번관

발음 히가시야마코ー쥬ー삼반깐 **개관** 10:00~17:00
휴관 월요일, 연말연시 **요금** 무료 **지도** MAP 23-C3
교통 전차 5호선 메디카루센타 メディカルセン
ター(47) 정류장 하차, 도보 8분. 정류장 앞의 횡단보도를
오른쪽으로 건넌 다음, 오른쪽으로 350m 가량 간다.

1895년에 지어진 서양식 임대주택. 최초 입주자는
홍콩 상하이 은행 HSBC의 나가사키 지점장인 영국인
A.B. 앤더슨 Anderson이었다. 이후 홈 링거 상회의
사택, 프랑스 영사관으로 사용되기도 했다. 1·2층에
각각 세 개의 방이 있는데, 임대용으로 지은 까닭에 모든
방의 크기가 동일한 점이 특징이다. 2층 베란다에서는
나가사키 항이 훤히 내려다보인다. 내부에는 커피·
카스테라 등의 음료와 간식을 즐길 수 있는 조그만
카페도 있다.

東 ★★☆☆☆ 山手十二番館

히가시야마테 12번관

발음 히가시야마떼쥬ー니반깐 **개관** 09:00~17:00
휴관 12/29~1/3 **요금** 무료 **지도** MAP 23-C3
교통 전차 5호선 메디카루센타 メディカルセンタ 정류장
하차, 도보 9분. 정류장 앞의 횡단보도를 오른쪽으로 건넌 다음,
오른쪽으로 400m 가량 간다.

1868년에 지어진 목조 양식 주택. 히가시야마테
지역의 양식 건물 가운데 가장 오래됐다. 원래 러시아
영사관으로 지어졌다가 미국 영사관, 선교사 주택,
캇스이 여대 캠퍼스 등으로 전용되는 등 굴곡 많은
세월을 보냈다. 1976년 나가사키 시에 기증돼 이 일대의
역사를 소개하는 사학 역사 자료관으로 이용 중이다.
자료가 풍부하진 않지만 나가사키의 옛 모습을 담은
흑백사진과 사료가 눈길을 끈다.

나가사키의
역사가 녹아든
건물.

東 山手洋風住宅群 ★★☆☆☆
히가시야마테 양풍 주택군

음 히가시야마떼요-후-쥬따꾸군
개 09:00~17:00 **휴** 월요일, 12/29~1/3
요 100엔, 초등학생 · 중학생 50엔
지 MAP 23-C4
교 전차 5호선 이시바시 石橋(51) 정류장 하차, 도보 4분.
오란다자카의 남쪽 끝에 있다.

1890년대 말 외국인용 임대주택으로 지은 일곱
채의 건물. 하얗게 빛나는 벽과 나무 기둥이 이국적
분위기를 자아낸다. 지금은 이 일대의 역사를 소개하는
전시관, 에도 시대의 유물을 전시하는 매장 자료관
埋蔵資料館, 19세기 말 나가사키의 사진이 소장된
고사진 자료관 古写真資料館으로 사용 중이다. 큰
볼거리가 없어 겉모습만 보는 정도로 충분하다.

旧 香港上海銀行長崎支店記念館 ★★☆☆☆
구 홍콩 상하이 은행 나가사키 지점 기념관

음 큐-홍콩상하이긴코-나가사끼시뗀키넨깐
개 09:00~17:00 **휴** 매월 셋째 월요일
요 300엔, 초등학생 · 중학생 150엔
지 MAP 23-A4
교 전차 5호선 오우라텐슈도 大浦天主堂(50) 정류장 하차,
도보 4분. 정류장을 나와 정면으로 100m 간 다음, 왼쪽으로 돌아
100m 직진하면 왼편에 있다.

1904년에 세워진 홍콩 상하이 은행의 나가사키 지점.
그리스 신전을 연상시키는 육중한 석조 건물은 일본인
건축가의 설계로 탄생했다. 1931년 홍콩 상하이 은행이
철수한 뒤 경찰서 · 민속자료관 등으로 이용됐으며,
지금은 해상무역과 나가사키 재일화교의 역사를 소개하는
자료관으로 이용 중이다.

孔 子廟 ★★★☆☆
공자묘

음 코-시뵤- **개** 09:30~18:00, 금 · 토 · 일요일 09:30~20:00
요 660엔, 고등학생 440엔, 초등학생 · 중학생 330엔
홈 http://nagasaki-koushibyou.com **지** MAP 23-B4
교 전차 5호선 이시바시 石橋(51) 정류장 하차, 도보 4분. 정류장 앞의 횡단보도를
왼쪽으로 건넌 다음, 왼쪽으로 돌아 140m 직진한다. 그리고 오른쪽으로 돌아 80m
쯤 가면 오른편에 있다.

1 일본에서는 보기
드문 중국식 사자상.
섬세한 장인의 손길로
만들어졌다.
2 지붕과 기둥 등 건물
곳곳이 중국식으로
화려하게 치장돼 있다.

화려한 화난 양시이 처마가 하늘을 찌를 듯 솟구쳐 오른 건물. 공자를
모시는 사당으로 1893년 재일화교가 주축이 돼 세워졌다. 매표소를
지나자마자 나타나는 의문 儀門은 공자묘의 정문으로 금색은 황제,
붉은색은 성소(聖所)를 의미한다. 다섯 개의 작은 문 가운데 한가운데에
있는 문은 신과 황제가 드나드는 문이다. 의문 너머에 나란히 놓인
등신대의 대리석상 72개는 공자의 제자로 육예(六芸), 즉 예용(禮容) ·
음악 · 궁술 · 마술(馬術) · 서도(書道) · 수학 등 여섯 가지 학문에 능한
현인의 모습을 조각한 것이다. 회랑 중앙에는 붉은색과 금색으로 화려하게
치장한 대성전 大成殿이 위치하며, 안쪽에는 진시황의 병마용 · 청동기 ·
도자기 · 불상을 전시하는 중국 역대 박물관 中国歴代博物館이 있다.

'프랑스 절 フランス寺'이라고도 부르던 오우라텐슈도.
2007년 유네스코 세계문화유산으로 등재됐다.

大浦天主堂 오우라텐슈도 ★★★☆☆

📣 오우라뗀슈도- 🕐 08:30~18:00, 11~2월 08:30~17:30
💰 1,000엔, 중학생·고등학생 400엔, 초등학생 300엔
🌐 https://nagasaki-oura-church.jp
🗺 MAP 23-B5
🚃 전차 5호선 오우라텐슈도 大浦天主堂(50) 정류장 하차, 도보 6분.
정류장 앞의 다리를 건너 100m쯤 직진한 다음, 왼쪽의 언덕길을 따라
160m 정도 올라간다.

일본에서 가장 오래된 목조 고딕 성당. 정식 명칭은 일본 26성인
순교 성당이다. 1858년 미일 수호통상조약에 따라 외국인이
거류지에서 자유롭게 예배를 볼 수 있도록 교회 건축이 허가되자
프랑스의 프티장 Petitjean 신부가 일본 26성인 순교지를 바라보는
위치에 세웠다(1864년). 하지만 원폭 투하 당시 상당 부분 파괴돼
1952년 지금의 모습으로 재건했다. 성당 제일 안쪽의 제단은
십자가에 못 박힌 예수를 묘사한 스테인드글라스로 장식돼 있으며,
1864년 프랑스에서 선물 받은 마리아상도 모셔 놓았다. 성당
옆에는 1875년에 개교한 구 라틴 신학교가 있다. 지금은 일본의
기독교 전래 과정을 소개하는 자료관으로 이용 중이며, 초기
기독교 신자가 사용하던 십자가·묵주·마리아상을 전시한다.

일본 기독교의 성지 나가사키

일본의 기독교 역사는 1549년 예수회 선교사 프란시스코 하비에
르 Francisco Javier(1506~1552)에 의해 시작됐다. 애초에 그
가 도착한 곳은 규슈 남단의 카고시마 鹿児島였는데, 운 좋게도
카고시마의 영주는 포르투갈과의 교역을 바라고 있었기에 흔쾌
히 포교 활동을 허가해주었다.

이후 기독교 세력은 나가사키 인근의 히라도 平戸를 거쳐 옛 수
도인 교토까지 확대됐다. 하지만 당시는 정치적으로 매우 불안정
한 시기였기에 정부에서 공식적인 포교 활동을 허가 받지는 못했
다. 16세기 중반에는 기독교에 우호적인 분위기가 조성돼 신도가
3만 명 이상 증가했고, 일본 소년 사절단이 로마까지 찾아가 교황
을 알현하기도 했다. 그러나 1587년 토요토미 히데요시 豊臣秀
吉가 기독교 금지령을 내리면서 피비린내 나는 박해의 역사가 시
작됐다. 동시에 기독교도는 모두 지하로 잠적했고 성모 마리아상
도 불상처럼 만들어 간직하는 편법이 동원됐다.

오랜 침묵의 시기를 거쳐 다시금 기독교도가 모습을 드러낸 때는
1865년. 인근 지역의 주민이 오우라텐슈도를 찾아와 신앙을 고
백하면서였다. 하지만 여전히 기독교는 금단의 종교였기에 이런
행위는 다시금 박해의 시대를 여는 구실이 됐다. 이런 일련의 사
태에 불만을 품은 서구 열강은 일본 정부에 압력을 가해 1889년
종교의 자유를 허락하게 만든다. 이와 동시에 나가사키는 일본 기
독교의 중심지이자 성지(聖地)로 부상하게 됐다.

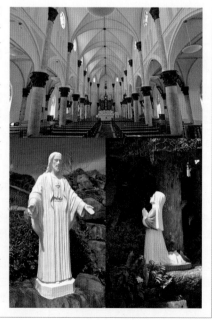

眼 鏡橋 메가네바시 ★★☆☆☆

발음 메가네바시 **지도** MAP 21-D5 · 24-A4
교통 전차 4 · 5호선 메가네바시 めがね橋(37) 정류장 하차. 도보 4분. 정류장 앞의 횡단보도를 바라볼 때 왼쪽으로 길을 건너 30m쯤 가면 다리가 있다. 그 앞에서 왼쪽으로 돌아 150m 직진하면 오른쪽에 있다.

1634년에 세워진 일본에서 가장 오래된 아치형 석교. 다리를 놓은 이는 중국인 승려 묵자 黙子 선사(禪師)다. '안경 모양 다리'를 뜻하는 메가네바시란 이름이 붙은 연유는 사진만 봐도 쉽게 짐작이 갈 듯. 1647년과 1982년의 대홍수로 크게 파손됐지만 말끔히 수리해 지금은 나가사키의 상징처럼 여겨진다. 다리 옆의 석벽에 숨겨진(?) 하트 모양의 돌을 찾아 정성껏 쓰다듬으면 사랑이 이루어진다니 애끓는 청춘들은 이를 찾아보는 노력도 잊지 말자.

❶

나가사키 제일(?)의 유흥가 시안바시.

1 · 2 하트 스톤과 메가네바시.

思 案橋 시안바시 ★☆☆☆☆

발음 시안바시
영업 11:00~심야(식당마다 다름)
휴업 연말연시(식당마다 다름)
지도 MAP 24-D4
교통 전차 1 · 4호선 시안바시 思案橋(34) 정류장 하차. 도보 1분. 정류장 앞의 횡단보도를 바라볼 때 왼쪽으로 길을 건너면 바로 오른쪽에 있다.

유흥업소가 밀집한 나가사키 최대의 환락가. 원래 일본 삼대 유곽 중 하나인 마루야마 유곽 丸山遊廓이 있던 곳이다. 뭇 남성들이 이 앞의 다리(橋)에서 유곽에 갈까 말까를 고민(思案)한 데에서 지금의 지명이 유래했다는 재미난 얘기가 전해온다. 옛 모습이 남겨진 시안바시요코쵸 思案橋横丁에서는 좁은 도로를 따라 늘어선 수십 개의 주점과 유흥업소가 노란 초롱에 불을 밝힌 채 손님을 불러 모으는 이색적인 풍경이 펼쳐진다.

観 光通り商店街 칸코도리 상점가 ★★★☆☆

발음 칸꼬−도−리쇼−뗀가이
영업 10:00~20:00(숍 · 레스토랑마다 다름)
휴업 연말연시(숍 · 레스토랑마다 다름) **지도** MAP 23-D1 · 24-C3
교통 전차 1 · 4호선 칸코도리 観光通り(33) 정류장 바로 앞.
또는 전차 3호선 하마노마치아케도 浜町アーケード(32 · 36) 정류장 바로 앞.
하마노마치 쇼핑 아케이드 **홈피** www.hamanmachi.com

백화점 · 상점 · 레스토랑이 밀집한 나가사키 제일의 번화가. '관광의 거리 観光通り'란 이름처럼 현지인은 물론 여행자도 즐겨 찾는 명소다. 눈길을 끄는 곳은 칸코도리와 나란히 이어진 하마노마치 쇼핑 아케이드 浜町アーケード다. 현지인에게 '하만치 상점가'란 애칭으로 통하며, 천장이 덮인 아케이드식 상점가라 날씨에 상관없이 쇼핑을 즐길 수 있어 여행자의 발길이 끊이지 않는다. 기념품 · 잡화 · 생필품 등 다양한 아이템을 취급하는 200여 개의 숍이 모여 있으며, 곳곳에 숨은 맛집을 찾아내는 재미도 쏠쏠하다(쇼핑 ➡p.315).

1 다양한 숍이 모인 칸코도리 상점가.
2 궂은 날도 문제없이 쇼핑을 즐길 수 있다.

諏訪神社 스와 신사 ★★★☆☆

발음 스와진쟈 **개관** 일출~일몰 **지도** MAP 19-D3 · 21-A5
교통 전차 3 · 4 · 5호선 스와진쟈 諏訪神社(39) 정류장 하차, 도보 5분. 정류장 바로 앞의 지하도로 내려가 1번 출구를 나가면 오른쪽에 신사 입구가 있다.

1555년에 창건된 것으로 추정되는 유서 깊은 신사. 스와다이묘진 諏訪大明神을 주신(主神)으로 모신다. 예로부터 수렵 · 어업의 수호 신사로 숭앙받아왔으며 현지인에게는 오스와상 お諏訪さん 이란 애칭으로 통한다. 193개의 가파른 계단을 오르면 주홍빛의 본전이 나타나는데, 화재로 소실된 것을 1868년 지금의 모습으로 재건했다. 이 앞의 공터는 나가사키쿤치 長崎くんち 축제 때 신에게 봉납하는 춤의 무대가 된다. 본전 왼쪽으로 가면 다리에 흰 실이 칭칭 감긴 코마이누 狛犬 석상이 있다. 다리에 실을 묶으며 소원을 빌면 가출 · 낭비 · 낙방의 불운을 막아준다고. 신사 입구의 두 번째와 네 번째 토리이 鳥居('天' 모양의 조형물) 밑에 있는 음양석(陰陽石)과 본전 앞의 음양석을 차례로 밟고 소원을 빌면 연애 운이 트인다는 재미난 얘기도 전해온다.

1 스와 신사의 입구.
2 강렬한 주홍빛의 본전.
3 연애 운을 비는 음양석.

崇福寺 소후쿠지 ★★★☆☆

발음 소-후쿠지 **개관** 08:00~17:30, 12~2월 08:00~17:00
요금 300엔, 고등학생 200엔, 초등학생 · 중학생 무료
지도 MAP 24-D5 **교통** 전차 1 · 4호선 소후쿠지 崇福寺(35) 정류장 하차, 도보 4분. 전차 선로를 따라 언덕 아래로 90m 내려간 다음, 오른쪽으로 돌아 120m 직진하면 오른편에 있다.

일본에서 가장 오래된 중국식 사찰. 1629년 복건성 福建省 출신 화교들에 의해 건립돼 중국 절을 뜻하는 복주사 福州寺 · 지나사 支那寺란 이름으로 불리기도 했다. 고즈넉한 경내에는 용궁 문을 연상시키는 모습의 산몬 三門을 비롯해 섬세한 처마 장식의 제일봉문 第一峰門, 국보로 지정된 대웅보전 등 여러 볼거리가 있다. 불상 역시 17세기 중국 장인의 솜씨를 엿볼 수 있는 귀중한 사료로 평가받고 있다.

신명나는 나가사키쿤치 축제

나가사키쿤치 長崎くんちは 10월 7~9일 스와 신사에서 열리는 가을 축제다. 1634년 타카오 高尾와 오토와 音羽, 두 명의 게이샤가 신사를 찾아와 춤을 봉납한 데서 유래했다고 한다. 이후 조정의 지원을 받아 해마다 규모를 키웠고, 나가사키에 유입된 중국과 서양의 풍습이 뒤섞여 지금과 같은 이국적이며 화려한 축제로 자리 잡았다.
축제는 나가사키의 59개 마치 町(행정단위)가 돌아가며 준비하기 때문에 해마다 다른 볼거리를 선사한다. 주를 이루는 것은 일본 전통 춤, 중국 용춤 · 사자춤, 네덜란드 상인의 모습을 풍자한 마임 등이다. 그 중의 압권은 어선 · 상선 · 고래 모양의 대형 수레가 등장하는 히키모노 曳物다. 수십 명의 장정이 수레를 끌고 다니며 고래잡이를 비롯한 옛 풍습을 재현하는데 역동적인 퍼포먼스가 감탄을 자아내게 한다.
홈피 http://nagasaki-kunchi.com

長 ★★★☆☆
崎水辺の森公園 나가사키 수변공원

🗣 나가사끼미즈베노모리꼬-엔
🌐 www.mizubenomori.jp 🗺 MAP 23-A2
🚃 전차 1호선 데지마 出島(30) 정류장 하차, 도보 7분.
정류장 앞의 횡단보도를 바라볼 때 오른쪽으로 길을 건넌 다음 왼쪽으로 150m 직진한다. 그리고 오른쪽으로 돌아 200m 직진한다.
또는 전차 5호선 오우라카이간도리 大浦海岸通り(48) 정류장 하차, 도보 4분.

초록빛 잔디가 드넓게 깔린 6.5㏊ 면적의 수변공원. 나가사키 항 재개발 사업의 일환으로 조성됐으며 항구와 어우러진 풍경이 멋스럽다. 2004년에는 굿 디자인 어워드 Good Design Award에서 건축·환경 디자인 부문 금상을 수상하기도 했다. 대지의 광장 大地の広場, 물의 정원 水の庭園, 수변 산책로 水辺のプロムナード의 세 구역으로 이루어져 있으며, 산책·피크닉을 즐기기에 좋아 주말이면 나들이 나온 시민들로 북적인다. 노천극장과 산책로에서는 콘서트·퍼포먼스 등 다채로운 이벤트가 수시로 열린다.

1 드넓은 녹지는 휴식의 장으로 애용된다.
2 공원 앞으로 나가사키 항이 훤히 바라보인다.

長 ★★★☆☆
崎県美術館 나가사키 현 미술관

🗣 나가사끼겐비쥬쯔깐 🕐 10:00~20:00
🚫 매월 둘째·넷째 월요일, 12/29~1/1
💴 420엔, 대학생 310엔, 초등학생·중학생 210엔
🌐 www.nagasaki-museum.jp
🗺 MAP 23-B2
🚃 전차 1호선 데지마 出島(30) 정류장 하차, 도보 6분.
정류장 앞의 횡단보도를 바라볼 때 오른쪽으로 길을 건넌 다음 왼쪽으로 150m 직진한다. 그리고 오른쪽으로 돌아 170m 직진하면 왼쪽에 있다.

수로를 중심으로 두 동의 건물이 나란히 이어진 독특한 외관의 미술관. 일본의 유명 건축가 쿠마 켄고 隈研吾(1954년~)의 설계로 지어졌다. 외교관 스마 야키치로 須磨弥吉郎(1892~1970)가 기증한 스페인 미술품 컬렉션과 나가사키 출신 작가의 작품 6,000여 점을 상설 전시한다.

옥상에는 무료 전망대가 있다.

長 ★☆☆☆☆
崎出島ワーフ 나가사키 데지마 워프

🗣 나가사끼데지마와-후
🌐 http://dejimawharf.com 🗺 MAP 23-B1
🚃 전차 1호선 데지마 出島(30) 정류장 하차, 도보 4분.
정류장 앞의 횡단보도를 바라볼 때 오른쪽으로 길을 건넌 다음 오른쪽으로 80m 직진한다. 그리고 왼쪽으로 돌아 100m 직진하면 왼편에 있다.

다채로운 음식을 맛볼 수 있는 식당가. 1·2층으로 이루어진 건물에 개성 만점의 레스토랑·바·카페 20여 개가 모여 있다. 식당가 앞으로는 요트·유람선 선착장이 이어진다. 해안도로를 따라 나가사키 항의 풍경을 바라보며 느긋하게 산책을 즐기기에도 좋다. 비교적 저렴한 가격에 푸짐한 런치 메뉴를 내놓는 식당도 있으니 점심시간에 이용하면 좋을 듯!

01 시카이로 강추
四海楼

나가사키 짬뽕의 원조로 명성이 자자한 레스토랑. 1899년 창업한 오랜 역사를 자랑한다. 식당이 5층 꼭대기에 위치해 나가사키 항이 한눈에 내려다보이는 발군의 전망을 뽐내며 해가 지면 창 너머로 근사한 야경이 펼쳐진다. 간판 메뉴는 초대(初代) 주방장이 가난한 중국인 유학생을 위해 싸고 영양가 있는 음식으로 고안해 낸 나가사키 짬뽕 찬퐁 ちゃんぽん (1,210엔)이다. 매운 맛은 전혀 없지만 돼지 사골 육수에 채소와 해산물을 듬뿍 넣어 우려낸 국물은 담백하면서도 깊은 맛이 일품이다. 새콤달콤한 맛과 탱글탱글한 식감의 칠리새우 에비노치리소스 海老のチリソース(1,650엔), 바삭한 춘권 튀김 하루마키 春巻(660엔)도 맛있다. 메뉴판에 음식 사진이 실려 있어 주문하기 쉬우며, 짬뽕에 한두 개의 요리가 포함된 세트 메뉴도 선보인다.

예산 972엔~ 영업 11:30~15:00, 17:00~20:00 휴업 부정기적 메뉴 일어 · 영어 주소 長崎市 松が枝町 4-5 전화 095-822-1296 홈페 www.shikairou.com 지도 MAP 23-A4 교통 전차 5호선 오우라텐슈도 大浦天主堂(50) 정류장 하차, 도보 2분. 정류장 앞의 다리를 건너 60m쯤 직진하면 오른쪽에 보이는 중국풍 건물이다.

나가사키 짬뽕
ちゃんぽん(1,210엔)

손님이 많아 서둘러 가야 한다. 2층에는 짬뽕의 역사를 소개하는 짬뽕 박물관(무료)도 있다.

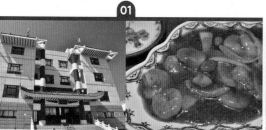
01

03

03 카이라쿠엔 강추
会楽園

시카이로와 함께 나가사키 짬뽕의 양대 산맥을 이루는 식당. 상당한 규모를 갖춘 대형 식당이며 시설도 깔끔하다. 1927년 창업 이래 최대의 인기를 구가하는 메뉴는 짬뽕 찬퐁 ちゃんぽん(990엔)이다. 돼지고기 · 새우 · 조개 · 숙주 · 양배추를 듬뿍 넣어 만든 감칠맛 나는 국물과 쫄깃한 면발이 적절한 조화를 이룬다. 단, 시카이로의 원조 짬뽕보다는 한 수 아래로 평가된다는 사실을 알아두자. 바삭하게 튀긴 면에 달콤 짭조름한 소스를 얹어내는 사라우동 皿うどん(990엔)도 먹을만한데, 사라우동 소스 皿うどん用ソース를 뿌려 먹으면 더욱 맛있다. 8시간에 걸쳐 만드는 부드러운 동파육 톤포로 東坡肉(1개 605엔) 역시 이곳의 명물로 유명하다.

예산 990엔~ 영업 11:00~15:30, 17:00~21:00 휴업 부정기적 메뉴 한국어 · 일어 · 영어 주소 長崎市 新地町 10-16 전화 095-822-4261 홈페 www.kairakuen.tv 지도 MAP 23-D2 · 24-D2 교통 전차 1 · 5호선 신치츄카가이 新地中華街(31) 정류장 하차, 도보 3분. 신치츄카가이 정류장 앞의 횡단보도를 바라볼 때 왼쪽으로 길을 건넌다. 그리고 바로 앞에 있는 다리를 건너자마자 왼쪽으로 돌아 100m쯤 직진하면 오른쪽에 있다. 차이나타운의 현무문(북문) 바로 앞이다.

짬뽕 ちゃんぽん
(990엔)

주말 · 공휴일에는 무척 붐빈다. 되도록 피크 타임은 피해서 가는 게 좋다.

02 나가사키싯포쿠 하마카츠 _{강추}
長崎卓袱浜勝

온갖 요리를 한 상 가득 차려내는 나가사키 정식 싯포쿠 卓袱
전문점. 1968년 오픈했으며 모던한 스타일과 정갈한 음식이 매력이다. 개방적인
항구도시 나가사키의 역사가 고스란히 녹아든 싯포쿠는 원래 사찰음식에서
비롯됐으며, 전통 일본 요리에 중국·네덜란드 요리가 융합된 독특한 비주얼과
맛을 보여준다. 2인분 이상만 주문을 받는 여타 싯포쿠 전문점과 달리 1인용
메뉴가 있어 비교적 부담 없이 싯포쿠를 맛볼 수 있는 게 매력이다. 가볍게
즐기려면 생선·생선회·튀김·돼지고기조림·디저트 등 11가지 메뉴가 나오는
부라부라싯포쿠 ぶらぶら卓袱(4,800엔), 푸짐하게 먹으려면 12~13가지 메뉴가
포함된 싯포쿠하타 코스 卓袱ハタコース(6,500엔), 싯포쿠비도로 코스 卓袱ビー
ドロコース(7,800엔)를 선택한다.

부라부라싯포쿠 ぶらぶら卓袱(4,800엔)

예산 4,212엔~ 영업 11:00~21:30 휴업 부정기적 메뉴 일어 주소 長崎市 鍛冶屋町 6-50
전화 095-826-8321 홈피 www.sippoku.jp 지도 MAP 24-C5
교통 전차 1·4호선 시안바시 思案橋(34) 정류장 하차, 도보 4분. 정류장 앞의 횡단보도를
바라볼 때 오른쪽으로 길을 건넌 뒤 바로 앞의 골목으로 들어가 100m 직진한다. 그리고
오른쪽으로 돌아 70m쯤 가면 왼쪽에 있다.

음식은 하나씩 차례로 나온다. 부탁하면
사진 찍기 좋게 한꺼번에 내주기도 한다.

04

02

04 욧소혼텐 _{강추}
吉宗本店

150여 년의 역사를 뽐내는 나가사키 정식 싯포쿠 卓袱 전문점. 창업 당시의
맛을 우직하게 지켜온 까닭에 전통 싯포쿠를 체험하려는 이의 발길이 끊이지
않으며, 1927년에 지어진 예스러운 목조건물과 옛 모습을 고스란히 간직한
인테리어가 맛과 멋의 두 마리 토끼를 동시에 잡게 해준다. 아쉬운 점은 13품
요리가 푸짐하게 차려져 나오는 정통 싯포쿠 싯포쿠료리 卓袱料理(6,380엔)는
2인분 이상만 주문된다는 것. 가볍게 즐기기에는 회·튀김·돼지고기·계란찜
등 8품 요리가 약식으로 나오는 미니 싯포쿠 ミニ卓袱(3,850엔)도 나쁘지 않다.
부드러운 일본식 계란찜과 계란지단·연어·닭고기 소보로 덮밥이 세트로 나오는
차왕무시 1인분 챠왕무시오이치닌마에 茶碗むし御一人前(1,485엔)도 이곳의
간판 메뉴로 인기가 높다.

차왕무시 1인분
茶碗むし御一人前(1,485엔)

제철 재료를 사용하기 때문에 싯포쿠의
내용은 계절마다 조금씩 다르다.

예산 1,485엔~ 영업 11:00~15:00, 17:00~21:00 휴업 월·화요일, 1/1, 8/15, 12/31
메뉴 일어 주소 長崎市 浜町 8-9 전화 095-821-0001 홈피 www.yossou.co.jp
지도 MAP 24-B3 교통 전차 1·4호선 칸코도리 観光通り(33) 정류장 하차, 도보 3분. 정류장
건너편에 호텔 Forza가 있다. 호텔 밑의 상점가로 들어가 140m 직진한 다음 사거리에서
오른쪽으로 돌아 20m쯤 가면 오른편에 있다.

사라우동
皿うどん(1,000엔)

무카시나츠카시토루코라이스
昔なつかしトルコライス(1,580엔)

만두 一口餃子
(470엔~)

신와로
新和楼

1928년 문을 연 전통의 중국집. 차이나타운의 여타 레스토랑에 비해 취급하는 요리가 조금 적다. 볶음면에 조갯살 · 어묵 · 돼지고기 · 숙주 · 목이버섯으로 만든 달콤한 소스를 얹어주는 사라우동 皿うどん(1,000엔)이 대표 메뉴다. 바삭한 가는 면 호소멘 細麺과 쫄깃한 굵은 면 후토멘 太麺을 선택해서 주문할 수 있다. 매일 메뉴가 바뀌는 점심 특선(900엔~)도 먹을만하다.

예산 900엔~
영업 11:00~14:00, 17:00~20:00
휴업 부정기적
메뉴 일어 · 영어
주소 長崎市 新地町 11-18
전화 095-822-3016
지도 MAP 23-D2 · 24-D2
교통 전차 1 · 5호선 신치츄카가이 新地中華街(31) 정류장 하차, 도보 4분. 신치츄카가이 정류장 앞의 횡단보도를 바라볼 때 왼쪽으로 길을 건넌다. 그리고 바로 앞에 있는 다리를 건너 100m쯤 직진한 다음, 왼쪽으로 돌아 100m쯤 가면 오른쪽에 있다. 차이나타운 한복판에 위치한다.

츠루챵
ツル茶ん

1925년 창업한 규슈에서 가장 오래된 찻집. 밥 · 돈가스 · 스파게티를 모둠으로 내주는 나가사키 명물 토루코라이스 トルコライス의 원조집이다. 재료와 맛이 다른 아홉 가지 토루코 라이스를 선보이는데, 돈가스와 카레 소스를 얹은 무카시나츠카시토루코라이스 昔なつかしトルコライス(1,580엔), 비프커틀릿에 특제 소스와 해산물 스파게티를 곁들인 료마토루코 Ryomaトルコ(1,780엔)가 맛있다. 밀크셰이크 간소나가사키후미루쿠세키 元祖長崎風ミルクセーキ(780엔)는 입가심용으로 적당하다.

예산 1,180엔~
영업 10:00~21:000
휴업 연말연시, 부정기적
메뉴 일어
주소 長崎市 油屋町 2-47
전화 095-824-2679
지도 MAP 24-C4
교통 전차 1 · 4호선 시안바시 思案橋(34) 정류장 하차, 도보 2분. 정류장 앞의 횡단보도를 바라볼 때 오른쪽으로 길을 건넌 뒤 바로 앞의 골목으로 들어가 40m 직진한다. 그리고 처음 만나는 사거리에서 오른쪽으로 돌아 30m쯤 가면 왼쪽에 있다.

운류테 강추
雲竜亭

밤톨 크기의 앙증맞은 미니 만두로 유명한 맛집. 좌석이 아홉 개뿐인 아주 조그만 가게지만 70여 년의 유서 깊은 역사를 자랑한다. 양파 · 부추 · 돼지고기로 만든 소를 넣은 만두 히토구치교자 一口餃子(470엔)는 바닥은 쿠키처럼 바삭하고 윗부분은 쫄깃하게 익혀낸다. 맥주를 부르는 담백한 감칠맛은 어디서도 맛볼 수 없는 이집만의 매력! 조그만 만두 10개가 1인분이라 적당히 배를 채우려면 적어도 2~3인분은 먹어야 한다.

예산 470엔~ 영업 화~토요일 14:30~20:00, 일 · 공휴일 13:00~20:00
휴업 월요일 메뉴 일어
주소 長崎市 浜町 10-3
전화 095-822-4621
지도 MAP 24-C4
홈피 http://unryutei-shokuhin.com
교통 전차 1 · 4호선 시안바시 思案橋(34) 정류장 하차, 도보 3분. 정류장 앞의 횡단보도를 바라볼 때 오른쪽으로 길을 건넌 다음 왼쪽으로 70m쯤 간다. 그리고 오른쪽으로 돌아 30m쯤 가면 오른쪽에 있다. 골목 안쪽이라 눈에 잘 띄지 않는다.

유즈키 카레
夕月カレー(550엔)

나가사키카쿠니만쥬
長崎角煮まんじゅう(450엔)

과일 찹쌀떡
フルーツ大福(1개 280엔)

카레노유즈키
カレーの夕月

반 세기의 역사를 자랑하는 카레 노포. 1958년 창업 당시의 맛을 우직하게 지켜온 까닭에 현지인에게는 소울 푸드와 같은 존재로 각인돼 있다. 초저녁 하늘에 둥실 떠오른 초승달처럼 생긴 유즈키 카레 夕月カレー(550엔)가 메인 메뉴. 토마토를 갈아 넣은 밝은 오렌지 빛의 카레는 부드러운 감칠맛이 특징이다. 새콤한 염교 절임, 무절임 등의 반찬은 무료로 제공된다. 계란 タマゴ · 새우 エビ · 크로켓 コロッケ · 치킨 커틀릿 チキンカツ · 돈가스 トンカツ · 햄버그 ハンバーグ(60~330엔)를 토핑해서 먹어도 좋다.

예산 550엔~
영업 11:00~15:00, 17:00~19:00
휴업 수요일, 연말연시 메뉴 일어
주소 長崎市 万屋町 5-4
전화 095-827-2808 지도 MAP 24-B4
교통 전차 1 · 4호선 칸코도리 観光通り(33) 정류장 하차, 도보 4분. 정류장 건너편에 호텔 Forza가 있다. 호텔 밑의 상점가로 들어가 180m 직진하면 오른쪽에 있다.

이와사키혼포
岩崎本舗

나가사키 명물 카쿠니만쥬 角煮まんじゅう 전문점. 싯포쿠 요리(p.311)의 핵심 메뉴인 돼지고기 조림 카쿠니 角煮를 간편히 먹을 수 있도록 개량해 큰 인기를 누리고 있다. 두툼하게 썬 돼지고기를 3일 동안 소스에 뭉근히 조린 뒤 빵에 끼워먹는 나가사키카쿠니만쥬 長崎角煮まんじゅう(450엔)는 촉촉한 식감과 소스가 적절히 배어든 달콤 짭조름한 맛이 특징이다. JR 나가사키 역 1층(MAP 21-B2), 칸코도리 상점가(MAP 24-C3), 글로버 정원 진입로(MAP 23-A4), 나가사키 공항에도 분점이 있다.

예산 450엔~ 영업 09:30~21:00
메뉴 일어 · 영어
전화 095-818-7075
주소 長崎市 銅座町 3-17
지도 MAP 23-D1 · 24-C3
교통 전차 1 · 5호선 신치츄카가이 新地中華街(31) 성유상 하차, 노보 2분. 신치츄카가이 정류장 앞의 횡단보도를 바라볼 때 왼쪽으로 길을 건넌다. 그리고 바로 앞의 다리에서 하천을 오른쪽에 끼고 100m 직진하면 왼쪽에 있다.

후타바야
双葉屋

앙증맞은 과일 모양의 화과자 전문점. 찹쌀 · 팥 · 밀가루 · 설탕을 재료로 정교하게 빚은 일본 전통 과자인 화과자 和菓子를 80여 년 동안 만들어온 노포다. 단순히 팥소만 넣는 일반적인 화과자와 달리 실제로 과일을 넣고 과일과 똑같은 모양으로 빚어낸 과일 찹쌀떡 후루츠다이후쿠 フルーツ大福(1개 280엔)가 인기다. 딸기 · 체리 · 거봉 · 사과 · 감 등 15종에 이르는 다양한 메뉴가 눈길을 끈다. 가벼운 간식으로 즐기기에 좋으며, 진열장에 놓인 것을 보고 고르면 돼 주문하기도 쉽다.

예산 280엔~ 영업 09:30~20:30
휴업 부정기적 메뉴 일어 · 영어
주소 長崎市 新地町 8-12
전화 095-823-8581
지도 MAP 24-C2
교통 전차 1 · 5호선 신치츄카가이 新地中華街(31) 정류장 하차, 도보 6분. 신치츄키기이 정류장 앞의 횡단보도를 바라볼 때 왼쪽으로 길을 건넌다. 그리고 바로 앞에 있는 다리를 건너 150m쯤 직진한 다음, 왼쪽으로 돌아 110m쯤 가면 왼편에 있다. 주작문 바로 뒤에 위치한다.

화과자 和菓子
(230엔~)

카스텔라
카스테라(1,188엔~)

카스텔라
카스테라(648엔~)

이와나가바이쥬켄 강추
岩永梅寿軒

1830년 문을 연 일본 전통 화과자 전문점. 현대식 건물 사이에 오도카니 자리한 고풍스러운 외관이 호기심을 자극한다. 초강추 아이템은 먹기 아까울 만큼 앙증맞은 모양의 화과자 와가시 和菓子(230엔~)다. 새·꽃·복숭아 등 다양한 모양을 선택할 수 있으며 혀끝에서 사르르 녹는 고급스러운 단맛이 입안을 행복하게 한다. 상품이 금방 바닥나니 되도록 서둘러 가는 게 좋을 듯! 예약 판매하는 카스텔라와 잉어(4월 말~5월 초)·복숭아(2월 말~3월 초) 모양 화과자 등 시즌 한정 아이템도 맛있다.

예산 230엔~ 영업 10:00~16:00
휴업 화·목·일요일
메뉴 일어 전화 095-822-0977
주소 長崎市 諏訪町 7-1 지도 MAP 24-A4
홈피 www.baijyuken.com
교통 전차 4·5호선 메가네바시 めがね橋 (37) 정류장 하차, 도보 7분. 정류장 앞의 횡단보도를 바라볼 때 왼쪽으로 길을 건너 180m 직진한다. 그리고 오른쪽으로 돌아 160m쯤 가면 오른쪽에 있다.

후쿠사야혼텐 강추
福砂屋本店

나가사키의 3대 카스텔라 맛집 가운데 하나. 1624년 창업한 일본에서 가장 오래된 카스텔라 전문점이다. 최상의 재료를 사용해 창업 당시의 제조법과 동일하게 만드는 게 맛의 비결이라고. 나가사키의 여타 카스텔라에 비해 강렬한 단맛이 특징인데, 설탕을 구하기 힘든 시절 귀한 손님일수록 설탕을 많이 넣은 음식으로 대접하던 습관에서 비롯된 스타일이라고 한다. 카스텔라 카스테라 カステラ (1,188엔~)는 크기에 따라 가격이 다르다. JR 나가사키 역 1층에도 분점이 있다.

예산 1,188엔~ 영업 09:30~17:00
휴업 부정기적 메뉴 일어
전화 095-821-2938
주소 長崎市 船大工町 3-1
홈피 www.fukusaya.co.jp
지도 MAP 24-D4
교통 전차 1·4호선 시안바시 思案橋 (34) 정류장 하차, 도보 3분. 정류장 앞의 횡단보도를 바라볼 때 왼쪽으로 길을 건너 150m 직진한다.

쇼오켄 강추
松翁軒

나가사키 3대 카스텔라 맛집 가운데 하나. 1681년 창업 이래 변함 없는 옛 맛을 유지하고 있다. 설탕과 함께 물엿을 사용해 여타 카스텔라에 비해 찰지고 쫄깃한 식감이 강한 게 특징이다. 시식용 카스텔라와 녹차를 무료로 제공하니 직접 맛보고 구입해도 좋다. 카스텔라 카스테라 カステラ(648엔~)는 크기에 따라 가격이 다르다. 초콜릿·맛챠·치즈·메이플 시럽 등 다양한 맛의 카스텔라를 선보이며, 모나카·밤만쥬 등의 화과자도 취급한다. JR 나가사키 역 1층과 칸코도리 상점가 (MAP 24-B4)에도 분점이 있다.

예산 648엔~
영업 09:00~18:00
메뉴 일어 전화 095-822-0410
주소 長崎市 魚の町 3-19
홈피 www.shooken.com
지도 MAP 21-C5
교통 전차 4·5호선 시민카이칸 市民会館 (38) 정류장 하차, 도보 2분. 정류장 앞의 횡단보도를 바라볼 때 왼쪽으로 길을 건넌 다음, 왼쪽으로 60m쯤 가면 오른쪽에 있다.

하마노마치 쇼핑 아케이드 浜町アーケード

'하만치 상점가'란 애칭으로 통하는 아케이드식
상점가. 나가사키 최대 규모를 자랑하는 까닭에 현지인도
즐겨 찾는다. 하마이치 아케이드 浜市アーケード와
베루나도칸코도리 ベルナード観光通り의 두 거리가 '
十'자 모양으로 교차하는 형태를 이루고 있다. 기념품ㆍ
잡화ㆍ생필품을 취급하는 200여 개의 숍이 모여 있는데,
대부분의 상점은 하마이치 아케이드 거리에 모여 있다.
눈여겨볼 숍은 의약품ㆍ화장품을 취급하는 대형 드러그
스토어 선 드러그 サンドラッグ · 마츠모토키요시 マツモ
トキヨシ, 다양한 수입 식료품ㆍ향신료ㆍ커피를 저렴하게
판매하는 Kaldi Coffee Farm, 슈즈 전문점 ABC-Mart,
가전양판점 에디온 エディオン, 인기 애니메이션 캐릭터
상품 전문점 아니메이트 アニメイト 등이다.

영업 10:00~20:00(숍마다 다름) 휴업 연말연시(숍마다 다름)
홈피 www.hamanmachi.com 지도 MAP 24-B3
교통 전차 1ㆍ4호선 칸코도리 観光通り(33) 정류장 바로 앞.
또는 전차 3호선 하마노마치아케도 浜町アーケード(32ㆍ36)
정류장 바로 앞.

1 쇼핑을 즐기는 현지인들로 항상 북적인다.
2 도기 등의 생활잡화도 저렴하게 판매한다.

돈키호테
ドン・キホーテ

풍부한 아이템과 저렴한 가격의 할
인 매장. 지하1층 식료품ㆍ주류ㆍ
일용잡화, 1층 의약품ㆍ화장품ㆍ
의류ㆍ스포츠용품, 2층 침구ㆍ장난감
ㆍ파티용품ㆍ문구ㆍ가전 코너로 구성
된다. 인기 아이템을 누루 구비해 여행
자가 즐겨 찾는다.

영업 09:00~02:00
주소 長崎市 浜町 3-5
전화 0570-049-411
홈피 www.donki.com
지도 MAP 24-B3
교통 전차 1ㆍ4호선 칸코도리 観光通り
(33) 정류장 하차, 도보 3분. 정류장
건너편에 호텔 Forza가 있다. 호텔 밑의
상점가로 들어가 120m 직진하면 왼쪽에
있다.

코코카라파인
ココカラファイン

화장품ㆍ의약품 등의 생활잡화를
취급하는 드러그 스토어. 상품이 풍
부하며 정가의 10~30%가 할인된 저
렴한 가격이 매력이다. 색조 화장품ㆍ
세안용품ㆍ보습제ㆍ자외선 차단제가
추천 아이템이다.

영업 월~토요일 10:00~21:00,
일요일 10:00~20:00
휴업 부정기적
주소 長崎市 浜町 1-14-1
전화 095-832-8911
지도 MAP 24-C3
교통 전차 1ㆍ4호선 칸코도리 観光通り
(33) 정류장 하차, 도보 3분. 정류장
건너편에 호텔 Forza가 있다. 호텔 밑의
상점가로 들어가 70m 직진한 다음,
왼쪽으로 돌아 70m쯤 가면 왼편에 있다.

다이소
DAISO

나가사키 최대의 초저가 잡화점.
드넓은 매장에 주방용품ㆍ화장품ㆍ
잡화ㆍ식료품 등 온갖 아이템이 가득하
며, 거의 대부분의 상품을 110엔이란
파격적 가격에 판매한다. 일본 한정판
식료품과 아이디어 싱품에 주목하자.

영업 09:30~20:30
휴업 부정기적
주소 長崎市 浜町 2-33
전화 095-895-5324
지도 MAP 24-B3
교통 전차 1ㆍ4호선 칸코도리 観光通り
(33) 정류장 하차, 도보 3분. 정류장
건너편에 호텔 Forza가 있다. 호텔 밑의
상점가로 들어가 70m 직진한 다음,
왼쪽으로 돌아 100m쯤 가면 오른쪽에
있다.

하우스텐보스 ハウステンボス

하우스텐보스의 원래 발음은 휘스텐보쉬 Huis Ten Bosch 로 네덜란드 여왕의 별궁을 말한다. 잠실 주경기장의 30배가 넘는 광활한 규모의 테마파크에는 17세기 네덜란드의 풍경을 고스란히 재현해 놓았다. 단, 규모에 비해 볼거리가 빈약하니 지나친 기대는 금물!

하우스텐보스
🕐 09:00~21:00(수시 변경, 자세한 내용은 홈페이지 참조)
🎫 **1일 패스포트**
7,000엔, 중학생·고등학생 6,000엔, 초등학생 이하 4,600엔
1.5일 패스포트
9,900엔, 중학생·고등학생 8,700엔, 초등학생 이하 6,800엔
2일 패스포트
1만 2,200엔, 중학생·고등학생 1만 400엔, 초등학생 이하 8,000엔
애프터 3 패스포트
5,000엔, 중학생·고등학생 4,300엔, 초등학생 이하 3,300엔
🌐 www.huistenbosch.co.jp

나가사키 → 하우스텐보스

JR 나가사키 역에서 하우스텐보스 ハウステンボス 역까지 쾌속·보통 열차가 30~60분 간격으로 운행된다. 요금은 동일하니 속도가 빠른 쾌속열차를 이용하자.
쾌속열차 1시간 30분, 1,500엔
보통열차 1시간 50분, 1,500엔
북큐슈 레일 패스 사용 가능

후쿠오카 → 하우스텐보스

JR 하카타 역에서 1시간 간격으로 출발하는 특급열차 하우스텐보스 ハウステンボス를 타고 하우스텐보스 역 하차. 또는 하카타 버스터미널 3층 31번 승강장, 텐진 고속버스 터미널 3층 4번 승강장에서 고속버스도 이용할 수 있다.
특급열차 1시간 50분, 4,500엔
보통열차 4시간, 2,170엔
북큐슈 레일 패스 사용 가능

하카타·텐진 고속버스 터미널 → 하우스텐보스

고속버스 2시간, 2,310엔
산큐 패스 사용 가능

하우스텐보스 돌아보기

하우스텐보스는 10개의 구역으로 나뉜다. 이 안에 40여 개의 어트랙션이 있는데, 규모에 비해 재미난 어트랙션은 많지 않다. 모든 어트랙션을 자유로이 이용하려면 1~2일 패스포트, 단순히 네덜란드 풍의 거리를 구경하는 정도로 만족한다면 15:00부터 입장 가능한 애프터 3 패스포트를 구입하는 게 좋다.

홈페이지에서 사전 구매하면 (14~60일 전) 요금이 할인된다는 사실도 알아두자.

입장시 한국어 브로슈어를 잊지 말자. 하우스텐보스 구석구석을 소개하는 그림 지도가 들어 있어 큰 도움이 된다.

테마파크 안을 순환 운행하는 버스·유람선(자유이용권 무료 이용 가능 또는 입구에서 빌려주는 자전거(1시간 500엔)를 이용하면 한결 수월하게 돌아볼 수 있다는 사실도 알아두자.

웰컴 게이트 ウェルカムゲート

❶ 네덜란드로의 여행이 시작된다는 의미로 입국장 入国場이라고도 부른다. 바로 앞에는 700여 개의 테디베어 인형을 모아 놓은 테디베어 킹돔이 있다. 캐널 크루즈 선착장에서 유람선을 타면 30분 동안 테마파크 안을 일주할 수 있다. 먼저 이 배로 하우스텐보스 일대를 돌아본 뒤 본격적인 여행에 나서는 것도 요령이다.

플라워 로드 フラワーロード

봄에는 튤립, 가을에는 금잔화의 물결이 넘실대는 화사한 꽃의 마을이다. 힘차게 돌아가는 풍차를 배경으로 멋진 기념사진을 남겨보자. 하우스텐보스 제일의 포토 존으로도 인기가 높다. 풍차 내부의 미니 박물관은 바람의 힘으로 물을 끌어 올리는 풍차의 원리를 알기 쉽게 소개한다.

어트랙션 타운
アトラクションタウン
❼ 이국적인 광장을 중심으로 15개의 어트랙션이 모여 있는 놀이공간이다. 짜릿한 스릴의 VR 제트 코스터 VR-King, 다양한 버추얼 콘텐츠를 체험할 수 있는 VR관, 온갖 종류의 로봇이 가득한 로봇관, 초콜릿을 테마로 만든 쇼콜라 백작의 집, 800톤의 물이 쏟아지는 박력 넘치는 홍수 체험관 호라이즌 어드벤처 플러스, 곤돌라 승선 체험 등의 어트랙션이 가득하다.

스릴러 시티
スリラーシティ
❸ 유럽과 일본의 호러물을 모아 놓은 공포 존이다. '유머러스한 공포'가 테마인 까닭에 공포물에 익숙하지 않아도 나름 재미있게 즐길 수 있다. 폐쇄된 병원에서 공포 체험을 하는 감금병동, 가상현실 공포 체험관 VR 호러 하우스, 일본 괴담 귀신의 집 등이 흥미롭다.

암스테르담 시티
アムステルダムシティ
❹❻ 네덜란드의 암스테르담을 고스란히 재현한 공간이다. 광장을 중심으로 이국적인 건물이 옹기종기 모여 있어 색다른 기념사진을 찍기에도 좋다. 장인의 섬세한 손길이 느껴지는 유리 공예품과 샹들리에를 전시하는 박물관 기야만 뮤지엄, 세계 최대의 디지털 낚시터 츠리 어드벤처, 회전목마에 VR 기술을 접목시킨 드래곤 월드 투어 등의 어트랙션을 이용할 수 있다.

타워 시티
タワーシティ
❺ 다양한 음식을 선보이는 레스토랑가. 한가운데에는 네덜란드에서 가장 높은 교회의 첨탑을 재현한 105m의 탑 돔 투른이 우뚝 솟아 있다. 4층(65m)과 5층(80m)에 전망대가 하나씩 있으며, 하우스텐보스 일대가 한눈에 내려다보일 만큼 멋진 전망을 자랑한다.

아트 가든
アートガーデン
❿ 유럽의 정원을 현대적으로 재구성한 아기자기한 정원이다. 꽃이 만발한 정원을 한가로이 거닐며 느긋하게 휴식을 취할 수 있는 게 매력. 사시사철 화사하게 피는 꽃에 둘러싸인 근사한 바와 카페도 있다. 하우스텐보스가 훤히 내려다보이는 대관람차, 360도의 경이로운 파노라마 영상을 관람할 수 있는 돔 시어터 i-4 등의 어트랙션이 눈길을 끈다.

어드벤처 파크
アドベンチャーパーク
❽ 가족 여행자에게 인기가 높다. 세계 최대의 입체 미로 더 메이즈, 로프와 나무로 얼기설기 만든 정글짐을 맨몸으로 통과하는 천공의 성, 길이 300m의 외줄에 대롱대롱 매달린 채 공중유람을 즐기는 짚라인 슈팅스타, 실물 크기의 공룡 모형이 전시된 공룡의 숲, 어린이 놀이터 후와후와 랜드가 흥미롭다.

하버 타운
ハーバータウン
❷❾ 암스테르담의 항구를 테마로 꾸민 공간이다. 바다 위에는 대항해 시대의 범선, 부둣가에는 다양한 먹거리를 파는 식당이 모여 있다. 일본에서 유럽으로 수출되던 3,000여 점의 화려한 도자기가 소장된 도자기 박물관이 볼만하다. 시즌 중에는 웅장한 음악과 강렬한 레이저 불빛이 밤하늘을 화려하게 수놓는 쇼가 펼쳐지기도 하니 홈페이지에서 스케줄을 확인해보자.

포레스트 빌라
フォレストヴィラ
유럽풍 주택이 늘어선 한적한 호숫가. 최대의 볼거리는 이곳의 상징으로도 유명한 네덜란드 여왕의 궁전 팰리스 하우스텐보스다. 17세기의 궁전을 그대로 복제해 놓았으며, 아름다운 정원과 분수가 눈길을 끈다. 내부는 벽화와 미술품을 선보이는 전시관으로 이용 중이다.

운젠 雲仙

후쿠오카 → 운젠

부글부글 끓어오르는 열탕과 증기로 가득한 운젠은 나가사키 인근에서 가장 유명한 온천 휴양지다. 701년 만묘지 満明 寺란 사찰이 세워지면서 마을이 형성됐을 만큼 오랜 역사를 자랑하지만, 세간에 알려지기 시작한 것은 불과 한 세기 전인 19세기 말이다. 당시 나가사키에 체류하던 외국인들이 독특한 자연과 온천을 체험할 수 있는 이곳으로 몰려들자 외국인용 위락단지가 조성됐고, 일본 최초의 국립공원으로 지정돼 지금 모습을 갖췄다.

후쿠오카 → 운젠

JR 하카타 역에서 특급열차·신칸센을 타고 이사하야 諫早 역으로 간 다음, 운젠 행 버스로 갈아탄다. 버스는 1일 13회 운행한다.

하카타 → 이사하야
특급열차 1시간 40분, 5,270엔
북큐슈 레일 패스 사용 가능

이사하야 → 운젠
버스 1시간 20분, 1,400엔
산큐 패스 사용 가능

나가사키 → 운젠

JR 나가사키 역 앞의 버스 터미널(MAP 21-A2) 3번 승강장에서 고속버스를 타고 운젠 雲仙에서 내린다. 버스는 1일 3~4회 운행한다. 직행 버스가 없을 때는 JR 이사하야 諫早 역으로 간 다음, 운젠 행 버스로 갈아탄다. 버스는 1일 13회 운행한다.

나가사키 → 운젠
고속버스 1시간 40분, 편도 1,850엔, 왕복 3,340엔(4일간 유효), 산큐 패스 사용 가능

나가사키 → 이사하야
신칸센 8분, 1,350엔
보통열차 30분, 480엔
북큐슈 레일 패스 사용 가능

이사하야 → 운젠
버스 1시간 20분, 1,400엔
산큐 패스 사용 가능

지고쿠
地獄

❻ 코를 찌르는 유황 냄새로 가득한 온천 산책로. 허옇게 속살(?)을 드러낸 불모지와 솟구치는 열탕의 모습이 지옥(지고쿠)을 연상시킨다고 해 지금의 이름이 붙었다. 기독교 탄압이 극심하던 에도 시대에는 기독교도를 산채로 열탕에 던져 넣어 죽이는 처형장으로 이용됐다. 지고쿠는 입구부터 1km 정도의 산책로가 정비돼 있으며 전체를 돌아보는 데는 1시간쯤 걸린다.

MAP 25-B3
운젠 雲仙 버스 정류장(시마테츠 버스 운젠 영업소 島鉄バス雲仙営業所)에서 도보 2분.

큐하치만지고쿠 旧八万地獄
❺ 살풍경한 광경이 8만 번뇌 지옥을 연상시킨다 해서 이름 붙여졌다. 황량한 달의 표면처럼 보인다고 해 '월면 지옥'이라고도 부른다. 가운데에 정방형의 광장이 있는데, 바닥에 손

을 대면 뜨거운 온천의 열기가 느껴진다. 광장 한편에는 온천수가 샘솟는 커다란 바위가 있으며, 이 바위를 온천의 신으로 모신다. 12월에는 성대한 온천 감사제가 열린다.

세이시치지고쿠 靑七地獄
❶ 뜨거운 열탕이 치솟는다. 나가사키에서 끌려온 기독교도 세이시치가 처형당한 직후 열탕이 치솟아 그의 이름이 붙여졌다.

스즈메지고쿠 すずめ地獄
물이 끓으며 조그만 기포가 끊임없이 올라온다. 보글거리는 소리가 마치 참새(스즈메) 떼가 지저귀는 것처럼 들린다고 해 지금의 이름이 붙었다.

운젠지고쿠차야 雲仙地獄茶屋
온천증기로 찐 계란을 파는데 이 계란을 라무네 ラムネ란 탄산음료와 곁들여 먹는 게 지고쿠 산책의 정석이라고.

오이토지고쿠 お糸地獄
바람을 피우고 남편까지 죽인 이토 糸란 여인이 처형당한 곳이다. 처형 직후 열탕이 치솟아 그의 이름이 붙었다.

운젠 크리스천 순교기념비
雲仙キリシタン殉教記念碑
❼ 1627년부터 4년 간 여기서 순교한 기독교도 33명의 영혼을 추모하는 십자가 모양의 기념비다. 5월 셋째 일요일에는 그들의 희생을 기리는 기념 미사가 열린다.

아비규환 지고쿠 大叫喚地獄
❷ 요란한 굉음과 함께 엄청난 양의 증기가 솟구쳐 오른다. 지고쿠 여행의 하이라이트라 해도 과언이 아니다.

보즈지고쿠 坊主地獄
진흙탕이 둥글둥글한 기포를 만들며 끓어오른다. 이 모습이 마치 중(보즈)의 머리처럼 보인다고 해 지금의 이름이 붙었다. 미야자키 료칸의 정원 안에 있다.

운젠 산의 정보관
雲仙お山の情報館
❸ 운젠의 화산과 온천, 자연을 소개하는 미니 자료관. 볼거리가 풍부하진 않지만 이곳의 지질학적 특징을 소개하는 자료와 사계절을 담은 사진이 흥미롭다.
🕐 09:00~17:00
🈁 목요일 🈵 무료
🗺 MAP 25-C3
🚶 운젠 雲仙 버스 정류장에서 도보 6분.

니타 고개
仁田峠
❹❽ 1,080m에 위치한 전망대. 후겐다케 普賢岳(1,359m)와 함께 1990년에 폭발한 헤이세이신잔 平成新山(1,486m)의 웅장한 모습을 볼 수 있다. 198년만의 대분화로 인해 바로 앞의 도시가 쑥대밭이 될 뻔했고, 취재차 온 기자와 유명 화산 학자가 용암에 매몰돼 사망하는 비극적 사고가 발생했다. 전망대에서는 바다 건너의 쿠마모토 熊本와 아소

산 阿蘇山이 손에 잡힐 듯 바라보인다. 주위로는 산책로가 정비돼 있다. 전망대에서 케이블카를 타고 후겐다케의 정상까지 올라가 주변 경관을 둘러봐도 좋다. 봄에는 진달래, 가을에는 붉은 단풍, 겨울에는 순백의 눈꽃이 피는 아름다운 자연을 즐길 수 있다.
🚌 운젠 雲仙 버스 정류장에서 출발하는 합승 택시로 20분.

합승 택시
🕐 운젠 → 니타 고개
09:02, 11:02, 14:02
니타 고개 → 운젠
10:20, 12:20, 15:20
🈁 편도 430엔, 왕복 860엔
🗓 예약 0957-73-2010
(출발 30분 전까지 예약 필수)

케이블카
🕐 08:31~17:23, 11~3월
08:31~17:11
🈁 1,300엔
🌐 http://unzen-ropeway.com

운젠의 온천

온천을 제대로 즐기려면 온천이 딸린 료칸에서 1박 이상할 것을 권한다. 천연 유황 온천이라 천질(泉質)이 뛰어나다. 당일치기로 돌아볼 때는 아래의 료칸·호텔에 딸린 온천을 이용한다. 노천온천이 딸려 있으며 시설도 좋다.

운젠스카이 호텔
雲仙スカイホテル
🕐 11:30~16:00
🈁 700엔 🗺 MAP 25-B2
🌐 www.unzen-skyhotel.com

유야도운젠신유
ゆやど雲仙新湯
🕐 12:00~15:00
🈁 1,000엔 🗺 MAP 25-D3
🌐 www.sinyuhotel.co.jp

※코로나 19 종료시 운영 재개 예정(합승 택시, 운젠스카이 호텔·유야도운젠신유 온천).

오바마온센 小浜温泉

나가사키에서 운젠으로 가는 도중에 위치한 조그만 온천 마을이다. 지명이 미국 전(前) 대통령 버락 오바마의 이름과 같아 일본에서 그의 대통령 당선을 가장 기뻐한 곳으로도 유명하다. 이런 연유로 관광 인포메이션 센터에는 오바마의 마네킹이 세워져 있으며, 마을 곳곳에서 그의 캐리커처가 그려진 관광상품을 파는 재미난 광경도 목격할 수 있다.

워낙 작은 마을이라 두세 시간이면 충분히 돌아볼 수 있으니 나가사키→운젠 또는 그 반대 방향으로 이동하며 잠깐 들르는 정도로 충분하다.

오바마온센 관광협회
🖥 www.obama.or.jp

운젠 → 오바마온센
운젠 정류장(MAP 25-B3)에서 오바마·이사하야·나가사키 방면 버스를 타고 오바마 터미널에서 내린다. 버스는 1일 16~17회 운행한다.
버스 25분, 560엔
산큐 패스 사용 가능

나가사키 → 오바마온센
JR 나가사키 역 앞의 버스터미널(MAP 21-A2) 3번 승강장에서 고속버스를 타고 오바마 터미널 小浜ターミナル에서 내린다. 버스는 1일 3~4회 운행한다. 직행 버스가 없을 때는 JR 이사하야 諫早 역으로 간 다음, 운젠 행 버스로 갈아타고 도중의 오바마 터미널에서 내린다(1일 13회 운행).

나가사키 → 오바마온센
고속버스 1시간 20분, 편도 1,500엔, 왕복 2,710엔(4일간 유효), 산큐 패스 사용 가능

나가사키 → 이사하야
신칸센 8분, 1,350엔
보통열차 30분, 480엔
북큐슈 레일 패스 사용 가능

이사하야 → 오바마온센
버스 55분, 1,000엔
산큐 패스 사용 가능

홋토훗토 105
ほっとふっと105
일본에서 길이가 가장 긴 족탕. 지하에서 105℃로 끓어오르는 온천수에 착안해 105m 길이로 만들었다. 바닷가에 위치한 탁 트인 전망이 끝내준다. 해질녘에는 바다를 붉게 물들이는 아름다운 노을도 감상할 수 있다. 온천수가 공급되는 상류 쪽의 물이 가장 뜨겁고, 하류로 내려갈수록 온도가 낮아지니 적당한 곳에 자리를 잡고 족욕을 즐기자. 수건은 무시가마의 매점에서 판매한다(300엔).
🕐 10:00~19:00,
11~3월 10:00~18:00
🚫 1/4, 1/5, 악천후시
💴 무료
🗺 MAP 34-B1
🚌 오바마 터미널 도보 8분.

홋토훗토 105

천연온천 찜기 무시가마
蒸し釜
고온의 온천 증기로 음식을 찌는 가마. 매점에서 소쿠리를 빌려(30분, 200엔) 직접 챙겨 온 음식이나 매점에서 파는 옥수수·계란·감자·해산물을 쪄먹는다.
🕐 10:00~18:30,
11~3월 10:00~17:30
🚫 1/4, 1/5, 악천후시
🗺 MAP 34-A1
🚌 오바마 터미널을 등지고 왼쪽으로 도보 8분.

나미노유 아카네
波の湯 茜
바닷가의 노천온천. 바다를 바라보며 온천욕을 즐길 수 있지만 시설이 무척 단출하다.
🕐 10:00~23:00
🚫 악천후시
💴 3,000엔
🗺 MAP 34-A1
🚌 오바마 터미널을 등지고 왼쪽으로 도보 10분.

기타큐슈

Kitakyushu check point
Kitakyushu quick guide
Kitakyushu day trip

기타큐슈 국제공항에서 시내로
주변 도시에서 기타큐슈로
기타큐슈 시내교통

Kitakyushu check point

기타큐슈 5대 명소

1 모지 항 레트로 기타큐슈의 역사를 전하는 항구. 유럽풍 건물이 모인 이국적 풍경 ➡p.338
2 코쿠라 성 웅장한 성채와 성벽. 5층 전망대에서 바라보는 도시의 전경 ➡p.332
3 탄가 시장 활기 넘치는 재래시장. 값싸고 푸짐한 주전부리와 식당이 매력 ➡p.333
4 기타큐슈 만화 박물관 《은하철도 999》의 작가 마츠모토 레이지를 기념하는 곳 ➡p.334
5 칸몬 해협 박물관 20세기 초 모지 항의 거리를 재현. 실감나는 전시물이 볼거리 ➡p.339

기타큐슈 6대 맛집

1 베어 푸르츠 모지코혼텐 기타큐슈 명물 야키카레 맛집. 카레와 치즈의 멋진 만남 ➡p.342
2 코가네무시 야키카레의 양대 산맥. 푸짐한 부재료가 선사하는 다채로운 맛 ➡p.342
3 다이가쿠도 내 맘대로 만드는 덮밥. 원하는 재료를 골라 밥 위에 올리면 완성! ➡p.333
4 탄가 우동 쫄깃한 우동과 감칠맛 나는 국물. 간식으로 좋은 정통 일본식 오뎅 ➡p.335
5 오코노미야키 이신 코쿠라 식 볶음우동의 원조. 쫄깃한 면발과 푸짐한 재료 ➡p.335
6 타카세 뜨겁게 달군 기왓장에 국수를 올려 먹는 카와라소바 전문점 ➡p.338

기타큐슈 4대 쇼핑 명소

1 아뮤 플라자 코쿠라 JR 코쿠라 역과 나란히 연결. 패션 · 잡화가 풍부 ➡p.334
2 콜레 라이프스타일 숍과 패션 매장이 모인 쇼핑몰. 대형 슈퍼마켓도 입점 ➡p.334
3 우오마치긴텐가이 상점가 수백 개의 숍이 밀집. 드러그 스토어 쇼핑에 편리 ➡p.333
4 카이쿄 플라자 모지 항 유일의 쇼핑센터. 특산품 · 기념품 구입에 적합 ➡p.338

공항 → 기타큐슈

기타큐슈 국제공항 1번 정류장에서 출발하는 직행 버스를 이용한다. 같은 정류장에서 완행 버스도 출발하니 주의! 완행은 직행보다 16분 정도 더 걸린다 ➡p.326

기타큐슈 국제공항 → 기타큐슈 시내
버스 33~49분, 710엔

주변도시 → 기타큐슈

후쿠오카에서 갈 때 가성비가 가장 높은 교통편은 특급열차다. 신칸센도 운행하지만 요금이 비싸고, 북큐슈 레일 패스로는 탈 수 없다. 비용을 절약하려면 쾌속열차 또는 고속버스를 이용한다. 소요시간과 요금은 비슷하다. 벳푸에서는 특급열차를 이용하는 게 편리하다. 요금은 고속버스가 저렴하다 ➡p.327

후쿠오카 → 기타큐슈
신칸센 15~20분, 2,160엔
특급열차 55분, 1,910엔
쾌속·보통열차 1시간 10분~1시간 30분, 1,310엔
고속버스 1시간 30분, 1,500엔

벳푸 → 기타큐슈
특급열차 1시간 20분~1시간 40분, 4,860엔
고속버스 2시간 10분, 4,030엔

시내교통

대중교통을 이용할 일은 거의 없다. 부지런히 걷는 게 편하고 빠른 방법! 단, 코쿠라에서 모지 항을 왕복할 때에 한해 JR 열차를 이용해야 한다 ➡p.328

온천

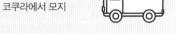

기타큐슈에는 온천이 없다. 온천욕을 즐길 수 있는 가장 가까운 도시는 벳푸다. 특급열차를 이용하면 당일치기로 다녀올 수도 있다 ➡p.229

호텔

대부분의 호텔이 JR 코쿠라 역 주변에 모여 있다. 저렴한 비즈니스 호텔은 물론 고급 호텔까지 선택의 폭이 넓다. 코쿠라 역에서 도보 5~10분 이내 거리의 호텔을 고르면 여행하기 편리하다. 주요 볼거리가 모인 모지 항에는 호텔이 별로 없다는 사실도 알아두자.

Kitakyushu quick guide

기타큐슈는 어떤 곳?

규슈의 북쪽 끄트머리에 위치한 기타큐슈는 혼슈와 규슈를 연결하는 교통의 요지다. 이러한 지리적 이점을 살려 항구가 발달한 이곳은 일본의 개항과 더불어 빠르게 근대화가 진행돼 일본 4대 공업 지역의 하나로 급성장했다. 19세기 말부터 시작된 기타큐슈의 산업화·근대화는 도시 곳곳에 이색적인 근대 건축물을 남겼는데, 세월의 흔적이 고스란히 배인 유럽풍 건물에서 화려했던 과거의 면모를 찾아보는 것 또한 이 도시에서 만끽할 수 있는 즐거움 가운데 하나다.

① 모지 항

보통열차 15분

② 코쿠라

① 모지 항 ➡ p.336

기타큐슈 여행의 중심지다. 20세기 초의 모습이 고스란히 남겨진 항구와 건물을 돌아보는 재미가 쏠쏠하다. 모지 항의 명물 먹거리 야키카레를 맛보는 즐거움도 놓치지 말자.

② 코쿠라 ➡ p.330

교통·숙박·쇼핑 시설이 밀집한 코쿠라의 다운타운이다. 볼거리가 풍부하진 않지만 식도락·쇼핑을 즐기기에는 부족함이 없다.

Kitakyushu day trip

시모노세키

❶ 시모노세키 下関　→p.343

바다를 사이에 두고 모지 항을 나란히 마주보는 항구 도시다. 부산을 오가는 부관페리가 발착하는 곳이라 여행의 거점으로 삼기에도 적당하다. 수족관·수산시장·역사 유적·칸몬 대교 등의 볼거리가 있다.

기타큐슈→시모노세키
보통열차 18~20분

❷ 후쿠오카 福岡　→p.97

후쿠오카
❷

규슈 최대의 도시이자 이 지역 경제와 유행의 중심지다. 다운타운인 텐진과 하카타 역 주변에 즐비한 맛집과 세련된 숍들이 여행의 재미를 더한다. 맛난 디저트와 커피를 선보이는 카페가 많은 것도 놓치기 힘든 매력이다.

기타큐슈→후쿠오카
신칸센 15~20분
특급열차 55분
고속버스 1시간 30분

❸ 벳푸 別府　→p.229

일본 굴지의 온천 휴양지다. 수많은 온천과 함께 눈여겨볼 것은 '지옥 순례'라는 온천 투어다. 땅 속에서 엄청난 기세로 뿜어져 오르는 수증기와 부글부글 끓는 열탕이 화산 섬 규슈에 와있음을 실감케 한다.

벳푸
❸

기타큐슈→벳푸
특급열차 1시간 20분
고속버스 2시간 10분

기타큐슈 국제공항에서 시내로

기타큐슈 국제공항은 조그만 지방 공항이라 이용하기도 쉽다. 공항에서 기타큐슈 시내까지의 거리는 약 23km이며, 도심을 연결하는 교통편은 공항버스 · 택시 · 렌터카가 있다. 택시는 요금이 비싸니 저렴한 공항버스를 이용하는 게 현명하다. 공항버스는 입국장 바로 앞에서 출발하며 정류장 안내가 한국어로도 나와 이용에 어려움이 없다.

세 줄 요약

기타큐슈 국제공항

국제선과 국내선이 한 건물에 붙어 있다. 입국장은 1층, 출국장은 2층이다.

공항버스

1번 정류장에서 출발하는 직행 버스가 편리하다. JR 코쿠라 역까지 33분 소요.

시내 → 공항

JR 코쿠라 역 남쪽 출구 앞의 버스 센터, 8번 정류장에서 공항버스를 탄다.

기타큐슈 국제공항

🌐 www.kitakyu-air.jp

공항버스

기타큐슈 국제공항→JR 코쿠라 역
🕐 05:15~01:00
33~49분 소요, 710엔
기타큐슈 국제공항→후쿠오카
🕐 23:00, 24:00, 24:55
73~90분 소요, 2,210엔
산큐 패스 사용 가능

공항버스

기타큐슈 국제공항 北九州国際空港

진에어가 인천 국제공항에서 매일 운항한다. 기타큐슈 국제공항은 국제선과 국내선이 하나로 이어진 조그만 공항이며, 입국장은 1층, 출국장은 2층에 있다. 여행 인포메이션 센터 · 편의점 · 렌터카 카운터 등의 편의시설은 1층에 모여 있다. 면세점이 무척 빈약하니 출국시 기념품 쇼핑은 시내에서 마치고 오는 게 좋다.

공항버스 空港バス

시내로 들어갈 때는 공항버스를 이용한다. 버스 정류장은 입국장 앞의 출구를 나가면 바로 앞에 있다. 1~4번의 네 개 정류장이 있는데 기타큐슈 시내 방면 버스는 1번 정류장에서 출발한다. 직행 Nonstop은 33분, 경유편은 49분 걸리니 정류장 앞에 있는 시각표를 확인하고 직행을 타자. 버스 티켓은 자판기에서 구입한다. 내리는 곳은 JR 코쿠라 小倉 역이다. 안내방송이 일어 · 영어 · 한국어로 나와 이용하기는 어렵지 않다.

시내에서 기타큐슈 국제공항으로 갈 때는 JR 코쿠라 역의 남쪽 출구 南口 앞에 있는 버스 센터의 8번 정류장에서 공항버스를 탄다.

기타큐슈 국제공항→후쿠오카 北九州国際空港→福岡

입국장 앞의 4번 정류장에서 후쿠오카의 JR 하카타 역과 텐진으로 가는 버스가 출발한다. 단, 1일 3편만 심야에 운행해 이용하기가 무척 불편하다. 후쿠오카로 갈 때는 JR 코쿠라 역으로 가서 기차 · 버스로 갈아타는 게 좋다.

주변 도시에서 기타큐슈로

기타큐슈는 북큐슈의 교통 중심지라 기차·버스·렌터카 등 다양한 교통편을 이용할 수 있다. 일반적으로 운행 편수가 많은 신칸센·특급열차를 이용하는 게 편리하지만, 교통편마다 요금 차이가 크고 장단점이 다르니 꼼꼼히 비교해보고 이용하자. 경비를 절약하려면 요금이 저렴한 보통열차 또는 고속버스를 이용하는 것도 방법이다.

세 줄 요약

기타큐슈의 역
JR 코쿠라 小倉 역이 중심역이다. 기타큐슈란 역은 없으니 주의!

후쿠오카 → 기타큐슈
특급열차 55분. 소요시간 대비 요금이 저렴해 활용도가 높다.

벳푸 → 기타큐슈
기차가 편리하다. 버스는 요금이 저렴한 대신 시간이 조금 오래 걸린다.

후쿠오카 → 기타큐슈 福岡 → 北九州

가장 편리한 교통편은 JR 하카타 博多 역에서 출발하는 고속열차 신칸센 新幹線이다. 수시로 출발하며 15~20분밖에 안 걸리는 빠른 속도가 매력이다. 단, 요금이 비싸고 북큐슈 레일 패스로는 탈 수 없는 게 유일한 단점이다. 북큐슈 레일 패스 소지자는 특급열차, 경비를 아낄 목적이라면 쾌속·보통 열차를 이용한다. 내리는 곳은 JR 코쿠라 小倉 역이다.

버스는 하카타 버스터미널 博多バスターミナル(MAP 6-A3) 3층의 31번 승강장과 텐진 고속버스 터미널 天神高速バスターミナル(MAP 8-F4) 3층의 2번 승강장에서 출발한다. 30~60분 간격으로 운행해 언제든 편하게 이용할 수 있다. 버스가 도착하는 곳은 JR 코쿠라 역 앞이다.

렌터카 이용시 후쿠오카에서 기타큐슈까지의 거리는 약 75km, 고속도로를 경유해 1시간쯤 걸리며 통행료는 승용차 기준 2,020엔이다.

벳푸 → 기타큐슈 別府 → 北九州

가장 편리한 교통편은 JR 벳푸 別府 역에서 출발하는 특급열차 소닉 ソニック과 니치린 にちりん이다. 20~40분 간격으로 운행하며, 도착하는 곳은 JR 코쿠라 小倉 역이다. 경비 절약 또는 산큐 패스 사용이 목적이라면 벳푸키타하마 버스 센터 別府北浜バスセンター(MAP 17-B5)에서 출발하는 고속버스를 타자(1일 6회). 도착하는 곳은 JR 코쿠라 역 남쪽 출구 南口 앞의 버스 정류장(MAP 26-C4)이다. 렌터카 이용시 기타큐슈까지의 거리는 115km. 고속도로를 경유해 1시간 40분 걸리며 통행료는 승용차 기준 3,620엔이다.

후쿠오카 → 기타큐슈(코쿠라)

신칸센 15~20분, 2,160엔
특급열차 55분, 1,910엔
쾌속열차 1시간 10분, 1,310엔
보통열차 1시간 30분, 1,310엔
북큐슈 레일 패스 사용 가능
고속버스 1시간 30분, 1,500엔
산큐 패스 사용 가능

벳푸 → 기타큐슈(코쿠라)

특급열차 1시간 20분~1시간 40분, 4,860엔
북큐슈 레일 패스 사용 가능
고속버스 3시간 15분, 4,030엔
산큐 패스 사용 가능

기타큐슈 시내교통

기타큐슈는 코쿠라와 모지 항(모지코)의 두 지역으로 이루어진 도시다. 두 지역을 오갈 때는 JR의 쾌속·보통 열차를 이용하는 게 보편적이다. 각각의 지역에서는 모노레일·버스 등의 대중교통이 운행되지만 명소를 연결하는 노선이 극히 제한적이라 여행자가 이용할 가능성은 대단히 희박하다. 일단 코쿠라·모지 항까지 간 뒤에는 부지런히 걷는 게 정답이다.

세 줄 요약

JR
코쿠라~모지코 구간을 오갈 때 이용한다. 쾌속열차가 조금 더 빠르다.

모노레일
코쿠라 시내에서만 운행한다. 노선이 제한적이라 이용 가능성이 떨어진다.

버스
노선 파악이 무척 어렵다. 모지 항 지역에서 한두 번쯤 이용할 수 있다.

JR

코쿠라 → 모지코
보통열차 15분, 280엔
북큐슈 레일 패스 사용 가능

제이알 JR

기타큐슈는 JR 코쿠라 역을 중심으로 한 시내의 다운타운과 JR 모지코 門司港 역을 중심으로 한 관광지로 이루어져 있다. 두 지역은 12km 가량 떨어져 있으며, 가장 편리하고 빠른 교통편은 JR의 쾌속·보통 열차다. 모지코 행 열차는 JR 코쿠라 역의 6~8번 플랫폼에서 출발한다.

보통열차

모노레일

🚈 100~320엔
🌐 www.kitakyushu-monorail.co.jp

모노레일 モノレール

코쿠라 시내에서만 운행하는 노선이다. JR 코쿠라 역에서 주택가를 연결하는 13개 역을 운행하는데, 주요 명소를 연결하는 역이 고작 한두 개뿐이며 이마저도 JR 코쿠라 역에서 도보 5~15분 거리에 위치해 이용 가능성이 현저히 떨어진다. 시간 여유가 될 때 재미삼아 타보는 정도로 충분하다.

모노레일

버스

🚌 100엔~
산큐 패스 사용 가능

버스 バス

초행자는 노선 파악이 거의 불가능하고, 운행 간격이 너무 길어 활용도도 낮다. 단, 모지 항에서 거리가 조금 떨어진 메카리 신사·칸몬 터널을 찾아갈 때 한두 번 이용할 가능성이 있다. 버스는 뒷문으로 타고 앞문으로 내리며 요금은 내릴 때 낸다. 요금은 거리에 비례해 오르며 산큐 패스를 사용할 수 있다.

best course

#1 기타큐슈 핵심 일주

오전에 코쿠라의 주요 명소를 보고 오후에는 모지 항으로 넘어가 이국적인 항구의 정취를 만끽한다. 해질 때를 기다려 야경까지 봐도 좋다.

소요시간 7시간~ 입장료 950엔~
교통비 560엔~ 식비 3,000엔~

1 코쿠라 성 p.332

도보 7분

2 우오마치긴텐가이 상점가 p.333

도보 1분

3 탄가 시장 p.333

바로 앞

4 탄가 우동 점심 식사,
소고기 · 우엉 튀김 우동 p.335

도보 15분 + 기차 8분
JR 코쿠라 역에서 보통열차 탑승. 모지코 역 하차

5 칸몬 해협 박물관 p.339

도보 10분

6 구 모지미츠이 클럽 p.340

도보 12분

7 구 모지 세관 p.340

도보 8분

8 국제우호 기념도서관 p.340

도보 1분

9 카이쿄 플라자 p.338

도보 5분

10 베어 푸르츠 모지코혼텐
저녁 식사, 야키카레 p.342

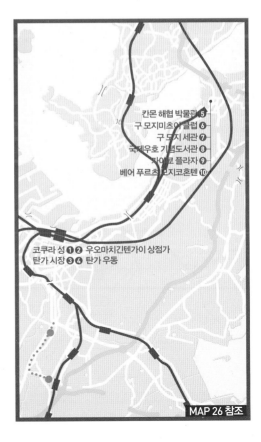

칸몬 해협 박물관 **5**
구 모지미츠이 클럽 **6**
구 모지 세관 **7**
국제우호 기념도서관 **8**
카이쿄 플라자 **9**
베어 푸르츠 모지코혼텐 **10**

코쿠라 성 **1 2** 우오마치긴텐가이 상점가
탄가 시장 **3 4** 탄가 우동

MAP 26 참조

코쿠라
小倉

기타큐슈의 다운타운이다. 번화한 상점가와 대형 쇼핑몰이 집중된 곳이지만, 볼거리가 풍부하지 않아 여행지로서의 매력은 다소 떨어진다. 몇 안 되는 명소가 JR 코쿠라 역을 중심으로 모여 있으며 대부분 도보 거리에 위치해 돌아보기는 어렵지 않다. 주요 호텔이 코쿠라 역 주변에 위치하며, 모지코 방면 기차를 탈 때 반드시 거쳐 가게 되므로 도중에 잠시 들르는 식으로 돌아보는 것도 요령이다.

볼거리 ★☆☆☆☆
먹거리 ★★☆☆☆
쇼 핑 ★★☆☆☆
유 흥 ★★☆☆☆

코쿠라

보통열차 18분

시모노세키

보통열차 15분

모지항

must see

코쿠라 성 p.332
웅장한 위용을 뽐내는 코쿠라의 상징.
탄가 시장 p.333
서민적인 분위기가 매력인 재래시장.
기타큐슈 만화 박물관 p.334
5만 권의 만화책을 맘대로 열람 가능.

must eat

탄가 우동 p.335
쫄깃한 우동과 감칠맛 넘치는 오뎅.
오코노미야키 이신 p.335
코쿠라에서만 맛볼 수 있는 이색 볶음우동.
다이가쿠동 p.333
원하는 반찬을 자유로이 골라서 만드는 탄가 시장의 명물 덮밥.

must buy

우오마치긴텐가이 상점가 p.333
잡화·화장품 쇼핑에 좋은 상점가.
아뮤 플라자 코쿠라 p.334
패션·액세서리·인테리어 쇼핑에 특화된 쇼핑몰.
콜레 p.334
인테리어·생활소품 및 패션 아이템을 두루 취급하는 대형 쇼핑몰.

#코쿠라의 역사가 녹아든 성　#봄 벚꽃놀이의 명소
#독특한 외관의 리버워크 쇼핑몰

小倉城 ★★★★☆ 코쿠라 성

발음 코꾸라죠ー　**기관** 09:00~20:00, 11~3월 09:00~19:00
요금 **공원** 무료, **텐슈카쿠** 350엔, 중학생·고등학생 200엔, 초등학생 100엔,
코쿠라 성 정원 350엔, 중학생·고등학생 200엔, 초등학생 100엔
홈페 www.kokura-castle.jp
지도 MAP 26-A5　**교통** JR 코쿠라 小倉 역 남쪽 출구 南口에서 도보 17분.
리버 워크 **영업** **숍** 10:00~20:00, **레스토랑** 11:00~21:00

코쿠라의 상징처럼 여겨지는 거대한 성(城). 1602년 세키가하라
関ヶ原 전투의 공로를 인정받아 영주가 된 호소가와 타다오키
細川忠興가 세웠다. 5년에 걸친 공사 끝에 동서 2km, 남북 1.2km,
148개의 망루, 48개의 성문을 가진 웅장한 성이 탄생했지만
1837년과 1866년의 대화재로 전소됐다. 태평양 전쟁 직후
미군 주둔지로 이용됐으며 지금의 텐슈카쿠 天守閣를 비롯한
주요 건물은 1959년에 재건한 것이다. 전시관으로 사용 중인
텐슈카쿠에는 성의 역사와 기타큐슈의 문화를 소개하는 자료가
소장돼 있고, 5층에는 이 일대가 훤히 내려다보이는 전망대도 있다.
아기자기한 코쿠라 성 정원 小倉城庭園도 볼만하다.
성 맞은편에는 개성 넘치는 외관의 리버 워크 River Walk 쇼핑몰이
있다. 빨강·파랑·노랑의 강렬한 원색에 유려한 곡선이 더해진
건물은 후쿠오카의 캐널 시티 하카타(➡p.160)를 설계한 건축가 존
저드 Jon Jerde의 작품으로도 유명하다. 내부에는 100여 개의 숍·
카페·레스토랑이 모여 있어 쇼핑이나 휴식을 취하기에도 좋다.

1 성 주변엔 벚나무가 많아 꽃놀이를 즐기기에도 좋다.
2 조형미가 뛰어나기로 유명한 쇼핑몰 리버 워크.
3 리버 워크 내부에는 분수대 등의 볼거리도 있다.

日 過市場 탄가 시장 ★★★☆☆

지붕이 덮여 있어
비가 와도 OK!

[발음] 탄가이찌바 [영업] 10:00~17:00(상점ㆍ식당마다 다름)
[휴무] 일요일 [홈피] http://tangaichiba.jp [지도] MAP 26-B5
[교통] 코쿠라 小倉 역에서 모노레일을 타고 탄가 ﾄ過(03) 하차
(100엔, 2분). 2번 출구를 나와 정면 오른쪽으로 20m쯤 가면
시장 입구가 있다. 또는 JR 코쿠라 小倉 역의 남쪽 출구 南口를
나와 정면으로 도보 15분.

'기타큐슈의 부엌'으로 통하는 재래시장. 시장 옆을
흐르는 하천을 따라 배들이 오가며 물건을 팔던 데서
유래했다. 지금 같은 형태의 시장을 이룬 것은 1902년
무렵이며, 태평양 전쟁 직후인 1950년대에는 암시장으로
활약(?)하기도 했다. 천장이 덮인 170m 정도의 좁은
골목을 따라 120여 개의 상점이 줄지어 있는데, 생선ㆍ
고기ㆍ채소ㆍ과일ㆍ반찬 등의 식료품을 취급한다.

소박한
분위기의
재래시장.

魚 町銀天街商店街 ★★★☆☆
우오마치긴텐가이 상점가

[발음] 우오마찌긴뗀가이쇼-뗀가이
[영업] 10:00~20:00(숍ㆍ식당마다 다름)
[휴무] 연말연시(숍ㆍ식당마다 다름)
[홈피] www.uomachi.or.jp [지도] MAP 26-B4
[교통] JR 코쿠라 小倉 역의 남쪽 출구 南口에서 도보 4분.
남쪽 출구 앞의 육교를 오른쪽으로 건너, 롯데리아와 맥도날드
사이의 골목으로 들어가 60m쯤 직진하면 왼쪽에 있다.

탄가 시장까지 600m 가량 이어지는 아케이드식
상점가. 잡화ㆍ의류ㆍ전통 먹거리를 취급하는 수백
개의 숍이 모여 있으며, 식당도 많아 슬렁슬렁 구경하는
기분으로 돌아보기에 적당하다. 100엔 숍 등의 잡화점과
마츠모토 키요시ㆍ선 드러그 등 저렴한 드러그 스토어도
있어 가볍게 쇼핑을 즐기기에 좋다.

皿 倉山 사라쿠라야마 ★★★★☆

[발음] 사라꾸라야마 [교통] JR 코쿠라 역에서 쾌속열차를 타고 JR 야하타 八幡 역에서
내려(15분, 280엔) 무료 셔틀버스로 갈아타고 케이블카 역으로 간다.
셔틀버스 [운행] 평일 17:05~21:05, 토ㆍ일ㆍ공휴일 09:45~21:05(20~40분 간격)
케이블카 [운행] 10:00~22:00, 11~3월 10:00~20:00 [휴무] 화요일
[요금] 1,230엔, 초등학생 이하 620엔 [홈피] www.sarakurayama-cablecar.co.jp

코쿠라에서 서쪽으로 10㎞ 정도 떨어진 곳에 위치한 해발 622m의 산.
정상에서는 기타큐슈는 물론, 멀리 시모노세키까지 한눈에 들어올 만큼
멋진 전망이 펼쳐진다. 해가 지면 보석을 뿌려 놓은 듯 반짝반짝 빛나는

아름다운 야경도 감상할
수 있다. 평일에는 교통이
불편하고 폐관 시간이 일러
전망대 이용이 어렵다는
사실에 주의하자. 셔틀버스와
케이블카 운행 시간이 긴 토ㆍ
일ㆍ공휴일에 가는 게 제대로
즐기는 요령이다.

北九州市漫画ミュージアム ★★★☆☆ 기타큐슈 만화 박물관

[발음] 키타큐슈시망가뮤-지아무 **[개관]** 11:00~19:00
[휴관] 화요일, 연말연시 **[요금]** 480엔, 중학생 · 고등학생 240엔, 초등학생 120엔
[홈페이지] www.ktqmm.jp **[지도]** MAP 26-D4
[교통] JR 코쿠라 小倉 역에서 도보 6분. 북쪽 출구 北口(신칸센 출구 新幹線口)를 나와 오른쪽으로 160m쯤 가면 왼쪽에 있는 아루아루 시티 あるある City 쇼핑몰 5층에 있다.

'보고, 읽고, 그리는' 만화의 세계를 체험하는 박물관. 입구에는 박물관 개관 당시 이곳을 방문한 한국과 일본 유명 작가의 사인이 걸려 있다. 캡틴 하록의 등신대 피규어가 놓인 입구를 지나면 《은하철도 999》의 작가 마츠모토 레이지 松本零士의 생애와 작품, 인터뷰 영상이 전시된 갤러리, 만화가 만들어지는 과정, 1945년부터 현재까지 각 시대를 대표하는 작품이 전시된 만화 타임 터널 등의 볼거리가 차례로 나타난다. 관람 존에는 5만여 권의 만화가 소장돼 있으며 자유로이 열람할 수 있다. 서가는 작가별로 구분해 놓아 작가 이름을 알면 만화를 찾기가 한결 수월하며, 입장권 구입 당일에 한해 박물관을 자유로이 출입할 수 있다는 사실도 알아두자.

1 박물관과 같은 건물에는 만화 · 애니 숍이 모여 있다.
2 박물관 입구에 놓인 캡틴 하록의 등신대 피규어.

メーテル・鉄郎のベンチ ★★★☆☆
메텔과 철이 벤치

[발음] 메-테루 · 테츠로노벤치
[지도] MAP 26-C4
[교통] JR 코쿠라 小倉 역의 북쪽 출구 北口(신칸센 출구 新幹線口)를 나오자마자 바로 앞에 있다.

《은하철도 999》의 주인공 메텔과 철이의 등신대 동상. 원작자인 마츠모토 레이지 松本零士의 고향이 기타큐슈란 사실을 기념하고자 세웠다. 벤치 옆에 나란히 앉아 두 주인공과 함께 기념사진을 찍어보자. 동상을 바라볼 때 오른쪽으로 10m쯤 떨어진 곳에는 마츠모토 레이지의 또 다른 걸작인 《우주해적 캡틴 하록》의 등신대 동상도 세워져 있다.

1 · 2 메텔 · 철이 · 하록과 함께 기념사진을!

코쿠라 쇼핑 TIP

우오마치긴텐가이 상점가 魚町銀天街商店街
서민적인 분위기의 상점가. 드러그 스토어 · 잡화점이 모여 있어 잡화 · 화장품 · 의약품 · 기념품 쇼핑에 좋다.
[영업] 10:00~20:00(숍마다 다름) **[휴관]** 연말연시
[지도] MAP 26-B4

아뮤 플라자 코쿠라 アミュプラザ小倉
JR 코쿠라 역과 나란히 연결된 대형 쇼핑몰. 니코 앤드 · 프랑프랑 등 여성이 선호하는 생활잡화 및 패션 매장이 모여 있다. 지하에는 대형 슈퍼마켓도 있다.
[영업] 10:00~21:00 **[지도]** MAP 26-C4

세인트 시티 Saint City
JR 코쿠라 역 맞은편의 대형 쇼핑몰. 여성 · 남성 패션 매장과 우리나라에서도 인기가 높은 MUJI · Loft 등의 라이프스타일 숍, 디자인이 예쁜 아이템이 풍부한 100엔 숍 세리아 Seria가 있다. 지하 1층의 식료품 매장도 놓치지 말자.
[영업] 10:00~20:00 **[지도]** MAP 26-C4

소고기 · 우엉 튀김 우동
肉ごぼう天うどん(600엔)

초밥(1접시 143엔~)

볶음우동
焼きうどん(690엔~)

탄가 우동 (강추)
旦過うどん

탄가 시장의 명물 우동집. 열 명만 들어가도 꽉 차는 아주 조그만 식당이다. 초대형 냄비에 산더미처럼 담긴 채 보글보글 끓고 있는 오뎅이 식욕을 자극한다. 강추 메뉴는 소고기 · 우엉 튀김 우동 니쿠고보텐 우동 肉ごぼう天うどん(600엔). 야들야들한 육질의 소고기와 아삭아삭 씹히는 우엉 튀김. 잘게 썬 파를 듬뿍 올린 우동은 진한 국물이 입맛을 돋운다. 쫄깃한 식감과 감칠맛 넘치는 국물의 오뎅 おでん(1개 160~180엔)도 맛있다. 오뎅 세 개를 고르면 반찬과 밥이 딸려 나오는 오뎅 정식 오뎅테쇼쿠 おでん定食(670엔)도 한 끼 식사로 훌륭하다.

에산 160엔~ 영업 11:00~18:00
휴업 일 · 공휴일 메뉴 일어 · 한국어
주소 北九州市 小倉北区 魚町 4-1-36
전화 093-521-5226
지도 MAP 26 D5
교통 모노레일 탄가 旦過 역(03) 하차, 도보 1분. 2번 출구를 나와 정면 오른쪽으로 20m쯤 가면 시장 입구가 있다. 시장 안으로 들어가 20m쯤 직진하면 왼쪽에 있다.

헤이시로
平四郎

깔끔한 시설의 회전초밥집. 90여 가지 초밥을 취급하며 태블릿 PC로 사진을 보고 메뉴를 고르는 방식이라 일본어에 익숙하지 않아도 이용하기 쉽다. 초밥은 한 접시당 143~858엔 인데 먹을 만한 메뉴는 대부분 286엔 이상이다. 7~10점의 초밥을 1인분씩 먹기 좋게 내주는 세트 메뉴는 '선택 장애'로 메뉴 선택에 어려움을 겪는 이에게 적당하다. 녹차와 생강절임 등의 반찬은 자리마다 비치돼 있다. 식사를 마친 뒤 태블릿 화면에서 '점원 호출 店員呼出' 버튼을 누르면 직원이 와서 음식 값을 계산해준다.

에산 1,000엔~ 영업 11:00~22:00
휴업 부정기적 메뉴 일어 · 영어
전화 093-512-1224
지도 MAP 26-C4
주소 北九州市 小倉北区 浅野 1-1-1
홈피 http://heishirou.com
교통 JR 코쿠라 小倉 역의 남쪽 출구 南口에서 도보 3분. 역과 나란히 연결된 아무 플라자 코쿠라 アミュプラザ小倉 쇼핑몰의 서관 西館 6층에 있다.

오코노미야키 이신 (강추)
お好み焼き いしん

코쿠라 식 볶음우동의 원조. 태평양 전쟁 직후 물자 부족으로 생면을 구할 수 없게 되자 건면을 활용해 볶음우동을 만든 데서 유래했다. 생면과는 다른 쫄깃한 식감이 특징인 볶음우동 야키우동 焼きうどん(690~1,080엔)은 해산물 · 돼지고기 · 명란젓 등 함께 볶아주는 재료의 종류와 가짓수에 따라 가격이 다르다. 손님이 직접 구워 먹는 전통 스타일의 오코노미야키 お好み焼き(700엔~)도 맛있다.

에산 700엔~ 영업 11:00~21:00
휴업 화요일 메뉴 일어
주소 北九州市 小倉北区 魚町 3-1-11
전화 093-541-0457
지도 MAP 26-B5
교통 JR 코쿠라 小倉 역의 남쪽 출구 南口에서 도보 14분. 남쪽 출구 앞의 육교를 오른쪽으로 건너, 롯데리아와 맥도날드 사이의 골목으로 들어가 130m 직진하면 왼쪽에 그린랜드 사우나가 있다. 거기서 왼쪽으로 꺾어 420m 직진하면 왼쪽에 있다.

모지항
門司港

기타큐슈의 실질적인 여행 중심지다. 20세기 초 무역항으로 번영하던 당시의 풍경이 고스란히 남아 과거로의 시간 여행을 가능하게 한다. 볼거리가 아주 풍부하진 않으므로 인근에 위치한 시모노세키와 함께 돌아보는 것도 요령이다. 먹거리로는 고소한 치즈와 카레의 궁합이 절묘한 야키카레가 유명하다. 30여 곳의 전문점이 성업 중이니 색다른 맛으로 미각을 자극하는 즐거움도 놓치지 말자.

볼거리 ★★★☆☆
먹거리 ★★☆☆☆
쇼 핑 ★☆☆☆☆
유 흥 ★☆☆☆☆

코쿠라

시모노세키

보통열차
15분

보통열차 18분
연락선 5분

모지항

must see

모지 항 레트로 p.338
20세기 초의 분위기가 감도는 항구.
칸몬 해협 박물관 p.339
한 세기 전 모지 항의 모습을 재현.
칸몬 터널 p.342
기타큐슈와 시모노세키를 연결하는
해저 터널.

must eat

베어 푸르츠 모지코혼텐 p.342
모지 항의 명물 야키카레 맛집.
코가네무시 p.342
부재료가 풍부한 야키카레.
타카세 p.338
시모노세키의 향토요리, 기왓장 국수.

must buy

카이쿄 플라자 p.338
모지 항 유일의 쇼핑센터. 40여 개의
숍과 레스토랑이 모여 있어 기념품 쇼
핑은 물론 가벼운 식사도 가능.

#19세기 서양식 건물　　#로맨틱한 야경
#수시로 열리는 이벤트

門 司港レトロ 모지 항 레트로 ★★★★☆

발음 모지꼬－레또로 홈페 www.mojiko.info 지도 MAP 27-B4
교통 JR 모지코 門司港 역 하차, 바로 앞.

카이쿄 플라자 영업 숍 10:00~20:00, 레스토랑 11:00~22:00
휴업 부정기적 홈페 www.kaikyo-plaza.com

혼슈와 규슈를 연결하는 관문에 해당하는 항구. 19세기에는
중국과 서양의 상선이 빈번히 드나들며 번영의 일로를 걸었다.
무역업의 번성과 더불어 촉발된 서양식 건축 붐으로 이국적 외관의
관청과 상사 건물이 속속 세워지며 19세기 후반에는 이 일대가
일본 근대화의 상징처럼 여겨지기도 했다. 지금도 구 오사카 상선
빌딩, 구 모지미츠이 클럽, 구 모지 세관 등 당시 건물들이 남아 옛
풍경을 전한다. 일본 최초로 바나나가 수입된 항구라 9월 말~10월
초에는 이를 기념하는 바나나 축제 バナナフェア가 열리는데,
목청껏 소리치며 바나나를 파는 장사꾼의 모습과 바나나를 재료로
만든 온갖 먹거리가 호기심을 자극한다.

항구 앞에는 40여 개의 숍과 레스토랑이 모인 카이쿄 플라자
海峡プラザ 쇼핑센터가 있다. 아름다운 음색의 오르골 뮤지엄
オルゴールミュージアム(서관 1층), 레트로 스타일 기념품점
RetroN(서관 1층), 뜨겁게 달군 기왓장에 국수를 올려 먹는
시모노세키 향토요리 카와라소바 瓦そば 전문점 타카세 たかせ
(서관 2층)가 눈길을 끈다.

1 항구의 낭만이 녹아든 모지 항 레트로.
2·3 기념품 구입에 좋은 카이쿄 플라자.
4 바나나 축제를 기념하는 바나나맨 조형물.

関 門海峡ミュージアム 칸몬 해협 박물관 ★★★☆☆

발음 칸몬카이꾜-뮤-지아무 **개관** 09:00~17:00
휴무 부정기적 **요금** 500엔, 초등학생·중학생 200엔
지도 MAP 27-C2 **교통** JR 모지코 門司港 역 하차. 도보 10분. 개찰구를
등지고 왼쪽(서쪽 출구 西出口)으로 간다. 출구를 나와 왼쪽으로 150m 간
다음, 삼거리에서 오른쪽으로 길을 건너 100m 직진한다. 그리고 왼쪽으로
160m쯤 가면 오른쪽에 있다.

칸몬 해협과 모지 항의 역사를 소개하는 박물관. 무료로 개방된
1층의 카이쿄 레트로 거리 海峡レトロ通り에는 19세기 말에서
20세기 초에 이르는 모지 항의 모습을 재현해 놓았다. 거리의
소음까지도 완벽히 재현된 전시관에는 고풍스러운 건물과 구형 전차,
당시의 생활상을 보여주는 마네킹이 놓여 있어 마치 타임머신을 타고
과거로 돌아간 듯한 기분마저 든다. 일정한 간격으로 조명을 조절해
아침부터 저녁까지 변화하는 거리의 풍경을 보여주는 것도 흥미롭다.
5층에는 모지 항과 칸몬 해협은 물론, 바다 건너의 시모노세키
下関까지 한눈에 들어오는 무료 전망대 展望デッキ도 있다.

1 5층에는 탁 트인 시야의 전망대가 있다.
2 모지 항의 옛 모습을 재현한 거리.

2019년까지
보수공사
중이라 역사
외관은 관람
불가.

JR 門司港駅 JR 모지코 역 ★★☆☆☆

발음 제-아루모지꼬-에끼
지도 MAP 27-C3
교통 JR 모지코 門司港 역 하차. 바로 앞.

1914년에 지어진 네오 르네상스 양식의 역사(驛舍).
규슈와 혼슈를 연결하는 해저 터널인 칸몬 터널 関門
トンネル이 개통되기(1942년) 전에는 규슈 철도의
시발점이자 현관의 역할을 하던 곳이다. 좌우대칭을
이룬 목조 건물의 독특한 외관과 예전 모습 그대로인
예스러운 플랫폼이 흥미롭다. 역 내부에는 1891년에
세운 규슈 철도 원점 표시비, 승객들이 이용하던
청동 세면대, 모지코 역과 시모노세키를 오가던 칸몬
연락선 연결통로 등의 볼거리도 있다. 칸몬 터널이
완공되기 전까지는 여기서 칸몬 연락선으로 갈아타고
시모노세키 下関를 오갔다고 한다.

旧 大阪商船 구 오사카 상선 빌딩 ★★☆☆☆

발음 큐오사까쇼-센 **개관** 09:00~17:00
요금 무료, 와타세세이죠 갤러리 150엔
지도 MAP 27-C3
교통 JR 모지코 門司港 역 하차. 도보 3분. 개찰구를 등지고
왼쪽(북쪽 출구 北出口)으로 간다. 출구를
나와 정면으로 130m 가면 오른쪽에 있다.

팔각탑과 오렌지빛 외벽이 인상적인 건물. 1884년
설립된 해운회사 오사카 상선의 모지 門司 지점으로
1917년에 지어졌다. 오사카 상선은 일본과 한국·
중국·타이완을 연결하는 화물선 사업으로 규모를 키워
20세기 중반에는 유럽과 남미를 오가는 대형 해운회사로
성장했으며, 지금은 일본의 대기업 미츠이 三井 그룹에
합병된 상태다. 내부에는 유명 일러스트레이터 와타세
세이소 わたせせいぞう의 작품을 진시하는 갤러리가
있다.

旧 門司三井倶樂部 구 모지미츠이 클럽 ★★★☆☆

발음 메가네바시 **개관** 09:00~17:00
요금 1층 무료, 2층 100엔, 초등학생·중학생 50엔 **지도** MAP 27-C4
교통 JR 모지코 門司港 역 하차, 도보 3분. 개찰구를 등지고 왼쪽
(북쪽 출구 北出口)으로 간다. 출구를 나와 정면으로 50m 간 다음, 길을
건너 오른쪽으로 70m쯤 가면 왼쪽에 있다.

1921년 미츠이 물산 三井物産에서 지은 사교 클럽.
서양식 건물과 일본식 건물 두 동이 나란히 이어져 있으며
외벽의 골조가 그대로 드러난 독특한 건축 스타일이 인상적이다.
중요문화재로 지정돼 있으며 2층에는 아인슈타인이 일본을
방문했을 때(1922년) 묵었던 방이 그대로 보존돼 있다.

유러피언 스타일의
이국적 면모를
과시한다.

旧 門司税関 구 모지 세관 ★★☆☆☆

발음 큐―모지제―간 **개관** 09:00~17:00 **요금** 무료
지도 MAP 27-B4 **교통** JR 모지코 門司港 역 하차,
도보 10분. 개찰구를 등지고 오른쪽(동쪽 출구 東出口)
으로 간 다음, 출구를 나와 왼쪽으로 500m 정도 간다.
모지코 항 레트로의 도개교 옆에 있다.

1912년에 지은 옛 세관 건물. 모지 항을 통한
수출입 화물이 증가함에 따라 본격적인 세관 업무를
처리하기 위해 지어졌다. 1910년대의 스타일이
오롯이 묻어나는 붉은 벽돌 건물이 아름다우며,
내부는 창고로 사용할 당시의 건물 구조를 그대로
살린 멋진 갤러리로 탈바꿈했다. 3층에는 칸몬
해협이 내려다보이는 미니 전망대가 있다.

갤러리에서는
다양한 테마의
전시회가 열린다.

国 際友好記念図書館 국제우호 기념도서관 ★★☆☆☆

발음 코꾸사이유―꼬끼넨토쇼깐 **개관** 09:00~17:00 **요금** 무료
지도 MAP 27-B4 **교통** JR 모지코 門司港 역 하차, 도보 10분.
개찰구를 등지고 오른쪽(동쪽 출구 東出口)으로 간 다음, 출구를 나와
왼쪽으로 500m 정도 간다. 모지코 항 레트로의 도개교 옆에 있다.

기타큐슈의 자매 도시인 중국 다롄 大連의 한 건물을 복제한
것. 원형이 된 건물은 러시아 정부가 다롄에 철도 회사를
세울 당시(1902년) 지은 업무용 빌딩이었다. 붉은 벽돌의
산뜻한 외관과 뾰족 지붕, 혹독한 다롄의 추위를 막기 위해
이중구조로 만든 튼튼한 창이 눈길을 끈다. 다롄우호기념관
1층에는 중화요리 레스토랑, 2층에는 자유롭게 휴식할 수
있는 공간이 있다.

러시아·중국의
건축양식이 혼합된
독특한 외관이 눈길을
끈다.

門 司港レトロ展望室 모지 항 레트로 전망대 ★★☆☆☆

발음 모지꼬―레또로템보―시쯔
개관 10:00~22:00 **휴관** 부정기적
요금 300엔, 초등학생·중학생 150엔
지도 MAP 27-B4
교통 JR 모지코 門司港 역 하차, 도보 11분. 개찰구를
등지고 오른쪽(동쪽 출구 東出口)으로 간 다음, 출구를 나와
왼쪽으로 550m 정도 간다. 모지코 항 레트로의 도개교
옆에 있다.

유명 건축가 쿠로가와 키쇼 黒川紀章가 설계한
건물. 31층에 위치한 높이 103m의 전망대에서는

모지 항 일대는 물론 바다
건너의 시모노세키까지
한눈에 들어온다. 해가 진
뒤에는 로맨틱한 모지 항의
야경도 감상할 수 있다.

모지 항 일대에서
가장 높은 건물이다.

潮風号 시오카제 호 ★★☆☆☆

📅 시오까제고~ 🚃 토 · 일 · 공휴일, 8/1~8/27 매일,
규슈 철도 기념관역 출발 10:00~16:40, 칸몬카이쿄메카리 역
출발 10:20~17:00, 운행 간격 40분
🌐 www.retro-line.net
💰 300엔, 초등학생 이하 150엔
🗺 MAP 27-C4
🚉 JR 모지코 門司港 역 하차, 도보 1분. 개찰구를 등지고
오른쪽(동쪽 출구 東出口)으로 나가면 맞은편에 역이 있다.

규슈 철도 기념관역~칸몬카이쿄메카리 関門海峡めか
り 역의 2.1㎞ 구간을 운행하는 관광열차. 큰 볼거리는
없으니 재미삼아 타보는 정도로 충분하다. 소요시간은
10분이며 종점인 칸몬카이쿄메카리 역에서
도보 10분 거리엔 시모노세키를 연결하는 칸몬 터널이
있다(➡p.342).

九州鉄道記念館 규슈 철도 기념관 ★★☆☆☆

📅 큐슈떼쯔도~끼넨깐 🕐 09:00~17:00
🚫 매월 둘째 수요일, 7월의 둘째 수 · 목요일
💰 300엔, 초등학생 · 중학생 150엔
🌐 www.k-rhm.jp 🗺 MAP 27-C4
🚉 JR 모지코 門司港 역 하차, 도보 5분. 개찰구를 등지고
오른쪽(동쪽 출구 東出口)으로 나가 250m쯤 간다.

1889년 설립된 규슈 철도의 사옥을 개조해서 만든 철도
박물관. 19세기 말의 열차와 당시 역 풍경을 재현한
모형, 열차 운행 시뮬레이터, 규슈 철도의 운행 구조를
보여주는 디오라마 등이 눈길을 끈다. 야외 전시장에는
증기기관차가 전시돼 있으며, 길이 130m의 레일을 따라
꼬마 기차를 운전하는 미니 철도 공원도 흥미롭다.

기념관 입구에는
증기기관차가 전시돼
있다.

和布刈神社 메카리 신사 ★★☆☆☆

📅 메까리진쟈 🗺 MAP 26-D2 · 35-D2
🚉 JR 모지코 門司港 역에서 74번 버스를 타고 메카리진쟈마에
和布刈神社前 하차(5분), 버스 진행방향으로 도보 1분. 또는
관광열차 시오카제 호의 종점 칸몬카이쿄메카리 역에서 도보
13분.

2세기 무렵 창건된 것으로 알려진 신사. 경내에는 코쿠라
성의 영주 호소가와 타다오키가 기증한 석등롱이 있다.
8세기 초부터 미역을 채취해 조정에 헌상해 온 전통에
따라 지금도 음력 섣달 그믐날 밤부터 다음날 새벽까지
미역 채취 의식을 거행한다. 세 명의 신관이 횃불에 의지해
미역을 따는 모습을 보고자 많은 관광객이 찾기 때문에
이날은 심야까지 버스가 운행된다.

GO GO! 시모노세키

모지 항에서 바다 건너의 시모노세키 下関로 갈 때는 마
린 게이트 모지 마린게이트もじ에서 출발하는 연락선
을 이용하자. 불과 5분 만에 시모노세키의 카라토 터미
널 唐戸ターミナル에 도착하며, 배를 타고 가는 동안 칸
몬 해협의 풍경을 덤으로 즐길 수 있다. 카라토 터미널
주변에는 카라토 시장, 카몬 워프, 수족관 등의 볼거리
도 있다(➡p.425).

연락선
🕐 06:15~21:50(20~40분 간격)
💰 400엔, 초등학생 200엔
🗺 MAP 27-C3
🚉 JR 모지코 門司港 역 하차, 도보 2분. 개찰구를 등지고
왼쪽(북쪽 출구 北出口)으로 간다. 출구를 나와 정면 왼쪽에
있는 횡단보도를 건너 100m 직진한다.

모지 항과
시모노세키를 5분 만에
연결하는 연락선.

関 ★★★☆☆
門トンネル 칸몬 터널

빌음 칸몬톤네루 **개관** 06:00~22:00 **요금** 보행자 무료, 자전거 20엔 **지도** MAP 26-D2 · 35-D2
교통 JR 모지코 門司港 역에서 74번 버스를 타고 칸몬톤네루진구치 関門トンネル人道口 하차.
바로 앞. **또는** 관광열차 시오카제 호의 종점 칸몬카이쿄메카리 역에서 도보 10분.

1958년 개통된 세계 최초의 해저도로 터널. 길이는 780m에 불과하지만 태평양
전쟁 등의 여파로 공사가 수차례 지연돼 완공까지 21년이란 오랜 세월이 걸렸다. 칸몬
해협을 관통해 규슈와 혼슈를 연결하며 상단은 자동차, 하단은 보행자 전용 터널로
이루어져 있다. 입구에 설치된 엘리베이터를 타고 지하 60m로 내려가면 터널이
나타난다. 터널 특유의 습한 기운이 느껴지지만 여름에는 시원하고 겨울에는 따뜻해
터널 양끝을 오가며 조깅 등의 운동을 즐기는 현지인이 적지 않다.

최대의 볼거리는 터널 한가운데에 그어진 현(県) 경계선이다. 기타큐슈가 속한 후쿠오카
현 福岡県과 시모노세키가 속한 야마구치 현 山口県의 경계를 표시한 것인데, 경계선을
기점으로 규슈와 혼슈가 나뉘는 까닭에 이 위에서 사진을 찍으면 두 개 현에 몸을
걸친 재미난 광경이 연출된다. 당연히 기념사진의 명소로도 인기 만점! 터널 양 끝에
마련된 스탬프 코너에서 기타큐슈와 시모노세키의 기념 스탬프를 하나씩 찍어 모지
항의 구 모지미츠이 클럽 또는 시모노세키의 JR 시모노세키 下関 역 관광 인포메이션
센터, 카몬 워프 사무국 カモンワーフ事務局으로 가져가면 '칸몬 해협 횡단 기념증
関門TOPPA! 記念証'도 발급해준다. 터널 위로는 길이 1,068m의 칸몬 대교 関門
橋가 지나간다. 1973년 완공된 현수교인데 해가 지면 다리에 조명이 들어와 아름다운
야경을 뽐낸다.

1 후쿠오카와 야마구치의 현 경계선.
2 규슈와 혼슈를 연결하는 칸몬 대교.
3 칸몬 해협 횡단 기념증.

모지 항의 명물 야키카레

밥 위에 카레와 치즈를 올려 오븐에 구운 야키카레 焼きカレー는 1955년경 모지 항의 한 식당에서 처음 만들어졌다. 우연
히 만든 그라탕 스타일의 카레가 공전의 히트를 치자 전문 식당까지 생기며 지금의 야키카레 붐을 불러왔다. 현재 30여 개
의 전문점이 성업 중인데 맛집으로는 다음의 두 식당이 유명하다.

베어 푸르츠 모지코혼텐
BEAR FRUITS 門司港本店

야키카레 콘테스트 1회 우승자. 대표 메뉴인 슈퍼 야키카레
スーパー焼きカレー(1,045엔)는 치즈와 카레의 궁합이 훌
륭하다. 빅쿠리 스파이스 びっくりスパイス를 뿌리면 깊은
맛이 한층 살아난다.

예산 1,045엔~ **주소** 北九州市 門司区 西海岸 1-4-7
영업 11:00~21:00, 금 · 토요일 및 공휴일 전날 11:00~22:00
전화 093-321-3729 **홈피** http://bearfruits.jp
지도 MAP 27-C3 **교통** JR 모지코 역 북쪽 출구 맞은편에 있다.

슈퍼 야키카레
(1,045엔)

코가네무시 こがねむし

원래 커피숍이지만 지금은 야키카레 전문점으로 더욱 인
기가 높다. 이곳의 야키카레 焼きカレー(700엔)는 옥수
수 · 아스파라거스 튀김 · 고기 · 양파 튀김 등의 부재료를
푸짐하게 넣은 게 특징이다. 반숙 계란 노른자와 비벼 먹
으면 더욱 맛있다.

예산 700엔~ **영업** 11:45~14:30, 17:00~21:30 **휴업** 금요일
주소 北九州市 門司区 東本町 1-1-24 **전화** 093-332-2585
지도 MAP 27-B4 **교통** JR 모지코 門司港 역 동쪽 출구
東出口를 나와 왼쪽으로 도보 13분.

야키카레
(700엔)

소도시 여행 #12

시모노세키 下関

시모노세키는 칸몬 関門 해협에 자리잡은 전략적 요충지로 카마쿠라 바쿠후 鎌倉幕府(1185~1333) 성립의 계기가 된 단노우라 壇の浦 전투(1183년)의 무대가 된 곳이다. 이후 오랜 동안 변방의 땅으로 불리던 이곳은 1905년 규슈 九州의 공업 도시인 기타큐슈 北九州와 연결되어 근대화가 시작됐고, 동시에 부산과 시모노세키를 오가는 부관 연락선 항로가 개설되며 일제의 한국 침략 교두보로 성장했다. 그러나 태평양 전쟁을 끝으로 화려한(?) 시대는 막을 내렸고 오늘날은 배낭족과 보따리상이 애용하는 부산발 부관훼리가 도착하는 조그만 항구 도시로 남아있을 뿐이다.

시모노세키
🌐 https://shimonoseki.travel

부산 → 시모노세키

부관훼리(p.72)가 시모노세키에 도착하는 시각은 다음날 08:00다. 간단한 입국수속을 마친 뒤(p.96) 입국장을 나와 왼쪽에 보이는 출구(페리터미널 2층)로 나가면 정면에 육교가 있다. 육교를 따라 200m쯤 간 다음, 가전양판점 에디온 Edion 앞에서 왼쪽으로 돌아 250m 직진하면 JR 시모노세키 下関 역이다.

부산 → 시모노세키

11시간 소요
편도 9만 5,000원~
※시모노세키에서 부산으로 돌아갈 때는 18:30까지 페리터미널로 가야 한다. 승선 수속 카운터 및 출국장은 2층에 있다. 승선 수속시 페리터미널 이용료(620엔)와 유류 할증료(1,500엔), 관광세(1,000엔) 필요.

기타큐슈 → 시모노세키

기차 또는 배를 이용한다. JR 코쿠라 역(p.330)에서 JR 시모노세키 역까지 기차가 다닌다. JR 모지코 역(p.336)에서 갈 때는 도중의 모지 門司 역에서 열차를 갈아타야 한다. JR 시모노세키 역은 규모가 작고 구조도 단순해 이용에 어려움이 없다.

배는 모지 항의 마린 게이트 모지(p.341)에서 출항하는 연락선을 이용한다. 불과 5분이면 시모노세키의 명소 가운데 하나인 카몬 워프(p.344)에 도착한다.

코쿠라 → 시모노세키

18분, 280엔

모지코 → 시모노세키

20분, 280엔

모지 항 → 카몬 워프

5분, 400엔

시모노세키 시내교통

주요 명소는 JR 시모노세키 역부터 동쪽으로 이어지는 해안도로를 따라 나란히 놓여 있다. 가까운 곳은 600m, 가장 먼 곳은 4km 정도 떨어져 있어 마음만 먹으면 걸어서도 돌아볼 수 있다. 편히 다니려면 JR 시모노세키 역 동쪽 출구 東口 앞의 버스 터미널 1~4번 정류장에서 출발하는 버스를 이용한다. 버스는 뒷문으로 타고 앞문으로 내리며 요금은 내릴 때 낸다. 요금은 거리에 비례해서 올라간다.

버스 🚌 220엔~
산큐 패스 사용 가능

JR 시모노세키 역

부관훼리

시모노세키 항 국제 페리터미널

시모노세키 행 보통열차

시내버스

카이쿄유메 타워
海峡ゆめタワー

 ❹ 시모노세키 어디서나 눈에 띄는 153m 높이의 전망대. 8,700장의 유리로 뒤덮인 건물은 등대, 그 밑의 전시장은 섬을 형상화한 것이다. 거대한 공 모양의 전망 라운지(143m)에서는 시모노세키 시가지는 물론 칸몬 해협, 칸몬 대교, 기타큐슈의 모지 항 등 주변 명소가 한눈에 들어온다.

🕙 09:30~21:30
🚫 1월 넷째 토요일
💰 600엔, 고등학생 이하 300엔
🗺 MAP 35-A1
🌐 www.yumetower.jp
🚌 JR 시모노세키 下関 역 하차, 도보 11분. 동쪽 출구 東口(2층)를 나와 정면에 보이는 육교를 따라 300m 직진한다. 육교가 끝나는 곳에서 250m쯤 더 가면 타워 입구가 있다.

카이쿄칸
海響館

❶❸❻❽ 시모노세키 근해의 어종과 열대어 등 300여 종의 해양생물을 사육하는 수족관. 특히 눈에 띄는 곳은 남극 펭귄관(1층·지하 1층), 훔볼트 펭귄관(2층), 칸몬 해협의 수중생태계를 소개하는 칸몬 해협 조류수조(3층), 돌고래 쇼 극장(1층)이다. 복어 산지로 유명한 시모노세키답게 다양한 어종을 선보이는 복어 수족관(3층)도 흥미롭다. 수족관 옆에는 대관람차 등의 위락시설도 있다.

🕙 09:30~17:30
💰 2,090엔
🗺 MAP 35-B2
🌐 www.kaikyokan.com
🚌 JR 시모노세키 下関 역에서 버스로 7~10분. 동쪽 출구 東口 앞의 1~4번 정류장에서 카라토 唐戸 방면 버스를 타고 카이쿄칸마에 海響館前 또는 카라토 唐戸 하차, 도보 3분.

카라토 시장·카몬 워프
唐戸市場·カモンワーフ

❷❺ 온갖 해산물이 거래되는 수산시장. 활기찬 분위기가 매력이며 이른 아침에는 경매가 진행되기도 한다. 바로 옆에는 산뜻하게 정비된 해변 산책로와 함께 시모노세키의 명물 먹거리를 취급하는 식당가 카몬 워프가 있어 식도락을 즐기기에도 좋다. 카몬 워프 앞의 부두에서는 모지 항을 연결하는 연락선이 출발해 금방 기타큐슈로 넘어갈 수 있다(p.341).

카라토 시장
🕙 05:00~15:00, 일·공휴일 08:00~15:00
🗺 MAP 35-C1·C2
🚌 JR 시모노세키 下関 역에서 버스로 7~10분. 동쪽 출구 東口 앞의 1~4번 정류장에서 카라토 唐戸 방면 버스를 타고 카라토 唐戸 하차.

카몬 워프
🕙 11:00~22:00
🌐 http://kamonwharf.com

청일강화 기념관
日清講和記念館

❼ 1895년 시모노세키 조약이 체결된 회담장. 회담은 원래 이곳의 숲판로 春帆楼란 요정에서 이루어졌다. 청일전쟁 직후 청나라와 일본 두 나라가 맺은 조약에는 일본의 조선에 대한 지배권을 인정하는 조항이 포함돼 있어 일제의 조선 침탈이 본격화하는 결과를 불러왔다. 전시실에는 조약 체결 당시의 모습을 그대로 재현해 놓았으며, 각각의 의자에는 그 자리에 앉았던 관료의 이름이 적혀 있다. 회담장의 옛 풍경이 묘사된 그림도 흥미롭다.

🕙 09:00~17:00
💰 무료
🗺 MAP 35-C1
🚌 JR 시모노세키 下関 역에서 버스로 11분. 동쪽 출구 東口 앞의 1번 정류장에서 버스를 타고 아카마진구마에 赤間神宮前 하차, 버스 진행방향 반대편으로 도보 1분.

아카마 신궁
赤間神宮

9 12 859년에 창건된 유서 깊은 신사. 일왕가(日王家)의 신사이며 단노우라 壇ノ浦 전투에서 패한 이유로 물에 빠져 죽어야 했던 비운의 일왕, 안토쿠 安德를 신으로 모신다. 사망 당시 그의 나이는 8살에 불과했으며 바다 밑에 용궁이 있다는 말로 꾀어 수장(水葬)시켰다고 한다. 이후 그를 물의 신으로 모시고 있으며 이 때문에 신사도 용궁을 연상시키는 모습으로 지어졌다. 특별한 볼거리는 없지만 붉은색과 흰색이 강렬한 대비를 이루는 스이텐몬 水天門은 볼만하다. 5월 2~4일에는 안토쿠 일왕의 넋을 기리는 제례가 거행된다.

지도 MAP 35-C1
교통 JR 시모노세키 下関 역에서 버스로 11분. 동쪽 출구 東口 앞의 1번 정류장에서 버스를 타고 아카마진구마에 赤間神宮前 하차.

칸몬 대교
関門大橋

14 133.8m 높이의 교각 두 개가 떠받치고 있는 대형 현수교. 총 길이는 1,068m이며 해수면에서의 높이는 61m다. 다리 양쪽에는 길이 1,162m의 강철 케이블 두 개가 연결돼 있다. 굵기 66.4cm의 케이블은 지름 5mm의 강철선 1만 4,014 가닥을 꼬아 만든 것인데 여기 사용된 강철선을 일직선으로 늘어놓으면 길이가 무려 3만 2,500km에 이른다. 이는 지구를 ¾ 바퀴 돌 수 있는 길이다. 다리 밑에는 기타큐슈를 연결하는 해저 터널이 뚫려 있으며 자유로이 걸어서 건널 수 있다(p.342).

지도 MAP 35-D2
교통 JR 시모노세키 下関 역에서 버스로 15분. 동쪽 출구 東口 앞의 1번 정류장에서 버스를 타고 미모스소가와 みもすそ川 하차. 정류장 바로 뒤에 해저 터널 입구가 있다.

미모스소가와 공원
みもすそ川公園

10 11 13 칸몬 해협을 따라 나란히 이어진 수변공원. 헤이안 平安 시대 일본의 권력을 양분하던 헤이시 平氏 가문과 겐지 源氏 가문이 최후의 결전을 벌인 단노우라 壇ノ浦 전투(1183년)의 무대가 된 곳이다. 수백 척의 배가 격돌한 전투에서 승리한 겐지 가문은 카마쿠라 바쿠후를 세우고 700여 년에 걸쳐 실질적인 일본의 통치자로 군림했다. 공원 한편에는 이를 기념하는 동상과 기념비가 세워져 있다. 바닷가에는 19세기 중반 미국·영국·프랑스·네덜란드 연합함대의 공격으로 대파된 대포를 재현한 모형 대포도 전시돼 있다.

지도 MAP 35-D1
교통 JR 시모노세키 下関 역에서 버스로 15분. 동쪽 출구 東口 앞의 1번 정류장에서 버스를 타고 미모스소가와 みもすそ川 하차.

히노야마
火の山

적의 침입을 알리는 봉화대가 있던 산. '불의 산 火の山'을 뜻하는 지명은 여기서 유래했다. 1890년대에는 산정에 포대를 만들고 군사 요새로 사용하기도 했다. 현재는 칸몬 해협 일대가 한눈에 들어오는 멋진 전망대(268m)로 탈바꿈했다. 케이블카 운행 시간이 한정적이라 칸몬 대교의 야경을 감상하려면 렌터카 또는 히치하이킹을 해야 한다.

전망대 **시간** 08:00~22:00
지도 MAP 35-D1
교통 JR 시모노세키 下関 역에서 버스로 15분. 동쪽 출구 東口 앞의 1번 정류장에서 버스를 타고 로루웨이노리바 ロープウェイ乗り場 하차, 케이블카로 갈아타고 4분.

케이블카 **시간** 10:00~17:00
휴무 화·수요일.
11월 중순~3월 중순
요금 왕복 520엔

INDEX

클로즈업 시리즈 06

후쿠오카 **FUKUOKA**

유후인 · 벳푸 · 나가사키 · 기타큐슈

개정증보 2판 1쇄 2023년 6월 7일
초판 3쇄 2019년 2월 25일
초판 1쇄 2018년 09월 21일

지은이 | 유재우 · 손미경
펴낸이 | 승영란 · 김태진
표지 디자인 | 장수비 · ALL 디자인 그룹
본문 디자인 | 장수비
지도 | 장수비 · 디자인 스튜디오 203(02-323-2569)
교정 | 김혜경
마케팅 | 함송이 · 이보혜

펴낸곳 | 에디터 editor
주소 | 서울 마포구 만리재로 80 예담빌딩 6층
전화 | 02-753-2700 · 2778
팩스 | 02-753-2779
출력 | 블루엔
인쇄 | 다라니인쇄
제본 | 경문제책사
등록 1991년 6월 18일 제 1991-000074호

값 13,900원
ISBN 978-89-6744-257-6 13910
978-89-92037-18-1(세트)